북한 연극사

유민영

북한 연극사

초판 1쇄 인쇄 · 2024년 11월 20일
초판 1쇄 발행 · 2024년 12월 5일

지은이 · 유민영
펴낸이 · 한봉숙
펴낸곳 · 푸른사상사

주간 · 맹문재 | 편집 · 지순이 | 교정 · 김수란, 노현정 | 마케팅 · 한정규
등록 · 1999년 7월 8일 제2-2876호
주소 · 경기도 파주시 회동길 337-16(서패동 470-6)
대표전화 · 031) 955-9111~2 | 팩시밀리 · 031) 955-9114
이메일 · prun21c@hanmail.net
홈페이지 · http://www.prun21c.com

ISBN 979-11-308-2194-8   93680
값 48,000원

학술총서 66

북한 연극사

김일성 원작, 김정일 총연출의 70년 공연사

The History of
North Korean Theater

유민영

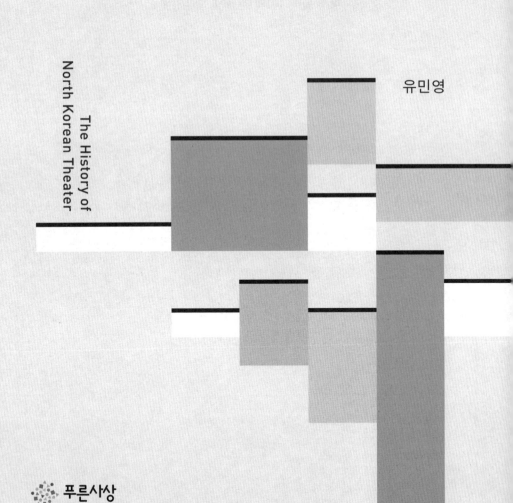

푸른사상
PRUNSASANG

평생 뒷바라지해 준 아내 박은경에게

 남북한을 통틀어서 2024년 가을에 드디어 남한 쪽에서 오랜만에 북한 연극통사가 출간되기에 이르렀다. 그런데 이 책이 나오는 데는 우여곡절이 많았다. 왜냐하면 어느 분야든 역사 서술에는 풍부한 사료가 기본이고 저자는 자유로운 환경에서 사실을 기술할 수가 있어야 하는데, 지난 시절 남북한 양측 모두는 그 두 가지를 충족할 수 없는 악환경에 처해 있었기 때문이다. 우선 당사국인 북한에서 건국 80년이 가까워 오는데도 제대로 된 연극사가 나올 수가 없었던 것은 아무래도 역사 서술의 두 가지 기본 조건이 갖추어져 있지 않아서일 것 같다.

 한편 남한에서도 남북의 경직된 대치 상황에서 1980년대 중반까지는 북한 서적만 소지해도 불온문서로 취급되어 엄한 법에 저촉되었기 때문에 북한 연구는 생각도 못 했었다. 그런데 단 한 번 1970년대 중반에 정부의 지원을 받는 사단법인 북한연구소(소장 김창순)가 각 분야 학자들을 동원, 처음으로 북한의 전 분야 연구를 시도함으로써 북한정치론, 북한경제론, 북한국방론, 북한외교론, 북한문화론 등의 책자를 처음 발간한 적이 있었다.
 그때 필자는 공연예술에 관한 테마를 의뢰받아서 「북한의 무대예술」이란 논문을 발표하여 북한 연극 연구의 단초를 제시했었다. 그로부터 10여

년이 흐른 뒤에 남한은 개방사회가 되어 북한의 사료들을 자유롭게 관람하고 연구도 할 수가 있게 되었다. 필자는 북한 연극사를 쓰기에는 좀 더 시간이 지나가야 한다는 생각으로 기다리고 있다가 2000년대 들어서 조금씩 자료를 모으기 시작했고, 곧바로 본격 작업에 들어가 장장 5년여 만에 드디어 집필을 완료케 되었다.

그런데 책을 쓰면서 자료의 부족 때문에 애를 먹은 것이 한두 번이 아니었다. 게다가 연극 현장으로의 접근이 불가능하기 때문에 생동하는 공연을 볼 수가 없었던 데다가 사진조차 자유롭게 구해 볼 수가 없는 것이야말로 가장 큰 한계였다. 그다음으로 어려웠던 점은 저들에게는 진정한 의미의 비평부재(批評不在)로 인하여 간접적으로나마 북한 연극의 실상을 파악할 수가 없었다는 점이다. 따라서 북한 연극을 긍정적으로만 기술하는 월간『조선예술』이나『조선영화』그리고 연감 정도로 만족할 수밖에 없는 처지에서 책을 써야 했다. 특히 필자는 현장에 접근 못 하는 한계를 보충하기 위하여 재미없는 그들의 희곡작품들을 모두 찾아서 꼼꼼히 읽느라 위장병도 얻고 시력까지 크게 손상당하고 말았다.

이처럼 몸이 망가지면서까지 나는 학자로서 객관적으로 보려고 노력했지만 결과는 너무나 허망했다. 왜냐하면 저들의 연극 행위란 결국 극장국가(劇場國家)인 북한이라는 극장 안에서 김일성이 쓴 희곡들로 김정일이 연출한 작품을, 동원된 인민 2천만이 관람하는 것 그 이상도 그 이하도 아니었기 때문이다. 가령 혁명가극이니 〈성황당〉식 혁명연극 같은 것이 그 좋은 예가 될 것이다. 따라서 북한 연극사라는 것도 압축해 보면 김일성 원작, 김정일 총연출의 70여 년 공연사라고 규정해도 크게 어긋나지 않는다. 바로 그 점에서 북한에서 하고 있는 이러한 연극 행위가 과연 얼마나 지속될 수 있을지 의문이다.

끝으로 이 책을 쓰는 과정에서 자료 수집에 적극적으로 협조해 준 이진아 교수(숙명여대 국문과)와 내 마지막 조교 박한솔 양(연세대 대학원)과 원고 교정을 도와준 이상룡 박사(극단 마산 대표)에게 고마움을 전하고, 튼실한 푸른사상사의 한봉숙 대표와 편집부원들에게도 감사하다는 인사를 보낸다.

2024년 가을, 삼성노블카운티에서
유민영(柳敏榮)

차례

프로극의 발생으로부터 21세기 현황까지

한국연극은 일찍이 부족국가 시대의 원시적인 종교의식에 기반을 두고 대륙으로부터의 민족이동과 교역에 따른 영향을 받아 그 초기 형태가 이루어졌다. 삼국시대 이후 기록상에 나타나는 연극 양식은 다섯 가지 장르, 즉 탈춤(가면극), 민속인형극, 판소리, 광대소학지희, 그리고 그림자극 등인데 광대소학지희와 그림자극은 소멸되고 오늘날까지 전승되는 것은 나머지 세 종류뿐이다. 그 세 가지가 현전하는 것과 같은 양식과 내용을 갖추게 된 것은 대략 18세기 영정조 대였다.

그런데 한국연극, 더 나아가서 동양연극은 서양연극과 많이 다르다. 동서 연극이 모두 제의에 뿌리를 두고 있지만 서양연극이 인간 중심으로 발달한 데 반해 동양연극은 신에의 공연(供演)이라는 형태로 발전되어 왔기 때문에 종교적인 색깔을 완전히 탈피 못 했다고 볼 수 있다. 따라서 서양연극이 그리스극으로부터 로마극, 중세 종교극, 바로크극, 로코코극, 고전주의극, 낭만주의극, 사실주의극, 상징주의극, 표현주의극, 부조리극 등 다양한 연극 사조를 거친 데 반해서 동양연극은 그런 사조를 거치지 않았고, 단지 근대화 과정에서 서양연극을 받아들여 재래의 전통극과 비교적 지적(知的)이라 할 서양적 근대극이라는 양대 형태를 함께 포용하고 있는 것이다.

우리의 경우만 보더라도 1902년에 처음으로 옥내극장 협률사가 세워지고 이것이 6년 후 사설극장 원각사로 리모델링되어 재개관된 후 판소리가 창극화되는 과도기적 과정을 겪었으며 그 후 일본으로부터 신파극을 수용, 1911년 신파극단 혁신단이 조직됨으로써 이들을 합쳐 근대극의 단초가 되었다고 보는 것이다.

임성구의 혁신단을 주축으로 문수성, 유일단 등 10여 개의 신파극단들이 대중극 시대를 전개했는데, 이에 반기를 든 도쿄 유학생들이 1920년부터 서툴게나마 서구의 리얼리즘을 실험하기 시작했다. 동우회, 형설회 순회극단 등과 극작가 김우진의 일련의 활동이 바로 그런 것이었다. 이는 1930년대의 극예술연구회로 연결됨으로써 상업주의적인 신파극과 사실주의를 기조로 하는 정통적 근대극이라는 두 개의 흐름을 만들게 되었다. 그리고 이런 연극을 이끌던 극소수 연극인들이 사회주의 사상에 주목하고 1920년대 중반부터 프롤레타리아 연극(프로연극)을 시작했지만, 대중으로부터의 소외와 일제의 탄압을 받아 공중분해 지지부진했고 부분적으로는 신파극 속에 흡수됨으로써 그 명맥조차 유지하기 힘든 처지였다가 해방과 함께 재기하게 된다. 이들은 해방 직후의 사회 · 정치적 혼란기를 틈타 몇몇 극단이 남로당의 앞잡이로서 마르크스 · 엥겔스의 선전극으로 전락, 방황하다가 1948년 대한민국 정부 수립을 계기로 모두가 월북하여 북한의 연극예술을 형성케 된 것이다.

그런데 해방 직후 연극계가 좌우익으로 양분될 때, 동양극장을 중심으로 활약했던 신파연극인들이 좌익연극으로 몰렸고 극연의 맥을 이어온 정통파 연극인들이 우익연극의 주축을 이룬 것이 특징이다. 1945년의 해방을 기점으로 완전히 양분된 한국연극은 국토 분단에 따라 현재 남북 연극이 내용은 물론 양식마저 놀랄 정도로 다르게 변화되었다. 왜냐하면 한국연극은 자유로운 상황하에 세계연극 조류를 그대로 호흡하면서 다양하게 발전하고 있는 데 반해 북한 연극은 오직 마르크스 · 레닌의 세계관에 입각하여 김일성 부자를 우상화하는 이념의 도구 내지 무기로 전락했기 때문이다.

북한의 연극예술이 세계연극 사조를 외면하고 '주체성'이라는 미명 아래 대중에 대한 정서 함양이나 건전한 교육적 기능을 외면하고 오직 개인의 우상화와 당의 정책 선전으로만 치닫고 있기 때문에 보편성의 상실은 물론 예술형태마저 특이한 모습으로 변형되어 있다. 따라서 이 책에서는 식민지 시대 프로극의 발생으로부터 분단 후의 북한 연극의 현황까지 그들이 어떻게 발전하고 변형되어 갔는가를 심층적으로 천착하고자 한다.

　다만 북한 관련 자료는 극히 제한되어 있어서 그들의 모습을 정확하게 파악하는 것은 어렵다는 사실을 실토하지 않을 수 없다.

제1부

분단 이전의 프롤레타리아 연극

제1장

프롤레타리아 연극의 출발

1920년대 경향파의 등장

1920년대를 시대사적 입장에서 보면 "민족의식을 역사적으로 구조화하며 제한된 조건에서, 또는 일부 반대하는 동족에 의해 복고적이라는 비난을 받았으나 민족을 의식하는 것을 지성적으로 체계 세우는 때였을 뿐 아니라, 국제적인 조류에 쫓아 사회주의, 아나키즘, 코뮤니즘이 유입되며, 이에 따른 사회운동의 조직과 파괴(일경에 의한 또는 자체분열로 인한)를 거듭할 때"[1]였으며, 민족운동사적으로 볼 때는 "10년대의 일제의 토지 박탈에 대한 민족적 투쟁의 첫 단계였으며, 동시에 민족적 궁핍화에 있어 농민들의 몰락항쟁을 의식적으로 지도하려는 정신이 발발하던 시대였기도 하다."[2]

이상과 같은 시대정신은 예술계에도 그대로 파급되어 경향파 예술이 대두되었고 1925년에 카프(KAPF, 조선프롤레타리아예술가동맹)가 탄생했으며 프롤레타리아 극단(프로극단)도 등장하기 시작했다. 근대극 사상 최초의 경향파 극단은 송영, 김영팔, 심훈, 최승일 등이 1923년에 조직한 염군사(焰群社)로서 연극부 · 문학부 · 음악부까지 두는 등 뭔가를 해 보려 시도했지만

---

1   홍이섭, 「1920년대 식민지적 현실」, 『문학과지성』 제3권 제1호, 1972.
2   이두현, 『한국신극사연구』, 서울대학교 출판부, 1966, 159쪽.

단 한 번의 공연도 없이 해산되었다.

그럼에도 불구하고 근대연극사에서 염군사가 갖는 의미에 대하여 손위빈은 "1923년 송영 씨 외 기개(幾個) 급진적 소뿌르 청년에 의하여 염군사라는 프롤레타리아 문화운동을 목표로 하였다는 한 개의 단계가 창립되며 연극부를 두게 되었던 것이 실로 조선에 있어 프롤레타리아라는 제목하에 의한 문화운동의 단초가 된 최초의 일이며 그의 상연예정의 극본이 고리키의 것으로 상당한 진보적이었다는 점에서 그리 소홀히 간과할 수 없는 것"[3]이라 자리매김한 바 있다.

그로부터 2년 뒤인 1925년 11월 7일에 도쿄에서 사회주의 운동을 하던 김남두, 최병한, 선렬, 조시원, 임호, 김석호 등이 조선프로극협회라는 단체를 조직하고 나섰다. 물론 이 단체도 뭔가 해 보려고 부산하게 움직이긴 했지만 역시 공연 한 번 하지 못하고 흐지부지되고 말았다. 그리고 국내에서는 토월회에 참여했던 김기진이 주동이 되어 김동환, 박영희, 조명희 등이 불개미극단을 창단했으나 이 역시 발족시키는 데 그치고 말았다.

그런데 여기서 간과해서는 안 될 것이 프롤레타리아 연극(프로연극) 태동의 배경과 그 성격에 대한 인식이다. 알다시피 프롤레타리아극(프로극)은 공산주의 계급의식을 연극 철학으로 삼고 있는 연극을 의미한다. 조선프로연극협회도 '민중연극'을 표방했지만 그 밑바닥에 깔려 있는 정신은 부르주아 사회를 근본에서부터 변혁시키려는 것이 궁극적 목표이기 때문에 자연스럽게 정치성향을 띠게 마련이었다. 사실상 프로극은 우리나라 공산주의 운동에 연원을 두고 있으며 실제로 그러한 이데올로기의 부침과 궤를 같이해왔음을 알 수가 있다.

한국 공산주의 운동이 볼셰비키 혁명 직후에 시작되다 보니 자연히 러시

---

3   손위빈, 「조선 신극 20년 약사 (7)」, 『조선일보』, 1936.10.25. 필자 축약.

아 남부(현재 키르기스스탄) 이르쿠츠크 호반에서 1919년 1월 22일에 남만춘, 김철훈, 오하목, 박승만, 조훈동 등 5명이 이르쿠츠크 공산당 한인지부를 조직하는 회합을 가진 것이 단초가 되어 그해 9월 5일 전로(全露) 한인공산당이 공식 출범하였다.[4]

비슷한 시기에 상해를 중심으로 하여 독립운동을 벌이고 있던 독립투사 일부가 조선공산당 상해지부를 결성함으로써 이르쿠츠크파들과 대립하기도 했다. 이러한 해외에서의 공산주의 운동이 국내로 스며들기 시작한 것이 1921년으로서 박헌영, 임원근, 김단야 등이 4월에 고국으로 잠입하려다가 일경에 체포된 바 있다.[5] 그 2년 뒤에 김재봉, 신용기 등이 러시아로부터 잠입하여 6월에 회합을 가졌으며 비슷한 시기에 김약수 등 일본 유학생들도 공산주의 추구의 북성회를 조직하는 등 운동가들이 증가하여 결국 1925년 4월에 서울 아서원에 조봉암, 김약수, 조동호 등 15명이 모여 조선공산당을 정식으로 출범시키게 되었다. 이때 참가하지 않은 운동가들은 다음 날 따로 고려공산청년회라는 단체를 출범시키게 된다. 이는 곧 이 땅에서 공식적으로 공산주의 운동을 시작하는 분기점이 되는데, 일경이 가만둘 리 만무했고 여러 명이 계속 체포 구금되는 등 시련이 계속되었다.

바로 이러한 상황이었기 때문에 앞에 서술한 1920년대의 경향파 연극운동이 지지부진했던 것이다. 따라서 1930년대에 들어와서도 시련은 계속될 수밖에 없었지만 다행히 근대극이 점차 진전됨으로써 각처에서 프로극단들이 많이 나타나기 시작했다.

일본 유학생들의 프로극운동

여기서 한 가지 주목할 만한 사실은 3·1운동 이후 적잖은 젊은이들이 일

---

4   스칼라피노, 『한국공산주의 운동사』, 이정식·한홍구 역, 돌베개, 1986, 44~46쪽.
5   위의 책, 98쪽.

본으로 유학을 떠나 공산주의를 호흡함으로써 그 지역 안에서 프로연극도 한때 번창하는 듯했다는 사실이다. 가령 일본에서의 프로극운동을 연구한 박영정의 저서『한국근대연극과 재일본 조선인연극운동』에 의하면 적어도 1920년대는 유학생들의 프로극운동이 국내보다도 더 활발했던 것 같다.

1925년 10월에 조직된 프로극협회만 보더라도 김남두 등 주도자들 외에 조시원, 임호, 김석호, 홍택 등 6인이 더 가담하여 도쿄부 삽곡정에 사무실을 차리고 공연보다는 민중예술을 연구하는 데 목표를 두고 출범했었다. 그런데 식민지 청년들이 일본에서 프로극운동을 한다는 것은 보통 어려운 일이 아니었다. 따라서 이들의 활동은 기껏 기관지라 할『극성』이란 잡지 하나 발간(?)하고 흐지부지되고 말았던 것이다.

그 이후 조선프로예맹 도쿄지부가 1929년 11월에 해체되면서 그 산하에 있던 연극부만 따로 떨어져 나와 무산자극장이라는 연극단체를 결성케 되었다. 핵심 단원은 그동안 프로극운동을 벌이고 있던 이병찬, 최병한, 임화, 안막, 한재덕, 이귀례 등이었다. 이들은 당초 전문극단을 꿈꾸었지만 역시 이렇다 할 공연도 없이 여타 프로예술단체에 조언 등과 같은 영향력을 발휘하고 조직원을 보내 주는 것으로 만족해야 했다.

그리고 1930년대 들어서는 실제로 작품을 실험한 프로극단들이 잠시나마 자취를 남긴 경우도 없지 않았다. 가령 1932년 2월에 동경조선어극단이 3·1운동에 자극받아 명칭 자체를 3·1극장으로 개칭했다. 특징이라고 한다면 이들이 간접적으로 일본 공산당의 지도를 받은 극단이었다는 점이다. 이들은 곧바로 작품 오토 뮐러 작〈하차〉를 갖고 쓰키지소극장에서 프로트 (일본프롤레타리아연극동맹) 동경지부 IATB 데이 기념 공연에 참가했는가 하면 한홍규 집에 사무실을 차리기도 했다. 주요 인사들의 면면을 살펴보면 한홍규를 비롯하여 이화삼, 최병한, 이원석, 이홍종, 정명원 등 20여 명이나 되었다. 이 단체는 국내의 극단 신건설과도 연락하는 사이였던 것이 색다르다고 하겠다.

선전 선동에 열성적이었던 3·1극단은 그해 여름에는 코프 창립 1주년 기념행사의 하나로 개최된 '조선의 밤'에 김두용이 조선반도에서 가장 넓은 평야 곡창지대인 전북 김제 만경평야에서 지주들의 착취와 소작농의 고된 삶을 묘사한 것으로 추정되는 〈만경촌〉을 공연하였다. 이어서 두 번째 공연 으로 1933년 2월에 개최된 '극동 민족의 밤'에는 〈긁은 날〉, 〈국경〉, 그리고 〈외쳐라 중국〉 등을 무대에 올렸다.

당대 어느 프로극단들보다도 야심 찼던 3·1극장은 공장 기업 등에 스며 들어서 혁명적 조직을 시도하다가 주요 간부들이 일경에게 피폭됨으로써 한동안 주춤한 적도 있었다. 그럼에도 불구하고 이들은 이듬해 여름에는 쓰키지소극장에서 두 번째로 '조선인의 밤'을 개최하고 〈강남제비〉와 〈포 함 코크체펠〉 등을 공연한다. 어려움 속에서도 꾸준히 공연 활동을 벌인 3·1극장은 1934년 10월에 고려극단으로 개칭하고 새로운 출발을 시도한 다.[6]

이처럼 3·1극장은 일본에서 활동한 대표적인 프로극단이었지만 박영 정의 주장대로 처음부터 끝까지 일본 공산당의 지도하에 있었다는 한계를 지닌다고 하겠다. 그뿐만 아니라 내부갈등으로 신연극연구회와 조선예술 좌로 양분되고 말았다. 그런데 양분된 조직 중에서 리더 김보현이 주도했 던 조선예술좌만이 현실 노선을 택하여 제대로 된 연극을 추구하고자 했 다. 그들은 "우리 민족의 고전적 예술(연극)을 올바르게 계승하고 널리 일본 의 인사에게 소개하고 나아가 조선민족예술의 향상 발전을 힘을 다해 독자 성 있는 새로운 스타일"[7]을 창조할 목표로 삼았다는 점에서 주목을 끌 만했 다. 그리하여 이들은 유치진의 〈빈민가〉를 비롯하여 소설가 이기영의 희곡

---

6 박영정, 『한국근대연극과 재일본 조선인연극운동』, 연극과인간, 2007, 86~97쪽 참 조.

7 안광희, 「일제하 재일한국인연극운동」, 『단국대 공연예술연극논문집』 창간호, 단국 대 공연예술연구소, 1995.

제1장 프롤레타리아 연극의 출발   21

〈서화〉 등 여러 편의 국내 창작물을 쓰키지소극장에서 공연했다. 그러다가 이들은 일본 연출가 촌산지의(村山知義)의 권유에 따라 헤어졌던 신연극연구회와 재결합하고 철저하게 공산주의 이념을 구현하려는 연극운동을 펼쳐 나가려 한 것이다. 이는 아무래도 단원들이 일본 프로연극인들과 깊은 유대를 갖고 있었던 데 따른 것이 아닌가 싶다. 그 결과 이들에 대한 일본 경찰의 감시와 탄압이 심해져서 제대로 된 공연 활동을 더 이상 지속하지 못하고 흐지부지되고 말았다.[8]

소련 이주민들의 프로극운동

그런데 일본보다 먼저 프로연극운동을 펼친 곳이 있었다. 다름 아닌 소련의 블라디보스토크이다. 19세기 후반부터 우리 동포들은 좁은 땅을 벗어나기 시작하여 제정러시아 극동부 블라디보스토크 지역에 20만 명 가까운 한인들이 거주하고 있었다. 그들은 농업과 상업 기타 안정적인 생활기반을 다지면서 오락의 필요성에 따라 해삼위연예단이라 것을 조직하여 연극, 음악, 그리고 무용 등을 공연한 바 있으며 3·1운동을 전후하여 고국에도 순회공연을 다닌 적도 있었다.

이런 전통은 러시아혁명 이후 소련 체제하에서 1932년 9월에 조선국립극장 설립을 쉽게 허락받는 데 큰 바탕이 되기도 했다. '원동 변강에 거주하는 2백천의 조선인 노력자들의 문화적 욕구를 수용할 사명'을 띤 '예술 창작 방면의 인재 양성에 대한 원천이고 낡은 봉건적 조선극장에 대립시키는 유일한 조선인 혁명적 극장—10월 혁명의 산실'임을 자부하고 출범한 조선국립극장은 연해주 및 블라디보스토크 당위원회의 지도하에 있었다. 당연히 극장은 시당의 관장하에 있었지만 연극의 방향 모색에서부터 레퍼토리 선정에 이르기까지 예술 활동에 관해서는 모두 자율적이었다.

---

8   유민영, 『한국근대연극사』, 단국대학교 출판부, 1966, 786쪽.

그동안 공연 활동을 해 왔기 때문에 처음 16명의 극단원들은 단번에 구성할 수가 있었고, 단원들은 아마추어 수준을 빨리 벗어나기 위하여 소련 국립극장과 연계를 갖고 집단 실습을 하는가 하면 그들에게 인민배우들을 파견해 달라고 간청하여 연출, 연기 훈련도 받을 수가 있었다. 그리하여 출범한 해인 1932년 하순에는 문세준 작 〈불타는 집〉으로 창립 공연도 올릴 수 있었던 것이다. 다음 해 들어서도 교포 극작가 연성용 작 〈붉은 수레〉와 〈장평동의 횃불〉 두 작품을 순탄하게 무대에 올렸다. 그 이듬해에도 쉼 없이 김기철 작 〈동부 빨치산〉과 채영 작 〈동해의 고동소리〉, 그리고 태장춘 작 〈밭이랑〉 등 창작극들을 연속적으로 무대에 올린 바 있다.

이들이 쓴 작품들은 자연히 사회주의 리얼리즘이라는 기본 방식일 수밖에 없었는데, 이는 바로 그들이 좋건 싫건 공산주의 체제하에서 살고 있었던 데 따른 것이다. 이정희가 지적한 대로 이들 작품은 모두가 혁명적 이념만이 강할 뿐 희곡으로서의 구성이나 기교 등은 미숙하기 이를 데 없었다.[9] 특히 극장에 희곡을 제공한 극작가들은 연극 경험이나 창작 훈련이 제대로 되어 있지 못한 아마추어 작가들이었기 때문에 더욱 엉성할 수밖에 없었다. 한두 해 극장을 운영해 온 극장 책임자들은 자아 반성을 하기 시작했고, 새로운 방향 모색 끝에 '조선의 특수한 민족적 형식'을 추구하기로 하면서 우리 고전에서 그 모형을 찾기로 한다. 그리하여 우리의 민족적인 음악, 무도, 고전작품들을 역사적 발전에 기초하여 연구해 나가기로 한 것이다. 가령 1934년 하반기에 러시아 문학을 전공한 이종림이 〈춘향전〉을 새로 써서 제공한 것이 그 첫 번째 결과물이다.

이 공연이 더욱 화제가 될 수 있었던 것은 〈춘향전〉을 저 멀리 소련 땅에서 창극으로 무대에 올렸다는 점이었다. 마침 그곳에도 명창 최삼룡과 고수 이봉학이 있었으며 단소를 전공한 김성주가 적극적으로 참여함으로써 서

---

9   이정희, 「재소한인 희곡연구」, 단국대학교 석사학위 논문, 1992, 10쪽.

틀게나마 창극을 만들어낼 수 있었다.[10] 사또와 춘향을 지배계급과 피지배계급의 상징으로 대립시켰던 것은 사회주의 체제하에서 어쩌면 자연스러운 해석이 아니었나 싶다. 그러니까 이들이 의도적으로 프로극을 추구한 것이라기보다는 공산주의 체제하에 살고 있었기 때문에 거기에 순응한 것으로 보는 것이 타당할 듯하다. 그 조선국립극장이 오늘날까지 카자흐스탄의 알마타에서 90여 년의 전통을 이어 가고 있지 않은가.

이상과 같이 프로극운동은 1920년대부터 수년 동안 일본과 소련에서 국내 이상으로 활발하게 전개된 바 있는 것이다.

국내에서의 프로극운동

1930년 11월에 조직된 대구의 가두극장은 박훈, 이일, 이상춘, 김영자, 이영춘, 김성만, 장갑룡 등이 회원이었는데, 이들은 낭독회를 열고 그것을 노동대중 속으로 가지고 들어가기도 했으며 관객 조직과 함께 조선프로연극운동을 전국적으로 전개하는 모험도 했다.

개성의 대중극장은 1931년 3월에 민병휘 등이 중심이 되어 조직되었는데, 송영 작 〈면회 일체 거절〉과 싱클레어 작 〈2층 위의 사나이〉와 이기영 작 〈월희〉, 민병휘 작 〈마도로스와 위트레스〉, 유진오 작 〈박첨지〉, 김종인 작 〈떠나는 사람〉, 김영팔 작 〈부음〉, 김소엽 작 〈어촌에 사는 사람들〉 등을 무대에 올렸으며 다음 해(1932)에도 쉼 없이 〈하차〉, 〈농촌애화〉, 〈깨어진 장한몽〉 그리고 〈정의와 칼파스〉 등을 준비하다가 여의치 않아 상연하지 못했다. 이들이 주목을 끄는 또 하나는 조선프로연극운동의 통일을 위하여 『대중극장』이라는 전문잡지를 발간하려고 부서까지 두었으나 여의치 않아 무산되고 말았다는 사실이다.

한편 해주의 연극공장도 1931년 봄에 오덕현, 안영, 박원균, 이용묵 등이

---

10 위의 글, 19쪽 참조.

조직하자마자 뮐러의 〈하차〉, 김자양 작 〈빨래집과 시인〉, 메르덴의 〈탄갱부〉, 안영 작 〈사랑의 계급성〉, 강마수의 〈아편전쟁〉 등을 야심적으로 공연을 준비하는 도중 연극구락부와 합치기도 했다. 그 시기에는 잠깐 모습을 드러냈던 서울의 청복극장, 우리들극장, 이동식 소형극장, 메가폰, 함흥의 동북극장, 평양의 마치극장 등이 바로 프로연극을 추구한 단체들이었다.

이들 중에서 대표적인 극단이 이동식 소형극장인데 이는 1931년 8월에 강천희를 고문으로 하고 이효석(극본), 추적양(장치), 김유영(연출), 석일량, 이섭, 최정희, 김선영, 김연실, 윤봉춘 등 여러 명이 와룡동의 시대공론사에서 회동하고 프롤레타리아 연극을 통하여 마르크스주의를 선전하고 사유재산 제도를 부인, 공산주의 사회 건설을 목적으로 조직한 것이었다(김유영과 최정희는 곧바로 탈퇴했다). 단체 결성 직후 이들은 1931년 11월경에 곧바로 공연에 들어가서 전선(C.C.Y) 작 〈촌극〉을 위시하여 〈순아! 네 죄가 아니다〉(小堀堪二 작), 다른 극단들이 무대에 올렸던 〈2층 위의 사나이〉, 〈부음〉, 〈박첨지〉, 〈지하층소동〉(김유영 작), 〈호신술〉(송영 작), 그리고 〈직년〉(석일량 작)과 〈다난기의 기록〉(이효석 작) 등을 무대에 올린 바 있다. 실현되지는 않았지만 또 하나 주목되는 것은 『전선』이라는 극단 소속 기관지를 발간하려고 준비했었다는 사실이다. 더 기막힌 사실은 이들이 일경의 탄압으로 서울을 피해 개성에서 창립 공연을 가진 뒤 원산, 고원, 영흥, 함흥 등지를 순연한 다음에야 서울에서 공연을 가질 수 있었다는 점이라 하겠다.

또 다른 이동극장으로서 1932년 6월에 천행일을 주간으로 하고 이갑룡, 이병은, 손세영, 박일, 강백년, 이량, 유소정, 김경실, 이채정, 김영자, 김은경, 이일엽, 김경일, 김낙선, 강백년 등등으로 조직된 근대극장이란 단체가 모습을 드러내기도 했었다.[11]

그리고 극단 메가폰은 조선극장에서 〈메가폰 슈프레히콜〉, 〈박첨지〉(유진

---

11 김재철, 『조선연극사』, 학예사, 1933, 194쪽.

오 작), 〈호신술〉(송영 작), 〈지옥〉(김형용 작), 〈깨어진 장한몽〉 등을 공연했고 조선연극공장은 주로 함흥에서 박영호의 〈팔백호갑판상〉, 〈십년전후〉, 〈출옥하던 날 밤〉, 〈흘러가는 무리들〉, 〈북관야화〉, 〈태양가〉, 〈인생ABC〉, 〈문제의 초상화〉, 〈그 여자〉 등을 무대에 올렸다.[12]

프로극운동의 이상과 현실

당시 신파극이나 토월회 연극을 가리켜 대중을 기만하고 우둔화하는 저급한 연극이라 몰아붙인 프로연극인들은 "노동자 · 농민을 동원시켜 그 의지를 반영시키며 연극으로 노동자 · 농민을 선전하여 계급적으로 유용화함으로써 사회주의 연극의 임무를 수행"[13]해야 한다는 목표 아래 활동했다. 프로연극이 나아가야 할 방향에 대해서 박영호는 한 기고에서 "연극운동의 당면적 임무는, 근로대중의 생활적 전투성의 임무가 되어야 한다. 세계적 프롤레타리아 극장인 독일 피스카토르 극장의 창립자 피스카토르의 말과 같이 기성된 프롤레타리아 작품을 심각한 극장의 현실적 정세 위에 새로운 조화를 갖도록 개작해도 좋을 것이다. 모든 문제의 중심적 요소는 박력화해 가는 빈농, 빈노의 역사적 · 결정적 생활감정의 조직화이며 사회화하는 데 있다."[14]고 했으며 당시 연극계의 타락을 직접 목격했던 김재철도 기성극단들이 "최근에는 희극 혹은 희가극으로 에로미가 횡일하고 있으니 이러한 직업극단은 영리적으로 저급한 오락 본위의 각본을 내놓아 대중을 기만하고 있다. 1929년 9월 미나도좌에서 메르덴 작 〈탄갱부〉며 싱클레어 작 〈2층 위의 사나이〉 등 좌경 각본을 상연하였으나 노동자, 농민대중을 망각하고 인텔리적 경향에 빠져 버리고 말았다. 청치마 끝에 소주병 차고 죽여 달라고

---

12   이두현, 앞의 책, 250~251쪽.
13   신고송, 「연극운동의 출발―현 단계의 프롤레타리아 연극」, 『조선일보』, 1931. 7.29~8.2 참조.
14   박영호, 「프로연극의 대중화문제」, 『비판』, 1932.3.

발버둥치는 것이라든지 모뽀(모던보이), 모껠(모던걸)의 에로 100%의 난무(亂舞)라든지 당신이 사랑한다면 오장육부라도 쏟아 놓겠다는 연극이 노농대중에게 무슨 관계랴? 뿌르(부르주아), 소뿌르(소부르주아), 소시민적 인텔리 등 연극은 노농계급에 하등의 만족을 줄 수가 없다."[15]고 비판하면서 프로연극 등장의 당위성과 활로를 제시했다.

위의 글에서도 느낄 수 있는 바와 같이 프로연극인들은 신파나 예술을 추구하는 정통적인 연극을 반동연극이라 몰아붙이면서 매우 전투적 자세로 노동자·농민 속으로 파고들어 가려 했다. 그들은 실제로 대중성, 예술성을 추구하는 연극인들과의 투쟁을 제1차적으로 하고 볼셰비키적 방침의 구체화를 위해 조직 문제에 대한 반성, 기술자의 이용 문제, 연극 문제에 대한 정당한 이론의 전개, 연극적 문제의 지방적 대두의 필요[16] 등을 당면 과제로 삼고 이를 추진시켜 나갔다.

따라서 카프도 1930년 4월 기구 중에 연극부를 두어 김기진을 책임자로 앉히는 한편, 산하에 극단 이동식 소형극장과 메가폰, 그리고 신건설을 두었다. 이중 극단 신건설은 창립 공연으로 오토 뮐러의 〈하차〉와 〈지옥〉을 도화극장 무대에 올린 데 이어 레마르크의 〈서부전선 이상 없다〉를 공연하였으나 일경의 제지로 하룻밤으로 끝나고 말았다. 그럼에도 불구하고 그들은 계속해서 〈신임이사장〉(송영 작), 〈산상민〉, 〈그 전날 밤〉(한설야 작) 등을 공연하려 했으나 일경의 제지로 햇빛을 못 보고 결국 『연극운동』이라는 잡지를 발간하는 한편 신건설이라는 좌익연극단을 조직하여 적화를 기도[17]한 죄목으로 이상춘, 강윤희, 김태진, 양준영, 이필용, 김대균, 추정호 등 주요 멤버 7명이 검거되는 사태가 벌어졌다. 이것은 다시 이듬해의 신건설사 사건으로 확대되었다. 속칭 신건설사 사건은 1934년 8월에 전북을 기점으로

---

15 김재철, 『조선연극사』, 학예사, 1939, 191~192쪽.
16 안함광, 「조선프로연극의 신전개」, 『비판』, 1932.9.
17 『매일신보』, 1933.3.8.

하여 경기, 충남, 경북, 성남, 평북, 황해도 등 7개 도에 걸쳐서 80여 명의 좌익 문인 및 연극인들을 대대적으로 검거한 사건인데 80여 명 중 박영희 등 22명이 기소되었다.

결국 이 두 사건이 계기가 되고 또 강력한 일경의 탄압으로 카프의 해산은 물론 프로극도 그 허황된 기세가 꺾이지 않을 수 없었다. 프로연극인들은 정통적 신극을 부르주아 연극이라고 비난하고 신파극은 퇴폐적 연극이라 비판하면서 자못 전투적 자세로 마르크스주의 선전극을 시도했지만 그것도 극히 일시적인 것에 불과했다. 또한 지나치게 정치선전물로 전락했기 때문에 연출·연기술이 미숙하여 대중으로부터 소외당한 데다가 일제의 탄압으로 그들의 포부가 쉽게 무산되었던 것이다.

그리하여 프로연극인들은 곧바로 동양극장을 중심으로 한 상업연극인으로 변신해 간다. 이처럼 그들이 쉽사리 철저한 신파극인으로 변신될 수 있었다는 것으로 보아서도 알 수 있듯이 식민지 시대의 프로연극운동은 공산주의의 문제점을 깊게 깨닫지 못한 처지에서 반일운동 차원에서 실험하다가 일제에 의하여 좌절당한 것이다.[18]

---

18 「일제강점기의 프롤레타리아 연극운동에 대하여」는 졸저 『한국근대연극사신론』 하권, 태학사, 2011, 269~352쪽 참조할 것.

제1부 분단 이전의 프롤레타리아 연극

제2장

해방 직후의 프로연극운동

들뜬 해방공간의 다급한 움직임

1945년 8월 15일 민족의 숙원인 해방의 날이 오자 산하는 마치 봄기운이 돌듯 생기에 넘쳤다. 그런 흥분과 혼돈의 와중에서 정치단체 못지않게 먼저 간판을 내걸고 활동을 시작한 것이 문화단체였다. 임화(林和)가 주동이 된 조선문학건설본부가 해방된 이튿날 서울 한청빌딩에서 결성되었고 뒤이어 연극건설본부, 음악건설본부, 미술건설본부, 영화건설본부 등이 속속 발족되었다. 이상의 각 단체들은 곧 조선문화건설중앙협의회(문건)라는 연합체를 만들어 임화를 서기장으로 앉히고 조직 체계를 세워 나갔다. 해방과 더불어 일제 때 활동하던 연극단체들이 모두 와해된 뒤 처음으로 결성된 연극건설본부의 주동 인물들은 송영, 김태진, 이서향, 함세덕, 박영호, 김승구, 나웅, 안영일 등이었고, 송영을 중앙위원장으로 하여 서기장에 안영일을 앉혔으며 유치진, 서항석, 서일성 등도 명단에 들어 있었다. 인적 구성으로 보아 알 수 있듯이 처음에는 좌익 일색도 아니었고 또 좌익의 기치도 내걸지 않은 식민지 시대 조선연극문화협회의 재판과 같았다.

연극건설본부는 문건(文建)에서 만든 연극의 기본 방향, 즉 ① 일제 문화정책의 잔재 일소, ② 봉건적이고 특권계급적 연극의 잔재 일소, ③ 세계연극과 발맞춘 민족극 수립, ④ 문화의 통일전선 확립 등의 기치를 내세우고 새로 발족된 좌경 극단, 백화, 조선예술극장 등을 산하로 끌어들였다. 의욕에 넘친 이들은 연극연구소, 국립극장, 연극영화학교, 잡지 발간 등도 계획하였고, 연합군 입성 환영 공연 준비와 전재민 의연금 모집을 위해 가두에 나서기도 하는 등 부산했다. 그러나 연극건설본부가 당초에 극도로 흥분된 상태에서 급조된 데다가 또 그것이 구체적인 연극운동이나 실천을 통해 조직되지 못한 근본적 결함과 유치진 같은 우익 연극인, 그리고 송영, 박영호, 안영일 등과 같은 좌익 연극인들의 혼성에 따른 동상이몽의 이질적 구성으로 한동안 진통기를 거쳐야 했다.

왜냐하면 이들이 처음부터 사회주의 이념연극의 기치를 분명하게 내걸었기 때문이다. 안영일은 한 지방신문에 기고한 글에서 "일본 제국주의의 잔재와 봉건주의 청소와 함께 착종된 조선적인 현실, 다시 말하면 조선의 전 인민이 요망하고 있는 진보적인 조선연극의 건설을 위한 진지한 창작희곡의 생산을 꾀하여야 할 것과 진실로 노동자, 농민 속에서 일어나는 프롤레타리아 작가의 배출을 기대하여야 할 것"[1]이라고 분명하게 밝히고 나섰다.

박진(朴珍)에 따르면 실제로 당시 사회 분위기도 '투철한 사상이 있어서가 아니라 비판할 여지도 없이 유행병적인 소아병에 걸려서 공산주의연하는 것을 진보적인 것처럼 여기는 풍조'였다. 그에 따라 특정 사상을 내세우지는 않았지만 이념 성향이 있어 보이는 극단들, 이를테면 청포도를 비롯하여 인민극장, 동지, 혁명극장, 조선예술좌, 서울예술극장 등이 속속 출연하여 공연 활동을 벌여 나갔다.

이러한 상황 속에서 연극건설본부는 일단 해체되었지만 좌익 연극인들도 프로연극동맹 조직을 둘러싸고 조직론자, 조직무용론자, 인민연극론자 등 세 파로 대립하며 갈등을 겪게 된다. 그들은 조직론자를 좌파라 부른 데 반해 조직무용론자를 우파라 불렀다. 좌파에서는 프로예술가들은 당장 각

---

1   안영일, 「연극계의 전망」, 『영남일보』, 1946.1.15.

부문별로 조직체를 가지고 노동자 · 농민의 생활 속에 침투, 하루빨리 남로당의 외곽단체가 되자고 주장한 데 반해, 우파는 프로연극동맹조직은 시기상조로서 전 연극단체를 총망라한 협의기관만을 갖고 그 안에서 지도해야 한다고 맞섰다. 한편 인민연극론자들은 그런 간판 가지고는 전 연극인을 포섭할 수 없으니 인민연극동맹이라는 중도적 조직체를 갖고 있다가 적당한 시기에 프로연극동맹으로 재편하자고 주장했다.

이상과 같은 좌익 연극인들의 세 갈래 견해도 결국은 전 연극인을 좌익진영으로 끌어들이는 데 있어서 방법상의 견해차에 불과한 것이었다. 우파와 인민연극론들은 과격한 정치주의를 배격하면서 모스크바예술극단과 같은 극예술을 수립하자는 것이었는 데 반해서 좌파는 이들을 가리켜 연극을 일제의 전쟁 선전 도구로 전락시킨 친일파라 폄훼했던 것이다.

프로연극동맹의 결성

그러나 이들의 대립은 결국 좌파의 승리로 끝남으로써 동년 9월 27일 조선프롤레타리아연극동맹(프로연극동맹)이 결성되기에 이른다. 이는 1934년 좌익 극단 신건설이 해산된 뒤 9년 만에 프로연극 진영이 재건된 것인바 그 의미와 관련하여 당시 한 언론은 "연극을 통하여 민중을 지도하고 노동자 농민에게 공헌하자는 진보적 연극인들이 약속하여 조선프롤레타리아연극동맹을 결성하였다. 일본 제국주의의 잔악무도한 탄압 밑에서 과감하게도 반전극 〈서부전선 이상 없다〉를 위시하여 수많은 작품을 공연하여 조선 프로연극을 하여오던 중 1935년 일경의 야만적 탄압으로 붕괴된 이래 조선 프로연극의 전 활동 기능은 좌절되었던바 이번에 반가운 재조직을 보게 된 것인데 27일 오후 3시 종로2정목 조선연극건설본부 회의실에서 백여 명이 집합하여 그 결성식이 성대히 거행되었다."[2]고 보도한 바 있다.

---

2   『일간조선통신』, 1945.9.29.

이러한 좌파 연극인들의 동맹 결성의 의미와 관련하여 안영일은 "조선프롤레타리아연극동맹을 중심으로 모였던 연극인들 사이에 극좌적인 공식주의적 이론에 대한 성실한 자기비판과 민주주의적인 민족연극의 기본 방향 설정을 위한 프롤레타리아연극동맹과 연극건설본부 사이에 진지하고 열성적인 이론 투쟁의 전개를 보아 그들은 마침내 민족연극의 기본노선을 발견하게 되어 양측이 통합하게 된 것"[3]이라고 정리한 바 있다.

나웅(羅雄)을 중앙집행위원장으로 하고 강호(姜湖)를 서기장으로 한 프로연극동맹은 첫째 프롤레타리아 연극의 건설과 그 완성을 기한다, 둘째 일체의 반동연극과 싸운다, 셋째 연극 활동이 노동자 · 농민의 생활력과 투쟁력의 원천이 되기를 기한다는 등의 강령[4]을 내걸었지만, 이 단체에 가입한 극단은 청포도, 일오극장, 해방극장, 전선, 서울예술극장, 혁명극장, 자유극장 등 7개 단체뿐이었다. 그러다가 곧바로 다른 좌익 극단들도 프로연극동맹의 조직 속으로 끌려 들어갔다. 해방 직후의 모든 문화단체들이 남로당의 주구로 전락, 꼭두각시화했듯이 이 단체도 전국문화단체총연맹(문련)의 산하로 들어가 공산주의 정치선전으로 도구화해 갔다.

그들은 좌익 문화단체가 공통적으로 내걸었던 행동강령인 ① 일제의 잔재 소탕 ② 봉건주의 잔재 소탕 ③ 국수주의 배격 등의 기본 방침에 따라 연극운동을 펴나가면서 사상 선전에 골몰했다. 그 첫 번째 주요 행동은 찬탁(贊託)으로 나타났다. 당시 긴급한 정치 문제로 떠오른 신탁통치 문제에 대하여도 저들은 민족통일전선 촉성연극인대회라는 것을 개최하고 선언문을 통하여 "실로 3천만 인민은 민족 통일을 희구하여 하루바삐 자주독립의 날이 오기를 고대하였다. 허나 민족의 완전 통일은 구현되었던가. 이것은 우리 자신이 맹성할 바이다. 작금 탁치철폐(託治撤廢) 운운을 계기로 군림적인

3 안영일, 「연극계」, 『예술연감』, 1947년도판.
4 일 기자, 「프로예술진영의 재건」, 『인민』 창간호, 1946.

자기 세력의 부식을 도모하는 파쇼 분자가 있고 민족분열을 일축해야 할 이 위기에 독선적인 완명한 생각을 버리지 못하는 일부 지도자가 있다는 것은 통탄할 바"⁵라고 하여 반탁 지도자들을 반통일 세력으로 몰아붙이기도 했다. 이처럼 프로연극인들은 오로지 남로당 지령에 따라 움직인 것이다. 그리하여 혁명극장, 해방극장 등 10여 개의 극단을 앞세운 프로연극인들은 마르크스 · 레닌 세계관에 입각한 정치선전극을 상연하면서 장내에서 구호를 외침은 물론 연극이 끝나면 관객을 이끌고 가두시위마저 벌이곤 하였다.

프로연극인들의 정치적 행동과 관련하여 안영일은 대놓고 노골적으로 "예술은 당(黨)의 것이라고 하였다. 그러므로 진보적 연극운동은 조선 인민혁명의 제 과제를 곧 자기의 임무로 삼아야 하고 진보적 연극운동의 통일지도 역시 이러한 이념적 기초 위에 서서 가장 광범하고 넓은 층을 총망라할 수 있는 조직이어야 한다. (중략) 왜 그러냐 하면 우리의 예술—연극—활동은 우리가 당면하고 있는 인민혁명의 제 임무를 수행하기 위한 당의 방침—다시 말하면 민족통일 전선의 투쟁을 위한 기본적 노선을 지향하는 데서만 가장 정확한 연극운동 방침의 수립이 가능하기 때문"⁶이라고 합리화한다.

이러한 프로연극인들의 연극관에 대하여 언론인이며 작가인 김광주는 "문화인들과 예술인들은 조국의 해방과 독립을 구호로 역사적 사명을 걸머졌다고 날뛰고 있다. 이리하여 소위 '진보적'이니 '양심적'이니 하는 미명 아래 조선의 무대에는 도리어 시대를 역행하는 퇴보적인 당파 투쟁이나 정치 야욕에 부채질하는 형식화되고 고정화된 연극이 때를 만난 듯이 횡행하였고 비양심적인 연극이 본도를 벗어난 '슬로건'이 범일하였다. 조선연극운동의 걸어온 자취가 어제나 오늘 같거늘 언제부터 진보적이었으며 정당의 앞

---

5 『문화통신』 제2권 제1호.
6 안영일, 「조선연극의 역사적 단계」, 『신문예』 창간호, 1945.12.

잡이가 되어 마음에도 없는 대사를 의기양양이 고호(高呼)하는 것도 연극의 후퇴요 예술의 모독"[7]이라고 비판하고 나서기도 했다.

혼란스러운 상황에서 우익 민족진영이 채 정신을 차리기도 전에 기선을 제압한 프로연극동맹은 전열을 정비, 인민예술좌, 녹성 등 직장극단을 새로 조직하는 한편 우익 민족진영 연극을 비판 · 공격 · 방해하였다. 폭력 행사도 예사로 하였다. 그러니까 자신들의 이념과 대치되는 우익 연극에 대해서는 공연 방해도 예사였다. 가령 유치진 주도로 조직된 극예술협회(극협) 공연을 회고한 이해랑은 "민주진영으로선 유일하게 정돈된 극협의 출현은 좌파 연극인들에겐 큰 위협이 됐고, 따라서 그들의 방해는 대단했다. 이들은 불량배들을 내세워 극장 입구를 봉쇄, 관객들을 불러냈으며 출연자들에게도 공갈 협박을 했다. 그러나 뒤숭숭한 사회 분위기 속에 경찰력은 이들을 몰아낼 만큼 그 힘이 강하지 못했다."[8]고 말한 바 있다.

그러한 상황에서 좌익 연극인들의 첫 번째 종합적 공연 행사는 1946년의 제1회 3 · 1절 기념 연극공연대회였다. 5개 극단이 참가한 이 대회에서 혁명극장은 박영호 작 〈님〉, 서울예술극장은 조영출의 〈독립군〉, 백화는 이운방의 〈나라와 백성〉, 조선예술극장이 김남천 작 〈3 · 1운동〉, 자유극장은 박노아의 〈3 · 1운동〉 등 창작극을 각각 상연했다. 작품 제목에서도 느낄 수 있는 바와 같이 이들의 작품은 모두 식민지 시대의 독립운동을 묘사한 것들로서 그들이 공통적으로 내걸었던 일제 잔재 청산에 표적을 맞춘 반일 작품들이었다.

당시 이재현은 해방 직후 좌익 연극운동을 3기로 나누어 언급한 적이 있다. 그의 주장에 따르면 1945년 8월 15일부터 이듬해 3월까지 7개월 동안이 제1기로서 태동 발아기고, 그 후 1947년 8월까지 1년 반 동안이 찬란한

---

7   김광주, 「극장예술의 고민-연극운동의 몇 가지 당면과제」, 『문화』, 통권 제3호, 1946.

8   이해랑, 「극단 '신협'-남기고 싶은 이야기들 2」, 『중앙일보』, 1978.11.2

성장기였으며 동년 9월부터 다음 해 1948년 8월까지 1년이 침체기였다는 것이다.[9] 이로써도 알 수 있듯이 저들의 연극운동은 3년도 채 되지 않는다.

게다가 좌익 연극인들이 요란하게 떠들고 나섰지만 실제적 연극 행위는 전술한 제1기가 전성기라 할 만큼 저조한 편이었다. 그나마 업적으로 꼽을 만한 것은 실천은 못 했어도 일단 연극 대중화 운동 제시라 말할 수가 있다. 그 내용은 ① 대극장 공연 중심주의로부터 소규모 이동극장 공연으로 전환시킨다 ② 직장 농촌 학교 등의 자립적 연극 활동을 지도 원조하고 지방에 지부를 설치하여 연극서클 활동을 전개한다 ③ 비판 활동을 강화하고 희곡부의 활동을 강화한다 ④ 저속한 가극의 옳은 지도를 위하여 노력한다 ⑤ 예술지상주의에 대하여 철저히 비판하고 특히 그것이 학생극에 영향을 주지 않도록 경계한다 ⑥ 대중화 사업을 위하여 주요 양식을 제공할 정기 간행물과 총서 등을 발간하는 한편 전 출판물을 활용한다[10] 등이었다. 그러나 그들이 내건 연극 대중화 운동이란 것도 전혀 새로운 것이 아니고 혁명기 러시아에서 벌였던 연극 브나로드 운동의 변형된 재현으로서 일제도 자신들의 군국주의 정책을 확산시키기 위하여 전쟁 말기에 써먹었던 방식에 지나지 않았다.

그리고 성장기라고 하는 제2기의 활동이라고 해야 1946년도 여름의 극심한 한발을 맞아 수해 구제라는 간단한 행사를 치르면서 박영호, 안영일 등 몇 사람의 연극 강연과 함세덕의 〈감자와 쪽제비와 여교원〉 낭독회를 개최한 정도였다. 사실 해방 직후의 정치·경제 사정과 혼란 속에서 어떤 공연도 쉽지는 않았다. 그런 가운데 연극을 선전 선동의 중요한 무기로 여기는 북한 정부가 평양 중심의 연극 기반을 조성하기 위하여 좋은 조건을 내걸고 서울에서 활동하고 있는 연극인들을 유혹함으로써, 그해 3월부터 신고송을

---

9   이재현, 「수난의 민족연극」, 『민성』, 1948년 7월호.
10   일간 『예술통신』, 1947.2.7~8.

필두로 하여 한효, 이동규, 윤규섭, 박세영 등이 제1차로 월북했고, 곧바로 박영호, 송영 등 수십 명이 월북을 단행했다.

연극인들의 월북 배경

이태우도 당시 연극 상황에 대한 글에서 "해방 직후의 활기는 그 후 미묘한 정치적 저기압과 경제적 압력 또는 하등의 문화적 옹호가 없는 당국의 정책, 그리고 호화로운 미국 영화의 제한 등으로 연극계는 피폐하고 연극인의 생활은 궁핍의 극에 달하였다. 이 같은 현실에 불만을 느낀 나머지 신고송, 강호, 이백산, 이재덕, 이정자 등 약 20여 명의 해방극장 일행은 38선이북으로 가고 뒤따라 나웅, 송영, 김승구, 김욱, 박영신, 배용, 김두인, 이정훈, 엄미화 등도 가고야 말았다."[11]고 월북한 연극인들의 면면과 월북 배경을 분명하게 밝혀놓은 바 있다. 이처럼 상당수 연극인들이 월북한 것은 단순히 특별한 이데올로기 때문만은 아니었고, 생활 안정을 시켜 주겠다는 평양 쪽의 손짓에 따라간 연극인들이 더 많았다고 보는 것이 정확할 듯싶다. 당시 월북 연극인 중 일제강점기에 프로극운동과 무관했던 동양극장 계열의 신파극 배우들이 많았던 사실에서 그 점을 발견할 수 있다. 그 외에 더욱 중요한 요인은 물론 사회주의 사상에 따른 것이며 동시에 북쪽에 고향을 두었던 연극인들도 여럿 있었고, 박영호 같은 경우는 이 두 가지 조건에 따른 것이라 볼 수가 있겠다.

박영호가 해방되고 얼마 안 된 1945년 9월에 이미 고향 원산을 찾아갔던 사실에서 그 점은 확인된다. 소련 유학파로서 해방공간의 북한에서 고위직을 맡았던 정상진은 회고록에서 "1945년 가을이라고 생각되는데 박경수 선생이 나를 찾아왔다. 서울서 박영호 선생이 오셨는데 소련서 오신 정 선생을 만나고 싶어 한다고 말씀하셨다. 나도 쾌히 승낙하고 박영호 씨가 계신

---

11   이태우, 「극단평—신파와 사극의 유행」, 『경향신문』, 1946.12.12.

여관에 갔다. 그 여관방에는 원산시 문화인 여러분이 모여 있었다. (중략) 술잔을 비운 다음 박영호 씨는 말을 계속하였다. '사실 저는 서울 문학예술인들의 부탁을 받고 원산시를 찾아왔습니다. 지금 서울 문학예술인들은 몹시 궁금해하고 있습니다. 북한 소련 군정은 조선 문학예술인들에 대하여 어떤 태도를 취하고 있는지 그들이 북한에서 실시하려고 하는 문화정책은 어떤 내용인지… 알고 싶습니다.'[12]라고 쓴 바 있다. 박영호는 북한 사정을 살피러 먼저 고향인 원산을 찾았던 것이다.

월북의 또 다른 경우는 황철에게서 찾을 수가 있다. 어느 경우로 보나 공산주의와는 거리가 멀었던 황철은 그의 성향을 알면서도 최고 권력자 김일성이 북한 연극에 절대 필요하다고 생각하여 콕 찍어서 데려간 경우였다. 즉 황철은 김일성이 직접 사인한 '남북조선 당 사회단체 대표자 연석회의 참가초청장'을 받고서 월북한 것이다. 그와 관련하여 『노동신문』은 다음과 같이 보도했다.

> 투쟁 속에서 단련된 혁명가도 아니고 정치인도 아니며 더욱이 공산주의 이념으로 하여 살아온 사람도 아닌 자기와 같은 하나의 예술인을 그처럼 중요한 회의에 불러주시리라고는 꿈에도 생각하지 못했던 황철 동무로서는 벅차오르는 감격과 흥분을 억제할 수 없었고, 마음은 벌써 위대한 수령님께서 계시는 평양으로 줄달음쳤다.[13]

김일성은 꼭 필요한 예술가는 사상과 관계없이 데려갔다. 이 경우의 월북은 1946년 극단 해방극장 단원들을 중심으로 하여 프로극의 리더급인 박영호, 송영, 신고송 등이 뒤를 이은 것으로 보인다.

이즈음 김일성은 장차 북한 연극의 중추가 되는 국립극단 모체인 중앙예

---

12 정상진, 「도강—잊을 수 없는 순간들」, 『통일문학』 창간호, 2002.7.
13 『노동신문』, 1991.9.20.(루계 16275호)

술공작단 결성을 선포했음을 국립연극단장 리지영의 다음과 같은 회고에 잘 나타나 있다. "해방 후 조국의 방방곡곡에서 모여 온 50여 명의 연극인들로 주체 35년(1946) 5월 어느 날 당시 북한공산당중앙조직위원회 회의실에서는 위대한 수령님의 발기에 의하여 국립연극단의 전신인 중앙예술공작단의 결성을 선포하였다."[14]

좌우 대립의 격화

여하튼 해방공간의 연극 상황은 정치와 경제 등과 마찬가지로 혼란스럽고 불안정했다. 이념 갈등이 극심하여 연극인들은 갈팡질팡했고 좌익 연극인들의 독주에 불안을 느낀 우파 쪽에서도 반격을 가하기 시작했다. 1947년 상반기에 전국문화단체총연맹(문련) 주최의 전재동포 구제기금 모금을 위한 종합예술제 당시 좌파 작가 함세덕의 〈하곡〉(안영일·이서향 공동연출) 공연 중 극우파로 보이는 사람들에 의한 수류탄 투척 사건이 바로 그런 경우였다. 이는 좌익 연극인들의 지나친 정치운동에 대한 반작용으로 야기된 불상사였지만 치안상 심각한 사건이어서 정부가 나서지 않을 수 없었다.

1947년 초 장택상 경찰총감의 '예술을 빙자한 정치선전금지 조치'가 내려짐으로써 프로연극운동은 급속도로 몰락해 갔다. 날이 갈수록 극렬해지는 프로연극동맹의 정치선전극에 자극받은 미 군정 당국도 오로지 사상선전만을 일삼는 프로극 단체들에 철퇴를 가하는 특별고시를 발표했다.

경찰총감의 고시[15]에 대한 프로 진영의 반발은 대단했다. "사상 없는 예술은 있을 수 없다."(김동석)로부터 시작하여 "극장문화의 멸망"(심영), "민족문

---

14   리지영, 「위대한 태양의 품속에서 아로새겨진 온 주체적 연극예술의 자화상 70년」, 『조선예술』, 2016년 5월호.

15   "최근 시내 각종 흥행장에는 오락을 칭탁하고 정치선전을 일삼는 흥행업자가 있는 듯한데 민중의 휴식을 목적으로 하는 오락이 정치나 선전을 일삼아 치안을 교란시킨 자는 엄벌에 처함", 『경향신문』, 1947.2.3.

화 무시, 씻지 못할 폭언"(손공인) 등에 이르기까지 그들의 저항은 맹렬했다. 그러나 프로극에 대항하는 우익 민족진영에서는 연극은 어디까지나 예술로서 순수해야 하고 정치도구화하여 예술을 정치운동에 악용하려는 것은 불순한 것이라고 경찰총감의 고시를 환영하고 나섰다.

좌익 문화단체에서는 경찰총감의 고시가 극장예술운동을 전면적으로 봉쇄시키는 처사라 하여 안영일, 함세덕, 문예봉 등 30여 명의 대표를 러치 미군정장관에 보내 고시 취소를 요구하는 건의서를 전달했다. 러치 장관이 건의서를 묵살하자 그들은 조선문화총연맹에서 상임위원회를 열고 김기림, 함세덕, 김남천 등을 대표로 내세워 문화옹호문화인예술가총궐기대회를 개최, 그들의 뜻을 관철하려 마지막 안간힘을 쓰기도 했다.

반면 당시 대표적인 우파정당이라 할 한민당 간부 한상훈은 '당연한 조치'라는 특별성명을 통하여 "연극은 예술의 표현이어야 하겠는데 정치의 도구화 방편으로 생각하면 그 영향이 나쁘다. 정치운동에는 여러 가지 방법으로 자기의 주의를 주장할 수 있겠는데 일반이 위안을 받아야 할 오락기관에까지 정치적 무엇이 들어서는 불순하다. 그러므로 장 총장의 고시는 예술의 이름을 빌려서 정치적으로 악용하려는 것만을 금지한 것"[16]이라고 당국을 지원하고 나서기도 했다.

이에 용기를 얻은 당국에서는 더욱 철퇴를 가해 갔다. 좌익 문화인들이 2월 중순에 최후의 저항으로 조선문화총연맹 주최로 '문화옹호남조선문화인예술가총궐기대회'를 가지려 하자 경찰당국에서 본보기로 이서향, 김남천, 심영, 황철, 박학 등을 검거했다가 8월에 풀어 주기도 했다.[17] 그럼에도 불구하고 나머지 프로극인들은 변함없이 연극운동을 펴나갔다. 2월 말에서부터 3월 초순에 걸쳐서 개최된 프로연극동맹 주최의 제2회 3·1연극제에서

---

16 『경향신문』, 1947.2.4.
17 『경향신문』, 1947.3.25.

민중극장·자유극장·혁명극장·무대예술연구회 합동으로 함세덕의 〈태백산맥〉을 국도극장에서 공연했고, 예술극장·문화극장·낙랑극회 역시 합동으로 조영출 작 〈위대한 사랑〉을 공연한 것이다. 제2회 3·1연극제는 어느 때보다도 많은 관객을 동원했는데, 실은 그것도 남로당 계열의 계획적 동원에 불과했다.

프로극이 대중으로부터 외면당한 것은 이미 1946년 말부터였다. 왜냐하면 프로극단들이 지나치게 이념적이고 정치선전에 이용당했기 때문이다. 이런 상황을 타개하기 위하여 프로연극인들은 일제강점기의 조선연극문화협회에서 써먹었던 선전극 방식을 다시 조금 변형하여 활용하기 시작했다. 한 가지 예로, 저들이 군정 당국의 탄압에도 불구하고 소위 자립극운동이라는 편법을 활용하려 했는데, 이는 전문단체들의 중앙활동을 줄이는 대신 아마추어 연극을 전국적으로 확산시키되 주제는 어디까지나 "민주주의 조선 건설에 이바지할 수 있는 반봉건적 반제국주의적 반국수주의적 연극"[18]이라야 한다고 못을 박은 점이라 하겠다. 이때 좌파 연극이론가 김태진과 김남천 두 사람의 주장은 당시 그들의 나아갈 방향을 잘 제시한 것으로 볼 수 있다.

김남천은 아마추어 연극을 전국으로 확산시켜야 한다고 했는데, 그의 주장을 받아들인 김태진은 "먼저 극단의 온상, 스탠다드 극단에의 중점주의를 청산하자. 감미한 예술지상주의적 관념을 버리자. 그리고 기술적 경제적 방법상 운영상 제 조건에 있어 심히 곤란하고 고생될 것을 각오하면서라도 영리의 지배성을 떠난 소형극단운동을 일으키어 화급히 공장으로 농촌으로 뛰어들어가자. 혁명의 결정적인 담당자 산업 전열에 싸우는 연극을 보내자. 이 소형극단은 종래의 흥행적인 성격을 떠남으로써 수입 관계를 무시하여야 할 것이다. 진정한 의미에서 순수한 마음의 기사로서의 헌신적인 기개를

---

18 안광희, 『한국프롤레타리아연극운동의 변천과정』, 역락, 2001, 195쪽.

요하는 싸우는 연극의 연극군대가 될 결의하에서 궐기하지 않으면 안 된다. 이 운동을 시급히 일으키는 데서만 현하 연극의 위기가 극복될 것"[19]이라면서 세계연극사에서 그 유례를 찾아보기 어려운 소위 연극군대란 용어까지 등장시켰다. 이 말은 곧 종래의 예술 방식으로는 혁명을 완수하기 어려운 만큼 군대 방식처럼 대오를 지어 저돌적으로 진격해 가야 한다는 것이었다.

그래서 나온 안(案)이 조선문화단체총연맹 주도의 대대적인 문화공작대 조직과 전국으로의 확장이었다. 그 구체적인 실천방안에 대하여 김남천은 "첫째로 10만 문화공작자를 실지로 움직이게 할 것, 둘째로 지방문화운동의 수준을 향상시키기 위하여 기술적 · 학문적 · 계몽적인 출판물과 조직적 협조를 강화할 것, 셋째로 문화 수준의 지표와 문화공작의 모범을 보일 것, 넷째로 중앙의 전문적 예술가 과학자를 '문화와 예술과 과학'을 ㅁㅁ로 손에 들고 몸소 인민 대중의 가운데 들어가게 할 것, 다섯째로 중앙 지방을 통하여 전 문화인 예술가를 인민의 앞에 복무케 하는 지대 지존의 사명을 가지고 훈련할 것 등…"으로 규정하고 그 임무는 크게 세 가지로서 첫째 지방문화운동을 적극적으로 원조하고 추진시키는 임무, 둘째 지방문화조직의 체계를 강화 확립하는 임무, 셋째 민건(民建) 산하 각 정당 사회단체의 확대 강화를 추진 원조하는 임무라고 하였다.[20]

이상과 같은 김남천의 원대한 구상은 곧바로 실천에 들어갔다. 10만 명을 동원하기 위하여 연극인을 중심에 놓고 문인, 음악가, 무용가, 화가, 영화인, 그리고 사진작가들까지 망라했다. 이들은 공작대를 4개로 편성하여 제1대(대장 유현)는 〈위대한 사랑〉을 갖고 경남지방을, 제2대(대장 서일성)는 〈태백산맥〉과 〈쪽제비〉를 가지고 충청도를, 제3대(대장 황철)는 〈비스터 방〉과 〈덕수궁 수술장〉(조영출 작)을 갖고 강원도를, 그리고 제4대(대장 심영)는 〈태

---

19 김태진, 「연극의 위기」, 『대조』, 제1권 제2호, 1946.
20 김남천, 「제1차 문화공작단 지방파견의 의의」, 『노력인민』, 1947.7.2.(안광희, 『한국 프롤레타리아연극운동의 변천과정』, 198쪽에서 재인용).

백산맥〉과 〈위대한 사랑〉을 갖고 경북지방을 순회하도록 하였다(전라도와 경기도가 빠져 있는 것이 의문이다). 실제로 6월 30일부터 8월 중순까지 공연과 강연, 사진전 등이 열렸다.[21]

프로연극의 예술적 한계

남한에서의 프로 문화인들 최후의 노력도 순탄치는 못했다. 왜냐하면 투석 사건 등에서 확인할 수 있듯이 일반 대중의 저항과 외면이 심했기 때문이다. 그 점에서 이태우의 "해방 후의 모든 정치적 내용을 가진 연극이 실패한 것은 그 내용이 생경한 이데올로기적 편승이기 때문에도 흥행적 실패의 원인이 있지만 그보다도 일제하의 선전 연극의 수단에서 조금도 새로운 형식으로 발전시키지 못한 데에 기인하는 것"[22]이라고 지적한 것은 정곡을 찌른 글이라고 하겠다.

그럼에도 불구하고 북한에서는 그러한 아마추어적인 선전 선동을 위한 소형극장운동이 전국적으로 전개되었음을 1947년도 가을에 발행된『인민희곡집』에서 확인할 수가 있다. 「직장연극을 위하여」라는 글에 "오늘 북조선 방방곡곡에 조직되어 있는 각 직장의 문화서클 각 농촌의 농촌구락부를 중심으로 한 문화조직은 광범히 전개되고 있다."[23]고 쓰여 있는 것이다.

그런데 남북한을 가리지 않고 좌익 연극인들이 일제가 전쟁 말기에 써먹었던 구태의연한 선전연극 방식을 명분만 바꿔서 재탕할 수밖에 없었던 이유는 주동자 대부분이 일제강점기 말엽 친일어용단체였던 조선연극문화협회에서 그 일을 해 본 데다가 단기간에 더 나은 방도를 찾아내기가 불가능했기 때문으로 볼 수가 있다. 이태우가 비판한 것은 선전 방식보다도 생경한 정치 이데올로기 극의 후진성에 대한 것이었다.

---

21 유민영, 『한국근대연극사 신론』 하권, 태학사, 2011, 543쪽.
22 이태우, 앞의 글.
23 「직장연극을 위하여」, 『인민희곡집』, 평양 : 문화전선사, 1947, 169쪽.

물론 안영일이 지적했던 바대로 반봉건적·반자본주의적 내용의 혁명적 리얼리즘을 새로운 창작 방식이라고 내세웠지만 실제로는 과거 카프 시대 같은 유물변증법적 창작 방식에서 조금도 벗어나지 못했던 것이다. 즉 판에 박힌 창작 방법, 모든 나쁜 동기는 지주나 자본가 또는 미국이나 민주진영 사람들이 한 것처럼 꾸며 타도를 외친 것이었다. 솔직히 이러한 주제와 창작물들에서는 극히 도식적이고 생경한 이데올로기만 넘쳐서 예술성이나 인간성 같은 것은 찾아볼 수가 없었다. 신고송의 〈철쇄는 끊어졌다〉, 〈결실〉이라든가, 송영의 〈황혼〉 같은 희곡은 그 표본적 작품이라 할 수 있다.

그러한 작품들은 예술적 가치가 부족한 이념 구호의 작품으로서 토지 문제라든가, 소작쟁의, 즉 토착지주와 신흥계급 청년의 자연발생적 항쟁의식을 피상적으로 묘사하거나 과거에 대한 친밀한 정책을 민족반역자로 폭로 매도하는 정도였다.[24] 또 유독 리얼리즘을 부르짖었다. 그러나 이는 사회주의 리얼리즘의 겉껍데기로서 선전, 선동, 선정적인 것에 불과했다. 신고송의 〈철쇄는 끊어졌다〉라는 송극(誦劇)의 일부를 소개하면 다음과 같다.

소리 1　여기는 쇠사슬에 매달린 청년이 있다.
뭇소리　그것은 누구냐
소리 2　그것은 조선사람의 모습이다.
소리 3　그것은 노동자다.
소리 4　그것은 농민이다.
소리 5　그것은 해방전사이다.
소리 6　그것은 혁명투사이다.
소리 7　그것은 나의 아버지다. (중략)
소리 1　묶은 놈은 누구냐.
소리 2　일본놈이다.

24　홍효민, 「최근창작개평」, 『조선일보』, 1945.12.18, 1~27쪽 참조.

소리 3   일본 제국주의자다.

소리 4   자본가다. (중략)

소리 1   모든 권력은 인민에게로

소리 3   인민위원회를 지지한다. (중략)

소리 6   토지는 농민에게로 분배하자.

소리 7   토지혁명을 완성하자.

뭇소리   조선혁명 만세!

이와 같이 예술성이 극히 떨어지는 프로연극이 대중에게서 호응을 얻을 리 만무했다. 따라서 시간이 흐를수록 프로연극은 배척을 당했고 신망을 잃어 갔다.

프로연극의 퇴조에 따른 사회 정상화와 극렬한 프로연극인의 피포, 관객 상실 등으로 해서 극단 유지가 거의 불가능해졌다. 그에 따라 프로연극인들은 월북하거나 우경하는 수효가 늘어 갔다. 그만큼 우익 민족진영이 안정을 찾기 시작했다는 의미도 된다.

해방 직후 창립 공연으로 모습을 드러낸 인민예술극장, 일오극장에 이어 1946년도에는 청포도, 해방극장, 조선예술극장, 서울예술극장 등이 해체되었고, 1947년도에 와서 혁명극장, 낙랑극회, 기타 잔여 극단들이 8·15 기념 공연을 준비하다가 군정 당국의 중지 명령으로 무산되었다. 단지 프로연극동맹 산하에 있으면서도 좌익 색채가 선명하지 않은 신파극단 자유극장만이 공연 활동을 계속했고 그 외 동맹 산하 극단들은 1947년 8·15를 전후하여 자연 해체되어 월북하고 말았다. 자유극장도 1948년 한국정부 수립 직전(7월 19일)까지만 공연하고 해체되었다.

1945년 9월 27일 결성된 프로연극동맹은 1947년 8월까지 2년여 동안 혁명극장, 해방극장 등 10여 개의 투쟁적인 극단을 앞세우고 남로당의 충실한 꼭두각시로서 연극예술을 가장한 서툰 공산주의 이데올로기만 선전하다가 내외의 벽에 부딪혀 결국 종지부를 찍게 되었다. 식민지 시대 상업극의 본산이었던 동양극장에서 주로 상업극을 했던 신파인들이 해방 후 쉽게 프로연극에 놀아났고, 그런 어설픈 광대놀음이 1948년 이후에는 평양을 무대로 북한에서 펼쳐지게 되었다. 이는 연극예술이 공산주의에 의해 어떻게 이용당하고 선전 수단으로 타락해 갔는가를 보여 주는 한 표본이라 말할 수 있지 않을까 싶다.

제2부

분단 초기의 북한 연극

제3장
희곡으로 본 분단 초기 북한의 실상

　1947년을 전후해서 소련 점령군의 조종과 북한의 자생적 정치인들에 의
해서 서서히 정부 수립을 향한 움직임이 눈에 띌 정도로 변화를 일으켜 가
고 있었다. 1945년 12월 모스크바 삼상회의 이후 여러 갈래의 북한 정치인
들의 눈에 보이지 않는 세력 대립 속에서 소련의 지원을 받은 김일성은 공
산당을 장악해 갔으며 북조선 임시인민위원회의 위원장도 자연스럽게 그
가 맡게 되었다. 임시인민위원회가 첫 번째로 단행한 것은 토지개혁이었는
데, 이는 곧 식량문제 해결의 시급성을 말해 주는 것이라 하겠다. 김일성이
북조선 최고지도자로 자리 잡아가면서 1946년 8월 조선노동당이 창립되어
자연스럽게 당도 장악할 수가 있었다. 북한은 김일성 중심으로 정치권력이
안정되면서 경제 건설에 박차를 가했고, 이듬해 1947년 초에는 소위 인민
경제 부흥 발전계획이란 목표를 내걸었다.
　이즈음 남한 서울에서 활동하던 연극인 등 공연예술인들이 북한으로 넘
어가기 시작했는데, 이는 아무래도 문화기반이 제대로 형성되지 못한 평양
으로서는 당장 선전 수단으로서 가장 필요한 공연예술의 활성화가 시급했
던 사정과 무관치 않다. 그에 따라 월북한 연극인들이 미약하나마 평양을
중심으로 하여 공연 활동을 벌이기 시작했으며 작품집도 몇 번 출간했다.
그 첫 번째 책이 북조선문학예술총동맹 문화전선사에서 발간한 『인민희곡

집』이다.

상행위조차 처벌하는 북한 경제정책

1947년 10월에 발간한 『인민희곡집』에는 한태천 등 월북 연극인들과 북한 출신의 극작가 5명이 쓴 5편의 작품과 「직장연극을 위하여」 및 「연극용어해설」이 실려 있다. 이것이 북한 정부가 시급하게 정리하고 또 권장하고 싶은 문제를 작품화한 것임은 당연한 사실이다.

당시 북한 정부에게는 경제 건설이 무엇보다도 앞서는 문제였다. 인민을 굶주리게 할 수 없었기 때문이다. 1947년 정월에 발표된 서만일 작 〈좀〉(1막)만 보더라도 순전히 경제 건설에 주안점을 두고 있다. 어느 지방의 인민위원회 위원 부부와 그의 처남 부부 간의 단출한 이야기지만 시대상을 솔직하게 표현하고 있는 거대담론의 단막극이라고 말할 수 있다. 희곡집에 설명된 줄거리에 따르면, 지방인민위원인 이봉수의 처남인 장경순은 과거의 소시민적 근성을 가지고 투기와 모리를 업 삼는 자로서, 이 집 주인(인민위원) 출동 후에 빈틈을 타서 남선(南鮮)으로 미곡 밀수출 거래를 누이동생의 눈을 속여가면서 하고 있다. 이봉수의 집 라디오에서 흘러나오는 아나운서의 말은 이러했다.

라디오　　그리하여 1947년 인민경제계획은 조선의 경제적 토대를 튼튼히 함으로써 조선 완전 자주독립의 기초를 닦는 것입니다. 우리 앞에는 적지 않은 곤란과 애로가 놓여져 있음을 인식하여야 합니다. 우리는 누구를 막론하고 부지런히 일하며 책임지고 일하며 남이 두 시간 일하면 나는 네 시간 남이 8시간 일하면 나는 열 시간—열두 시간 일하는 기풍을 만들어야겠습니다. 또한 모든 직장에서 뒷골목에서 건달꾼을 일소하여야겠으며 놀고먹는 모리배들은 숙청해야겠습니다. 모든 낭비 현상과 사기횡령 등 악습과 무자비한 투쟁을 하여야 할 것입니다.

이처럼 살벌하기까지 한 상황에서 밀수꾼 장경순은 미연에 해주 보안위원에게 발각되었다. 허영의 화신인 경순의 아내는 봉수가 인민위원이기 때문에 남편을 무사히 빼돌려줄 줄 알았다. 그러나 우리들의 인민위원은 정의와 모든 인민의 대변자로 인민에게 죄를 지은 사람은 인민이 요구하는 죄를 받아야 한다고, 냉혹하고도 엄격히 처단해 버린다.

봉수 김 장군께서 건국사상 총동원령을 호소하면서 말씀하셨지만 지금 그 처남이 하는 행동은 여지없이 국적이야 그에들 간상배 건달꾼들이 들구 모여앉아서 물품을 헛된 곳에 흘려 보내구 가격은 지 마음대로 올려서 인민의 생활을 좀먹는단 말야⋯. 금년도에 우리 인민들이 제가끔 제 직장에서 자기의 기술과 힘을 몽땅 들여서 꼭 해내야만 할 인민경제 발전과 부흥에 있어도 이네들은 좀 노릇밖에 되는 게 없으니까(엄렬[嚴烈]해지며) 그렇지. 그네들이야말로 국가의 적이구 인민의 원수란 말야, 그네들은 할 일 없이 정부의 기둥을 좀먹는 버러지거든. 그런 반동분자의 앞잡이 노릇 하는 좀버러지들을 하루바삐 몰아내야 해.
경애 여보 그럼 오빠는 어떻게 될까요.
봉수 최후로 한 번 더 다짐을 줘보고 그래두 의식을 개변 못 한다면 인민이 요구하는 벌을 받아야 할 것이오.
경순 여보게 매부⋯ (애소한다)
봉수 형님 어서 가슈. 어서 가서 지은 죄를 받으세요, 인민이 요구하는 벌을 받으며 여태까지의 좀 같은 자기 과거를 되씹고 뉘우치시오.
서원 어서 갑시다.

그러나 "인간이기 때문에 약해지는 두 부부는 마음이 적지 않게 아팠던 것이다. 그러나 그들 부부는 조용한 감상마저 박차고 전체 인민을 위하여 한층 더 굳세게 나아가기를 서로 맹세하였다. 장이 교화소에서 나올 때는 진정한 인민의 한 사람이 되어 주기를 끌려가는 뒷모습을 바라보며 원한다."

해설에 따르면 이 작품에는 "인민의 총의를 대변하는 인민위원과 인민을 배반하고 사리사욕을 채우기 위한 수단으로서는 조국도 팔아먹기를 꺼리지 않을 반동적 기회주의적 근성의 정치 모리배의 간책에 조종되어 날뛰는, 이 두 가지 사회적 성격의 갈등이 전개되었다."면서 "해방 이후 조국의 인민에게 복무하는 인민위원의 올바른 생활을 그렸다. 인민의 행복과 국가의 이익을 위하여서는 혈육관계 사이라도 얼마나 준열히 대하고 있으냐 하는 것을, 인민을 위하여 복구하고 있는 인민위원의 편모를 통하여 보여 준다. 과거 왜정시 관공리들의 횡포를 생각하면서 이 작품을 연구하면 더욱 몸에 느끼는 바가 많은 것이며 이 작품을 통하여서 우리 생활에서 건국사상 총동원운동이 필연적으로 대두해야 했을 것을 알 수 있으며 의식개혁이 민주조선에 이바지하려는 우리에게 얼마나 당면한 중대과업인가를 알 수 있다."고 한다.

요약하면 〈좀〉은 남북한을 넘나들며 쌀장수를 하던 젊은이를 경제사범으로 처벌하는 이야기이다. 솔직히 자본주의 사회에서는 정부에 세금만 내면 하등의 범죄가 되지 않을 상행위를 북한에서는 사회를 좀먹는 행위라 하여 엄히 다스리기 시작했던 것이다. 그만큼 북한에서는 건국의 과정에서 경제건설을 제1의 목표로 삼다 보니 소소한 상행위마저 범법으로 처벌할 만큼 살벌한 분위기였다고 보여진다.

풍자적 희극으로 고발하는 계급사회

김일룡 작 〈양반과 종〉(1막)은 철저한 계급사회였던 조선시대 양반의 행태를 희극적 기법으로 폭로 고발한 한 편의 파르스(Farce)라고 할 수 있겠다. 왜냐하면 작품 구성이 너무 헐렁하고 짜임새 역시 느슨한 희극작품이기 때문이다. 게다가 경직되고 우매한 양반사회를 비판하는 이야기로는 너무 경박스러웠다.

이 작품은 시대를 조선으로 삼고 등장인물들도 주인 양반과 종 부부, 그리고 양반의 두 아들이 전부이다. 줄거리를 보면, 제집에 종살이하는 젊은 종의 첩을 한번 수중에 넣었으면 하는, 그 시대의 양반의 공통적인 부패상을 적발해 준다(역사적으로 이조 연산군 시대의 전형이다). 그러나 종인 상인(常人)은 그 당시에는 여기에 대한 원한은 있었으나 이에 대한 보복의 대책은 없었을 것이다. 여기에 꾀가 많은 종의 술책으로 내 처가 주인 양반의 요구는 거역할 터이니 그 어찌 양반이 풍채를 그냥 두고 종의 천한 몸으로써 대할 수 없으리라 해서, 종과 같이 헌 옷을 입고 몸차림을 하면 즉시 요구를 들어 주겠다 하여 되려 미련한 주인의 야욕을 유인한다. 양반은 자기의 야욕을 채우기 위해서는 아무런 짓이라도 가리지 않는 처지다. 종의 처의 요구대로 종의 차림을 하고 종의 처를 보려 한다. 이때 미리 약속하고 있던 남편인 종이 나와 그가 주인 양반인 줄 알면서도 그를 잡아가지고 주인 양반의 자식들이 공부하는 글방에까지 도적이라고 하여 끌고 가 매를 맞힌다.

대감   (그제서야 무슨 영문인지 알아채고) 이 여호 같이 요망한 년 네년의 꾀에 내가 빠졌구나, 지금 이 복장을 내가 벗고—(이때 옆에 숨었던 고도쇠가 방망이를 높이 들고)

고도쇠   이 어떤 맞아 죽을 자식이 아닌 밤중에 남의 집 아내에게 강탈하려 달려들었단 말이야. (또 한 대 친다).

대감   아이구— 사람 살려 주오.

고도쇠   (부인은 피하라고 손짓한다) 이 자식 살겠거든 고함을 지르지 말고 그 땅바닥에 있어라.

대감   아이구.

고도쇠   잔소리 말고 살겠거든 가자. (대감을 끌고 서당으로 간다)

갑손   (놀래어 잠을 깨며) 이 어떤 놈이 밤중에 대감 집 선지들의 책방으로 묻지도 않고 임의대로 들어왔어?

을손   이것 봐— 하인놈이로구나.

대감   이놈들아 아니다 아니야.

갑손   이놈! 당돌하게 종놈으로서 누구보고 이애?

이상과 같이 주인 양반을 망신시킨 후 거기서 머물지 않고 경작할 전답(田畓)과 경우(耕牛)와 집까지 요구한다. 양반은 이 사실이 세상에 알려지면 체면이 손상될 것을 두려워하여 승인한다. 이것으로도 원한을 다 풀 수 없어 갑자기 다리가 아프다며 양반에게 소처럼 기어 태워 집까지 데려다달라 한다. 양반은 하는 수 없이 소가 되어 기어간다. 속 시원히 분풀이하려는 종은 타고 어서 가자고 길길하며 궁둥이를 두드린다.

고도쇠   아이구 발목이야!
대감   이 사람 웬일인가?
고도쇠   아까 제가 대감님을 쫓을 때, 발을 헛디뎠더니 발목을 쓰지 못하겠습니다.
대감   아 이런 변이라구 어데 누가 없나?
고도쇠   대감님 지금 대감께서 네 각을 떡 벌리고 이 땅바닥에 소처럼 업디시오. 그러면 제가 그 위에 올라 앉아가지요.
대감   에이 고약한 놈 같으니 무엇이 어쩌고 어째?
고도쇠   싫으면 고만둬!
대감   이 사람! (급히 땅바닥에 엎디어) 자! 어서 와서 타게. 어데로 가라는가?
고도쇠   바로 대감 집 마당으로 가죠. (노래한다)

이상이 대강의 줄거리다. 우리에게 익숙한 고전 〈배비장전〉이 떠오를 만큼 조선시대의 양반들의 비행과 위선, 만용 등을 풍자한 작품으로서 우리 근대희곡사에서도 그런 풍자극은 쉽게 찾을 수가 있다. 가령 토월회 시절 박승희가 쓴 「이 대감 망할 대감」이라든가 오영진의 대표작 「맹진사댁 경사」 등은 그런 유형의 작품에 속할 것이다.

북한에서 그 시절에 왜 이런 작품을 선호했을까? 『인민희곡집』에서는 그 의미와 관련하여 "이조 시대의 양반의 부패한 진상이고, 이러한 봉건적인 사회제도가 하등 새로운 오늘날의 사회에는 이로운 것이 없는 것을 보여 준다. 지금 반동분자들의 매국적 획책이 제국주의의 변상적(變相的)인 것을 보여 주고 있으며 변상적 제국주의가 반인민적 민주주의를 표방한다는 것은 현대화한 봉건제도로 인민을 억압 착취하겠다는 데 불과한 것을 생각하면 이 희곡을 연구할 때 그 재미가 배가할 줄 믿는다."(193~194쪽)고 했다.

이 해설을 보면 남한에 대한 무조건적인 부정과 폄훼를 염두에 두고 있음을 확인할 수가 있다. 그들 자신도 소련의 군정하에 놓여 있었음에도 불구하고 남한의 미 군정하의 정부를 부정 비판하는 데 혈안이 되어 있었고, 남한이야말로 현대적인 민주주의 정부를 추구하고 있었음에도 불구하고 마치 미제하의 부패한 봉건주의 국가로 나가는 듯이 의심하고 부정하고 있는 것이다.

경제 살리기와 봉건 타파 선전극

한편 한태천 작 〈새날의 설계〉(1막)를 보면 좀 다르다. 이 작품은 오히려 첫 번째 소개했던 서만일의 〈좀〉에 닿아 있다고 말할 수가 있다. 왜냐하면 〈새날의 설계〉야말로 당시 북한이 우선시했던 경제부흥에 포커스를 맞췄기 때문이다. 즉 주인공들도 보면 상당수가 2~30대 젊은이들이고 50대는 주인공들의 부모 두 사람뿐이다. 그만큼 젊은이들이 해방공간에서 살아가려고 몸부림치는 상황이었다. 대강의 줄거리를 보면, 고무공장 배급사로 있던 영구라는 젊은이는 친구의 청에 못 이겨 자유사업으로 돈을 좀 장만하겠다는 막연한 희망으로 공장을 나와 한터에 사는 성애(그녀도 공장에 다닌다)네 집에서 그냥 독신 생활을 하며 무위도식한다. 그런데 친구의 사업은 좀처럼 쉽게는 되지 않아 결국 수개월을 놀고 지내는 형편이 되었다. 이 궁핍한 영구의 생활을 이용해서 동료인 보일러 기사 원교는 영구가 공장에 본래 신용이 있었음을 인지하고 사리사욕에 눈이 뒤집혀 배합제라고 하여 가조품(假造品)을 납입하는 데 한몫 끼라고 유혹한다.

원교	배합사를 한몫 넣거든요, 배합사가 좋다면 지배인은 도장 누르게 생기지 않겠소. 그러면 거져 되는 일인데 이걸 안 해요.
영구	그야 마지막 노릇이지, 여기서 안 살 테면 몰라도 그걸 어떻게 하겠소.
원교	돈 벌자는 판에 이것저것 다 가리구 어떻게 돈을 벌겠소. 영구씨가 공장을 나올제 돈을 벌자고 나왔겠지요. 남들은 건국하느라구 박봉을 받아가며 참고 일하지만 영구 씨를 세상이 뭐라구 부르는지 아십니까, 모리간상배라고 그럽니다. 돈도 못 벌고 그런 누명만 듣고 있을 어디 있소, 그렇지 않소. 돈 벌려고 나섰으면 그 길만 걸어가야지, 내가 딴 사람 버리구 영구 씨를 찾아온 건 믿음성이 있고 또 공장에서두 그만큼 신임하기 때문 아니오. 약품 살 대금을 제가 내겠다는 것만 보아두 알겠습니다그려— 한밑천 잡아 장가두 가셔야지요.

교활한 원교가 순박한 영구를 꾀어 사기를 치자는 것이다. 영구는 잠시 흔들리기도 했지만 부정행위라고 생각되는 일에는 가담은커녕 저항한다. 그러한 시기에 마침 그들이 다녔던 회사에서 부정행위가 발생한 것이다.

성애	우리 공장에 큰일이 생겼어요.
성민	무슨 일인데 말해도 될 일이면 들어 보자구.
성애	사무실에서 생긴 일인데 탄마라구 속여서 식구들을 말아먹은 놈이 있어요. 아직 증거를 잡지 못했지만 공장 안엣 사람이 공모하지 않구는 절대로 못 할 일이야. 그런데 어머니 그놈이 영구하구 무슨 이야기하는지 못 들으셨어요.

이상의 대화에서 어느 정도 나타나듯이 결국 영구를 떼어 내려는 원교의 계략이 은연중에 드러나고 있었다. 그러니까 그 범인을 성애와 공장의 젊은 노동자들이 알고 있었던 것이다. 특히 그 사실을 제대로 아는 이는 보일러

기사 경험을 가진 영구였다. 이 일을 당하면서 정의감이 되살아난 영구는 애인인 성애에게 솔직하게 고백하고 다시 공장으로 복귀한다. 모범청년 영구의 복귀로 성애네의 가정도 평화를 찾고 오직 조국의 경제발전을 위해서 매진하기 시작한다.

> 성애   토지개혁 일주년 기념을 의의 있게 기념한 농민들은 농촌에 있어서
> 인민경제발전을 도모하는 금년도 농촌증산을 위한 춘기파종에 총궐
> 기하고 있는바 오직 식량증산은 비료의 확보가 선결조건이므로 흥
> 남인민공장 이만노동자 동무들의 호소에 호응하여 농촌에서 고공
> 품 생산에 전력을 기울이는 한편 화학비료 수송에 트럭돌격대를 조
> 직하여 현지 인민공장으로 용약출동하여 노동자농민의 굳은 단결로
> 서 조국 건설을 위하여 노력하고 있는바 지난 3월 9일 함주군 천원
> 면에서 이백 명이 양식을 지고 오십여 리의 밤길을 도보로 현지에
> 도착하여 합숙하면서 노동자동무들과 같이 춘기파종에 소용할 비료
> 와 수송에 협력하고 있는바 이중에 금년 70세 되는 노인 최찬수 씨
> 는 이렇게 많은 비료를 보니 기쁘기 한량없다. 우리는 한시라도 놀
> 아서는 안 된다. 농사는 천하지대본이니 양식이 있어야 나라가 부강
> 할 수 있다.

이상에서 확인할 수 있는 바와 같이 그 당시 북한 정권에서 추구했던 산업 진흥이라는 절대적인 목표를 향해 가는 과정을 한 노동자 가정과 그 주변 사람들의 움직임을 통하여 설명한 것이다. 해설에서도 이 작품에 대해 "1947년도 인민경제 부흥발전은 직장에서 일하는 동무들이 자기가 맡은 책임을 지켜야만 완수할 수 있다는 의식을 더한층 굳게 하기 위한, 즉 의식 개변의 필요성을 젊은 고무공장 제침(製針)공장의 노동자의 생활을 통하여 그린 희곡이다."(190쪽)라고 쓴 바 있다.

그러면서 "여기에는 의식이 견고치 못하면서도 불의에는 눈감을 수 없는

젊은 노동자 영구의 성격과 이것을 애정과 믿음으로 이끄는 성애와 그의 오빠 성민의 젊은 노동자로서의 애국적인 순진하고 소박한 정열이 영구의 인간적인 고독으로 오는 생활의 부동성(浮動性)을 이끌어 내어, 생산부흥에 힘차게 보조를 맞추어 나아간다는 것이 이 작품의 주요한 흐름"이라 했다. 바로 그 점에서 이 희곡은 서만일의 〈좀〉과 궤를 같이하는 경제살리기 선전극이라 말할 수가 있겠다.

한편 〈새날의 설계〉의 작가 한태천이 잇달아 내놓은 〈30년 만의 외출〉(1막)은 조금 성격을 달리하는 희곡이다. 왜냐하면 이 희곡은 전작과 달리 당시 북한의 실제 상황을 작품화한 것이기 때문이다. 와다 하루키는 그의 『북한현대사』에서 북한이 국가를 설립해 가는 최초의 전국적 행사인 북조선인민위원회의 성립과정과 관련하여 "1946년 11월 3일 우선 도와 시, 군 등의 선거가 실시되었다. 이 선거는 여느 사회주의 국가의 선거와 같은 방식으로 이루어졌다. 정해진 숫자의 선거구에 동수의 후보자를 세운다. 투표는 한 사람의 후보자에 대해 찬성인가 반대인가를 묻는 형식이었다. (중략) 11월 3일 선거로 도 · 시 · 군에서 선출된 대표 120명은 1947년 2월 17일, 도 · 시 · 군 인민위원회 대회에 집결했다. 거기서 257명으로 이루어진 입법기관, 즉 북조선인민위원회가 구성되었다."고 소상히 설명한 바 있다. 〈30년 만의 외출〉은 그 투표 이야기를 사실적으로 묘사한 것이다.

희곡집에서도 "유교적 관념의 소유자인 80노인의 민주화를 그린 1막극"이라면서 작품의 배경을 장황하게 설명해 놓은 것이 특징이다. 해설에서는 "치욕적인 1910년의 일한합병을 계기로 당시의 매국정객을 또는 지벌관위 싸움에만 급급하야 조국의 운명도 일신의 안일과 바꾸고 봉건사회의 유습인 양반성으로는 무기력으로 일본의 식민지화되는 때부터 두문불출하야 그 당시의 이러한 양반의 소극성, 또는 매국정객들과 싸우려다, 시세의 힘

1   와다 하루키, 『북한현대사』, 남기정 역, 창비, 2014, 68쪽.

앞에 투지만을 남기고 일관병 또는 배신 속에서 죽은 몇몇 인사들의 결백을 손녀 손자에게 일상 이야기하며 은거선비적 기개를 처신하야 당시 일본의 주구 조선 반역자인 이완용이를 미워하고, 일제가 변절의 대가로 참정대신을 주겠다고 유인하였으나 정시 일관하는 지조를 지킨 한규설을 역사의 2대장부의 절조로 내세울 줄 알면서 살아온 노인이, 이제 해방되어 인민의 정권을 세우려는 때에 '다 죽게 된 내가 30년이나 두문불출한 내가 무얼 한답시고, 또 나 하나쯤이야 참견 안 해도 어떠리' 하는 유교적 사회관으로 선거장에 나가기를 꺼리는 데서 시작된다."고 설명하고 있다.

형주 할아버지! 선거장에 가시자구 제가 모시러 왔습니다.
황진사 난 그만두겠다.
형주 그만두신다구요? 우리 동리에서 후보자가 난거이 얼마나 영광인데 할아버지 같은 이가 안 가시면 됩니까? 그렇지 않아두 우리 선거구에선 할아버지가 애국자루 세 살 난 아이까지 알구 있는데 안 가시다니요.
황진사 글쎄 삼십여 년이나 세상을 등지고 살아온 내가 무얼 인제 나가겠다.
형주 할아버지 이번 선거는 과거 인년 간의 민주과업을 총검열하는 것이야요. 토지개혁 노동자사무원에 대한 법령 남녀평등권 법령 그러구 현물세 산업기관 국유화에 대한 법령, 이런 모든 법령을 얼마나 인민들이 지지하고 있나, 그러구 인민들이 민주주의 민족 통일전선 주위에 굳게 뭉쳤나 이걸 검열하는 거예요, 이날 우리가 영명한 지도자 김 장군도 선거하러 나오십니다.
황진사 그래! 그런데 이번 여기 선거구에서 입후보한 사람은 뭐 직업동맹에서 일하는 사람이라지 이름이 뭐 김흥기라든가?
형주 예 옳습니다. 김흥기란 이가 바루 우리 직업동맹 위원장입니다. 저도 그이와 같이 일하고 있습니다.

황 진사를 투표장에 가도록 권유하는 동안 그를 자극하는 조그만 사건들이 벌어진다. 하나는 선거운동 하느라 이웃 동네(기양)에 갔던 손녀 정희가 귀가 중 차들의 충돌로 여러 사람이 다치고 죽었는데 정희에게도 혹시 불행이 닥친 것이 아닌가 걱정했으나 곧바로 그녀만은 무사하다는 소식이 전해졌고, 또 평양에서 돌아온 손자(정수)가 할아버지께 전해 준 새로운 소식은 미국인들에 대한 부정적 인식과 남한에서 유명 인사들이 많이 월북해 왔다는 내용이었다.

> 정수 평양으로 조선의 유명한 학자들이 서울서 왔지요, 못살게 구니깐요. 말은 좋게 '자유' '자유' 하지만 하나나 자유가 있나요, 그래 저두 인제 평양서 공부 할래요. 그런데 할아버지 저는 공민증이 없어서 이 영광스러운 선거에 참여치 못하게 된 걸 여간 유감으로 생각지 않아요, 그래 할아버지의 성미를 제가 알기에 꼭 모셔 갈려고 왔어요.

손주가 전해 주는 소식의 일부는 사실로서 서울대를 비롯하여 몇몇 대학의 이름 있는 교수들 여러 명이 평소 품고 있던 자신들의 사상적 꿈을 펼쳐보려고 평양으로 간 것은 맞다. 그리고 황 진사는 손주의 간곡한 권유와 위험을 무릅쓰고 선거운동에 나선 손녀의 나라사랑에 감동하여, 결국 이 완고한 노인도 투표장에 나가는 것으로 작품은 끝을 맺게 된다.

> 황진사 이 대문을 죽어서야 나갈 줄 알았더니 선거하러 나가게 되는구나.
> 황진사 대문으로 나간다. 모(母) 뒤따라 나간다
>
> 세부(貰婦) (대문으로 들어오며 혼자 말로) 선거가 과연 중하긴 하다. 삼십년 외출 안 한 어른이 다— 출입하시구(토방에 광주리를 치우고 당추를 기둥에 건다)
> 조용히 막(幕)

이상의 작품의 결말과 관련하여 『인민희곡집』 해설자는, 완고한 노인을 변화시키기 위하여 노인 주변의 여러 층 젊은이들이 등장하는데 "30년이나 두문불출한 다시 말하면 일제를 무언으로 반대해 온 30년의 지조가 봉건적인 유교적 인습으로 이제는 방관적인 태도를 취하게까지 된 조부의 생활환경을 깨우쳐 주는 해방된 조선의 젊은 여성을 대변하고, 여기에 조선민족이 가지는 조부와 손녀의 애정이 이 완고한 할아버지로 하여금 선거장에까지 나가게 하는 계기를 가지게 하는 역할을 놓는 정희의 등장이 있다."고 한다.

그런데 주목해야 할 것은 해방 직후의 사회 분위기는 좌우를 막론하고 봉건주의 타파는 공통적으로 부르짖은 구호였다는 사실이다. 그러나 무엇보다도 이 시기의 가장 큰 주제는 당연히 경제 부흥이었다. 희곡집 마지막 작품인 〈해풍〉(1막) 역시 거기에 무게중심이 맞춰져 있음은 두말할 나위 없다. 징용 나갔던 동생 용수가 고향인 어촌—조그마한 섬에 돌아왔을 때에는, 일제의 악착한 압제와 착취에서 해방되어 어민들은 착착 자기 사업을 중심으로 건설의 성과를 올리고 있었고, 새로운 민주 건설의 과업을 자기들이 맡은 천직의 영예로 몸소 느끼며, 이를 완수하기 위하여 전 역량을 바치고 있을 때이다. 그러나 징용을 계기로 도회지 구경을 하고 평양에 들러 광장에서 수많은 인민의 환호 속에서 인민의 길을 계시하는 김 장군의 모습을 직접 보고, 용수는 고향인 이 작은 섬이 하잘것없는 곳으로 보였다. 좀 더넓은 세상에서 보람 있는 나라의 일꾼이 되어 보겠다는 생각을 가지게 되었다. 여기서 형제 간에 주고받는 대사 몇 토막을 소개해 보겠다.

용진   제가 외로운가 보구나.

용수   왜 누가 외롭대.

용진   너 내가 결혼했다구 그러니….

용수   아니야 난 형하구 생각하는 게 달라졌어.

용진   달라지다니.

용수   난 싫어졌어! 모두가!

용진	모두가?
용수	섬이 싫어졌어. 넓고 넓은 세상에 하필 왜 이 게자 씨 같은 섬 구석에 백혀서 옥신각신하느냐 말야. 수다한 사람의 입김은 이 섬의 맑은 공기마저 흐려 주는 거 같아.

 이상에서 보면 용수가 형의 결혼과 무관하다고 말하지만 실제로는 하나밖에 없는 형이 결혼으로 그만의 행복한 가정생활을 볼 때 자기만이 형에게서 멀어져가는 듯한 고독을 느끼고 있었던 것도 사실이었다. 그래서 용수에게는 그 작은 섬이 희망이란 조금도 없는, 사람다운 생활이란 찾을 수 없는 절망의 곳으로 보인 것이다. 그리하여 도회지에 대한 감상적이며 자기 생활을 이상화하여 보려는, 즉 현실을 현실에서 인식하지 못한 성격의 동생 용수와 생활에서 얻은 굳센 자신과 제자리에서 자기 맡은 바 일에 충실히 복무함으로써만 조국 건설에 이바지할 수 있다는 형 용진과의 충돌이 극을 전개시킨다(180쪽 참고).

용진	(의아한 듯이) 그게 무슨 말이야 밤중에 주먹 내밀듯… 무서워진 게 아니가.
용수	그럴지두 모르지… 이건 사철 두고 한바지 벗을 줄을 아나… 허구헌 날 하늬바람 이느니 갈바람이 무섭거니 너대가 어쩌느니 (중략) 만경창파에 가랑닢 신세 하구서 그날아 그날 먹는 것이 사자밥이요 자는 곳이 칠성판 하구서야 무얼 가지고 살았다는거야.
용진	무슨 잠꼬대야 그건 벌써 옛날 얘기야… 시방 섬사람들은 그런 게 아니야.
용수	아! 난 싫어졌어. 정말 진저리가 나!
용진	그따위 헷소리가 어디 있어! 푼수 없이 이런 반짓 빠른 앙탈이 머야 사내답지 않게….
용수	난 떠날 거야.
용진	못 떠나.

제2부 분단 초기의 북한 연극

용수	왜?
용진	넌 여기서 할 직책이 있어.
용수	아니야(달려들 듯이 다가선다).
용진	얘 용수야 내일 나와 같이 바다로 나가자 응… 김장군을 그리는 마음을 고기잡이로 나타내자구….
용수	난 도시에 나가서 내 가진 꿈을 깨워볼 거야.
용진	염려 마라, 내 한 사리 보고 와서 널랑 순이하고 한 살림 차려 주마, 그땐 네 마음대로 큰 고장에 가서 살아봐라 응!

이렇게 형제는 현실과 이상 사이에서 많은 갈등을 하게 되는 것이다. 그러다가 동네 사람들이 고기잡이를 나가는 날, 용수는 밤새도록 바다에 나가 이 생각 저 생각 하던 중 새벽이 되어 섬사람들이 즐겁게 물질 나갈 채비를 하는 걸 보자 드디어 자기의 생각이 잘못되었다는 것을 깨닫고 도시에 대한 막연한 꿈에서 벗어나게 된다. 뱃노래가 힘차고 웅장하게 들려오며 그동안 망상에 빠져 있던 그를 꿈에서 화들짝 깨어나게 하여 그도 바다로 나가 어촌의 인민경제를 돕게 된다.

용수	(눈물어린 목소리로) 형! 난 … 나두….
용진	(쾌활히 용수의 어깨를 툭치며) 그럼 갔다 오마 부모님 잘 모셔라 응!
용수	(금방 울어 버릴 듯이) 형! 형애야 나두 갈테야… 누가 고기잡이에 형한테 질 줄 아니?(처음으로 명랑하니 웃으며) 어머니 내 갔다 올게.

이상에서 알 수 있는 것은 각자의 자리에서 최선을 다하는 것이 당시 북한경제를 부흥시키는 길이라는 것이다.

북한 연극 최초의 서사극 실험

1949년 봄, 북조선직업총동맹 군중문화부에서는 『단막희곡집』을 발간한다. 그 희곡집에는 기성 극작가 6명의 단막극이 실려 있다. 이들 중 이름이 널리 알려진 작가는 평양 출생의 김사량(본명 김시창, 1914~1950)뿐이다.『북한인명사전』[2]에 보면 그는 평양고보 재학 시 도일하여 도쿄제국대학을 졸업하고 소설「빛 속에서」로 아쿠다가와(芥川)상 후보로 뽑힘으로써 단번에 일본 문단의 총아로 등장했으나 1945년 5월에 재지(在支)조선출신학도병 위문단의 일원으로 베이징에 가게 된다. 거기서 탈출하여 조선의용군 종군기자로 활동하다가 해방을 맞아 평양으로 귀환한다. 그와 우정을 나누었던 화가 김병기는『백년을 그리다』에서 그에 대하여 "해방과 함께 연안파로 귀국한 김사량은 김일성과 손잡고 득세하다 전쟁 때 불행하게 세상을 떠났다. 1935~36년 도쿄 유학 시절 내가 주영섭 등과 도쿄학생예술좌를 조직하고 연극운동을 할 때 그는 노동자 중심의 조선예술좌를 이끌었다. 학생이 아닌 기성인 상대의 본격 연극운동을 펼쳤다."[3]고 쓴 바 있다.

김사량은 소설로 출발했지만 인민의 피부에 닿을 수 있는 행동적인 연극을 선호했던 것이 아닌가 싶다.『단막희곡집』의 첫 번을 장식하는 희곡도 김사량이 쓴 〈무쇠의 군악〉(2경)이었다. 그런데 특히 필자가 이 작품에 주목하는 점은 그가 이 땅에서 처음으로 브레히트의 서사극을 실험했다는 사실 때문이다. 독일의 브레히트는 아시아에서 처음으로 일본에 소개된 바 있고, 그가 대학 시절 독문학을 공부하면서 같은 공산주의 사상을 가진 브레히트에 깊이 공감하고 그의 연극 형식을 이 땅에서 처음 시도해 보았던 것이 아닌가 싶다.

그는 이 작품에서 특별히 무대와 연출에 관하여 요구를 제기한 바 있다. 무대 설명에서 그는 "무대 중앙에 단 단위에는 주창자(主唱者)가 서 있고 그 주위를 노동자 농민들이 적당히 움직인다."고 했으며 연출에 대하여는 "음

---

2   중앙일보 부설 동서문제연구소,『북한인명사전』, 중앙일보사, 1981, 60쪽.
3   윤범모,『백년을 그리다』한겨레출판, 2018, 112~113쪽.

악효과를 넣어 가며 연극, 무용, 합창, 시랑 특이 요소들을 배합시키도록 해야 한다."고 했다. 이런 형식이야말로 전형적인 브레히트의 서사극 방식이아니고 무엇이겠는가. 그는 이러한 연극 형식이야말로 북한인민을 설득시키는 데 가장 이상적인 형태라고 본 것 같다. 연극에서 현실을 객관화하고 음악을 중시하며 풍자와 비판을 주 골격으로 하는 방식은 서사극의 한 전형이라고 말할 수 있다. 막이 오르면 첫 장면에서부터 이렇게 시작된다.

1경

주창자   간악한 일제의 독수리들이/꽃기름 흐르는 대지를 움켜쥐고 이 나라
       인민을 짓밟으며/저들을 도적하던 그 옛날
노동자 1 너무도 오래인 악몽이었다
노동자 2 몸서리치는 피눈물의 기억이여
주창자   누더기를 휘감은 파리한 몸둥이
노동자 3 잔등을 내리치는 갈쿠리 몸둥이
노동자 5 허덕이는 굶주림
노동자 6 고사리처럼 시드는 어린애들
노동자 7 놈들은 우리를 개 도야지처럼 불렀다
주창자   얼마나 많은 노동자들이 불가마 앞에 헉헉 쓸어지고/헐벗은 몸이 기
       계에 찍히고/석탄 더미에 산몸을 묻혔던가
       놈들은…
합   하루에 열두세 시간
노동자 4 우리들의 피와 기름을 뽑았다
노동자 5 병신된 내 아버지
노동자 6 폐병으로 죽은 내 아들딸
노동자 7 감옥에서 없어진 내 남매
합   이를 갈며 쓸어진 내 동생들
주창자   그러나 그것은 노동자만의/비통한 역사가 아니었나니/잔악한 일제
       의 독수리들이/이 나라 인민을 짓밟으며/재물을 도적하던 그 옛날
합(노)   악귀와도 같은 일본 제국주의!!

지옥과도 같은 겸이포제철소!!

짐승과도 같은 일제살인자들

주창자   대낮에도 호랑이 우는 백두산밀림/서슬푸른 총칼을 빗겨들고/장강 2천리 번개같이 넘나들며/원쑤를 찾아 피 흘려 싸우는/영용할 손 김장군 있기에

합   우리들은 빛을 섬기었고/이날까지 희망을 그리었다

주창자   아—보람이 헛되지 않아/드디어 찾아온 1945년/하늘도 우리도 높은 8월 15일(쏘련군 행진곡 요란히)

합   해방이다 해방이다!! 세계 약소민족의 해방군/쏘련군대 만세!! 만만세!!

주창자   피어린 두 팔을 드높이 쳐들고 눈물 어린 웃음을 뿌리시켜 사랑하는 겨레의 땅으로 돌아오신 우리 민족의 민족적 영웅이시여

김일성 장군 만세!! 해방이다!! 해방이다!!

노동자 7   꿈에도 못 잊을 영도자 받들고 민주 부강한 인민공화국을 건설하자!!

합   건설하자!! 건설하자!!

농민7   나라를 팔며 민족을 배반하던 친일파와 반역자를 숙청하자!!

합   숙청하자!! 숙청하자!!

주창자   모든 권리는 인민에게!!

합   모든 권리는 인민에게!!

    2경 중 1경에서 몇 부분을 발췌한 것이다. 인용 부분에서도 분명하게 확인할 수 있는 것은 항일의식이 대단히 강했던 김사량이 1910년부터 1945년 8월 15일까지 일제강점기에 우리 민족을 지독히도 학대 탄압하면서 민족의 고혈을 빨아먹는 내용을 생생하게 합창과 이야기 혹은 노래로 설명한 것이다. 따라서 2경은 해방 이후 인민공화국 건설기의 이야기를 노래하는 내용으로 짜여 있음은 당연지사이다.

주창자   이렇게 잃었던 나라를 모두 찾고/이렇게 잃었던 권리를 모두 찾고

합   우리는 인민의 억세인 손으로 우리의 억척같은 정권을 세우고

주	김일성 장군의 영명한 영도 밑에 쏘련 군대의 따듯한 원조 속에 민주 자유 부강의 빛나는 민주개혁을
합(노)	노동자들은 인민의 기계를 돌리고
합(농)	농민들은 제 땅에서 밭가리한다
노동자 1	하늘 위를 소용돌이치는 비행기의 붉은 별들이/대동강 푸른 물 위에 비친 날부터
농민 1	이 공장도시의 처참한 비극도/영원히 피에 젖은 막을 닫혔다
주창자	수비군 헌병 경찰 수위놈들이 떠실리운 트렁크는
합	평양주둔 사령부로
주창자	잔악한 원쑤들을 물리쳐 준 쏘련 군대의 그 은혜/천추에 빛나리라
합	천추에 빛나리라/지옥 속에서 건져주신 위대한 스탈린 대원수의 그 이름/만대에 드리우리라
주창자	북조선 하늘에 휘황히 뜬 태양을 우러러 바라보며/남조선 동포들은 드디어 삼각산에 봉화를 올리고/제주도에서 화약고를 터치며
합	아우성도 높이 일제히 일어났다
	미군인과 경관들을 추격하며
주창자	물러가라 흉악한 미제국주의!!/죽어라 친일파와 민족반역자!!
합	타도하자 남조선 괴뢰정부!!/조선민주주의 인민공화국 만세!!
	미군과 경관놈들 황급히 퇴장
농민 1	군악을 울리는 무쇠의 관악대
합	그 이름도 우렁차라 황해제철소
노동자 2	피불이 이는 제주도의 항쟁을
농민 2	순천 농민들의 줄기찬 아우성소리를
노동자 3	여수 인민의 용감한 봉화대를
농민 3	소위 국방군의 병변폭동을
주창자	조국창건의 힘찬 함성으로/생산투쟁의 불리로 높이/동포들 용감히 싸우라 성원하며 진나 해도 인민경제계획을 넘쳐 했다니
합	우리는 승리하였다 승리하였다!!

주창자	3천만은 외친다 우리는 부강한 새나라 굳건히 다지리니/3천리 방방곡곡에 새 국기 휘날리는 날까지
합	새 국기 휘날리는 날까지
주창자	여기 수천 노동자는 외친다 불을 뿜는 용광로와 함께 나아가리니/무쇠의 군악 영원히 울리며
합	장엄히 울리며
주창자	삼천만은 다함 없이 나아가리라 김일성 수상 가르치시는 조국통일의 길로
합	아— 승리의 길 통일의 길로!!

장쾌한 음악 속에 막

이상은 〈무쇠의 군악〉 제2경, 즉 후반부의 주요 부분을 발췌한 것이다. 그런데 주목되는 부분은 김사량이 1948년 제주 4·3사태를 비롯하여 여수순천 반란 사태까지 꿰뚫고 그것을 남한의 긍정적 봉기로 작품 속에 포함시킨 점이라 하겠다. 그리고 남한 정부에 대한 비판과 미군에 대한 증오심을 노골적으로 표현하면서 노동자 중심의 북한 사회의 발전을 찬양하는 가운데 김일성 수상에 대한 우상화를 꾀하고 있음을 확인할 수 있다. 종합적으로 말해서 〈무쇠의 군악〉은 36년 동안의 이 땅의 수난과 해방, 그리고 김일성 중심의 북한 정권의 활기찬 출범을 노래한 작품이라고 말할 수 있겠다.

유감스럽게도 김사량의 서사극 실험은 단 한 편으로 끝났는데, 그가 전쟁 중 사망했기 때문이다. 따라서 서사극이 40년 뒤인 1980년 후반에 와서 남한 연극계에서, 뒤늦게 개방된 것은 그 창시자인 브레히트가 공산주의자였다는 사실에 근거한다.

북한 경제건설을 위한 수단이 된 연극들

남궁만의 1막극 〈산의 감정〉은 1949년 봄을 시대 배경으로 하여 실화에 가깝도록 구성한 희곡이다. 설명에 의하면 '인민들과 인민군대의 굳은 결합을 주제로 한 것으로서 일찍부터 북한에서는 노역에 인민군대를 동원해 왔음을 보여 주는 작품이기도 하다. 백두산 삼림철도 공사를 위하여 투쟁하고 있는 벌목 노동자의 모습, 그것은 지금 조국 건설을 두 어깨에 지니고 총돌격하고 있는 근로인민들의 모습이다. 그러므로 백두산 산림철도의 연장선인 밀림지대에서 조국 건설과 인민경제발전을 위하여 돌격하는 인민들과 조국방위와 인민들의 복리를 위하여 복무하는 인민군대와의 사이에는 필연적인 소치로 서로 도우며 결합하는 정경이 그려진다.

여기에는 인민경제 2개년 계획을 위하여 싸우는 많은 인민이 등장한다. 등장 인민들은 제각기의 애국심에서 가지가지의 사건들을 벌여놓는다. 제각기의 계획에서 인민경제계획 완수를 위한 사건들이 벌어지며, 인민군대를 알뜰히 모시는 마음들이 여기저기 이것들은 조직적인 힘에 의해서 통합되며, 인민과 인민군대의 결합에서 빚어지는 애국심이 결실되는 것이다.

작품 줄거리는 두 가지가 뒤엉켜 돌아가는데, 하나는 김 영감이라는 늙은이의 열성과 고집에서 벌어지는, 소를 둘러싸고 일어나는 이야기이고, 다른 하나는 영복이가 빚어 내는 괴로움—아버지를 모시고 제 고장에서 일하느냐 안 하느냐 하는 이야기다. 이때 나타나는 것이 인민군대 전사다. 그는 이 문제들을 어떻게 해결할까. 그는 표면에 나타난 사실만 가지고 시비를 판단하지 않는다. 물론 그는 이런 사실들을 어떻게 하면 좋을지는 누구보다도 잘 안다. 그러나 산사람들이 가지는 전통이며 인습이며 생활적 근거를 참작하면서 그는 사태가 어느 극단에 이르지 않도록 태도를 신중히 한다. 더구나 그것이 자기에게 관계되며 나아가서는 인민군대에 관련되는 일이므로 전체적인 각성을 도모하는 태도를 취한다.

그때 그는 자기 누이동생에게 동리 전체 사업에 지장만 없게 할 수 있다면 떠나라고 말한다. 이렇게 함으로써 문제를 인민들 전체의 문제가 되게 하며 인민들 앞에서 진실로 민주주의적인 해결을 구하도록 하는 것이다. 그런데 이 작품 속에 제시된 많은 요소들 가운데 가장 중요한 것이 등장인물들의 증산을 위하여 싸우는 모습이다. 다음 김 영감과 영복 사이에 벌어지는 아버지와 자식 사이의 문제, 혜산집과 영복의 관계, 영복을 애달프게 하는 사정과 공사에 관한 대처 관계, 여기 있어서의 김영수의 입장, 김 영감이 봉착하는 인민들의 원호와 자력으로 문제를 해결해 가려는 마음의 갈등―끝으로 크게는 증산 의욕과 인민군 원호정신의 본질적인 합치이다(111~113쪽). 즉 〈산의 감정〉은 김사량의 〈무쇠의 군악〉과는 달리 당시 북한이 주력하고 있던 경제 발전의 문제를 백두산 철도공사장에 맞춰 억지로 구성해 본 희곡인 것이다.

다음으로 한민이 쓴 〈약혼하는 날〉(1막)은 당시 북한이 역점을 두고 있던 경제개발 발전책에 궁극적 목표를 둔 희곡이다. 해설에 따르면 동해안 명태 성어기에 어로(漁撈) 노동자들의 생산계획 완수를 위한 의욕과 그들의 어로기술 향상을 주제로 한 것이지만, 그보다는 더 큰 목표, 그러니까 정부의 경제발전책의 일환으로 어촌에서까지의 경제활동을 격려하는 차원의 희곡이라고 말할 수 있을 것 같다.

이 작품은 작은 어촌 사람들의 고기잡이에 관한 이야기에 사랑과 결혼에 얽힌 이야기가 보태져서 흥미로운 작품이 되었다. 등장인물들도 모두 어부 가족과 그들과 인척이 되는 사람들뿐이어서 단조롭다. 따라서 핵심은 어업의 소중함이지만 빈번히 일어나는 해상사고의 위험성 때문에 그곳을 벗어나고픈 갈망이 뒤엉켜 돌아가게 된다. 그중에서도 대대로 어업을 해 온 김윤팔 가족과 남편을 바다에서 잃고 과년한 딸 하나를 두고 있는 과부 명씨 모녀간의 갈등과 화해가 이 극 전체를 관통하고 있다. 그런 작품이기 때문에 어업에 관한 내용 외에는 결국 청년들의 혼사 문제 정도가 전부일 수밖에 없다.

판성   참 수산에 있어서 어로기술은 너무도 연구할 게 많은 것 같아.
선원   원래 왜놈들이 배워줘야 말이지. 조선사람치고 기관장이나 선장을 시켰드라구.

판성 　그렇지만 해방된 다음 울 수산노동자들의 힘으로 데구리배를 수리
하고 계획량을 제대로 잡아내지 않았니.

선원 　금년 우리 건국 8호도 책임량을 초과달성해 낼 테니까.

판성 　건국 8호하고 경쟁을 붙였으니까 누가 먼저 잡아내나 보지.

선원 　우리는 과거의 뱃군들의 술만 먹고 방탕하는 그런 생활이 아니고 좀
더 과학적 기술로 무장한 어로기술자가 돼야 한다.

　사람들은 온통 어로기술을 연마하여 고기를 많이 잡아야 한다는 강박관
념에 젖어 있다. 주인공은 단연 판성과 희녀인데, 판성은 군대까지 다녀와
서 부친의 어업을 이어받아 선장이 되는 것이 꿈이며, 고기를 많이 잡는 것
이 절대 목표이다. 한편 동년배인 희녀는 부친을 바다에서 잃고 홀어머니
밑에서 간유공장 노동자로 일하고 있는데, 모친의 생각에 어느 정도 영향
을 받아 어업에 약간의 회의를 갖고 있다. 그러니까 그녀 역시 모친처럼 바
다에 대하여 공포심을 갖고 있다는 이야기다. 겉으로 드러나지는 않지만 두
청춘남녀는 사랑하는 사이다. 두 남녀는 이렇게 이야기를 나눈다.

희녀 　판성인 앞으로도 꼭 배를 탈 테야?

판성 　그럼…….

희녀 　육지에서 다른 일을 할 수는 없어?

판성 　그건 왜?

희녀 　아니야, 그저 물어본 거야.

판성 　난 앞으로 기관장이 되려고 힘껏 공부하고 있어.

희녀 　나도 알아(서글픈 얼굴이다).

　작품은 북한에서 여성이 앞선 생각을 하고 있음을 단적으로 보여 주고 있
다. 그러나 희녀도 남자의 결심을 꺾지는 못하고 순응해 간다. 그런 때 희녀
의 결혼 문제가 대두된다. 그녀의 모친은 바다에서 남편을 잃었기 때문에

사위만은 배를 타지 않는 남자를 구하고 있었다. 그리하여 모친은 남동생이 데리고 온 수산사업소 직원을 신랑감으로 추천한다. 그리하여 윤팔의 가족과 심한 대립과 갈등을 하게 된다. 결국 당사자 희녀가 최종 결단을 내려야 하는 지경에 이른다.

희녀는 결혼은 자신이 하는 것인 만큼 결정권도 자신에게 있다면서 '육지에서 일하는 사람이든 배 타는 사람이든 그런 건 다 상관없다'면서 오랫동안 사귀어온 이웃 친구 판성에게 시집을 가겠다고 선언한다. 그리고 판성은 고기잡이를 위해 떠나가는데 희녀는 판성에게 고기를 '한 배 잔뜩 싣구' 돌아오라고 한다. 역시 사회주의 리얼리즘 방식에 따라 해피엔드로 매듭짓는다. 이처럼 한민의 〈약혼하는 날〉은 어민들이 어업을 통하여 국가경제발전에 이바지한다는 내용이다.

한편 큰 틀에서 보면 한민의 작품과 궤를 같이하는 희곡으로서 박혁의 〈여공의 노래〉(1막)가 있다. 이 작품의 무대는 도시의 공장지대이며 제목 그대로 실을 짜는 여공들의 애환과 꿈을 긍정적으로 묘사한 작품이다. 10여 명의 등장인물들 중 주역이라면 작업반장 리혜숙·기계보전공 최창섭 커플과 만주에서 귀국 중 가족을 잃어버린 순히일 듯싶다. 이들 세 사람이 줄곧 작품을 이끌고 가기 때문이다.

막이 오르면 여공들은 누가 더 일을 많이 하는가로 경쟁을 벌이며 작업량을 대부분 110% 이상 끌어올린다. 이처럼 경쟁적으로 일하다 보니 은연중에 여성답게 시샘도 부린다. 그런 가운데서 작업반장 리혜숙이 최창섭과 결혼하고 공장을 떠나 가정에 들어앉는다는 소문이 떠돈다. 물론 전부가 헛소문은 아니고 실제로 두 남녀는 사랑하는 사이였다. 그러던 어느 날 최창섭이 리혜숙에게 결혼유예라는 중대한 문제 제기를 한다.

창섭   그런 소문이 어데서 나는지는 모르지만 전 아직 결혼하고 싶은 생각
        은 없는 사람이오.

혜숙	그 해야 할 일이란 뭣인가요?
창섭	전 인민군대에 들어갈 생각이요 우리 공화국의 군인이 되겠단 말이요 부모들의 승락도 받았소.
혜숙	그렇지만…?!
창섭	한번 결심하고 군복을 입은 이상 조국과 인민을 위해서 모-든 것을 바쳐야 할 나요, 저 때문에 혜숙 동무의 혼기가 늦어야 되겠소….
혜숙	섭 동무가 우리 공화국을 지키는 인민군대의 한사람이라는 것은 내 큰 기쁨이 될 테요. 전 창섭 동무를 언제까지나 기다리고 있을 테예요.

이렇게 두 사람의 결혼 문제는 해결되었는데, 혜숙이 절대로 공장을 떠나지 않는 이유가 예사롭지 않다. 가령 연인 창섭이 자신이 일하고 있는 공장에 대하여 '왜놈들이 물러간 이후에는 우리들이 부흥시킨 공장'이었다고 하자, 혜숙은 '우리들이 이 공장에서 자랐기 때문에 우리들의 어머니'나 다름없다고 한다. 그만큼 자신들이 일하는 공장을 존중하고 아낀다.

한편 같은 공장에서 일하는 순히를 찾아온 중년 남자(김국보)가 있다. 그는 가족이 만주에 거주하다가 해방을 맞아 귀국길에서 딸 순히를 잃어버렸다가 수소문 끝에 이곳으로 찾아온 것이다. 만 3년 만에 극적으로 만난 부녀는 당연히 감격할 수밖에 없다. 그러나 딸 순히는 부친의 완곡한 요청에도 불구하고 가족의 품으로 돌아가지 않겠다고 한다.

순히	나도 가군 싶지만 이전 맺었던 조사(組絲)의 기능잔데 노동자가 함부로 공장을 그만둬서 되겠느냐고 했지… 자기의 일터를 지키는 것이 나라를 위해서 싸우는 거라구.
혜숙	우리는 언제나 큰 희망 밑에 살아야 해 조국이 가르치는 길을 똑똑히 알구 그 방향으로 모든 것을 해결할 줄 알아야 한단 말이야.

이상의 대화에서 확인할 수 있는 바는 북한이 전형적인 공산주의 사회답

게 개인보다는 국가가 우선한다는 것을 보여 준다는 사실이다. 가족이 살고 있는 고장에도 일할 수 있는 광산이 있다면서 자꾸만 채근하는 부친에게 순히는 이렇게 말한다.

순히 그리고 우리나라를 더욱 발전시키는 2개년 계획을 완수하기 전에는 공장을 떠나고 싶지 않아요. 그 숫자 속에는 제 책임량도 섞여 있으니까요… 저는 노동여성입니다. 노동여성으로서 인민경제발전을 위하여 싸우고 있다는 것은 얼마나 기쁜 일입니까.

국보 알 만하다. 우리 광산 노동자들도 다 네 마음 같다.

순히 예…(하고 탄실이와 손목을 잡고 작업장으로 뛰어들어간다)

국보 여보 저게 정말 우리 순히요, 언제 저렇게 사람이 됐슈까…?!

혜숙 ……!!!(감격!)

(작업장에서 여공들이 일하면서 부르는 〈방적의 노래〉 합창 소리 들려오면서 …) 막

이상과 같이 〈여공의 노래〉는 작품 제목이 암시하듯이 방직공장 여공들이 국가의 2개년 경제계획을 완수하기 위해 개인의 사소한 희망까지 포기하면서 나라를 위해 분투하는 내용이다.

다음으로 한태갑의 〈승리는 우리의 것이다〉(1막) 역시 소재와 경우는 다르지만, 당시 북한이 맹렬히 추구하고 있던 경제개발 2개년 계획의 완수에 중점이 두어져 있다. 배경도 1948년 여름이므로 앞의 작품과 비슷한 현실을 다룬 것이며 흥남 비료공장을 무대로 삼고 있다. 〈여공의 노래〉와는 달리 남성 노동자들의 이야기로서, 일본인들이 비료공장 기계를 사용하다가 고장을 내고 귀국하여 기술력이 부족한 노동자들이 정상화시켜 가는 과정을 드라마틱하게 묘사한 것이다.

흥미로운 사실은, 저들은 선전 수단으로서의 작품의 의도에 따라 모든 작품에서 본 줄거리와는 거리가 있는 이야기들을 삽입한다는 것이다. 이 작품

에서도 보면 절대적인 키를 쥐고 있는 노련한 주인공(조장)이 금강산으로 휴양을 갔다 온 이야기가 삽입되어 있다.

병룡   참 좋은 세월이 됐어, 나라에서 우리 노동자를 휴양까지 보내는 세월이 오다니.

조장   더 말 있소, 이전에야 어디 그런 나라가 위대한 소련 내놓고야 있었나요, 그게 다 소련 군대가 독일놈 일본놈들을 쳐부수고 조선을 해방시켜 준 덕택이 아니겠소.

병룡   그렇구말구요. 남조선도 북조선과 같이 잘살게 되어야 할 텐데 미국놈들 총질을 하는 리승만 리범석 김성수 개돼지 같은 놈들을 없애 치워야 될 텐데.

조장   걱정 마시우, 제주도 인민항쟁을 보시구려 제놈들이 총칼로 남조선 반동단선을 해 가지고 국회 희극을 하니 어떤 사람이 그걸 국회라고 믿겠소.

이는 비료공장 기계 고장을 수리하는 노동자들이 남한을 비방하는 장면인데, 주목되는 것은 평양에 주둔하고 있는 소련군은 칭찬하고 미군은 폄훼하며 이승만 세력과 한국민주당의 김성수를 동시에 깔아뭉개고 있는 점이다. 게다가 5·10 총선거를 방해하려 한 제주 4·3사태를 부추기는 것도 주목된다고 하겠다.

이 비료공장에는 여러 대의 기계가 작동되고 있다. 그런데 가장 중심이 되는 8호기의 고장이 난제였다. 당시 수리공들의 실력으로는 고치기가 쉽지 않았다. 그런 때에 일제 시대부터 일해 온 조장이 나선다. 조장은 나이도 지긋하고 애국심도 강하며 무엇이든 한번 결심하면 끝장을 보는 성격이었다.

금순   아버지가 자신을 가졌으면 참 좋을 텐데.

계장   그게 걱정이지만 조장어른은 참 훌륭한 어른이십니다. 누구보다도 나라를 사랑하시고 강력한 실천력이 있는 분입니다. 이 복구 작업에는 조장 동무를 내놓고는 할 사람이 없어요.

그리하여 조장이 결국 팔 걷고 나서게 된다. 당해 연도 성과를 내려면 지체할 시간이 없었던 것이다. 결국 조장의 오랜 경험과 집념으로 비료공장은 돌아가기 시작한다. 그러나 호사다마라고, 조장 앞에 불행의 소식이 전해진다. 서울에서 이승만 정부를 향해 반대투쟁을 하고 있던 아들의 비보가 날라온 것이다. 서울에서 갑자기 며느리가 왔다.

조장　　며느리가 왔어? 어데.
계장　　북문 자위대에 왔습니다.
금순　　(조장과 시선이 마주치자 비장한 소리로) 아버지.
순히　　(조장에게 또렷또렷한 목소리로) 아버님 그새 안녕하셨어요?
조장　　오냐 오기 수고했겠다.(등에 업은 아이를 들여다보며) 이놈은 자는구나. 그래 애 아비는 잘 있느냐.
순히　　(고개를 숙인다) ….
금순　　아버지 오빠….
조장　　(설레는 목소리로) 네 오빠가 어쨌단 말이냐.
금순　　돌아가셨대요.
조장　　무어? (순히에게) 애 동훈이가 죽다니 그게 정말이야?
순히　　낮에 애 애 아버지가 다니는 공장에서 단선 반대 데모가 있었어요, 그날 밤에 집에 들어섰는데 온몸에 피투성이 됐지요, 저더러 내일 북조선으로 가라고 했어요.
조장　　울지 마라.
철환　　아주머니 원수는 우리들의 원수입니다. 우리는 그것이 누군지 똑똑히 압니다. 미국놈들의 그늘 밑에서 나라를 팔고 있는 리승만 리범석 김성수의 도당들이지요.
조장　　계장 동무 시간이 되었소, 시험바르브를 틀어봅시다. 계장 동무 승리요.

계장   동무들, 인제 하루 질소 생산량은 염려 없소, 복구는 끝마쳤소, 인제
        생산뿐입니다, 금년도 연간계획 1개월 단축을 위한 총 돌격을 합시
        다. ―천천히 막―

이 작품은 흥남 비료공장을 무대로 북한 경제발전을 촉진하는 것이 목표
라는 점에서 전작들과 대동소이한 주제의 희곡이라는 것을 금방 알 수가 있
다. 이야기, 솔직히 서사라는 것도 그들이 내세운 주제를 제시하기 위한 극
히 작위적인 것이어서 진실성 면에서는 뒤진다고 말할 수가 있다.
　다음으로 박태영의 〈항구〉(전1막) 역시 앞의 작품들과 대동소이하지만 무
대가 희곡 제목과는 달리 광산으로 되어 있는 점에서 색다르다. 박태영은
1941년도에 유치진이 조직한 극단 현대극장에다 장막희곡 〈전설〉을 출품
한 바 있는 월북 작가이다. 그런 그지만 월북 후에는 전혀 다른 성향의 희
곡을 썼다. 이 희곡은 무대가 항구라고 하니까 어부들의 이야기로 착각하
기 쉽지만 항구가 내려다보이는 곳에 광산이 자리하고 있는 것이다. 그러니
까 이 희곡은 광부들의 이야기를 통하여 경제발전 2개년 계획을 완수해 간
다는 내용이다. 따라서 등장인물들은 당연히 광부들과 그들의 가족 및 감시
통제하는 지도원이 전부가 될 수밖에 없다.
　작품의 중심 기둥인 조태선 중사는 군대를 마치고 농촌을 떠나 광부가 되
어 거기서 새로운 기술을 배워 나라에서 힘차게 진행하고 있는 경제발전 2
개년 계획 완수에 기여한다. 광부는 땅속을 파고 들어가야 하는 직업이어서
착암기가 가장 중요하고 소중하며 그것을 요령껏 잘 운전해야 소정의 뜻을
이룰 수 있다.

지도원   동무들에게 S49 착암기를 한 대씩 매끼게 됐소, 물론 조수는 달아붙
        입니다.
조태선   고맙습니다, 계장님.
계장   내게보다 지도원 동무에게 치하를 하시오.

그리고 입대까지의 성적통계도 많이 참고하겠지만 오늘 하루의 굴진 성적이 동무제들의 기술자로서의 앞날을 결정할 겁니다.

그런데 이 시기에 대부분 작품에서는 작품 전개와 상관없이 불시에 김일성 수상 이야기가 등장하는데 이는 북한 정권의 최고 권력자로 등극한 김일성을 널리 알림과 동시에 그에 대한 찬양과 충성을 기하려는 것이다. 이 작품에서도 중간에 그런 대목이 나온다.

계장   그 신문은 웬 거요?
노동자 2 금년 정월 겁니다.
계장   아 김일성 수상의 신년사입니까?
노동자 1 이 동무는 늘 주머니에 넣구 댕긴답니다.
노동자 2 가끔 마음이 약해질 때마다 다시 꺼내 읽곤 하지요. 그러면 김일성 수상께서 직접 내 귀에다 대구서 말하시는 것 같습니다.
계장   홍 동무는 나보다 더 열성이 있는데. 나는 책상머리에 붙여 뒀지만 동무는 항상 품에 넣구 다니다니.

이상과 같이 작품 흐름과 관계없이 김일성 수령에 대한 경애를 삽입하고 그다음에는 직접 김일성이 연설한 내용을 소리 높여 읽고 간다.

그다음에는 주인공 태선의 모친이 등장한다. 물론 장성한 아들의 혼사 문제가 나올 수밖에 없다. 모친은 자신의 아들에 대하여 이렇게 말한다.

태선 모   그 애하구 나하구는 약속을 했습니다. 처음 부대에서 내려올 때에 나는 평지에서 땅을 분배받아 농사를 짓자구 그랬어요, 근데 그 애는 농사보다도 광산기술을 배운다구 좋으질 않았겠소.
계장   태선 동무 생각이 옳습니다. 광산 일을 하는 사람은 따루 있는 줄 아십니까.
조태선   전 어머니하구 약속을 했어요, 일을 제대로 못 배우면 농사를 짓겠다구.

　결국 근면하고 성실한 조태선은 광산에서 큰 성적을 올리고 평소 사랑하고 있던 여자 동지(리옥히)하고도 결혼을 약속하고 광산 일도 함께 하기로 한다.

　리옥히　　그리고 늘 같이 일하게 될 테니까요, 영원히 같이.
　조태선　　영원히 같이! 그렇지요? (힘차게) 갑시다!

　농사를 짓던 젊은 농군도 시대가 변했다면서 공장으로 전업하여 기술을 익혀서 국가의 경제발전에 일익을 담당하는 모습을 보여 주는 것이다.
　『단막희곡집』 수록 작품 11편 중에서 김사량의 희곡 외에는 모두가 농어촌이나 공장 광산 등지에서 당시 북한이 열성적으로 추구하고 있던 경제발전 2개년 계획을 달성하는 데 전력을 기울인다는 주제를 일관되게 밀고 나간다. 그만큼 북한에서는 연극예술이 국가 발전을 홍보하는 수단임을 충실히 이행하였던 것이다.

제4장
분단 직후 북한의 연극

북한 연극이 당초부터 있었던 것은 아니다. 조선시대 이후 오랫동안 중앙 집권제하에서 문화가 자연스럽게 한양과 서울에 집중되다 보니 개화 이후의 근대극 역시 주로 서울을 중심으로 발전했고, 기껏해야 순회공연으로 지방의 연극이 존재했을 정도였다. 따라서 평양을 중심으로 하여 별도로 발전된 연극이란 것은 없었다. 이 말은 곧 해방 직후 평양에는 연극이란 것이 존재하지 않았고, 서울에서 활동하던 연극인들이 1946년 초부터 월북하면서 비로소 가능하게 되었다는 이야기가 된다.

그때의 시국을 살펴보면, 갑자기 맞은 해방이어서 독립국가 성립을 위한 정치인들의 백가쟁명의 혼란이 상당 기간 지속되었다. 다만 서울에서는 평양과 달리 일제강점기를 벗어난 환희와 민족연극 수립을 향한 연극인들의 이합집산이 활발하게 전개되었다. 특히 당시 연극인들은 무정부 상태에서 정치정세에 좌우될 수밖에 없었고, 일제 잔재 청산과 함께 스스로의 좌표를 모색해야 하는 처지에 놓여 있었다.

그리고 또 하나의 특징이라고 한다면 당시 인텔리들이 너도나도 사회주의 이념에 경도되는 추세에 따라 일제 때 프롤레타리아극을 추구했던 연극인들이 주도권을 장악하여 남로당의 지시에 따라 이데올로기 부식(扶植)에 앞장서는 분위기가 강했다는 사실이다. 그렇지만 미 군정하에서 사회주의 이데올로기 이념을 확산시키는 프로연극인들의 연극운동은 은연중에 제약을 받을 수밖에 없었다. 그러는 사이 평양에서의 정치권력 투쟁은 복잡하게 전개되고 있었기 때문에 당장 연극인들을 불러들이려면 시간이 필요했다. 즉 소련군이 점령하고 있던 평양에서 연극을 필요로 하는 정치권력이 어느 정도 정립되어야 서울의 연극인들이 그곳으로 갈 수 있었다는 이야기다.

분단 직후 평양의 정치적 상황

평양에는 문화예술계, 특히 연극계와 달리 정치·경제·사회 분야에는 서울에 버금갈 만한 인재들이 있었기 때문에 해방공간에서 독립국가를 향한 여러 세력이 이합집산하면서 권력 쟁취하기에 바빴다. 평양에 진주한 소련군은 10월에 A. A. 로마넨코 소장을 우두머리로 하는 민정청(시민행정관청)을 설치하고 패전 일본군과 한시적 치안을 유지하고 있는 상황에서 몇 개 지역에서 건국준비위원회 성격의 인민위원회가 조직되었는데, 그들 중에서도 민족주의자였던 조만식이 만든 평남인민정치위원회의 세가 두드러진 편이었다. 왜냐하면 조만식이야말로 일찍부터 독립운동가로서 인민의 존경을 받아왔으며 북쪽의 정신적 구심점이 될 만했기 때문이다. 특히 그가 기독교계, 토착 자본가, 그리고 일부 사회주의자들까지 망라하여 11월 3일 조선민주당을 창당하면서 당시로서는 명실상부한 북쪽의 지도자로 자리를 굳히는가 싶었다.

한편 평양에서는 시베리아나 만주 등지에서 독립투쟁을 했던 사회주의자들의 여러 계열 등 다양한 세력들이 이합집산하는 동안 젊은 나이에 빨치산운동을 지휘했던 김일성도 9월에 귀국해서 꾸준히 세력을 규합하고 있었다. 그 김일성이 대중 앞에 혜성같이 등장하는 것은 10월 14일, 7만여 명이 모인 평양공설운동장에서 열린 소련군 환영대회에서 연설을 하면서였다. 이어서 12월 17~18일에 열린 조선공산당 중앙 제3차 확대집행위원회에서 제1책임비서로 추대되면서 급격하게 대중의 주목을 받는 인물이 된다.

전술한 대로 이때까지만 해도 자연스럽게 조만식이 지도자로 자리를 잡아가는 듯싶었지만 소련군과의 이런저런 갈등이 있었던 만큼 공산주의자들은 소련군부의 전적인 지원을 받고 있던 김일성이 주도권을 잡는 것이 순리라고 확신한 것 같다. 그런 때인 12월에 있었던 모스크바 삼상회의 결과가 이듬해 1월에 알려지면서 소위 '탁치정국'이 전개되는데, 반탁을 들고나온 조만식이 구금당하면서 조선민주당도 몰락의 길에 들어선다. 한편 북조선공산당의 우당이었던 조선신민당이 가세함으로써 2월 7일에 최고 권력기관이라 할 북조선임시위원회가 결성되어 김일성이 위원장으로 선출되기에 이른다. 김성보[1]는 그때의 상황에 대하여 다음과 같이 썼다.

> 북조선 임시인민위원회는 중요산업 국유화 문제에서 주민들의 확고한 지지를 창출하기 위해 일본 제국주의가 남긴 산업시설을 처리하는 데 있어 소련 측의 생각과 달리 보다 자주적인 모습을 보이고자 했으며, 토지개혁 문제에서도 북한이 3월 초에 이미 실행한 토지개혁의 기본 원칙을 그대로 준수하면서 통일정부 수립 문제에 임했다.[2]

김성보의 주장처럼 북조선 임시위원회는 1946년 3월 토지개혁을 출발점으로 삼아 남녀평등권법령 공포, 중요 산업 국유화, 노동법령 공포, 사법재판기관 개혁 등 제반의 민주개혁을 통해 인민 민주주의적 국가 건설의 사회 경제적 토대를 구축해 나갔다.[3] 곧 북한이 김일성과 그와 이념을 같이하는 세력들의 주도하에 하나의 독립국가로 나아가고 있었다는 이야기이다.

주목할 만한 사실은 시기적으로 1946년 3월부터 서울에서 활동하던 연극인들이 월북하기 시작했다는 점이다. 물론 박영호 등 몇 명은 북한이 고향

---

1   김성보, 『북한의 역사 1 — 건국과 인민민주주의의 경험(1945-1960)』, 역사비평사, 2011, 20~70쪽까지 참고하여 기술했음을 밝혀둔다.
2   위의 책, 79쪽.
3   위의 책, 81쪽.

이었으므로 당초부터 월북할 명분이 있었지만 남쪽이 고향인 연극인들도 상당수 월북했다는 것은 북한의 정치권력이 안정되어 가면서 그쪽의 부름이 있었기 때문으로 보이기도 한다.

북한의 문화예술 방향 설정

그리하여 1946년 4월에 평양에서 조직된 북조선문학예술동맹 산하에 북조선연극동맹(위원장 박영호)이 출범함으로써 북한에서의 연극 활동의 닻이 오른다. 북조선연극동맹의 멤버들은 대부분 서울에서 맨 처음 월북한 좌파 연극인들인 해방극장 단원들과 뒤따라간 혁명극장, 청포도, 낙랑극회, 조선 예술극장 등의 단원들이었다. 극작가인 박영호, 신고송, 함세덕, 송영, 한태천, 김태진, 조영출 등도 모두 서울에 근거를 두고 있다가 월북하여 작품 활동을 벌여나간다. 이들이 내세운 목표는 ① 진보적 민주주의에 입각한 민족문학예술의 수립 ② 조선예술운동의 전국적 통일 조직의 촉성 ③ 일제적·봉건적·민족 반역적·파쇼적 및 반민주주의적 반동예술의 세력과 그 관념의 소탕 ④ 인민대중의 문화적·창조적·예술적 개발을 위한 계몽운동의 전개 ⑤ 민족문화 유산의 정당한 비판과 계승 ⑥ 우리의 민족예술문화와 소련 예술문화를 비롯한 국제문화와의 교류 등[4]이었다.

그런데 여기서 간과해서는 안 될 점은 평양의 사회주의 권력이 정립되면서 여러 형태로 문화예술이 나아갈 방향에 대하여 목소리가 나왔다는 사실이다. 제일 첫 번째로 목소리를 낸 쪽은 북조선공산당 중앙위원회로서 이들은 1946년 2월 초 「조선 민족문화 건설의 기본노선(잠정안)」이라는 성명서를 발표했다. 그 내용의 일부를 소개하면 다음과 같다.

---

[4] 안함광, 『조선문학사』(한국문화사 영인본), 연변교육문화사, 1957, 369쪽.(김정수, 「해방기 북한 연극의 공연미학」, 단국대학교 부설 한국문화기술연구소 발표 논문, 2009.12.2.에서 재인용)

문화 활동은 특히 인민의 지적 · 의식적 수준을 살피고 각별한 용의를 하지 아니하면 아니 된다. 근로대중과 일반 인민의 계몽과 교화를 위하여 전 활동 분야에 있어 수준의 구별과 고하에 대한 배념(配念)의 필요하다. 읽고 보고 듣고 하는 대중의 지적 · 의식적 수준과 상태를 항상 주의 깊게 관찰 · 연구 · 조사하여야 하고, 거기에 적당한 활동 방법(특히 연극 · 영화 · 음악 · 조각)과 형태를 안출하여 대중이 즐기어 문화에 접근하고 문화가 용이하게 대중 가운데 들어갈 수 있는 확실한 길을 개척할 필요가 있다. 문화가 일부 상층계급이나 지식인의 독점물이 되어서는 아니 된다. 민중 자신을 비문화적인 상태로부터 해방하는데 문화 활동의 중요한 사명의 하나가 있다. 그리하여 정치적 · 경제적 이익의 옹호를 위하여 싸우는 한편 대중의 문화적 발전을 위하여서도 싸워야 한다.[5]

이상의 내용을 보면 사회주의 국가의 문화가 나아가야 할 가장 기본적이면서도 보편적인 자세를 명료하게 담고 있음이 확인된다. 그러나 그들이 그해 5월 들어서 중앙예술공작단을 조직한 뒤에 내놓은 김일성과 제14차 중앙위원회의 석명(釋明)은 대단히 구체적이었다는 점에서 달랐다.

5월 24일 김일성이 북조선 각 도 인민위원회 정당 사회단체 선전원 문화인 예술인대회에서 「문화인들은 문화선전의 투사로 되어야 한다」라는 연설을 했는데 여기에는 ① 대중 속으로 파고들어 가라 ② 선전전과 문화전을 전개하라 ③ 순회극단을 조직하라 ④ 일제 잔재 일소하라 ⑤ 고유문화 전승과 선진문화 알맞게 수용하라 등 다섯 가지가 항목이 포함되어 있었던바 그 다섯 번째 항목에서 그는 "조선의 민족문화를 발전시키기 위하여 우리의 훌륭한 문화유산을 계승하여 소련을 비롯한 선진 국가들의 문화를 섭취하여야 하겠습니다. 우리 문화인 중에는 그릇된 두 가지 경향이 있습니다. 하나는 우리의 고유한 것만을 좋다고 하는 경향이며 다른 하나는 이와는 반대로

---

5   조선공산당 중앙위원회, 「조선 민족문화 건설의 기본노선(잠정안)」, 『해방일보』, 1946.9.10. (이우용, 『해방공간의 민족문학사론』, 태학사, 1991, 57~58쪽에서 재인용)

우리의 것은 다 나쁘다고 하고 서양의 것만을 좋다고 하는 경향입니다. 이 두 경향은 다 옳지 않습니다. (중략) 우리 문화인들은 자기의 고유한 문화 가운데서 우수한 것은 계승하고 낙후한 것은 극복하여 선진국가들의 문화 가운데서 조선 사람의 비위에 맞는 진보적인 것들을 섭취하여 우리의 민족문화와 예술을 발전시켜야 할 것입니다. 이것이 민족문화 건설의 가장 정확한 길입니다."[6]라고 하였다.

김일성이 이와 같이 북한 문화예술의 방향을 제시한 지 반년 뒤인 12월 3일에는 북조선노동당 중앙위원회가 제14차 전원회의에서 「사상의식의 개혁을 위한 투쟁 전개에 관하여」라는 제목으로 "일본 제국주의가 그 장구한 통치의 악독한 결과로 우리 민족 가운데 남겨 놓고 간 나쁜 관념과 악습을 청산하는 것"을 가장 시급한 목표로 제시했다.[7] 이는 결국 목적예술을 해야 하는데, 우선적으로 일제 잔재 청산이 전제되어야 한다는 것이었다.

1946년을 분기점으로 해서 남북한 연극 구조도 크게 달라진다. 남한은 민주주의 국가로서 모든 연극 활동이 자유로웠던 데 반해, 북한은 사회주의 통제사회로서 모든 문화예술 활동도 엄격한 통제를 받기 시작했다. 남한에서는 1950년 창설된 국립극장 전속단체를 제외하고는 모든 극단이 사설단체였던 데 반해, 북한에서는 그러한 것이 존립할 수 없었다.

평양에서는 1947년에 월북한 좌익 연극인들을 중심으로 국립극단과 시립극단을 조직하는데 나머지는 반관반민의 해방예술극단, 전진극단, 평북예술극단, 성북예술극장, 내무성극장 등에 분산되어 북한 연극의 중추가 되었다. 그러니까 월북한 박영호, 송영, 신고송 등의 주도하에 전개된 프로연극이 유물론에 입각하고 마르크시즘의 세계관을 작품에 투영해 보려 한 설익은 이데올로기 연극이었던 데 비해, 1947년 이후 평양을 중심으로 그들

6   김일성, 「문화인들은 문화전선의 투사로 되어야 한다」, 『조선예술』 1967년 4월호.
7   위의 글 참조.

이 펼친 연극이란 순전히 김일성과 당의 교시에 입각해서 그의 교시를 작품에 충실히, 또 철저히 반영했다는 이야기다.

즉 박영호나 함세덕, 신고송 등 대표적인 프로 극작가들의 작품도 1947년까지는 주로 식민지 시대에 일제와의 항쟁, 즉 독립투쟁이 주제였으나 월북한 뒤부터는 김일성의 교시에 따른 작품으로 바뀌어 가기 시작했다. 거기다가 소련에 맞추려는 의도에 따라 소련 작가들이 쓴 번역극도 그에 못지않게 많이 공연되었다.

1947년부터 1950년 6·25전쟁 전까지 무대에 올려진 공연을 보면 소련 작가 작품으로서는 〈그 여자의 길〉(크레뇨브 작), 〈어둠에 비치는 별〉(프그놀래 작), 〈외과의 크레체트〉(코르네쥬크 작), 〈어느 한 나라에서〉(니콜라이 웰타 작), 〈로씨야 사람들〉(기씨모노프 작), 〈푸른 거리〉(미니또리 삭로브 작), 〈장갑열차〉(이와노브 작), 〈흑인소년 눈송이〉(류비모아 작), 〈제2전선의 배우〉(와짐 쏘브꼬 작) 등이 국립극단, 시립예술극단, 인민예술극장 등에 의해 공연되었다. 작품 제목에서도 느낄 수 있는 바와 같이 모두 러시아혁명 이후의 공산주의 목적극들로서 예술성은 미약했다.

여기서 주목해야 할 것은 해방 직후 소련 정부가 북한에 제대로 된 사회주의 리얼리즘 연극을 정착시키기 위하여 고려인 출신 소련 인민배우를 보내 직접 가르친 사실이 있었다는 점이다. 고려인이자, 카자흐스탄 알마티 소재의 조선국립극장 문화부장 출신인 이정희가 단국대 대학원에 제출한 학위논문에서 "그중 소련 인민배우 김진은 1945년 한반도 광복 후 소련 정부의 결정으로 평양에 들어가 조선국립극장 창설에 직접 참가하고 처음으로 〈춘향전〉을 무대에 올린 바 있다. 그래서 현재 소련의 〈춘향전〉과 평양의 〈춘향전〉은 공통점이 많은데, 그중 가장 중요한 것은 희곡작품의 주제가 사회주의 리얼리즘을 바탕으로 하고 있다는 점"[8]이라고 주장하였다.

---

8   이정희, 「재소한인 희곡연구—소련국립조선극장 레퍼토리를 중심으로」, 단국대학

평양에 초청된 김진은 알마티대학 연극학과에서 공부한 인물로서 소련 정부의 인민배우 칭호를 받은 만큼 유능한 연극인이어서 사회주의 리얼리즘 방법에 서툰 평양의 연극인들에게 정통 배우술과 연기론 등을 제대로 교육시켰다. 월북 연극인들이 사회주의 리얼리즘에 익숙해진 것도 바로 그런 배경에 따른 것으로 볼 수 있다.

김진에게 제대로 교육받은 평양의 극작가들은 1930년대의 김일성 우상화, 노동의 미화, 남한에서의 반정부운동 등 당이 필요로 하는 정치적 수단에 맞추어 창작 활동을 전개하였다. 극작가들은 거기에 머물지 않고 해방된 기쁨과 노동자들의 노동의욕 고취, 토지개혁 등 일련의 사회주의적 개혁을 찬미하는 주제도 즐겨 다루었다.[9]

김진으로부터 소련의 창작 기법을 제대로 전수받은 박영호 등 평양 극작가들은 사회주의 리얼리즘의 창작 방법을 거의 그대로 답습하지 않을 수 없었다. 그런데 사회주의 리얼리즘 방법론이란 마르크스 · 레닌주의의 프롤레타리아 예술관을 이론적 기초로 하여 생활의 본기와 합법칙성을 반영하며, 고도의 사상성과 예술성을 보장하고 작품 소재는 현실성, 혁명성, 사회주의적 내용, 생활의 본기와 영웅적 인물을 묘사하는 것으로 일관되어 있으며, 작품 소재는 혁명적 낙관주의와 집단적 영웅주의가 주류를 이루고 있었다. 작품의 스토리 전개는 긍정적 상황과 구체적 사실을 묘사하며, 작품의 주인공은 노동자, 농민, 사무원, 기사, 교원, 인민군 등을 형상화하는 사상적 근거를 제시해 주고 있다.[10]

가령 소련사회과학원의 출판물에서도 사회주의 리얼리즘의 특징이란 "첫째 현실주의적인 것이다. 즉 항상 생활의 진정한 사회내용에 따라 전면적으로 진실하게 생활의 예술을 반영하고 인식하는 것이다. 둘째 공산주의 당성

교 석사학위 논문, 1992, 33~34쪽.
9   강인덕, 『북한전서(중)』, 극동문제연구소, 1974, 284쪽 참조.
10   위의 책, 264쪽 참조.

예술이다. 즉 그것의 영혼을 구성하는 것은 공산주의 승리를 위한 자각적
인 목적적인 투쟁의 진행이며 공산주의적 이상에서 생활을 고도로 평가하
는 것이다. 사회주의 세계관과 공산당의 사상은 사회주의 리얼리즘의 기초
다. 사회주의 리얼리즘의 예술창작은 생활과 신사회 건설과의 긴밀한 연결
을 근거하고 있다."[11]라고 밝히고 있는 것이다.

체제 선전을 위해 창작된 목적극들

이상과 같은 창작 원리에 입각해서 씌어진 희곡은 박영호의 〈봉화〉와 〈비
룡리 농민들〉을 비롯하여 〈이순신〉(김태진 작), 〈바우〉(한태천 작), 〈전선〉(김사
량 작), 〈홍경래〉(남궁만 작), 〈복사꽃 필 때〉(남궁만 작), 〈성장〉(백문환 작), 〈갱
구〉(박태영 작), 〈인민은 조국을 지킨다〉(송영 작), 〈자매〉(송영 작), 〈항쟁의 노
래〉(임하주 작), 〈을지문덕장군〉(김무길 작), 〈원동력〉(유기홍 작), 〈은파산〉(유
기홍 작), 〈푸른 대지〉(한성 작), 〈무쇠의 군악〉(김사량 작), 〈산의 감정〉(남궁만
작), 〈하의도〉(남궁만 작), 〈약혼하는 날〉(한민 작), 〈장가가는 날〉(한민 작), 〈여
공의 노래〉(박혁 작), 〈승리는 우리의 것이다〉(한태천 작), 〈목화꽃 필 무렵〉(신
고송 작), 〈상봉〉(한태천 작), 〈임산철도공사장〉(남궁만 작), 〈산비〉(탁진 작), 〈꽉
쇠〉(한민 작), 〈금산군수〉(송영 작), 〈위대의 초상〉(윤두헌 작), 〈봄〉(허춘 작), 〈대
통령〉(함세덕 작), 〈장백산〉(박령보 작), 〈태양을 기다리는 사람들〉(박령보 작),
〈폭풍지구〉(조영출 작) 등 장단막 40여 편 가까이 된다.

여기서 주목되는 점 한 가지는 이름이 생소한 극작가들이 눈에 많이 띈다
는 사실이다. 임하주를 비롯하여 박태영, 김무길, 유기홍, 한민, 박혁, 탁진,
허춘, 박령보, 백문환 등과 같은 10여 명의 작가들은 우리 신극사에서 처음
으로 나타난 이름들이다. 아마도 북한에서 1946년부터 친일파를 숙청하고

---

11 소련과학원철학연구소 · 예술연구소 · 고르키세계문학연구소 · 소련예술과학연구
    원 고등연구원교원집단 편저, 『마르크스 · 레닌주의 미학원리』, 진예림 외 21인 공
    역, 북경 삼련서점, 1962, 699쪽.

새 시대를 이끌어갈 민족 간부 양성 정책을 시행하면서 태어난 신진 극작가들이 아닌가 싶다. 후술하겠거니와 신진 작가들이 대체로 체제 선전에 더욱 치중했다는 점에서도 흥미롭다고 말할 수 있겠다.

이 시기에 발표된 작품 중에는 공연된 것이 대부분이고 희곡으로만 남겨진 것도 있는데, 주목되는 몇 작품들을 대강 소개해 보겠다. 도쿄제국대학 출신의 김사량이 황해제철소 노동자들을 위해 썼다는 〈무쇠의 군악〉은 일본 제국주의 착취 수탈을 혐오하면서 김일성의 영도하에 항일투쟁을 통해서 해방을 맞고 토지개혁과 인민정부 건설, 소련군 진주 환영, 남한과 미국을 비판하고 조국 통일의 길로 매진하자는 선동적인 이념극이다. 이 작품의 몇 대목을 인용하면 다음과 같다.

주창자   간악한 일제의 독수리들이/꽃기름 흐르는 대지를 움켜쥐고 이 나라
　　　　 인민을 짓밟으며/저들을 도적하던 그 옛날
노동자 1 너무도 오래인 악몽이었다
　　　　 (…)
주창자   피어린 두 팔을 드높이 쳐들고 눈물 어린 웃음을 뿌리시켜 사랑하는
　　　　 겨레의 땅으로 돌아오신 우리 민족의 민족적 영웅이시여
　　　　 김일성 장군 만세!! 해방이다!! 해방이다!!
노동자 7 꿈에도 못 잊을 영도자 받들고 민주 부강한 인민공화국을 건설하자!!
합　　 건설하자!! 건설하자!!
　　　　 (…)
주창자   아! 카빈총을 휘저으며 몰려오는 양키군대와 앞잡이 경관놈들!
　　　　 (…)
주창자   물러가라 흉악한 미제국주의!
합　　 타도하자 남조선괴뢰정부!
　　　　 (…)
주창자   삼천만은 다함 없이 나아가리라 김일성 수상 가르치시는 조국통일
　　　　 의 길로.

합   아! 승리의 길, 통일의 길로!

위 대사에서 볼 수 있듯이 예술성이라고는 찾아볼 수 없을 정도의 정치
구호로 대중을 선동하려는 설익은 이데올로기 극이다.

같은 시기에 발표된 남궁만의 〈산의 감정〉도 동궤의 작품이다. 작가는 이
작품에 대해서 "〈산의 감정〉은 인민들과 인민군대의 굳은 결합을 주제로 한
작품이다. 백두산 산림철도 공사를 위하여 투쟁하고 있는 벌목 노동자들의
모습, 그것은 지금 조국 건설을 두 어깨에 지니고 총돌격으로 하고 있는 근
로인민들의 모습이다. 그러므로 백두산 삼림철도의 연장선인 밀림지대에
서 조국 건설과 인민경제 건설을 위하여 돌격하는 근로인민들과 조국방위
와 인민들의 복리를 위하여 복무하는 인민군대와의 사이에는 필연적인 소
치로 서로 도우며 결합하는 정경이 이 작품에는 그려진 것이다."[12]라고 자평
했다. 참고 삼아 몇 대사를 인용하면 다음과 같다.

영수   수고들 하네, 우리 백두산의 부원은 왜놈들두 헐어 먹을려다 못 먹
        구 쫓겨간 곳이 아닌가.
벌목부   우리 백두산이야 김장군께서 놈들을 끊임없이 무찌른 성산인데 될
        말인가. 백두산은 대대손손이 찍어 내두 언제 끝일 줄 모르는 밀림
        지대가 육백여만 립방메타일세.
영수   동무들! 김장군께서는 끝까지 이 백두산을 직히시며 왜놈들을 무찔
        러 싸웠습니다. 김장군이 지니신 애국심! 그것이야말로 우리 조국을
        건지고 부강하게 하는 단 한 가닥의 길이라는 걸, 정작 백두산에 올
        으면서 나는 더욱 가슴 뜨겁게 늦깁니다.
신명규   옳은 말일세, 요새 나는 저 남포 소리를 들을 때마다 김장군의 위대
        하심을 생각하군 하네.

---

12 『단막희곡집』, 평양 북조선직업총연맹 군중문화부, 1949, 111쪽.

이처럼 노동의 미화와 그리고 노동자와 인민군과의 화합을 억지춘향으로 그린 작품인 것이다.

〈산의 감정〉이 철도노동자들의 근로 생활을 미화한 것이라면 신진작가 한민의 〈약혼하는 날〉은 어로 노동자들의 생산 촉진을 미화한 것이다. 작가의 말에 따르면, 이 작품은 "동해안 명태 성어기에 있어서 어로(漁撈) 노동자들의 생산계획 완수를 위한 의욕과 그들의 어로기술에 대해 높은 수준에로의 발전을 묘사하며 실제 생활에 있어서 낡은 의식을 극복하며 어로 노동에 대한 애국적 투쟁과 군은 신념을 고취시키기 위한 작품이다. 이러한 기본적인 이야기를 희녀의 약혼 문제를 통하여 설명되었으며 거기에 또한 작의(作意)가 있는 것"[13]이다.

그 외에 노동을 미화하고 실적 올리기를 촉진하는 작품으로는 박태영의 〈갱구〉나 박혁의 〈여공의 노래〉, 신고송의 〈목화꽃 필 무렵〉, 남궁만의 〈임산철도공사장〉 등도 마찬가지다. 어떤 광산촌을 무대로 하여 김일성의 교시에 힘입어 국토 건설에 총력을 기울인다는 이야기의 〈갱구〉 중 몇 군데 대사를 인용해 보면 다음과 같다.

계장   그 신문은 웬 거요?

노동자 2   금년 정월 겁니다.

계장   아 김일성 수상의 신년사입니까?

노동자 1   이 동무는 늘 주머니에 넣구 댕긴답니다.

노동자 2   가끔 마음이 약해질 때마다 다시 꺼내 읽곤 하지요. 그러면 김일성
         수상께서 직접 내 귀에다 대구서 말하시는 것 같습니다.

계장   흥 동무는 나보다 더 열성이 있는데. 나는 책상머리에 붙여 뒀지만
         동무는 항상 품에 넣구 다니다니.

노동자 2   웬걸요, 여러 번 읽었지요. 그러니 새 힘이 생깁니다. 한 구절만 읽

---

13   위의 책, 177쪽.

	어 주시라우.
계장	아 알았습니다. (일동 조용해진다.) (소리 높여 읽는다.) '공화국 북반 부에 있는 노동자들은 공장에서 광산에서 철도에서 공화국의 확고 부동한 경제적 토대를 구축하는 2개년 인민경제계획 초과 완수를 위 한 건설과 증산으로써 공화국의 충성을 보장하며 국토의 완정을 촉 진시키는 장엄한 구국투쟁을 전개하여야 하겠습니다.'
노동자 2	이 신문은 내 보배입니다.
계장	(전화) 1백 60메타… 여보세요 1백 60메타요?—예, 성공을 의심치 않습니다. 아, 그리구 오늘 보고대회가 있는 줄 아시지요? 네, 네, 1/4분기 총결보고대회입니다.

이상과 같은 작품에서 볼 수 있는 바처럼, 저들은 미의 추구니 진실의 탐 구니 하는 예술의 기본 바탕마저 부인하고 오직 당의 목적 달성을 위한 정 신 교양의 수단으로 예술을 이용하고 있음을 확인할 수가 있다. 따라서 어 떤 진실을 향한 등장인물들의 상극 갈등도 없고, 오직 일사천리 국가 건설 과 통일을 위한 정신무장만이 강요되는 선동 작품을 생산해 내고 있는 것이 다. 그러니까 애정이나 가정생활, 인간관계에서 오는 애환 같은 것도 전혀 배제되어 있다. 박혁의 〈여공의 노래〉만 하더라도 일찍이 만주에서 헤어졌 던 부모가 십수 년 만에 극적으로 만나지만 공장 노동자로 일하는 어린 딸 이 가족에게 돌아가지 않고, 주인공 역시 공장에 남아 일을 하느라 결혼까 지 무기 연기하고, 그녀의 상대 남자 역시 인민군대로 돌아가기 위해 결혼 을 유보한다는 내용이다.

혜숙	경쟁 말이야, 이번 1/4분기엔 우리 반이 질까 봐.
탄실	지다니!?
경옥	지긴 왜 진단 말인가, 우리 반은 벌서 책임량의 110%를 넘기지 않았 어?
혜숙	나도 그래 안심하구 있었더니 옥순네 반은 117% 초과했어.

(…)

|창섭|전 아직 결혼하구 싶은 생각은 없는 사람이오… 제게는 해야 할 일이 있소. 그 희망을 채우기 전에는 인민군대에 들어가 공화국 군인이 되어야겠소….|

(…)

|창숙|저도 창섭 동무가 이민군대에 들어가는 걸 찬성해요. 진정한 조선의 아들딸이라면 누구나 우리나라 군대에 들어가구 싶을 거예요….|

그리고 이 시기의 북한 작가들은 꼭 일제강점기와 관련을 시키고, 해방되는 데는 김일성의 힘이 컸다고 했으며, 남한을 미국에 조국을 팔아먹으려는 매국 세력으로 몰고 갔다.

|창섭|왜놈 땐 가진 학대를 받아가며 죽지 못해 있던 이 공장이었지. 그렇지만 왜놈들이 물러간 후엔 우리들이 부흥시킨 공장이오….|

(…)

혜숙	우리 인민은 단결되어 있지 않아요. 인민경제계획을 승리적으로 완수하구 있지 않아요.
창섭	그렇지만 조국을 팔아먹으려는 놈들이 있소. 우리 조국을 다시금 식민지화하려는 침략자들이 있소.
혜숙	우리 인민은 그런 침략세력들과 매국노들을 분쇄하구 반드시 국토의 완정과 조국의 륭성을 보장할 것이오.
창섭	옳소, 공장에 있으나 군대에 있으나 우리들의 마음은 하나이오. 김일성 수상을 받들고 조국강토의 완정을 위하야 싸울 뿐이오.

인용한 대사에서도 볼 수 있는 바와 같이, 해방 이후 즉 6 · 25전쟁 전의 작품에도 김일성의 이야기가 반드시 나오고 있으며, 우상화의 길을 서서히 닦고 있음은 주목된다. 그것으로 끝나는 것이 아니고 남한에 대한 적개심을 북돋우며 국가 건설에 헌신하고 살신하는 노동의 미화에 따른 노동영웅을 묘사하고 있다. 이런 경향은 분단 이후 더욱 강화되며 무대예술을 정치도구

화하는 데 집중하였음이 작품에서 그대로 드러나고 있다.

신고송의 〈목화꽃 필 무렵〉도 소련의 미추린 학설에 따라 새로운 목화 품종을 발견한 다음에야 비로소 결혼한다는 내용이다. 이 시기 작품의 또 한 가지 특색이라면 소련과의 관계를 좋게 그리려는 경향이었다. 김일성과 스탈린을 함께 찬양한다든가, 일부러 소련을 찬미한다든가 하는 경우이다. 남궁만의 〈임산철도공사장〉도 백두산의 어떤 임산철도공사장에서 철도노동자들이 목표 달성을 위해 경쟁적으로 일하는 과정을 극화한 것이다. 여기에서도 김일성의 우상화는 빠지지 않는다.

> 인섭　　이건 웨 이래, 김 장군께서 보천보를 짓부실 때 나는 두만강까지 군량을 지구 갔든 사람이야.
>
> 민청원노무자　아니 백 동무가?
>
> 인섭　　그때 그놈의 주재소면소가 활활 타오르는데 김 장군께서 하시든 말씀이 아직두 귀에 쟁쟁하이. 우리 인민들은 죽지 않았습니다. 우리 조선은 살아 있습니다.—이것 봐 우리가 이렇게 백두산을 헐구 철도를 놓게 된 게 그때 벌써 김 장군께서 하신 말씀이라 말이야.

그들은 또한 남한을 비판하고 적화통일을 꿈꾸며 남한에서의 반정부활동을 조작하고 유격전을 찬미하는 선동적인 희곡도 발표 공연하였다. 남한 정부의 무기력, 분열, 무능 등을 조작하고 유격전을 영웅화 내지 미화하고 반미 활동을 선동한 작품으로는, 탁진의 〈산비〉, 송영의 〈금산군수〉, 윤두헌의 〈위인의 초상〉, 그리고 함세덕의 〈대통령〉 등을 꼽을 수 있을 것이다.

이러한 희곡들이 쓰인 시기는 남북한에서 각각 정부가 수립되는 전후여서 특별히 정치 문제에 집중되어 있는 것이 특징이다. 가령 1947년 11월에는 유엔이 한국임시위원단 조직을 결정하자 북한에서는 즉각 헌법 제정 논의를 시작했고, 1948년 8월 15일에 대한민국 정부가 정식 수립되었으며 북한에서는 곧바로 9월 9일에 조선민주주의인민공화국 헌법이 채택됨과 동시에 정부가 수립된 것이다. 따라서 자연스럽게 복잡하게 돌아간 남북한 간의 정치 문제가 작품의 주제가 될 수밖에 없었다고 보인다.

남한의 한 어촌이 무대가 되고 사공 부녀가 빨치산운동에 나서 싸워 승리를 거둔다는 〈산비〉(탁진 작)를 시발로 하여, 대부분이 그러한 정치 상황을 작품에 반영하고 있다. 탁진이 쓴 작품 내용을 보면, 남한의 경찰은 하나같이 무기력하고 대중 위에 군림, 무뢰하며, 공산 유격대와 싸워 연전연패하는 것으로 되어 있다. 〈산비〉는 빨치산이 경찰과의 싸움에서 일방적으로 승리하여 남한 일부를 완전 해방시키는 데 성공한다는 내용이다.

처음에는 약간 회의를 품고 있던 어부도 열성적인 딸의 유격전 참여와 경찰들의 무리한 행동에 반발하여 빨치산 운동에 기운다. 이처럼 그들의 작품은 매우 조작적이고 도식적이며 선동적이다. 따라서 예술성을 전혀 찾아볼 수 없음은 물론, 북한 정부가 추구하고 있는 이념 투쟁을 선전하는 아마추어적 작품만이 남발되었던 것이다. 희곡 〈산비〉의 경우에도 보면, 주인공인 어부는 다음과 같이 구호를 외치고 있다.

사공   (성급히 읽어 내려간다) 이(2) 우리는 조국의 평화적 통일에 방해를 주는 미군이 조선에서 즉시 철거할 것을 요구한다. 삼(3) 우리는 비법적 기관인 소위 「유엔위원단」이 우리 강토로부터 즉시 물러갈 것을 요구한다. 사(4) 우리는 남북조선을 통하여 통일적 입법기관 선거를 동시에 실시할 것을 제의한다. … 조선 인민은 조국의 통일과 민주화와 독립을 향하여 앞으로 나아가는 길에서 장해를 주는 모든 놈들을 자기의 길에서 능히 소탕할 것이다. (자기를 반성하듯) 나는 목숨이 아까웠어, 죽엄이 무서웠어… 바보였지 천치였지(눈물이 두 뺨에 젖는다. 그러나 그것은 굳은 의지의 빛으로 변한다.)

스토리 전개를 살펴보면, 주인공의 심리가 변화하는 '회의→열성 공산주의적 →투쟁'이라는 도식이 그대로 나타나 있음을 확인할 수 있다. 흥미로운 사실은 스토리 구성이 권선징악의 전근대적 신파극 스타일의 멜로드라마인 것도 하나의 특징이라는 점이다. 〈산비〉의 종결도 해피엔딩으로서 승리의 환호를 보여 주고 있다.

> 사공   자아 여러분, 여러분이 건너갈 나룻배의 노질은 내가 하게 해 주시오.
> 여자   자아, 군중대회장으루 갑시다. (사곤 아픈 것도 잊고 앞선다. 젊은 여자와 유격대원을 선두로 군중들 내려간다. 언덕으로는 아직도 군중들이 쏟아져 넘어와서 뒤를 따른다. '고랑면 해방만세!' '우리 민족의 영도자 김일성 수상 만세!' '조선민주주의 인민공화국 만세!' … '조국통일 민주주의 전선 만세!' … 등 환호성은 그칠 줄 모르고 강 건너와 강 이쪽에서 멀리 혹은 가까이 오래오래 계속된다) (비 개인 하늘에 구름은 걷히고 달은 대낮같이 밝다. … 장명등 가물거리는 마땅 끝에 오작별기는 바람에 기운차게 펄럭어리고 강 건너간 군중들의 만세 소리 내내로 계속되는 속에서 ―막―

위의 장면에서 군중의 외침이라든가 인공기의 펄럭임 같은 것은 매우 자극적이고 선동적이다. 이런 유형의 희곡이야말로 6・25전쟁 전 북한의 목적극의 전형 같은 작품임을 쉽게 알 수 있게 한다.

그보다 한술 더 뜬 것이 바로 함세덕 작 〈대통령〉이다. 함세덕은 월북하기 전, 특히 일제강점기에는 〈동승〉이라든가 〈해연〉 같은 순수 낭만적인 희곡을 써서 비교적 인정을 받던 젊은 작가였다. 그러나 월북하기 직전부터 프로극을 쓰기 시작하여 월북 후에는 완전히 프롤레타리아 목적극을 쓰게 된 것이다. 따라서 그의 작품에서도 예술성은 희석되었다. 그도 어쩔 수 없이 당의 지령에 따라 작품을 썼기 때문이다.

1950년 초에 발표한 〈대통령〉이야말로 그와 같은 저급한 목적극의 전형이다. 이승만 대통령과 그의 부인 프란체스카 여사가 주인공이고 로버트 미군사고문, 그리고 유엔 위원단, 신성모 국방장관 등이 등장하는 작품 〈대통령〉은 남한 정부 및 이 대통령을 희화화하고 미국에 예속된 괴뢰정부인 것처럼 조작한 희곡이다. 그리고 이 대통령을 주체성도 없고 강대국에 농락당하면서 순전히 미국의 군사 원조로 전쟁이나 준비하는 인물로 격하시킴은 물론, 김구 살해의 배후인물로도 묘사했고, 치안의 불안정과 지리산 공비의 투쟁을 과장 선전한 작품이다. 김성수, 윤치영, 조병옥, 장택상 등 정계 요인들이 대화 속에 그대로 등장하고 있음은 물론이다.

> 애리쓰　글쎄 로버트 소장 승만이가 내각조직하던 날은 고 임영신 이년을 위시해서 윤치영이 김성수, 조병옥, 장택상이 등 첩들이 밤새 승만이 곁에서 떠나질 않았답니다. 내 소원대루 승만이가 대통령이 돼서 안될 껀 없지만 고년들 때문에 속이 안 썩는 날이 없습니다.
>
> 이승만　공연한 소릴 또 하구 있군.
>
> 로버트　박사, 애리쓰 부인 아껴주셔야 합니다.
>
> 이승만　그야 물론이지요, 어느 나라 사람인데 제가 안 아끼겠습니까? 트루맨 대통령과 당신들게 충성하듯이 애리쓰에게두 난 충성합니다.

이상에서 볼 수 있는 바와 같이 함세덕은 남한 정부와 이 대통령을 주체성이 없는 사대주의자로 희화화해 놓고 한국 정부 내의 빨치산 활동을 과장함으로써 치안이 말이 아닌 것처럼 꾸미고 있다.

> 로버트　리 박사 그거 또 말뿐입니다. 비행기 내주면 비행기째 이북으로 날아가 버리구 군함 내주면 군함째 넘어가 버리지 않습니까? 현재 제주도 지리산 오대산을 위시해서 남한 각지서 폭동군이 쓰고 있는 무기와 탄약은 전부 우리가 당신들게 내준 겁니다. 이러니 우리 미국 아무리 무기 주구 싶어두 어떻게 내주겠소?

그러면서 남한 정부의 내부 분열과 갈등을 과장하고 있는 것이다. 동시에 소련의 힘을 은근히 과시한다. 또한 이 대통령을 전쟁광처럼 만들고, 북한 허위선전의 극치라 할 수 있는 남한의 북침설에 대한 음모가 이미 6 · 25 남침 전의 연극작품에서 꾸며지고 있는 것은 매우 주목할 만하다.

> 이승만 에이 이놈 자식들아 무얼 하구 있는 거야? 당장 삼팔 이북으루 밀구 들어가라. 그래서 삼 일 안으루 평양을 점령하구 인민군대를 무장해 제시켜 버리라. 만일 그렇지 못하면 네놈두 김석원이 채병덕이처럼 파면이다. (하구 전화를 탁 끊는다)

종결에 이르면 이 대통령이 북침을 계획하고 부산에서 무기를 열차에 수송하던 중 유격대의 습격으로 모두 탈취당했으며, 그 소식을 들은 이 대통령이 쇼크로 졸도한다. 이 희곡에서 확인할 수 있는 것은 북한이 이미 전쟁 전부터 북침론을 암암리에 퍼뜨리고 있었으며, 그런 것을 예술작품을 통해서 은연중 대중에게 불안의식으로 심어 주는 동시에 침략의 부도덕성을 남한 정부에 전가하려는 작업을 진행했다는 사실이다.

이와 같이 남한 정부의 부패 무능과 민심이반 등을 과장 허위조작하고 유격전을 미화한 작품으로는 송영의 〈금산군수〉를 들 수 있다. 송영은 함세덕과는 달리 일제강점기부터 프로극을 썼던 작가로서 월북 후에는 더욱 극렬한 이데올로기 극을 썼다. 〈금산군수〉만 하더라도 그네들의 도식에 따라 남한 정부 붕괴를 꾀한 풍자극이다.

전북 금산을 무대로 민국당이 추천한 군수와 이 대통령이 임명한 두 명의 군수가 한 군청에서 벌이는 희극이다. 자기가 진짜 군수라고 우기는 동안 인맥도 두 파로 갈리고 따라서 행정의 마비는 물론 치안 상태가 말이 아니다. 두 명의 군수도 순전히 정실인사로 임명되었기 때문에 무능하고 부패하기가 이를 데 없다. 그래서 민심은 걷잡을 수 없이 이반하고 그 틈을 비집고 빨치산이 발호한다는 내용이다.

과장	군수영감님들 놀라운 소식입니다. 지금 소식을 들었는데 며칠 전 무주군이 두려 빠졌답니다. 유격대가 대포까지 걸고 쳐들어와서 군청, 경찰서, 국방군 사령부를 들부수고.
리	그래 군수는 어떻게 되고?
과장	불문가지 몰매귀신이 되었죠.
백	그런데 왜 이렇게 야단야.
과장	무주인즉슨 덕유산 줄기에 있습니다. 우리 금산도 똑같은 덕유산 줄기에 있습니다. 불똥이 가까워옵니다.

이처럼 저들은 연극을 통해서 지리산 공비를 영웅화하고 마치 남한 정부를 위협하는 개선군인 양 미화했던 것이다. 〈금산군수〉의 결말도 그들의 도식대로 유격대의 승리로 끝나고 금산군의 해방은 극히 자연스러운 것으로 그려진다.

한편, 많은 작품이 노동자 · 농민을 대상으로 한 데 반해, 윤두헌의 〈위인의 초상〉은 도시 지식인이 사보타주와 공산주의자가 되는 과정을 그린 것이다. 서울의 고명한 의사의 아들(상규)이 자기가 재직하고 있는 중학교에서 한 미술 교사가 스탈린 초상화를 그림으로써 퇴직당하자 함께 사퇴하고 정부를 맹박하는 공산주의자가 된다. 작가는 이 작품에서 반미숭소(反美崇蘇) 사상을 고취한다.

상규	아메리카 사회의 어느 구석에 평화와 민주주의가 살아 있습니까. 향락하는 60가족이 있는 반면에는 기아와 빈곤에서 허덕이는 수천수백만의 실업군중들이 있습니다. … 오늘의 인류를 전쟁의 참화로부터 구원하고 억압과 기아로부터 구원해 낼 사람은 스탈린과 소련 인민밖에 없습니다. 그이는 1917년에 제정러시아 영토에 있는 수억만의 인간들을 구출했고 2차 대전에서는 팟쇼 독일과 일본 제국주의를 쳐부수고 구라파와 아세아 민중들을 구원했습니다. 오늘의 세계는 그의 힘으로 평화가 유지되며 오늘의 인류는 그의 지도 밑에서 자유

와 해방을 얻을 것입니다.

　이와 같이 〈위인의 초상〉은 제목 그대로 독재자 스탈린을 마치 인류의 구원자처럼 우상화하고 소련을 종주국으로 떠받드는 내용이 상당 부분을 차지하고 있다. 이처럼 그들의 작품은 예술 이전의 정치, 이데올로기 선전에 치중하고 있었다. 방식 또한 극히 유치하고 아마추어적이며 도식적이었던 동시에 획일적이었다. 그럴 수밖에 없었던 것은 김일성이 연극운동의 방향과 관련하여 "순회극단도 조직하고 순회강연도 조직하여 국가에서는 지금 무엇을 하고 있으며 우리 인민은 무엇을 하여야 하는가를 선전하고 해설하도록 하여야 하겠습니다."[14]라고 훈시한 바 있기 때문이다.

　이러한 훈시가 나오자마자 신진 작가 박령보는 〈장백산〉과 〈태양을 기다리는 사람들〉 등 두 작품을 잇달아 발표했는데, 박종원과 류만이 쓴 『조선문학개관』에 의하면 〈태양을 기다리는 사람들〉은 "김일성 동지를 민족의 태양으로 우러러 모시고 따르는 당시 우리 인민들의 나라의 독립과 자유에 대한 갈망과 그 실현을 위한 대담하고 슬기로운 투쟁을 진실하게 보여 준 의의 있는 작품이다. 작품에서는 무산지구의 어느 한 마을에 파견된 조선인민혁명군 지하공작원 심병욱의 과감하고 희생적인 투쟁을 다양한 인간관계와 첨예한 극적 상황 속에서 형상화하고 있다. 주인공 심병욱은 합법적 활동 조건을 얻기 위하여 경찰서의 소사로 일한다. 마을 사람들은 그를 친일분자, 민족반역자라고 하면서 저주한다. 작품에서는 모진 시련과 심리적 고통을 강의한 의지로 이겨나가는 심병욱의 슬기로운 모습을 첨예한 정황 속에서 깊이 있게 추구함으로써 항일혁명 투사들의 영웅적 성격과 고상한 정신, 도덕적 풍모를 극적으로 일반화하였다. 작품은 이 밖에도 김일성 장군님을 손꼽아 기다리는 남상근, 혜숙 등 인물들이 간고한 시련과 투쟁을 거

14　김일성, 『김일성전집』 2, 조선노동당출판사, 1992, 234쪽.

쳐 혁명가로 자라나는 모습과 수령님을 만나뵙는 격동적인 장면을 통하여 위대한 수령님에 대한 당시 조선 인민들의 다함 없는 경모의 정과 충성심을 감명 깊게 보여 주었다."[15]고 했다. 순전히 김일성을 우상화하는 내용으로 일관한 작품인 것이다.

한편, 백문환이 쓴 〈성장〉은 제목이 암시하는 대로 "토지개혁 실시와 농촌경리 발전을 위한 농민들의 애국적 투쟁과 이 투쟁 속에서 자라나는 농민들의 성장 과정을 다양한 극적인 인간관계를 통하여 넓은 서사시적 화폭으로 그려 낸 작품이다. 작품은 해방 전부터 1946년 말까지의 역사적 시기를 시대적 배경으로 하고, 첨예한 갈등을 통하여 토지에 대한 농민들의 세기적 숙망이 어떻게 실현되었으며 보람찬 투쟁 속에서 그들이 어떻게 성장하였는가를 보여 준다. 토지개혁의 혜택으로 땅을 분여 받은 농민들을 경애하는 수령님의 크나큰 은덕을 보답하기 위하여 첫해 농사를 잘 지어 많은 수확을 내며 그것을 현물세와 애국세로 납부한다."[16]는 내용이다.

여기서도 일제강점기에 지주와 싸워온 우덕삼이라는 주인공을 내세워서 토지개혁의 혜택으로 우수한 농촌 지도 일꾼이 되어 가는 과정을 묘사하는 동시에 그의 딸(금순)이 지주의 끄나풀이 된 애인과 과감히 결별함으로써 '계급적 원칙성을 떠난 애정이란 결코 존재할 수 없다는 것'을 강조하고 있다.

초기에 북한 연극의 기초를 다진 바 있는 박영호의 이 시기 작품은 어떠했을까. 〈봉화〉가 평화적 건설 시기 농민들의 성장 과정과 드높은 애국적 열의, 애국미 헌납운동의 봉화를 추켜든 김제원 농민을 형상화한 작품이라고 한다면, 〈비롱리 농민들〉은 10만여 평의 천수답을 수리안전답으로 개량한 농민들의 헌신적인 투쟁을 묘사한 작품이다. 『조선문학개관(하)』에 의하

15   박종원·류만, 『조선문학개관(하)』, 온누리, 1988, 115~116쪽.
16   위의 책, 117~118쪽.

면 희곡은 "자연 개조를 위한 농민들의 창조적 노력 투쟁을 계급적 원수들의 암해 책동을 물리치는 투쟁과 밀접한 연관 속에서 형상화하면서 이 투쟁 과정에 발현된 농민들의 애국적 헌신성과 창조적 적극성을 그려 냈다. 특히 창조적 투쟁 과정에 농민들의 새로운 모습을 감명 깊게 그리었다. 작품에 묘사된 이러한 극적 화폭들은 이 시기에 벌써 우리나라 농민들 속에서 집단주의 정신이 발양되기 시작하였으며 장차 협동 경리에로 이행할 수 있는 전제가 마련되어 가고 있다는 것을 시사해 주고 있다."[17]고 기술되어 있는데, 이는 사실 북한 정권이 장차 추구해 갈 집단농장이나 집단경리 같은 제도를 연극을 통해서 은연중 홍보하려는 의도가 깔려 있는 듯하여 흥미롭다. 그 외에 한민의 〈장가가는 날〉이라든가 탁진의 〈꽉쇠〉 등도 비슷한 작품들이며 유기홍의 〈원동력〉도 노동계급의 영웅적 투쟁을 묘사했다는 점에서 유사하다.

〈원동력〉에 대해 대략 살펴보면 "전력 생산이 가지는 중대한 의의를 깊이 인식한 주인공 최재원을 비롯한 노동자들은 기술이 어리고 설비와 자재가 부족한 조건에서도 발전기를 복구하는 투쟁에 담게 달려 붙어 난관과 시련을 이겨내면서 끝내 자체의 힘으로 짧은 기간에 복구해 내고야 만다. 작품에서는 발전기 복구를 위한 투쟁을 보수주의자들의 방해 책동과 원수들의 파괴 암해 책동을 적발 분쇄하는 첨예한 극적 상황 속에서 뚜렷이 보여 줌으로써 해방 후 새 조국 건설과 인민경제부흥발전을 위한 보람찬 투쟁 속에서 우리 노동계급이 발휘한 애국적 헌신성과 창조적 적극성, 견결한 투지 등 고상한 사상 정신적 특질을 훌륭히 일반화하였다."[18]고 한다.

그 외에도 "새 사회제도하에서의 새로운 인간의 성장 과정을 자매가 걷는 각이한 생활의 길과 운명을 통하여 형상화한 송영의 〈자매〉를 비롯하여

---

17   위의 책, 119쪽.
18   위의 책, 119쪽.

"공화국 북반부에 비법적으로 침입하여 우리 인민의 생명과 재산을 해치는 미제 침략자들과 남조선 괴뢰군에게 섬멸적 타격을 준 공화국 경비병들의 영웅적 투쟁 모습을 진실하게 반영한 유기홍의 〈은파산〉", 그리고 1946년 8월 전라남도 무안군 하의도에서 일어난 신한공사의 토지 수탈을 반대하는 남조선 농민들의 투쟁을 소재로 반미 구국투쟁을 형상화한 남궁만의 〈하의도〉 및 경찰서를 습격하여 원수들을 소탕하고 애국적 인민들을 구원한 남조선 인민유격대의 영웅적 모습을 진실하게 반영했다는 조영출의 〈폭풍지구〉 등이 생산되었다고 한다. 그러면서 박종원과 류만은 그 시기에 생산되었던 희곡들을 통틀어서 다음과 같이 결론 짓는다.

> 평화적 건설 시기 우리 극문학은 이 밖에도 다양한 주제의 희곡작품들을 활발히 창작하여 인민 대중을 민주주의 사상으로 교양하고 새 조국 건설을 위한 애국적 투쟁으로 고무 추동하는 데 적극 이바지하였다. 이처럼 평화적 건설 시기 극문학에서는 영광스러운 항일혁명투쟁의 혁명전통과 해방 후 새 조국 건설을 위한 우리 인민의 혁명투쟁과 창조적인 노력투쟁 그리고 그 주인공들의 사상 성격적 특질이 전형적으로 밝혀졌으며 다양한 주제와 형태의 극화 폭을 통하여 새로운 현실이 제기하는 간결한 사상미적 문제들이 여러 측면에서 해결되었다.[19]

이상에서 확인되는바, 북한에서의 연극은 오로지 국가이념과 통치 방향을 철두철미하게 홍보 선전하는 것으로 일관했다.

북한의 악극과 무용

북한의 연극 표현 방식은 그 형태에 따라 세 가지로 분류할 수 있다. 소위 정극 형태, 신파조 연극(신파극), 그리고 가극 형태이다. 그런데 이 가극은 그

---

19 위의 책, 121쪽.

들이 만들어낸 독특한 형식은 아니고, 이미 1920년대 말엽부터 이 땅에서 시행되었던 연극 형태이다. 주로 악극으로 불려온 이 가극은 신파극의 막간이 연극으로 발전한 것으로서 저급한 대중극이었고, 특히 해방 직후에 번창하여 우리 연극을 타락시킨 면도 없지 않았다. 원로연극인 서항석은 악극 발생의 배경에 대해서 다음과 같이 썼다.

> 돌이켜 보면 이 땅에 악극이 출현하기까지에는 두세 가지 경로가 있었다고 생각한다. 하나는 1920년대 말기에 당시의 상업극단들이 그 부진한 흥행성적을 만회하는 일안으로서, 대중의 기호에 영합하여 이른바 '막간'이라는 것을 두기 시작하였는데, 이 막간이라는 것은 1푸로의 정규의 연극 2본 내지 3본의 사이에 노래나 촌극이나 재담을 양념으로 넣는 것의 이름이다. 이 막간에 대한 관중의 호응이 농도를 더해감에 따라서, 드디어 막간치중의 '예원좌'와 같은 극단이 생겨나기도 하였었다. 이러한 경향이 후일 악극단의 출현과 일맥의 관련이 있는 것을 부인할 수 없을 것이다. 초기의 악극단의 상연물은 그 옛날의 막간물의 발전이라는 감을 짙게 하였기에 말이다.[20]

해방을 전후해서 조선악극단, 반도악극단, 라미라, 성보, 약초, 백조, 태평양, 무궁화, K.P.K, 현대악극단 등등 수십 개가 부침하면서 연극계를 혼탁하게 하였었다. 이와 같이 해방 직후에 악극을 하던 상당수 연예인이 월북하여 신파극과 함께 가극의 방식에 이데올로기의 옷을 입혀가기 시작하였다.

가극은 일정한 스토리에 따라 노래와 무용이 주가 되는데 내용은 신파극과 마찬가지로 대중적 멜로드라마였다. 그러나 북한으로 넘어가서는 그들이 당의 방침에 따라 이데올로기 선전물로 바뀌었다. 더구나 가극 자체가 신통치 않은 전통과 아류적 성격을 띤 무대예술 형태였기 때문에 그들이 선

---

20 서항석, 「악극의 회고」, 『연예문화』 창간호, 1962.

전물로 만드는 데 수월했던 것이 아닌가 싶다. 그런 점은 〈지리산〉, 〈인민유격대〉, 〈꽃신〉, 〈눈 내리는 산〉 등의 작품명에서도 쉽게 느낄 수 있다. 북한의 가극이 6·25전쟁 전까지는 그렇게 발전하지 못했었다. 그러다가 전후에 대표적인 무대예술로서 자리를 잡아가게 된다.

무용마저 그들은 이념의 도구로 삼았다. 북한에서는 무용을 음악 못지않게 중요시하고 있으며 음악 무용을 과시하기 위하여 서사시적 음악무용극을 중점적으로 다루고 있다. 특히 중요시하는 무용은 고전무용으로서 독무에서 군무에 이르기까지 다양한 스타일로 발전시키고 있다. 북한이 현대무용보다는 고전무용에 역점을 두고 있는 것은 고전무용이 특별한 연습 없이도 즉흥적으로 이루어질 수 있기 때문이며, 무대 위에 대규모의 출연자를 동원시킴으로써 수적 규모로 대중을 선동하자는 의도였다. 무용에서의 체제상 변혁을 가져온 것은 전체주의 무용화란 정책적 시동에서뿐만 아니라 당대의 무용가 최승희의 김일성에 대한 아첨과 그 후 숙청의 악순환으로부터 시작되었다고 볼 수가 있다.

6·25전쟁 전까지 최승희에 의해 마련된 레퍼토리를 보면 〈반야월성곡〉, 〈목동과 처녀〉, 〈북춤〉, 〈들꽃〉, 〈장미꽃〉, 〈부채춤〉, 〈농악무〉, 〈방울춤〉, 〈영락무〉, 〈파계승무〉, 〈꼴호즈팔경〉 등과 민속극인 〈봉산탈춤〉 등이다. 이와 같은 고전무용 일변도 정책도 6·25전쟁 후에는 공산주의 이념이 짙게 투영된 무용으로 급속도로 변모해 갔다.

제5장

한국전쟁과 연극의 변화

한국전쟁 시기(1950~1953)의 연극

　미국의 개입을 우려해서 한반도에서의 전쟁을 주저하는 스탈린을 설득하기 위하여 김일성과 박헌영이 모스크바를 방문한 것이 1950년 3월 30일부터 4월 25일까지였다. 이들은 기습공격을 해서 3일 내에 전쟁을 승리로 이끌고 남한 내부에서 인민봉기가 일어나면 미국은 참전할 시간 여유를 갖지 못할 것이라고 주장하여 결국 스탈린의 허락을 받아낸다. 결국 비밀리에 전쟁 준비를 끝낸 북한은 드디어 1950년 6월 25일 새벽 '조국해방전쟁'이라는 명분 아래 남한에 대한 전면공격을 개시했다.[1] 그러나 그들의 침략전쟁은 초기의 맹렬한 기세와는 달리 미국이 주도한 유엔군의 참전으로 소기의 목적을 달성하지 못하고 정전으로 끝내야 했다. 남침 야욕이 여지없이 꺾인 것이다.

　그런데 이 전쟁 기간의 북한 연극은 남한이 북침했다는 일부의 허무맹랑한 주장과 독전(督戰)의 성격을 띠게 된다. 예술을 오직 정치적인 도구나 수단으로 이용하는 북한으로서 전시에 연극을 독전용으로 유용하게 활용하

1　김성보, 『북한의 역사 1 — 건국과 인민민주주의의 경험(1945~1960)』, 역사비평사, 2011, 145~146쪽 참조.

려는 것은 당연한 귀결이었다. 이 시기의 창작 또한 김일성의 교시에 따른 것이었음도 두말할 나위 없는 것이었다. 즉 전쟁을 시작하면서 김일성은 특별교시를 통하여 "오늘 조선 인민이 미제 침략자들을 반대하며 조국의 자유와 독립을 수호하기 위한 성스러운 해방전쟁을 진행하고 있는 이때 우리 작가, 예술가들에게는 매우 중대한 임무가 부과되어 있습니다. 우리의 작가, 예술가들은 인간정신의 기사로서 자기들의 작품에 우리 인민의 숭고한 애국심과 견결한 투지와 종국적 승리에 대한 확고한 신심을 뚜렷이 표현하여야 하며 자기들의 작품이 싸우는 우리 인민의 강력한 무기로 되게 하며 그들을 최후의 승리에로 고무하는 거대한 힘으로 되게 하여야 합니다."[2] 라고 하여 예술이 전시 중에 조국을 수호하는 인민들의 용기를 북돋아 주는 수단이 되어야 함을 강조했다.

그리고 이듬해 6월 30일에는 좀 더 구체적인 교시를 내린다. 그는 「우리 문학예술의 몇 가지 문제에 대하여」라는 담화에서 첫째 작가 · 예술가는 작품에서 인민의 숭고한 애국심을 보여 주어야 한다는 것, 둘째 인민군의 영웅성과 완강성을 묘사해야 한다는 것, 셋째 반미 · 반한적이어야 할 것[3] 등으로서 작가들은 자연히 '숭고한 애국심'과 '견결한 투지', '종국적 승리에 대한 확고한 언념(言念)'을 길러주며 '인민군대의 영웅성과 완강성' 묘사를 주제로 삼을 수밖에 없도록 했다. 이처럼 김일성이 앞장서서 직접 전쟁 중 연극이 나아갈 방향을 구체적으로 지시한 것은 북한체제로서는 당연한 것이었다고 말할 수가 있다. 특히 그가 연극과 영화 몇 편을 관람하고 '인민군대의 집단적 영웅주의, 대중적 영웅주의를 그려야 할 필요성을 역설하며 자연주의적 수법에 대해 경계했다'[4]는 것은 매우 주목된다. 왜냐하면 연극

2   김일성, 『김일성 저작집 6』, 조선노동당출판사, 1979, 399쪽.
3   중앙정보부, 「북괴문예작품 창작성향의 시대별 변천과정」, 1976, 10~11쪽 참조.
4   김선려 · 리근실 · 정명옥, 『조선문학사 11』, 사회과학출판사, 1994, 22~23쪽(전지니, 「잡지 『조선문학』의 합평회를 통해 본 전쟁기 북한희곡의 검열연구」, 『한국극예

영화를 전쟁의 강력한 무기로 삼아야 했던 김일성으로서는 창작 방향과 함께 수법까지도 확고하게 틀어잡아야 했기 때문이다.

김일성의 창작 방향과 주제, 형식 등에 대하여는 그해 12월 평양에서 열린 세계청년학생예술축전에서 한 연설에 명료하게 담겨 있다. 「우리 예술을 높은 수준으로 발전시키기 위하여」라는 이 연설에서 그는 "예술은 반드시 인민대중 속에 깊이 뿌리내려야 합니다. (중략) 우리는 또한 고전음악과 민족 악기들을 광범히 발전시켜야 하겠습니다. 이렇게 하여야만 우리의 예술이 인민의 민족적 특성을 반영할 수 있습니다. 그러나 민족고전을 발굴하고 그것을 계승하여 민족예술을 발전시킨다고 하여 과거의 모든 것을 찬미하며 시대에 뒤떨어진 예술의 낡은 형식을 이상화하는 복고주의 경향으로 흘러서는 안 됩니다. 예술의 낡은 형식을 새로운 현대예술의 입장에서 비판적으로 성취하여야 합니다. (중략) 우리의 예술은 민족적 특성을 충분히 구현하여야 하지만 협애한 민족적 울타리 안에 머물러서는 안 됩니다, 우리 예술발전에서 커다란 장애물로 되고 있는 것은 형식주의입니다. 이러한 형식주의를 철저히 청산하여야 하겠습니다. 형식주의는 형식을 내용과 분리시켜 내용을 형식에 복종시킴으로써 예술의 사상성을 저하시킬 뿐 아니라 그 예술성을 손상시킵니다."[5]라고 교시하였다. 여기에는 몇 가지 주목할 만한 메시지가 담겨 있는데, 예를 들어 우리 고전을 발굴 계승하여 민족적 특성을 살리는 현대예술을 창조하되 해외(소련) 예술에도 눈을 돌려야 한다는 대목이다.

남한에서는 1930년대에 동랑 유치진이 그러한 제안을 했었다. 그는 실제로 1950년대 후반부터 탈춤이라든가 남사당패 등의 유랑예인집단 발굴에 나섰으며 1962년 드라마센터를 세우면서 본격적으로 전통의 발굴, 계승,

---

술연구』 48, 2015에서 재인용).
5   김일성, 「우리예술을 높은 수준으로 발전시키기 위하여」, 『조선예술』, 1967년 8월호.

재창조 작업을 벌였다. 그리고 1961년 군사정부가 민족주의를 내세우면서 전통의 중요성을 주창한 바 있었다. 그런데 북한에서는 이미 1951년도 말에 최고통치자가 앞장서서 그런 주장을 폈으며 그로부터 국악기의 개조 작업까지 벌였다는 사실이 주목된다. 한편 김일성은 1920~30년대 소련에서 한때 유행했던 형식주의는 사상을 담아야 하는 예술의 그릇으로서는 부적합하다고 배격했다.

이러한 김일성의 교시가 있자 신고송은 곧바로 「연극에 있어서 형식주의 및 자연주의적 잔재와의 투쟁」이란 글을 통해 멜로드라마적인 신파극으로서는 혁명적 영웅상을 그려낼 수 없다면서 "신파는 형식적으로 내용적으로 일본 제국주의적 잔재이며 오늘에 와서는 미제국주의의 사상적 도구인 세계주의로서의 형식주의와 직접 연결된다. 신파는 현실에 대한 진실한 묘사 곧 현실의 혁명적 발전을 통하여 묘사한 대신에 비현실적 우연적 '사상성'과 '연극성'을 요구한다. 그러므로 신파는 현실성과 예술성과는 아무런 인연도 없으며 사상성에 대하여는 돌아보지도 않는다."[6]면서 현실을 있는 그대로 부정적으로 묘사하는 자연주의 수법과 함께 형식주의는 긍정적 인물 창조에 맞지 않으므로 배격해야 한다는 글을 『문학예술』 다음 호에 게재하기도 했다.

이 시기에 공연, 발표된 작품들을 대강 살펴보면 〈우리나라의 청년들〉(박태영 작), 〈명령 하나밖에는 받지 않았다〉(한태천 작), 〈푸른 신호〉(박영호 작), 〈기적소리〉(김세륜 작), 〈그가 사랑하는 노래〉(송영 작), 〈모두 다 전선〉(송영 작), 〈바다가 보인다〉(한성 작), 〈청천강변〉, 〈탄광 사람들〉(한봉식 작), 〈우리를 기다리라〉, 〈가을 전선〉(권준원 작), 〈소대 앞으로〉, 〈산의 개가〉(박훈 작), 〈1211고지〉, 〈수원회담〉(허준 작), 〈오성산〉, 〈싸우는 노동자들〉(남궁만 작),

---

6   신고송, 「연극에 있어서 형식주의 및 자연주의적 잔재와의 투쟁」, 『문학예술』, 1952.1.

〈강화도〉(송영 작) 등인바, 작품 제명에서도 느낄 수 있는 것처럼 전쟁을 소재로 삼고 있는 것이 단연 압도적이다. 따라서 내용과 주제는 천편일률적이고 단조로울 수밖에 없었다.

박태영의 〈우리나라의 청년들〉의 경우 동부전선 38선 부근의 산악지대가 무대이고 등장인물도 대부분 군인이며 민간인은 두 사람밖에 등장하지 않는다. 따라서 전쟁 이야기인 것은 두말할 나위 없다. 물론 전쟁은 언제나 계속 승리해 간다는 내용이다. 솔직히 한국전쟁에서 인민군이 승리했던가? 그럼에도 북한 작가들은 승리를 구가하는 이야기를 계속 써댔다.

김석기   전원 무사한가?

명길복   네, 무사합니다. 우리 습격조가 매복해 있는 줄 모르구 개놈들의 탱크가 미련하게 기어들어 왔습니다. 제일 먼저 조장 동무가 앞의 놈을 까부셨지요. 그랬더니 한길쯤 떴다 떨어지며 불이 붙기 시작했습니다. 다음 태화 아바이가 둘째 놈을 깠습니다. 그놈은 논창에 코를 박구 꽁무니가 폭발했습니다. 그 다음은 창고 아니 최만호 동무, 그 다음은 리강 동무가 각각 명중시켰습니다. 그러니까 나머지 놈들은 돌아서서 달아나기 시작했습니다.…

김석기   첫 방을 못 멕였단 말이지?

(…)

명길복   중대장 동무, 내게두 반탱크 수류탄만 있었으면 다섯째 놈을 틀림없이 잡는 건데 분합니다.

(…)

최만호   하여튼 고운 말이야. 난 전쟁에 나와서 정말 말을 배운 것 같애. 당, 명령, 돌격, 승리, … 얼마나 멋있는 말들인가.

〈우리나라의 청년들〉의 한 대목으로서, 당의 명령에 따라 돌격하면 승리밖에 없다는 천편일률적인 스토리다. 즉 인민군은 고지를 사수하면서 포위망도 두려워 않고 싸워 승리함으로써 영웅적 승리를 거둔다는 내용이고, 또 그에 대한 군단장의 감사문을 받는 것으로 끝난다. 그들의 전쟁극에서 패배는 찾아볼 수가 없다. 대체로 여느 나라 작가들도 본래 전쟁 작품에서는 패배 이야기를 쓰지 않으려 한다. 특히 사회주의 국가들의 작품에서는 연전연패해도 작중에서는 언제나 영웅적 승리를 거두게 마련이다. 전쟁에 대한 회의라든가 휴머니즘 같은 것은 전혀 찾아볼 수가 없다. 더욱이 북한에는 진정한 전쟁극이 있을 수가 없다. 특히 미군에 대한 증오심과 적개심으로 가득 차 있는 것도 눈에 띈다.

인덕   동무들! 동지들의 원수를 백배로 천배로 갚자! 우리의 부모형제 동포를 죽인 놈이 바루 눈앞에 있다. 우리의 도시와 농촌, 공장과 학교를 잿더미로 만든 놈이 눈 앞에 있다. 복수할 때는 지금이다. 수령은 우리와 같이 계시다. 조국과 인민을 위하여 앞으로! 앞으로.

인덕 기진하여 쓰러진다. 산 아래에서는 적의 비명, 우리 동무들이 "손들엇" 소리 등 아우성소리가 들린다.

인덕   적은 도망친다. 조국을 위하여 청춘을 자랑할 때는 지금이다. 나가라, 진격하라. 걸음마다 조국의 땅과 인민은 해방된다. 전사한 동무들이 고함친다. 복수해 달라고 고함친다. 용감하라! 대담하라! 우리는 무적의 인민군대다.

인덕 또 쓰러진다. 이때 준호 우편에서 기어서 등장한다. 옷은 피에 젖었다.

한태천의 〈명령 하나밖에는 받지 않았다〉의 한 부분이다. 마치 초보 작가가 쓴 아마추어적 목적극 같다. 북한은 이런 식으로 선동해서 젊은이들을 소영웅주의에 편승케 하고 또 전선으로 내몰아 수없이 죽어 가게 했던 것이 아닐까 싶다.

실제로 병사 출신의 신진작가 김세륜이 썼다는 〈기적소리〉도 동궤의 작품이다. 파괴된 철도를 복구하는 현장이 무대인 〈기적소리〉는 공병대의 활약상과 조국애를 묘사한 내용이다. 철교 밑에 묻어 놓은 시한폭탄을 목숨을 걸고 제거한다는 이야기다.

> 영규　　　그런데 이렇게 손가락 몇 개가 자유롭지 못하다고 해서 시간탄을 파
> 　　　　내지 못하는 것은 아니지요.
> 위원장　　물론 아니지. 그것은 동무 아니라도 얼마든지 다른 동무가 할 수 있
> 　　　　으니까 말이요. 조국은 동무들의 헌신적 투쟁을 요구하는 한편 그
> 　　　　이상 더 동무들을 애끼는 것입니다.
> 영규　　　잘 압니다. 잘 알기 때문에 내 육체가 이렇게 할 수 있는 이상 이 철
> 　　　　길을 지켜야 합니다. 내 철길 내 아버지의 철길… 내 조국의 철길을.

　그들은 애국심이니 영웅이니 해서 젊은이들을 전쟁의 소모품으로 만들어 갔던 것이다. 물론 이 작품도 수중폭탄 제거에 성공하는 것으로 종결된다. 승리의 종결, 이것이 곧 북한 전쟁극의 천편일률적 도식이었다.

> 태환　　　동무들, 동무들의 노력으로 기차가 통과합니다.
> 일동　　　만세!
> 위원장　　영국 동무 형식 동무 오늘 저녁에 나는 동무들의 입당보증서에 수표
> 　　　　하겠소!
> 태환　　　(감격하여) 위원장 동무!
> 영규　　　저것 봐! 오늘 동무는 기차를 통과시켰어! 동무가 해치운 일이 지금
> 　　　　전선에로 승리의 총탄을 보내고 있어!
> 일동　　　만세! 만세!

　송영의 〈모두 다 전선〉은 군민(軍民)의 일치단결과 전승이라는 주제가 드러난다. 임진강 유역을 무대로, 고지 사수와 승리를 소재로 한 이야기다. 물론 이 작품에서도 용감한 희생자가 있고 그가 승리를 만들어낸다.

분대장 그땐 밤 열두 시 으스름한 달밤이었습니다. 이 고지를 저이들은 무
슨 일이 있드래도 지키자고 맹세를 했습니다. 조금 있드니만 저이
들이 상상한 대로 미친개들은 대포며 중기며 온갖 화기를 다 동원
해 가지고 새까맣게 기어올랐습니다. 저이들은 침착하게 조국을 위
하는 마음으로써 놈들을 용감하게 물리쳐 버렸습니다. 그러나 두
번 세 번 놈들은 기여 올라서 죽어 쓰러지면 쓰러질수록 더 발악들
을 하고 맹렬하게 반격을 해 왔습니다. 그때 부사수였던 윤우식 동
무는 용감하였습니다. 그러나 원악 놈들의 포화가 격렬한지라 고만
한편 팔에 부상을 당했습니다. 그러나 그 동무는 조금도 굴하지 않
고 무릎으로써 한편 팔을 대신해 가면서 정말 영웅적으로 싸웠습니
다. 정말 모두들 잘 싸웠습니다. 그래서 그 고지를 기어코 사수하였
습니다. 그러나 그 대신 젊은 피를 많이 흘렸습니다. 그놈의 원쑤들
을 그저(목이 멘다) 그래서 저는 대강 그 동무의 상처를 처매어줬습
니다. 그러나 원악 출혈이 심해서 맥까지 뛰지 않았습니다.

전쟁극의 주인공들은 하나같이 초인적인 능력의 소유자다. 초인적 인물
이 있기 때문에 전투는 언제나 승리로 끝나는 것이다. 6·25전쟁 이전의 작
품들이 대부분 공산주의 선전과 노동의 미화를 묘사한 것이라고 한다면 전
시의 작품들은 전승(全勝)의 이야기였다.

몇 가지 작품을 더 살펴보자. '인민군 전사들의 고귀한 희생정신과 대중
적 영웅주의를 극적으로 재현하면서 그 요인을 명확하게 했다'는 〈명령은
하나밖에 받지 않았다〉(한태천)에 대해, 북한에서는 "주인공인 전사 준호는
달려드는 적 땅크를 까부시고 영웅적인 최후를 마치는 순간 동지들의 품에
안겨 경애하는 수령님의 초상화를 우러러보며 '최고사령관 동지! 저는 당신
의 명령을 완수했습니다. 지금 저의 눈앞에는 황금물결 치는 나무리벌과 부
강한 우리 마을이 보입니다.'라고 긍지와 낭만에 넘쳐 말한다. 그리고 그는
적 탱크를 까부실 데 대한 전투명령을 수행했다는 자랑을 안고 '조선노동당
만세!'를 부르며 장렬하게 전사한다. '명령은 하나밖에 받지 않는다.' 이 말

속에 구현된 위대한 수령님에 대한 끝없는 충성심, 숭고한 자기 희생성, 불굴의 투지와 혁명적 낙관주의 등은 우리 인민군 용사들의 사상 정신적 특질이었으며 바로 여기에 그들을 불굴의 투쟁과 영웅적 위훈에로 고무한 불패의 힘의 원천이 있다. 이것을 일관되게 감동적으로 표현하고 형상적으로 힘 있게 확인한 데 이 희곡의 사상 예술적 성과가 있다."[7]고 평가하고 있다.

송영의 〈그가 사랑하는 노래〉는 "원쑤들에게 한 치의 땅도 내어 주지 말라는 최고사령관 동지의 전투적 호소를 심장으로 받들고 320고지 전투에서 '조국의 고지는 나의 고지' 운동의 봉화를 올린 공화국 영웅 한계렬이 발휘한 영웅적 위훈을 형상화한 작품"이고, 박영호의 〈푸른 신호〉는 "1951년 6월 38도선의 어느 한 고지에서 부대의 총공격을 보장하기 위하여 영웅적인 방어전을 벌인 한 구분대 전투원들의 형상을 통하여 인민군 용사들의 대중적 혁명주의를 일반화한 작품"[8]이다.

한편 소위 '조국해방전쟁 시기에 썼다'는 신진작가 한성의 〈바다가 보인다〉에 대하여 박종원과 류민은 그의 책에서 "인민군 한 개 연대가 1950년 8월 남해안 전선에서 적들의 마지막 퇴각로를 공격하는 주요지점인 서북산 700고지를 점령하기 위한 전투에서 어떻게 영웅적으로 싸워 승리하였는가를 감동적으로 보여 준다. 서북산 700고지에 도사리고 있는 놈들의 숨통을 조이는 기본 고리는 적의 포진지를 까부수는 데 있었다. 이 어렵고도 영예로운 임무가 오병철 정찰소대에 맡겨진다. (중략) 습격조의 성공을 안타까이 기다리던 연대를 포진지를 파괴하는 요란한 폭음과 함께 다섯 겹의 철조망으로 둘러싸인 서북산 계선을 돌파하고 놈들이 난공불락이라고 호언장담하던 700고지를 성과적으로 점령한다. (중략) 소대장을 비롯한 주인공들의 영웅적인 행동은 바로 남녘땅을 해방하고 조국통일을 이룩할 숭고한 염원

---

7   박종원·류만, 『조선문학개관(하)』, 온누리, 1988, 169쪽.
8   위의 책. 169쪽.

과 깊이 잇닿아 있으며 그만큼 짙은 서정과 낭만적 기백이 넘쳐있다. 이와 같이 조국해방 전쟁 시기 희곡작품들은 인민군 장병들의 영웅적 성격을 첨예한 극적 정황과 계기들을 통하여 생활과 성격 발전의 논리에 맞게 진실하고 생동하게 형상화하고 있다."⁹고 설명한다.

성격이 조금 다른 작품으로는, 군인이 아닌 농민들과 탄광 노동자들이 애국심에 불탐으로써 전쟁 중에 다른 측면에서 조국에 기여한다는 한봉식의 〈탄광 사람들〉과 남궁만의 〈바람 부는 고원지대〉 및 권준원의 〈가을 전선〉 등이 있어 흥미롭다. 대체로 살벌한 전쟁 작품들은 여성을 주인공으로 삼지 않음에도 불구하고 여성을 내세운 〈탄광 사람들〉이 주목되는 동시에 당시 이 작품이 북한 체제에서 여성을 어떻게 대우받는지도 보여 주고 있어 흥미롭다고 하겠다.

박종원과 류만은 그의 책에서 내용에 대하여 "전쟁의 준엄한 시련은 탄광마을에도 닥쳐왔다. 탄광 당부위원장 조국평의 지도 밑에 여성기술자 김은순을 비롯한 노동자들은 원쑤들이 달려드는 긴박한 정황 속에서 탄광설비를 은폐시키고 갱을 폭파하는 등 새로운 투쟁을 벌인다. 한편 탄광마을에 기어든 미제 침략자들과 계급적 원쑤들은 무고한 인민들을 닥치는 대로 검거학살하며 탄광설비를 찾아내기 위하여 피 눈이 되어 미쳐 날뛴다. (중략) 유격대의 소대장으로 활동하던 은순은 재진격하여 나온 인민군 대열 속에서 남편을 만나며 인민군대와 함께 마을 해방하는 전투에 참가한다. 이 전투에서 은순은 변전소를 지켜내는 일을 자진하여 수행하다가 변전소를 파괴하려고 달려드는 놈들에게 무리죽음을 안겨 주고 장렬하게 최후를 마친다. 작품은 은순을 비롯한 주인공들의 대담하고 영웅적인 행동과 숭고한 애국주의 정신은 바로 위대한 수령님께서 세워 주신 우리 사회주의제도의 위력과 무궁무진한 생활력에서 흘러나오는 이것은 경애하는 수령님에 의하

9   위의 책, 170~172쪽.

여 교양 육성된 새시대 인간들의 고상한 사상 정신적 특질이라는 것을 보여주고 있다."[10]고 했다.

그런데 이 작품을 젠더의 입장에서 바라본 전지니는 모순에 가득 찬 북한체제의 특수성과 연관 지어 매우 색다른 결론을 내리고 있어 흥미롭다. 즉 그는 〈탄광 사람들〉에 대하여 다음과 같이 결론지은 바 있다.

> …실존인물을 소재로 하지 않은 〈탄광 사람들〉조차 여성 주인공의 죽음이라는 결말로 나아가는 것은, 성고문을 당한(혹은 당했을 것이라 추정되는) 여성 영웅이 다시 북한체제로 받아들여질 수 없는 상황을 암시한다. 표면적으로 여성전사 이야기는 해방 후 북한 정부가 공표한 것처럼 여성의 역량과 가능성을 열어 놓고 있는 것처럼 보인다. 그러나 여성전사 표상은 건국 혹은 전쟁이라는 시대적 사명에 따라 편의적으로 동원됐으며, 이들의 섹슈얼리티는 전쟁 중 강간당한 후 죽어간 수많은 여성들의 단편적 이야기와 마찬가지로 적군의 잔인함을 고발하는 것 이상의 기능을 수행하지 못했다.[11]

한편 전쟁 중 반미사상에 초점을 맞춘 대표적인 작품으로 권준원의 〈가을 전선〉과 하준의 〈수원회담〉, 그리고 송영의 〈강화도〉를 꼽을 수 있다. 가령 〈가을 전선〉이 "미제 침략자들의 야수적인 폭격 속에서 가을걷이와 낟알 털기를 다그치며 현물세를 더 빨리 바치기 위하여 투쟁하는 농민들의 헌신적인 투쟁 모습을 첨예한 극적 상황 속에서 그려 낸 작품"이라고 한다면 〈수원회담〉은 "미제와 그 앞잡이들이 남조선 괴뢰도당의 침략적이며 약탈적인 본성과 멸망의 불가피성을 예리하게 발가 놓은 풍자적 색조가 짙은 특색 있는 작품"[12]이다.

---

10   위의 책, 172~173쪽.

11   전지니, 「전사(戰士)형 여성상으로 본 1950년대 북한 연극의 젠더체계―〈탄광사람들〉(1951)을 중심으로」, 『한국연극학』 제68호, 2018.

12   박종원·류만, 앞의 책, 172~173쪽 참조.

월북 중진작가 송영이 쓴 〈강화도〉는 "인민들을 애국주의 사상과 외래 침략자들에 대한 증오심으로 교양하는 데 이바지한 역사물 주제의 대표적인 희곡"으로서 "미제 침략자들의 교활성과 추악성, 악랄성과 야수성을 역사적 사실자료에 기초하여 날카롭게 단죄하였으며 1871년 신미양요를 바탕으로 한 작품이다. 1막에서는 미제 침략군의 우두머리들과 중국 주재 미국 외교관 놈들이 베이징에 있는 미국공사관에 모여 조선 침략을 위한 모의를 벌이는 과정이 그려져 있으며 다음 막들에는 놈들의 강도적인 강화도 침입과 그것을 반대하는 우리 인민들의 반침략애국투쟁이 생동하게 그려져 있다."[13] 박종원과 류만은 이 시기의 전체적인 작품 경향에 대하여 다음과 같이 결론을 내렸다.

> 이 시기 희곡 및 영화문학 작품들은 소재의 다양성에도 불구하고 한결같이 인민군대와 후방인민들의 고상한 정신세계와 전쟁의 종국적 승리에 대한 굳은 신심, 그로부터 흘러나오는 영웅성과 완강성, 불굴의 투지와 혁명적 낙관주의 정신을 보여 주면서 경애하는 수령님에 대한 끝없는 충실성을 주도적 성격으로 뚜렷이 묘사하는 데 형상의 초점을 돌렸다. 조국해방전쟁 시기의 희곡 및 영화문학 작품들은 위대한 수령님에 대한 끝없는 충실성과 그에 기초한 숭고한 애국심, 대중적 영웅주의, 혁명적 낙관주의를 생동하고 심오하게 구현한 높은 사상예술성으로 하여 우리 인민과 인민군대를 전쟁의 종국적 승리를 위한 투쟁에로 힘있게 고무하는 전투적 무기로 되었다.[14]

이상과 같은 현상은 가극의 경우 〈눈 내리는 산〉, 〈아름다운 차선〉, 〈나의 고지〉, 〈다리〉, 〈보천보의 홰불〉, 〈광산처녀들〉, 〈고향을 지키는 사람들〉, 〈승리의 봄〉 등의 이름으로 공연되었고, 무용으로는 〈조국의 깃발〉, 〈아름다운 나의 향토〉, 〈신강처녀〉, 〈고지의 깃발〉, 〈평화의 노래〉 등의 명칭으로

---

13 위의 책, 174쪽.
14 위의 책, 175쪽.

무대화되었다. 그런데 무용의 경우 특징적인 현상은 전쟁 전의 고전무용 중 시가 대부분 없어지고 주로 전쟁을 고무하고 승리를 선전하는 창작무용이 대부분이었다는 사실이다.

전쟁 이후의 연극(1953~1969)

공연예술을 정치선전의 도구, 더 나아가 무기화하고 있는 북한에서 정치의 변화는 곧바로 연극의 주제와 형식의 변화로 이어진다. 1953년 7월 정전협정의 체결로 이 땅에서 총성은 멎었지만 완전한 평화로 이어진 것은 아니었기 때문에 북한 정권은 남북 대치의 조건 속에서 일단 남한을 제외한 북쪽 전 지역에서 전후 복구를 통해 '민주기지'를 공고히 하고자 했다. 전쟁의 폐허 속에서 남한과의 경쟁에서 우위에 서기 위해서는 밖으로 소련을 비롯한 이른바 '국제 민주진영'의 원조를 받아내고 안으로 인력과 자재원천을 최대한 동원할 필요가 있었다. 그리하여 이들은 8월에 조선노동당 제6차 당중앙위원회 전원회의에서 전쟁 과정을 총결산하고 흐트러진 당을 재편하며 전후 경제 복구의 기본 방향을 세웠던 것이다. 경제 복구의 기본 방향으로는 '자립적 민족경제' 건설을 위한 '중공업 우선과 경공업의 동시 발전' 방침을 세운 것으로 알려졌다.[15]

이 시기 김일성이 '모든 것을 전후 인민경제 복구에로'라고 제창했듯이 모든 정치·사회·문화의 역량을 폐허화된 경제의 복구에 집중하면서 그 선전선동의 도구라 할 공연예술 기반 조성에 나섰다. 전쟁으로 파괴된 공연장과 영화관을 복구 수리하고, 작가들에게 복구건설 투쟁에 궐기한 선진적 노동계급을 형상화하도록 권유했으며, 작품의 테마는 6·25전쟁 미화와 대외적으로 소련 및 중공과의 친선을 선전하는 한편, 소위 미제의 만행을 규탄한다는 내용들로 꾸미도록 했다. 또한 이 시기에는 교조주의적 문예사조의

---

15 김성보, 앞의 책, 174~175쪽 참조.

경향을 제거하는 데 주력하였고 전쟁으로 인한 민생고와 경제위기의 불평불만을 무마하기 위하여 사상 교양에 중점을 두고 김일성 우상화에 적극적인 박차를 가하도록 했다.[16]

북한 정부에서도 전후 복구 사업에 집중하여 1953년 8월부터 시작된 준비사업이 6개월 만에 끝나고 그 이듬해부터 실시된 인민경제 복구발전 3개년 계획(1954~1956)은 목표 이상의 성과를 거두었다고 보고되었다.[17]

때에 발맞춰서 극작가들은 장엄한 복구 건설의 현실에 대담하게 침투하여 노동계급의 전형을 창조하는 데 힘을 넣었다면서 유기홍의 〈그립던 곳에서〉(1954)와 탁진의 단막극 〈새날의 설계자들〉(1953), 이동춘의 〈새길〉(1954), 그리고 조영출·김윤덕 합작 〈열두삼천리벌〉(1954) 등이 대표작이라고 박종원과 류만은 『조선문학개관』에서 주장했다. 그러면서 유기홍의 대표작 〈그립던 곳에서〉는 "전선에서 영웅적 위훈을 세우고 그립던 옛 일터인 제강소로 돌아와 애국적 헌신성을 발휘하는 한 제대군인 청년의 형상을 통하여 노동계급의 고상한 정신세계, 혁명 임무에 대한 주인다운 태도와 자각을 진실하게 보여 주었다. (중략) 희곡은 자력갱생의 혁명정신을 높이 발휘하여 전쟁으로 파괴된 용광로를 자체의 힘과 기술로 복구하는 어느 한 제철소 노동자들의 영웅적 투쟁에 대한 폭넓은 화폭을 힘 있게 천명하였다. 희곡은 용광로의 심장인 4천 마력 대형 송풍기를 자체의 힘으로 대보수하여 위대한 수령님께 맹세를 다진 대로 다음 해 5·1절 안으로 쇠물을 뽑기 위한 노동계급의 노력투쟁을 새것과 낡은 것, 혁신과 보수와의 갈등을 통하여 보여 주고 있다."[18]는 것이다. 또한 이동춘의 〈새길〉은 농민들이 어떻게 희망찬 새길, 사회주의 협동화의 길로 나갔는가를 낙천적인 기백과 극적인 인간관계를 통하여 진실하게 보여 준 작품이라고 하겠다.

---

16   중앙정보부, 앞의 글, 10~11쪽 참조.
17   김성보, 앞의 책, 178쪽.
18   박종원·류만, 앞의 책, 188~189쪽 참조.

한편 같은 시기에 발표되었지만 조금 성격이 다른 한성의 〈우리를 기다리라〉와 김재호의 〈생명을 위하여〉, 그리고 이종순과 최건의 공동작인 〈다시는 그렇게 살 수 없다〉가 주목된다. 〈우리를 기다리라〉는 "원산 앞바다에 기여든 수십 척의 적함을 맞받아 싸운 신도해안포 중대원들의 영웅적 투쟁 모습에 대한 극적인 묘사를 통하여 인민군 용사들이 발휘한 위대한 수령님에 대한 끝없는 충실성과 대중적 영웅주의 혁명적 동지애를 감동적으로 보여 준" 작품이라고 한다면, 〈다시는 그렇게 살 수 없다〉는 "조국해방전쟁 직전부터 1954년 봄에 이르는 기간을 시대적 배경으로 하여 해방지구 인민들이 걸어온 복잡한 생활 노정을 황남철의 가정을 중심으로 한 풍덕벌 농민들의 형상을 통하여 보여 주고 있다. 희곡은 황남철을 비롯한 농민들의 서로 다른 사회제도하에서 생활을 통하여 공화국 북반부의 우월한 인민적 사회제도와 남조선의 반동적인 사회제도 간의 본질적 차이를 대비적으로 뚜렷이 보여 준다."[19]

이러한 작품들에 대하여 연극 전문가들은 희곡의 기본 원리에서 너무 벗어난 졸작이라고 비판의 글을 쓴 바 있다. 윤두헌은 작품 경향과 관련하여 "…갈등 없이 극작품이 될 수 없다는 것은 상식으로 된 오늘, 갈등을 현실의 전진운동 속에서 필연적으로 발생하는 모순에서 찾아낼 대신 얼토당토않은 대립을 조작해 내는 따위의 작품들도 거기서 나오는 것이다. 또한 전형을 창조한다면서 그것을 사회적 본질적인 기초에서 개성적으로 형상화 대신 습관화 된 유형을 만들어 내는 것이라든지 작품구성들이 새 경지를 개척하여 청산하고 예리한 성격을 가진 대신 천편일률성을 띠게 되는 폐단도 또한 현실인식 능력이 부족하여 대담하게 현실에 뛰어들지 못하는 데서 오는 것"[20]이라고 지적하였다.

---

19 위의 책, 192~193쪽 참조.
20 윤두헌, 「극문학상의 몇 가지 문제」, 『조선문학』 3권, 1954.3.

박태영 역시 "…안일하고도 도식적인 견해가 우리 작품들을 가장 흥미 없는 도식주의로 떨어트리는 데 적지 않게 작용하는 것이며, 그것과 형태는 다르나 확실히 동성동본인 다른 도식적 견해를 현재에도 적지 않게 볼 수 있기 때문"[21]이라고 거들었다. 이들의 북한 희곡 비판에 공감한 이석만은 "지금까지 북의 연극론이 무갈등론에 입각한 혁명적 낭만주의 경향을 보이고 있었던 것에 반하여 갈등의 문제를 희곡 창작의 중요한 문제로 부각시키는 것은 매우 중요한 의미를 갖는다."[22]고 했다.

그런 상황에서 김일성은 1955년 12월 28일에 당 선전선동 일꾼들을 모아 놓고 「사상사업에서 교조주의와 형식주의를 퇴치하고 주체를 확립할 데 대하여」라는 훈시를 통하여 "모든 힘을 다하여 유산을 찾아내야 하며 그것을 계승 발전시켜야 합니다. 우리는 국제적으로 선진적인 것은 적극 섭취해야 하지만 자체의 좋은 것을 발전시키면서 선진문화를 받아들여야 합니다. 그렇게 하지 않는다면 우리 사람들은 자기 힘에 대한 신심을 잃고 남의 본만 따르려는 맥 빠진 사람들이 되고 말 것"[23]이라고 연설하였다. 이 연설의 요지는 주체사상을 세운다는 것과 당원과 노동자들을 당 정책으로 무장시키고 그들에게 혁명 전통을 체득시키고 나라의 정치, 경제, 자연, 지리, 문화, 풍습을 잘 알게 함으로써 민족적 긍지와 자부심을 가지도록 한다는 것이었다.[24] 한편 1956년 4월에 개최된 조선노동당 제3차대회에서도 작가들이 빗나가지 못하도록 단속하면서 그들이 지향해야 할 방향을 또다시 재차 제시했던바, 그 내용은 다음과 같다.

---

21 박태영, 「희곡의 흥미에 대하여」, 『조선문학』, 1955.5.
22 이석만, 「1950년대 북한 연극론의 전개양상 연구—1950년 6월부터 1958년을 중심으로」, 『한국연극학』 제9호, 1997.
23 사회과학원 문학연구소, 『조선문학통사』, 인동, 1988, 256쪽에서 재인.
24 중앙정보부, 앞의 글, 15쪽.

혁명 발전의 요구에 맞게 문학예술을 발전시켜나가기 위하여서는 계속 반동적 부르주아 사상을 반대하는 사상투쟁을 힘 있게 벌이며 사회주의적 사실주의의 창작 방법에 튼튼히 서서 창작 활동을 하며 자연주의 예술지상주의의 표현들을 반대하여 견결히 투쟁하는 동시에 우리 당의 정책을 깊이 학습하고 인민대중의 생활 속에 깊이 파고들어 가야 한다.[25]

위와 같은 지시가 떨어지자마자 작가들은 우선 공장, 기업소, 농어촌 등에 파견, 노동계급 사상으로 무장함과 동시에 노동 생활 체험을 축적하여 창작에 반영시킴으로써 노동력 극대화를 추구하였다. 희곡 〈우리는 언제나 함께〉(박태영·리서영 작), 〈열두삼천리벌〉(조영출·김덕운 작), 〈승냥이〉(한설야 작), 〈진달래꽃〉(한성 작), 〈우리 마을〉(신고송 작), 〈생명을 다하여〉(김재호 작), 〈신해방 지구에서〉(리종순 작), 〈백두산은 어데서나 보인다〉(송영 작), 〈흥부와 놀부〉 등이 모두 그런 계통의 작품이라 할 수 있다.

전후 공연예술에 나타난 또 하나 특이한 현상으로서는 김사량이나 함세덕 등의 이름이 보이지 않는다는 점이다. 그럴 수밖에 없는 것이 함세덕은 전쟁 중 서울에서 자기가 던진 수류탄에 폭사했고 김사량 등은 종전 직후에 숙청당했기 때문이다.

전후의 가극과 무용도 연극과 똑같은 각도에서 창작 공연되었다. 가극으로서 〈승냥이 없는 동산〉, 〈꿀벌과 여우〉, 〈콩쥐 팥쥐〉, 〈금란의 달〉, 〈청년 근위대〉, 〈솔개골 사람들〉, 〈과수언의 전설〉 등이 그런 것이고, 무용으로서는 〈시도성의 이야기〉, 〈심청전〉, 〈춘향전〉, 〈무용의 이야기〉, 〈초동과 8선녀〉, 〈우의 전설〉, 〈영수 어머니〉, 〈행주산성을 지키는 여인들〉, 〈조합벌에서〉, 〈무녀춤〉, 〈칼춤〉, 〈나비춤〉, 〈사자춤〉 등이다. 이들이 대부분 전후 복구를 테마로 한 작품이 아닌가 싶다.

그런데 이때의 가극 형태는 해방 직후 월북한 남쪽 악극단들이 했던 수준

___

25 사회과학원 문학연구소, 앞의 책. 52쪽.

으로 보인다. 북한에서는 가극을 공연할 수 있는 배우나 연출가를 그동안 양성한 적이 없고 정치사회 상황도 그럴 여유가 없었기 때문이다. 그래도 다행히 1958년에 개수한 800석의 모란봉극장과 1960년에 신축한 2,160석의 평양대극장이 있어서 공연장 문제는 없었다. 물론 그때까지만 해도 지방 도시에는 신축된 극장보다는 일본 제국주의 시대 일본인들이 서민들의 호주머니를 털기 위해 지어 놓은 영화관들이 공연장 구실을 하고 있었다.

여기서 또 한 가지 특징으로 나타나는 것이 바로 개작된 고전작품들이 이따금 무대에 올려진 점이다. 이 시절 고전작품은 본래의 의미대로 해석하는 것이 아니라 계급투쟁적인 측면에서만 해석하고 현대화한 것이었다. 즉, 그들은 온당한 역사주의가 아닌 계급투쟁의 원칙에 의거하여 민족문화를 합리화하고 김일성의 존재를 문화사적 측면에서 정당화하며 유일사상 주입에 도움이 되는 소위 사회주의적 민족문화만을 그 범주 속에 넣었다. 그러나 이나마도 민족적인 것에 대한 주민들의 향수를 북돋게 한다고 하여 이른바 복고주의 반대를 강조하는 경향이라서 고전을 기피하고 있는 듯이 보이기도 한다.[26]

김일성의 존재를 문화사적 측면에서 중심축에 세우려는 것은 그만큼 권력이 강화되고 있음을 의미한다. 그러한 김일성 1인 체제 강화는 1956년 스탈린의 개인 숭배가 비판받은 시점과 맞물려서 북한에까지도 영향을 미쳤고, 연안파와 소련파들로부터 견제를 받는 상황에 처하면서 더욱 심화되어 갔다.

즉 그동안 김일성의 독주에 불만을 품고 있던 중국 연안파의 최창익, 서휘, 윤공흠 등과 소련을 등에 업은 소위 소련파라고 일컬어지는 박창옥, 김승화, 박의완 등은 동구권의 민주화 바람을 타고 당의 혁신을 도모하고 있었다. 때마침 김일성이 1956년 6월 초부터 소련과 동구권 순방에 나서자 본

---

26 평화통일연구소, 『남북한사회문화 현황비교』, 서울, 1976, 66쪽 참조.

격적으로 그를 제거하기 위한 작업을 펴기 시작했다. 그러나 노동당 부위원장 최용건이 끝까지 김일성 편에 섬으로써 연안파와 소련파 등은 역공을 당하고 숙청의 피바람만을 불러일으켰을 뿐이다. 김일성은 그때부터 1960년까지 거의 4년여에 걸쳐서 남로당 계열, 소련파 그리고 연안파까지 철저하게 숙청하여 반대파를 완전히 청소하고 1인 체제를 확립했다. 종전과 함께 그동안 정적으로 은연중 부담을 주고 있던 박헌영을 패전의 책임을 물어 숙청한 후 뒤이어 연안파와 소련파까지 제거하면서 김일성이 격심한 스트레스를 받은 것도 사실이기 때문에 권력 강화에 대한 욕망이 더 커진 만큼의 트라우마(?)도 깊은 내면에 자리 잡았다고도 생각할 수 있을 것 같다.

그리고 그가 연안파 윤공흠이 자신의 군수공업 위주의 중공업 우선정책을 뼈아프게 들었던 만큼 어수선한 시국에서도 전후 복구 3개년 계획을 끝내고 다음 단계 5개년 계획(1957~1961)을 눈앞에 둔 1956년 말 당 중앙 전원회의에서 「사회주의 건설에서 혁명적 대고조를 일으키기 위하여」라는 연설을 한다. 여기서 그는 현존 설비의 이용률을 높이고 노동생산성 능률을 제고하며 내부 원천을 동원하고 절약제도를 강화하자고 했다.

그러면서 당 일꾼들이 군중 속으로 깊이 들어가 대중의 창발성을 최대한 발동시켜 사회주의 경제 건설을 기한 안에 완수하자고 했다. 작가들이 노동현장으로 직접 파고들어 가서 몸으로 체득하라는 것이었다. 같은 달 시범적으로 강선제철소 현지 지도를 하면서 내부 예비를 최대한 동원하여 더 많은 강재를 생산하자고 노동자들에게 호소까지 했다. 이 집단적 혁신운동은 뒤에 천리마운동이라고 명명되었다.[27] 그러니까 근로자들이 '당의 부름에 따라 천리마를 타고 사회주의를 향하여 앞으로 달리고 있다'고 하여 붙여진 명칭이라는 이야기다. 김성보의 『북한의 역사』에 의하면 천리마운동은 1959년부터 본격적으로 전개되었던바 '하나는 전체를 위하여, 전체는 하나

---

27 김성보, 앞의 책, 212~213쪽 참조.

를 위하여'라는 구호 아래 작업반에 소속된 근로자들은 공동으로 일하고 배우고 생활했다. 이 운동은 단지 생산뿐 아니라 문화, 사상, 도덕 등 노동자들의 모든 생활영역을 포함하는 집단적 혁신운동이었다는 점이다.

그에 따라 무대예술의 방향도 '전후 인민경제 복구'로부터 '천리마 시대에 맞는 문학예술'로 바뀌어 가게 되었다. 천리마 시대에 맞는 예술이란 1956년 12월, 북한 노동당 중앙위원회에서 발단시킨 것으로 사회주의 건설에서 당의 총 노선으로 전환한 것에 기초를 두고 있다.

이처럼 정치권력은 그 중심축을 세우느라 급변하고 있는데, 윤두헌 같은 연극인은 여전히 마르크스 · 레닌주의 세계관으로 무장한 사회주의 리얼리즘이 최적의 방법이라고 외치고 있었다. 바로 그 점에서 이석만이 당시 연극인들의 주장을 정리하여 "세계관의 문제는 매우 중요한데, 마르크스 · 레닌주의 세계관은 곧 소련의 문예창작 방법론을 계승한다는 것을 의미한다. (중략) 그러나 이것도 이론뿐이었지 실제 창작에 있어서는 도식주의 내지 유사한 작품의 창작을 넘어선 것은 아니었다. 또한 마르크스 · 레닌주의 세계관 역시 1958년 이후 공산주의 전망을 발표하면서 유일 주체사상으로 바뀌게 된다."[28]고 결론을 내린 것은 꽤 정확한 예단이었다는 생각이다.

가령 김일성만 하더라도 1960년 11월 27일에 '천리마운동에 맞는 문학예술을 창조하자'라는 교시를 통해서 "문화예술은 신문의 사설과 같이 호소력이 높고 현실보다 앞서가야 하며 당과 계급과 인민을 위한 예술로서 당과 혁명과 인민에게 복무되어야 한다."고 역설하지 않았는가. 김일성은 잇달아 예술의 주제 선택에 있어서는 혁명전통과 천리마운동의 정신을 적극 반영하여 현시대 영웅들의 생활과 지향을 형상화한 작품을 생산할 것을 강조하면서 두 번에 걸쳐서 다음과 같이 말한 바 있다.

---

28 이석만, 앞의 글.

우리는 몇 해 동안 천리마의 대진군을 계속하여 사회주의 공업화의 기초를 쌓았으며 부강한 사회주의 조국 건설의 튼튼한 토대를 마련하여 놓았습니다. 아직 우리의 생활이 유족하다고는 말할 수 없으나 우리 인민은 의식주에 대하여 근심 걱정을 하지 않게 되었으며 모두 다 희망에 가득 찬 생활을 누리고 있습니다. (중략) 그러나 유감스럽게도 우리의 문학과 예술은 우리 시대의 정신을 잘 반영하지 못하고 있으며 사회주의 건설자들의 생활감정과 지향을 뚜렷하게 형상화하지 못하고 있습니다. (중략) 우리는 혁명전통교양과 계급교양을 위하여 항일무장투쟁 시기의 우리 혁명가들의 불굴의 투쟁과 민주혁명 시기, 조국해방전쟁 시기, 전후복구건설 시기의 우리 인민의 영웅적 투쟁을 보여 주는 작품들을 계속 많이 창작하여야 합니다.

지금 이와 같은 문제들을 취급한 작품들 가운데는 성공한 것이 적지 않습니다. 그리고 그 작품들은 근로자들을 공산주의적 혁명정신으로 교양하는 데 크게 이바지하고 있습니다. 그런데 지금 제일 부족한 것은 오늘을 그린 작품입니다. 천리마 시대가 낳은 새 영웅들을 그린 예술작품이 매우 적습니다. 우리의 작가, 예술인들은 과거의 영웅들은 흠모하고 있으나 위대한 새 생활을 창조하고 있는 우리 시대의 영웅들은 볼 줄 모릅니다. 이것이 오늘 우리 작가들의 큰 약점입니다. (중략) 만일 우리가 오늘의 현실을 그린 작품을 하나 잘 만들기만 한다면 그것은 근로자들을 교양하는 데서 과거를 그린 작품보다 훨씬 더 큰 작용을 할 수 있습니다. 결국 모든 문학예술 작품들은 오늘의 우리 인민들에게 어떻게 살며 일하며 투쟁할 것인가를 가르쳐 주는 데 복무하여야 합니다.[29]

우리의 문학과 예술은 응당 천리마의 기세로 내달리고 있는 우리 인민의 이 위대한 창조적 생활을 힘 있게 형상화하여야 할 것입니다. 우리의 문학과 예술은 천리마 시대 사람들의 보람찬 생활과 영웅적 투쟁 모습을 그려야 하며 그들의 희망과 염원을 나타내야 할 것입니다.[30]

---

29 극동문제연구소, 『북괴문예정책자료집』, 17쪽.
30 김일성, 『김일성저작집 14』, 조선노동당출판사, 1980, 445쪽.

여기서 주목할 만한 점은 두 가지다. 첫째 김일성이 권력을 장악한 이후에 문화예술은 자연스럽게 노동당의 지도 아래 창작 활동이 진행되어온 것은 사실이나 김일성이 비평가의 입장에서 작품의 내용을 일일이 품평하고 세세한 데까지 직접 지시한 것은 이색적인 일이었으며 천리마운동이 성공한 이후에는 달라졌다는 사실이다. 두 번째로는 1960년도를 분기점으로 하여 작품 경향을 달리하면서도 지평을 넓히라는 권유였고, 그 방향은 가급적 김일성 자신을 우상화할 수 있도록 하는 방향으로 틀라는 암시였다. 여기서 놀라운 점 한 가지는 권력을 독점한 김일성이 예술작품의 형식과 주제까지 직접 나서서 구체적으로 지시한 것은 대단한 관심과 열정인데, 같은 공산주의 국가들의 국가수반의 예로서는 찾기 쉽지 않은 경우가 아닐까 싶다.

그가 작가들에게 일제강점기부터 6·25남침, 그리고 전후 복구까지의 대중의 투쟁과 실생활을 생생하게 작품화하라는 것이 바로 자신에 대한 우상화를 암시한 것으로 보인다. 이러한 김일성의 교시를 충실하게 반영한 대표적인 희곡들로는 박령보의 장막극 〈해바라기〉(1960)와 그 속편인 〈태양의 딸〉과 〈아침노을〉, 조백령의 〈붉은 선동원〉(1961), 이동춘의 〈산울림〉(1961), 지재룡의 〈청춘의 활무대〉 등이 꼽힌다.

이들의 작품세계를 박종원과 류만의 『조선문학개관』에 근거하여 개략적으로 설명해 보면 이러하다. 〈해바라기〉는 어느 한 전투에서 적들을 유인하다가 중상을 입고 놈들에게 체포된 조선인민혁명군 여대원 순실이가 혁명적 지조를 꿋꿋이 지켜낼 뿐만 아니라 모든 조건과 가능성을 이용하여 견결하게 투쟁함으로써 마침내 위만군 한 개 중대를 혁명의 편으로 돌려세우는 과정을 생동한 극적 화폭으로 재현하고 있으며, 그 속편인 〈태양의 딸〉은 반변한 위만군 중대를 이끌고 대도 안의 동요와 무질서를 극복하면서 조선인민혁명군 부대를 찾아가는 간고한 투쟁을 진실하게 형상화한 작품이다. 그만큼 이들 작품은 다양하고 복잡한 극적 관계를 설정하고 그것을 정확히 해결함으로써 주인공 순실의 공산주의자로서의 불굴의 혁명정신과 숭고한

사상 정신적 풍모를 여러모로 폭넓고 깊이 있게 보여 주고 있다는 것이다.[31]

이 두 작품으로 자신감을 얻은 박령보는 1964년에 물에 빠진 일곱 어린이를 구해 낸 한 처녀의 실화를 바탕으로 하여 그 여주인공을 높고 아름다운 사상 정신세계의 소유자인 천리마 기수로 형상화한 〈아침노을〉을 내놓는다. "이 작품만 하더라도 주인공이 생명을 위험을 무릅쓰고 얼음 구멍에 빠진 어린아이를 구원하는 눈물겨운 이야기로서 사람을 아끼고 사랑하는 우리 시대 인간들의 고상한 공산주의적 풍모를 보여 주고 있는 것이다. 또한 비참했던 지난날에 대한 회상을 통하여 계급 교양의 내용과 모두가 학습하며 기술 혁신할 데 대한 내용 등도 잘 반영함으로써 근로자들을 공산주의 사상으로 교양하는 데 크게 이바지하는 동시에 특히 갈등 문제를 천리마 현실, 천리마 기수들의 사상 정신적 특질에 맞게 해결한 새로운 특성을 보여 주고 있다."[32]

그런 중에서도 김일성이 "우리 농촌에서 벌어지고 있는 감동적인 사실을 그대로 잘 그려 냈다."고 극찬했던 조백령의 〈붉은 선동원〉은 천리마 시대가 낳은 새 인간의 아름답고 숭고한 사상 정신적 풍모를 극적으로 진솔하게 형상화한 대표작이라면서 박종원과 류만은 그들의 책에서 "이 시기 참다운 인간 개조자—공산주의 교양자로 널리 알려진 한 처녀 선동원의 실재한 이야기에 기초하고 있다. 희곡의 전 형상 체계에는 '하나는 전체를 위하여, 전체는 하나를 위하여!'라는 공산주의적 구호 밑에 서로 돕고 이끌면서 질풍같이 전진하는 천리마 시대의 장엄한 기상이 힘 있게 구현되어 있다."면서 그 내용에 대하여 이렇게 설명했다.

작품은 김일성 동지께서 1960년 2월 평안남도 강서군 청산리에 대한 역사적인 현지 지도를 하신 때로부터 그 이듬해 정월까지를 시대적 배경으로 하고

---

31 박종원 · 류만, 앞의 책, 220~221쪽 참조.
32 위의 책, 224쪽 참조.

있으며 경애하는 수령님의 교시 관철을 위한 투쟁으로 들끓는 동천벌을 무대로 하고 있다. (중략) 작품은 주인공 선자의 형상을 통하여 위대한 수령님의 높으신 뜻을 가슴에 새기고 사람들을 아끼고 사랑할 때 개조하지 못할 사람이란 있을 수 없다는 진리를 힘 있게 확증하고 있다. (중략) 희곡 〈붉은 선동원〉은 성격, 갈등, 구성 등 형상 전반에 걸쳐 천리마 시대에 새로운 공산주의적 인간으로 자라나는 천리마기수들의 사상 정신적 특질을 심오하게 일반화함으로써 사회주의적 사실주의 극문학 발전에 새로운 기여를 하였으며 사람들을 공산주의 사상으로 무장시키는 데 크게 이바지하였다.[33]

그리고 박련석도 이 작품과 관련하여 "위대한 청산리 정신과 청산리 방법이 전면적으로 보급되고 청산리 교시에서 제시된 과업이 관철됨으로써 다른 인민경제 모든 부문에서와 마찬가지로 농촌경제에서도 거대한 전환이 이루어졌다. 〈붉은 선동원〉은 바로 이러한 청산리 정신과 청산리 방법의 위대한 생활력과 농촌경리에서의 거대한 변화를 반영한 성과작"으로서 "이 작품의 얽음새 조직의 특성은 농촌경리의 사회주의적 개조가 양성된 당시 농촌에 남아 있던 개인이기주의자, 건달군, 자유주의자들이 교양 개조되는 사회주의 농촌의 벅찬 현실이 정확히 반영될 수 있도록 얽음새를 조직함으로써 청산리 정신, 청산리 방법의 위대한 생활력을 형상적으로 확인한 데 있다."[34]고 하고 구성도 빼어나다고 한 것이다.

여기서 간과해서는 안 될 게 청산리 방법이라는 용어에 대한 올바른 이해이다. 이는 일종의 북한식 경제용어인데, 1960년 2월 김일성이 평남 강서군 청산리 협동농장과 강서군 당위원회 현지 지도하면서 내린 일종의 교시를 의미한다. 청산리 방법이란 '상부기관이나 윗사람은 하부기관이나 아랫사람을 도와주고, 늘 현지에 내려가 실정을 깊이 파악하고 문제의 해결방법

---

33 위의 책, 230~231쪽 참조.
34 박련석, 「희곡 〈붉은 선동원〉의 극적 얽음새」, 『조선예술』, 1968.5.

을 세우며, 모든 사업에서 정치 사업을 앞세우며, 일반적 지도와 개별적 지도를 올바르게 결합시키는 것'[35]을 의미하는데, 이 방법은 다시 농촌경제를 넘어 대중지도 방법으로 보편화되었으며 나중에는 주체사상의 바탕으로까지 승화되기도 한다. 그만큼 청산리 방법은 중요한 의미를 지니는 것이다.

그러므로 소위 천리마 시대의 연극은 김성보가 지적한 대로 대체로 청산리 정신에 입각한 사회주의 건설과 투쟁을 다루는 작품, 항일무장투쟁의 혁명전통을 형상화한 작품, 그리고 남한의 현실과 인민의 투쟁을 반영한 작품만이 강조된 것[36]으로 볼 수 있을 것이다.

한편 1961년 들어서는 새로운 연극용어라 할 경희극이 등장하는데 대표적 작품이 이동춘의 〈산울림〉(4막)이다. 우선 박종원과 류만이 그에 대해 설명한 내용을 보면, "희곡 〈산울림〉은 알곡 100만 톤을 더 낼 데 대한 당의 호소를 받들고 어느 한 산간마을 협동농장에서 새 땅을 개간하는 문제를 기본 사건으로 하고 있다. 제대군인 석철은 농민들의 생활을 더 유족하게 하고 그들을 고된 노동에서 해방하기 위하여 붙임 땅을 늘구고 힘든 노동을 기계화할 것을 결심한다. 그러나 오늘의 생활에 만족한 관리위원장 송재는 석철이가 범 바위산을 개간하자고 제기해 나서자 그것을 공상으로 생각하면서 들뜨지 말고 일을 착실히 하라고 타이르며 그의 애인인 금단이에게 그를 개조할 과업까지 준다. 작품은 이러한 형상을 통하여 계속 혁신, 계속 전진하는 천리마 시대 인간들의 높은 사상 정신적 특질과 함께 일부 사람들 속에 아직 남아 있는 경험주의와 소극성, 보수주의를 가벼운 웃음으로 비판하고 있다. 작품은 경희극적 특성을 옳게 살리면서 천리마 시대의 특성에 맞게 갈등을 잘 설정하고 해결하였다. 그것은 석철을 비롯한 긍정인물들에 의하여 부정인물들이 교양 개조됨으로써 부정이 극복되고 동지적 단결

---

35 이종석, 『북한의 역사 2—주체사상과 유일체제(1960~1994)』, 역사비평사, 2011, 23쪽.
36 김성보, 앞의 책, 239쪽.

이 더욱 강화되는 것으로 형상한 데서 뚜렷이 나타났다. 현실 생활을 반영하는 데서 경희극적 양상을 가진 큰 형식의 희곡작품은 천리마운동 시기에 와서 처음으로 창작된 것으로서 이 시기 극문학 발전에서 새로운 특징의 하나로 된다.'[37]고 극찬하고 있다.

북한 연극사에서 처음 등장한 희곡용어라 할 경희극에 대하여 저들은 "희극의 한 형태, 시대에 뒤떨어진 낡고 부정적인 형상들을 가벼운 웃음을 통하여 비판 개조하는 것이 특징이다. 풍자희극과 달리 희극적 주인공들을 전면적으로 부정하는 것이 아니라 그 인물에게 있는 낡고 부정적인 측면을 명랑하고 가벼운 웃음으로 비판한다. (중략) 경희극에서의 웃음은 어디까지나 동지적 비판의 성격을 띠며 많은 생활 낙천적인 웃음을 동반하고 있다. 경희극에서는 흔히 해학과 과장의 수법이 널리 쓰이고 있다.'[38]고 정의한다. 이야말로 전형적인 북한식 정의라고 아니 할 수 없다. 경(輕)희극이란 가벼운 희극이란 뜻으로서 소극(笑劇, farce)이라야 정답일 터인데, 북한에서는 보편적인 희극 이론과는 많이 다르게 개념화하고 있기 때문이다. 소극에 아이러니 기법과 목적성을 가미한 희극을 경희극으로 보고 있는 것 같다. 북한에서는 우리의 고악기들도 대부분 개조하여 쓰고 있는 만큼 경희극 역시 북한식 연극 방식인 셈이다.

주목되는 것은 북한이 1950년대까지만 하더라도 사회주의 리얼리즘이라는 소련의 연극 방식을 추종했는데, 그런 방식으로는 소기의 목적을 달성할 수 없다고 보고 1960년대 들어서는 자기들만의 방식을 고안하여 독자적으로 활용하기 시작했다는 사실이다. 북한이 작품과 관객을 밀착시킬 수 있는 방식을 취하게 된 데에는 아마도 두 가지 이유가 있어 보인다. 첫째로 사회주의 리얼리즘 방식이 인민에게 강렬한 인상과 재미를 주지 못한다고 본 것

---

37 위의 책, 225~226쪽.
38 사회과학원 주체문학연구소, 『문학예술사전(상)』, 과학백과사전종합출판사, 1988, 182쪽.

같고, 두 번째로는 무미건조한 교훈극적 방식에 식상한 인민에게 가까이 다가가기 위하여 반어적인 소극, 즉 경희극이 필요하다는 생각을 한 것이다. 좀 더 구체적으로 말하면 모두가 평등하고 하나 된 입장에서 바뀌어야 함을 연극으로 표현하려면 장중하고 구태의연한 방식은 먹히지 않는다고 본 듯싶다는 이야기다.

북한 평론가 강성만은 "〈산울림〉에서 관객들은 '내가 개조 대상이야?' 하는 관객에 행해진 석철의 대사와 행동에 웃음을 짓게 된다. 그러나 이 경우 관객의 웃음은 결코 석철의 '희극적 성격'을 비난하는 것이 아니라 오히려 그를 어리석게도 개조 대상으로 생각하는 송재와 그 부류들의 인간들을 조롱하는 희극적인 웃음인 것"[39]이라고 설명한 바 있다.

북한 경희극을 처음 연구한 박영정도 그런 방식이 갑자기 부각된 배경과 관련하여 "북한사회는 계급적 적대가 사라진 사회이므로, 북한사회의 현실을 반영한 연극에서는 적대적 관계를 전제로 하는 풍자희극보다는 모든 사회구성원이 공동의 이상을 지향한다는 전제 아래 낡고 부정적인 것에 대한 '동지적 비판'을 가하는 경희극이 진실한 반영이 가능하다는 논리이다. 즉 여기에는 북한사회가 '동지적 협조와 단결'이 사회관계의 기본이 되어 있다는 대전제가 놓여있는 셈"[40]이라면서 다섯 가지 특징을 들었는데, 그중에서도 세 번째의 "희극적 주인공이 새로운 시대정신을 따라가지 못해 웃음을 보여 주다가 결말에 가면 자신의 결함을 깨닫고 '새로운 인간'으로 거듭 태어나는 '인간개조'의 구조로 되어 있다."고 한 부분이 핵심이라고 하겠다. 북한의 예술작품들은 거의 목적예술이므로 정치사회학적으로 해석할 수밖에 없는 만큼 박영정이 경희극을 가벼우면서도 재미있게 즐기는 가운데 자연스럽게 인민들이 각성하여 스스로 인간 개조를 하도록 하려는 데 궁극적

39 강성만, 「천리마 시대와 경희극」, 『조선예술』, 1962년 12월호.
40 박영정, 『북한 연극/희곡의 분석과 전망』, 연극과인간, 2007, 79쪽.

목표가 있다고 본 것은 비교적 정확하다는 생각이다.

  희곡작품의 변화는 경희극의 등장에 그치지 않고 창작 방식의 변화에서
도 나타나고 있다. 다름 아닌 집단창작 방식의 시도이다. 가령 1961년도에
씌어진 것으로 보이는 〈박길송 청년돌격대〉의 창작 배경을 설명한 김용환
의 다음과 같은 글은 흥미를 넘어 주목되는 현상이라 하겠다.

>   배우들은 만년산의 영웅들에 대한 연극의 창작계획을 세워 가지고 있었지
> 만 대담하게 돌격대 대장 김형선 동무와 선동원 김완영 동무에게 그 계획을
> 세워줄 것을 제의했다. 두 동무는 장면들과 막 설정, 그리고 역 인물들에 이
> 르기까지 자기들의 의견을 토로하였다. 집단은 처음부터 이를 절대 존중시
> 하였다. 현재 연극의 구성은 그들의 발기에 기초하고 있다. 배우들은 한 막
> 이 떨어지면 먼저 돌격대원들의 현장으로 달려갔다. 그리고 갱 속에서, 그들
> 앞에서 원고를 읽었다. 돌격대원들은 자기들과 같이 로동복을 입고 가슴에
> '박길송 청년돌격대'라는 붉은 표식까지 단 로동자—배우들을 포용하였으며
> 솔직한 의견을 주었다.[41]

  이상의 글에서 보면 매우 주목되는 현상이 나타나는데, 창작 분야의 전
문가가 아닌 실제 인물들이 작품을 주도하면서 작가의 역할을 하고 있다
는 사실이다. 가령 김형선이나 김완영은 돌격대장이었고, 김완영은 선전
원이 아니던가. 그러니까 작품이 예술적 완성도보다는 사실성에 주안점
을 두고 있음을 알 수 있다는 이야기다. 실제로 작품을 접하지 못해 자세
히 알 수는 없지만 당시 김일성이나 노동당은 무엇보다는 사실의 극대화
를 꾀하기 위하여 창작의 기본 같은 것은 도외시하고 마치 공장에서 물건
을 만들어 내듯이 배우를 중심으로 하여 여러 사람이 달려들어 작품을 만
들어 내는 방식을 취한 것이다.

---

41 김용환, 「집단적 현실침투와 창조」, 『조선예술』, 1962. 1.

그 점은 〈새살림〉이라는 작품의 창작 과정에서도 확연히 드러난다. 장영구는 이 작품 탄생 과정과 관련하여 "'후에 방조를 받는 한이 있더라도 우리의 힘으로 해 보자!' 집단은 결의를 단단히 다졌다. 현지에 나갔던 성원들이 총장을 중심에서 모여 앉아 플로트를 만들기 시작했다. (중략) 처음엔 리완호 동무를 창작조 성원들의 의견을 기록하는 창작 서기 격으로 정했다. 그러나 그 후에 그들은 이 서기가 단독으로도 창작조 성원들의 의견을 반영한 플로트를 만들어낼 수 있다고 인정하게 되었다. 그리하여 그를 주필 격으로 정하고 그에게 플로트 작성 책임을 지웠다. 초보적인 플로트가 되었다. 이 무렵에 극단은 극작가 리동춘과 작품의 문제성에 대해서 교환할 수 있는 기회를 얻었다."[42]고 하여 〈박길송 청년돌격대〉보다 조금 진보된 모습을 보여 주고 있는데, 그것이 다름 아닌 이동춘이라는 전문 극작가의 도움 요청이라 하겠다.

  이러한 현상에 대하여 김정수는 『북한 연극을 읽다』에서 박웅걸과 맹심의 글을 바탕으로 하여 다음과 같이 요약했다.

  김일성의 교시에 따라 '현실체험 사업을 광범히 조직하여 창작에서 대중들의 집체적 지혜를 백방으로 발양'하기 위해서이다. 맹심에 의하면 이 모든 것은 김일성이 '1960년 11월 27일 교시에서 천리마 시대를 반영하며 천리마 시구들의 전형을 창조할 데 대하여 말씀하시면서 대중의 지혜를 창작에 적극 인입할 데 대하여 강조'했기 때문이다. 맹심의 정리와 같이 1960년대 북한의 연극 제작에 나타난 특성의 하나는 '집체적 창작'이었다.[43]

  그런데 이러한 집단창작이 초기에는 일부 연극 전문가들의 비판을 받았

---

42 장영구, 「생활과 연극창조」, 『조선예술』, 1964.1.16.
43 김정수, 『북한 연극을 읽다―김일성에서 김정은 시대까지』, 도서출판 경진, 2019, 292쪽.

었다는 사실도 흥미롭다. 즉 정리일은 그러한 작업 방식에 대하여 "극의 씨앗도 발견하지 못한 채 희곡을 집체적으로 쓰는 것, 연출 계획도 갖지 못한 채 배우와의 작업에서 강요하는 것, 집체적으로 연출한다고 하면서 여러 사람들이 연습장에서 즉흥적으로 배우와의 작업을 하는 것 등이 무원칙한 집체창작의 표징이었다."[44]고 비판했고, 한웅 역시 그러한 창작 방식은 한 작가의 뚜렷한 방향성 같은 것 없이 중구난방적인 것으로서 시간이 촉박하여 엉뚱한 작품이 될 수가 있다고 우려한 바 있다.[45]

그럼에도 불구하고 박웅걸 같은 정부 관료는 집단창작 방식에 대하여 "그들은 창조 과정에서 처음부터 완성 단계에 이르기까지 현실 속에 있는 원형들과의 긴밀한 연계와 생활을 같이함으로써 현실에 대한 지식과 무궁무진한 창조적 원천을 탐구해 내었던 것이다. 뿐만 아니라 근로하는 사람들과 예술인들 간에는 배워 주며 배우는 호상 관계가 강화되었으며 예술인들 호상 간에도 동지적 관계가 수립됨으로써 창조에서 공산주의적 논리가 확립되어 가고 있다."[46]고 긍정적 변호도 했다.

그러니까 박웅걸은 그동안 김일성이 누누이 강조해 왔던 '연극은 어디까지나 현실의 재현'이라는 예술관을 충실히 이행해야 한다는 점과 그러려면 공동작업이야말로 효율적이라 본 것이지만 희곡이 극작가의 고독한 내면 작업이라는 것을 간과한 채 오로지 개인의 상상력을 도외하고 공산주의의 협동성만을 강조한 것은 문제라 아니 할 수가 없다. 김일성의 연극관을 충실히 이행하려면 당연히 어떤 사건의 실제 주인공이 창조 작업에 깊이 관여해야 한다. 그 하나의 예로서 희곡 〈붉은 선동원〉의 창작 과정을 제

---

44 정리일, 「(우리시대 연출가와 그의 작업) 연출가의 위치와 역할문제」, 『조선예술』, 1963.5.

45 한웅, 「연출예술에서의 집체창작 문제」, 『조선예술』, 1964.10.

46 박웅걸, 「(요지) 거대한 성과, 긴요한 사업 : 해방17주년 연극부문 예술축전 총화보고」, 11쪽(김정수, 『북한 연극을 읽다』, 293~294쪽에서 재인용).

시할 수 있다. 극작가 한동성은 그와 관련하여 "나는 과제를 맡은 즉시 8작업반 세포 위원장인 안명규 동무를 찾아갔다. 물론 그전에도 그를 만나기는 했었지만 그의 당 사업과 사업 작품을 전면적으로 이해할 수 있을 정도로 깊이 연구하지 못했던 내가 하루 밤사이에 '당위원장'이 될 수는 없었다. (중략) 그 후 나의 원형과의 작업은 본격적으로 진행되었다. 그와 흉허물 없이 지낼 수 있게 된 나는 그가 어렸을 때는 남의 집 아이보개로 소몰이군으로 전전하면서 눈물겹게 자랐다는 것도 알게 되었다. 해방과 더불어 모진 학대와 고역에서 벗어난 그는 새 삶의 보람과 행복을 고수하려고 평화적 건설 시기에 벌써 인민군대에 탄원하여 나갔고 조국해방전쟁 때는 원수놈들을 무찔러 영웅적으로 싸운 영예군인이라는 것도 알게 되었다. 나는 우선 그의 계급적 처지와 사회적 환경을 깊이 이해하는 데로부터 출발하여 그의 사생활, 성격, 언어, 행동, 심리세계 등을 파기 시작하였다."[47]고 창작 과정의 실상을 설명했다.

사실 그가 지인의 전기를 쓴 것은 아니지만 작품의 생동감을 극대화하기 위하여 모델이 된 인물을 여러 각도에서 천착해 들어갔음을 확인할 수 있는 것이다. 이는 마치 다큐멘터리를 구성하는 것에 비유될 만한 창작 과정인바 김일성이 강조해 온 '연극의 신문화(新聞化)'에도 부응하는 방식이라고도 말할 수 있을 것 같다. 김일성은 자주 극작가는 현장을 알아야 하므로 창작을 위해서는 가급적 현장을 자주 찾아가야 한다고 강조해 왔었다. 이러한 교시에 따라 1960년대 들어서 집단창작 방식도 등장하게 된 것이고 줄기차게 그 방식을 세련시키는 과정을 겪은 것이다. 그러니까 기자가 취재하듯이 자연스럽게 배우들과 제작자들이 현장을 찾아가서 플롯을 구성하고 인물 창조와 대사도 사실에 맞도록 조탁한 것이다. 김정수는 이러한 창작 방식이 당성과 기술을 겸비한 공산주의적 새 인간형의 구현과 실제 인물을 통한 대

---

47 한동성, 「(배우예술과 현대성) 원형과 역의 창조」, 『조선예술』, 1963.10.

사, 인물, 장면 창조에 기여했고, 현실이 구체적으로 드러나 생동감은 주었으나, 현실의 나열이라는 약점과 전문 극작가의 부재로 현실에 대한 깊은 성찰이나 관점 등이 미흡해 보인다고 정곡을 찔렀다.[48]

솔직히 북한에서 1960년대 초에 처음 시도한 집단창작 방식은 세계 연극사에서 그 유례를 찾아볼 수 없는 실험으로서 적잖은 위험성도 지니고 있다. 왜냐하면 희곡은 전문 극작가가 자신만의 각종 경험과 깊은 사유를 거쳐서 인생과 사회를 상상력을 총동원하여 재창조하는 것인데, 배우들과 예술 창조 경험이 전무한 실제 인물들이 힘을 합쳐 구성해 낸다는 것은 정도라고 보기 어렵기 때문이다. 물론 그들이 나중에는 전문 극작가의 조언과 검열을 받기는 했다. 그리고 긍정적인 면이 있다고 한다면 완성도 높이기라고 말할 수 있기는 하다.

여기서 또 하나 강조하고 싶은 바는 이러한 집단창조 방식이 궁극적으로 예술의 완성도 및 공산주의의 연대성이나 협동성을 넘어서는 더 큰 목표를 염두에 두고 있다는 데 주목해야 한다는 것이다. 집단창작의 궁극적 목표는 1930년대 만주에서 벌였던 김일성의 무장투쟁을 극대화시킴으로써 자연스럽게 유일사상을 구현하기 위한 전초작업이 아니었을까. 따라서 그 전초작업은 곧 혁명 대작인바, 최기룡의 「혁명전통 주제의 대작 창작 문제」라는 글에 어렴풋이 그 윤곽이 보인다. 그는 "혁명적 폭풍우의 시대이며 위대한 변혁의 시대인 우리 천리마 시대의 요구는 근로자들에 대한 공산주의 교양과 계급교양에서 보다 강 유력한 무기로 되는 혁명전통을 형상화한 대작을 창작할 것을 간절히 제기하고 있다. 이것은 혁명 발전의 구체적 요구에 기초하였을 뿐만 아니라 가능성에서부터 출발하고 있다. 그 가능성이란 첫째로 예술 창작에 대한 정확하고 부단한 당적 지도이며 둘째로 묘사의 대상인 1930년대 항일무장투쟁 과정은 조선민족해방투쟁에서 가

---

48 김정수, 앞의 책, 309쪽 참조.

장 빛나는 혁명적 업적과 경험으로 충만된 거대한 영웅서사시적 화폭이며 셋째로 지난 시기 혁명 전통을 형상화한 연극 창작에서 우리 연극 창조자들이 성과와 경험과 교훈을 충분히 축적하고 있다는 것"[49]이라고 하여 김일성이 주도한 1930년대 항일무장투쟁에 포커스를 맞춘 혁명 대작이 나올 때가 되었음을 설파하고 있다.

그럼에도 불구하고 그동안 별다른 성과를 거두지 못했다고 판단한 정부는 11월 22일에 조선연극인동맹 중앙위원회 제4차 확대전원회의를 열어 안영일, 권택무, 리단, 한백남 등을 토론자로 내세워 리재덕 위원장의 이름으로 그동안 발표된 작품들에 대하여 부정적인 논평을 낸다. 거기서 그는 "1930년대의 혁명전통을 반영함에 있어서 우리는 많은 경우 개인 전기를 혁명적으로 전달하는 경지를 벗어나지 못하고 작품의 주제 사상적 애용의 유사성을 극복하지 못했다. 또한 작품의 시대적 폭도 좁았으며 인물들의 정신세계의 개방도 부족하였다. 그러므로 당시의 혁명투쟁의 전 시기를 포괄한 화폭을 창조하며 그 속에 선 혁명투사의 전형적 성격을 창조하여야 한다. 특히 우리는 혁명전통의 범위가 확대된 사실에 대한 인식을 명확히 가지는 것이 중요하다. 해방 후 20년간의 조선 인민의 제반 투쟁은 바로 1930년대 혁명전통의 뿌리에서 자라난 혁명투쟁이다. 그러나 우리는 이 빛나는 혁명투쟁을 무대 위에 적게 반영했다. 그중에서도 위대한 조국해방전쟁에 대하여 창조적 주목이 적게 들려졌다."[50]고 비판하고 나섰다.

이러한 비판을 의식한 듯 최기룡은 "이 문제에 대해서 연극 창조에 복무하는 모든 일군들이 정말로 심중히 생각해 볼 필요가 있다. 금년에 우리는 혁명 전통을 형상화한 대작을 많이 내놓음으로써 당과 수상 동지께서 주신 영예로운 과업을 훌륭히 수행해야 한다."고 강조한 바 있다.

---

49 최기룡, 「혁명전통 주제의 대작 창작문제」, 『조선예술』, 1964.4.
50 「혁명적 연극창작의 앙양을 위하여—조선연극인동맹 중앙위원회 제4차 확대전원회의 진행」, 『조선예술』, 1965.2.

한편 영화평론가 계훈혁은 혁명 대작의 개념과 목표와 관련하여 "영웅적 성격의 주도적 특징으로서의 당과 혁명, 수령에 대한 충성심, 조국과 인민, 혁명동지에 대한 열렬한 사랑과 원쑤에 대한 불타는 증오, 그 어떠한 역경에 처하더라도 혁명의 수행을 고수하며 완강하게 싸우는 불요불굴의 투쟁정신과 혁명적 낙관주의 등 당성과 계급성, 인민성이 하나로 결부된 이들의 사상적 특징을 극적으로 충만된 생활 그 자체에서처럼 정열적으로 구현해야 한다."[51]고 규정한다. 그러니까 혁명적 대작이란 그들이 줄기차게 추구해 온 김일성과 노동당에 절대적으로 충성하며 북한을 지키기 위하여 적대세력에 맞서는 불굴의 투쟁정신을 고취한 작품이라는 것이었다. 이러한 계훈혁의 견해를 한층 심화시킨 평론가 하향명은 혁명 대작의 정의를 다음과 같이 규정했다.

혁명적 대작이란 오늘 조국 땅 어디에서나 천연히 빛을 뿌리고 있는 당 정책의 현명성과 정당성, 그의 위대한 산물인 오늘의 벅찬 현실과 그를 떠밀고 계속 전진하는 영웅적 조선 인민의 기백과 슬기를 가장 폭넓고 심원하게, 그리고 전면적으로 옳게 형상화한 작품을 말한다. 즉 전체 인민대중을 조선혁명을 끝까지 책임지고 완성하고야 말겠다는 백전불굴의 혁명정신으로 무장시킬 수 있는 형상화된 정론으로서 그 한 작품을 보고도 시대정신을 확인하며 당의 노선과 정책의 현명성과 정당성, 그리고 그를 심장으로 받들고 나가는 용감하고 대담한 조선 인민의 영웅적 기상을 감득할 수 있는 그런 작품을 가리켜 혁명적 작품, 대작이라고 말할 수 있을 것이다.[52]

이상과 같이 혁명적 대작이 초기에는 대체로 어느 특별한 개인보다는 노동당과 인민들에게 혁명 정신을 교양하는 데 주안점이 두어져 있었다. 그러나 시간이 지나면서 특별한 개인, 즉 김일성에게로 초점이 맞춰져가기 시작

---

51 계훈혁, 「혁명투사의 영웅적 성격창조 문제」, 『조선영화』, 1965.4.
52 하향명, 「혁명적인 주제와 구성」, 『조선영화』, 1965.5.

했다. 물론 그러한 조짐은 북한 정부 수립부터 간헐적으로 나타났지만 국가 차원에서 본격적으로 김일성을 우상화하려던 것은 혁명 대작이 씌어지면서부터로 보아야 할 것 같다.

류기홍이 1965년에 발표한 희곡 〈정성〉은 그 점에서 매우 중요한 단서를 제공한 것이다. 즉 고덕부와 김영호는 공동으로 쓴 글에서 "연극 〈정성〉(류기홍 작)은 공산주의적 인도주의적 사상에 기초한 정성의 진수를 보여 주면서 붉은 의료 일군은 적업적인 의사이기 전에 환자의 벗이어야 한다는 사상을 천명하는 동시에 '우리의 아버지 김일성 원수님, 우리의 집은 당의 품 우리는 모두 다 친형제'라는 문제성을 해명한 것으로 하여 의의 있는 작품이다."[53]라고 했다. 노동당은 인민이 사는 집이고 인민은 모두 한 형제이며 그 정점에는 아버지 김일성이 있다는 점을 묘사한 희곡이 바로 〈정성〉이라는 것이다. 그러면서 그들은 "연극 〈정성〉은 현실적 요구에 부합되는 형상을 진실하게 보여 줌으로써 근로자들에 대한 공산주의 교양에 크게 이바지했을 뿐만 아니라 연극창조 분야에 보다 심오한 연구와 해명을 요하는 문제들을 제기한 것으로 의의 있는 작품이다."라고 극찬했다.

이러한 작품의 성행이야말로 북한 권력 체계의 확립을 선전하는 것임에 주목할 필요가 있다. 인류학자 권헌익과 정병호는 그동안 북한 역사의 진전과 권력 체계의 구조를 연구해 온 찰스 암스트롱(Charles K. Armstrong)을 비롯하여 와다 하루키(和田春樹), 이우영 등의 연구를 바탕으로 북한 권력의 축은 유격대 국가, 가족국가라고 하면서 그리움의 정치를 펴고 있다고 주장했다.[54] 이러한 관점에서 〈정성〉 같은 작품도 한 가지 예가 될 수 있겠다.

여기서 간과해서는 안 될 것이 수용미학의 관점에서 그러한 획일적인 작

---

53   고덕부 · 김영호, 「생활의 극적 반영과 시대정신의 구현—연극 〈정성〉에 대하여」, 『조선예술』, 1965. 2.

54   권헌익 · 정병호, 『극장국가 북한—카리스마 권력은 어떻게 세습되었는가』, 창비, 2013, 30~58쪽 참조.

품들이 정부가 바라는 대로 얼마나 인민의 사상교육을 성취했을까 하는 의문이다. 예술작품이 설득력을 가지려면 우선해야 하는 것이 재미와 감동이다. 그런데 북한에서는 모든 예술이 관 주도, 즉 김일성과 노동당의 지시에 따라 일률적으로 운영, 진행되고 있었다. 문학에서부터 연극·영화·미술·음악 등 모든 예술 분야가 똑같다. 그 점에서 신태욱이라는 한 영화 관객이 감독에게 보냈다는 편지에 많은 것이 함축되어 있다고 생각한다. "나는 커다란 기대를 가지고 선생님이 연출한 영화를 보러 갔었습니다. 그런데 기대가 너무 컸기 때문인지는 모르겠으나 솔직한 저의 심정을 말씀드린다면 이 영화는 원작처럼 나를 흥분시키지 못했습니다. 한마디로 말해서 재미가 적습니다. 하기는 이것은 우리 영화에서 찾아볼 수 있는 하나의 보편적인 현상인 것 같습니다만…."[55]

그들의 예술작품이 재미없는 것은 어쩌면 당연한 일이다. 왜냐하면 김일성이 일관되게 해오던 말 그대로 그네들의 문화예술은 '혁명의 이익과 당의 노선을 떠나서는 존재할 수 없으며 소위 착취 계급의 취미와 비위에 맞는 요소'는 절대로 허용치 않기 때문이다. 그들은 오직 당의 노선과 정책에 철저하게 의거한 혁명적 문화예술만이 진정으로 인민 대중의 사랑을 받는다고 생각하고 인민을 공산주의적 혁명정신으로 교양하는 당의 힘 있는 무기가 될 수 있다고 굳게 믿기 때문이다. 그들 작품이란 한마디로 공산혁명 구호의 작품화라는 것이 가장 적절한 표현일 것이다.

이러한 처지였지만 같은 해 9월에는 한술 더 떠 연극에서의 주체사상 확립이라는 이야기가 나오기 시작한다. 바로 여기서 그해 2월 초에 작가들에게 내린 김일성의 교시를 주목할 필요가 있다. 그는 세 가지를 교시했는데, 첫째 남조선 인민들에 대한 혁명교양을 잘하여 인민 대중의 계급적 및 민족적 각성을 촉진시키면서 군중 핵심을 키우고 그 가운데서 혁명을 이끌고

---

55 신태욱, 「새것이 없는 창조란 있을 수 없다」, 『조선영화』, 1966.2.

나아갈 마르크스·레닌주의 세계관을 가진 사람들을 많이 양성해 내야 한다. 이것은 남조선 혁명을 수행하는 데서 가장 중요한 조건이 된다. 둘째 공화국 북반부의 사회주의 건설을 잘하여 정치·경제·문화·군사 등 모든 면에서 강력한 힘을 만들어야 한다. 이러한 힘을 키우는 것은 남조선 혁명 역량이 미제를 비롯한 반혁명 세력과의 판가름 싸움을 할 때 한몫 단단히 도와주며 또한 싸우는 남조선 형제들에게 투쟁 목표와 모범을 보여주며 통일 후 파괴된 남조선 경제를 빨리 복구하고 영락한 인민들의 생활을 하루속히 높여 주는 데서 중요한 의의를 가진다. 셋째로 세계 반제전선, 즉 세계 혁명 역량과의 연대성을 강화함으로써 우리 혁명의 국제적 환경의 유리한 국면을 만들어 놓아야 한다.[56]

이상과 같은 김일성의 교시가 내려질 시기는 제3세계의 반제운동이 한창 벌어질 때였던 데다가, 북한의 경제도 남한보다 조금 우세했던 것이 사실이었다. 그렇기 때문에 그가 자신감을 갖고 남한의 좌익 세력을 부추기는 한편, 북한의 우월성을 과시하려는 의도를 내보인 것도 같다.

그의 교시가 있는 후 예술종합지인 『조선예술』 9월호는 모두(冒頭)의 글에서 "오늘 우리 무대예술은 세계 인민들로부터 '황금의 예술' '금강석의 예술'로 불리고 있다. 이러한 찬란한 성과는 우리 당의 정확한 문예정책과 현명한 영도하에 이 분야에서 주체를 철저히 확립함으로써 이룩될 수 있었다. 당은 마르크스·레닌주의의 일반적 진리를 우리나라 현실에 창조적으로 적용하는 주체적 입장으로부터 출발하여 해방 후 우리 혁명의 성격과 그의 성과적 수행에 상응한 문예 노선을 독자적으로 수립하고 그것을 관철함으로써 우리의 민주주의 민족문화예술을 전면적으로 개화 발전시키기 위한 원칙적인 지도와 배려를 백방으로 물려주었다."[57]고 씀으로써 주체예술

---

56 「혁명적 작품의 창작 원칙과 방도를 밝혀 주신 위대한 강령적 지침」, 『조선예술』, 1969.2.
57 「무대예술 분야에서 주체를 더욱 철저히 확립하자」, 『조선예술』, 1966.9.

을 세워 나가야 함을 암시한 것이다.

그러나 이러한 흐름에는 아랑곳하지 않는 듯 공연 현장에서 뛰고 있는 인민배우 리재덕은 전혀 다른 글을 발표하여 여러 가지를 시사하고 있다. 그는 「공연 활동의 기동성」이라는 글에서 "우리 연극 예술인들은 지난 시기 대편대의 공연 활동과 배합하여 중편대와 소편대를 조직하여 공장과 농촌, 어촌과 임산마을을 찾아 공연함으로써 일정한 성과를 달성하였으며 긍정적인 경험을 체득하였다. 그러나 현실적 요구에 비추어볼 때 적지 않은 부족점들이 있었음을 간과할 수 없다. (중략) 공연 종목 선정에서도 공연 대상자들의 미학적 요구와 직업적 특성을 고려하지 않고 일률적으로 공연한 현상도 없지 않았다. 뿐만 아니라 질에 있어서도 이러저러한 구실에 빙자하여 사상예술성을 더 한층 제고할 데 대해 적게 조력했다 해도 무방하리라고 생각한다. 이것은 벌써 우리 연극인들이 다소나마 쉽게 해 보려는 안일한 사상의 표현이 아니겠는가. (중략) 중편대와 소편대 활동은 당 정책을 시기성 있게 반영하며 그것을 보다 기동성 있게 광범한 관중들에게 해석 침투시킬 수 있는 선동적이며 전투적인 조직이라고 할 수 있다. 연극인들이 당 정책을 제때에 관중들에게 전달 침투하려면 무엇보다도 먼저 자신이 혁명적인 사상으로 무장하고 공연 활동에서 제기될 수 있는 난관과 애로를 극복하며 전투적 기백으로 충만되어 있어야 한다. (중략) 공연 활동의 기동성을 보장하기 위해서는 우선 공연 활동에서 대편대와 중편대 소편대의 활동을 보다 적극적으로 진행하는 문제이다. (중략) 이에 있어서 우선 해결해야 할 것은 중편대와 소편대 활동의 사상 예술적 기초로 되는 단막과 중막 희곡들을 확보하는 문제이다. 이와 동시에 해결해야 할 것은 편대 대열 구성에서 질적 수준을 제고하는 문제이다. 아무리 훌륭한 희곡을 가졌다 해도 그것을 형상화하는 배우, 연출가를 비롯한 대열의 질적 구성이 보장되지 않고서는 현실적 요구를 충족시킬 수 없다."[58]고 주장한 것이다.

이 현장 배우의 글 속에는 당시 과도기적이면서도 혼란스러운 북한 연극 상황의 여러 측면이 나타나 있다. 첫째로 북한에서는 1960년대까지만 해도 일제강점기 말에 총독부가 시행했던 이동극단 운동과 해방 직후 프로연극 동맹 주도의 연극 대중화 운동 방식을 변형시켜 도시의 공장지대와 농어촌 속으로 파고들어 선전 선동운동을 벌였음을 확인할 수 있다. 그런데 주목할 만한 사실은 그 당시에는 공교롭게도 남한에서도 이해랑의 이동극장 운동 이 일어났던 시기와 맞물렸다는 점에서 흥미롭다.

리재덕의 글에서 보이는 두 번째 문제는 공연의 주역이라 할 배우들의 정 신무장 해이에 대한 질타였다. 즉 상당수 배우들이 공산주의 혁명정신이 투 철하지 못했던 문제에 대한 비판이었다. 대체로 1960년대까지만 해도 공연 주도자들, 또는 배우들의 스승은 막강한 문화상을 맡고 있는 박영신을 비롯 하여 황철, 배용, 문정복, 지경순 등 동양극장에서 다분히 낭만적인 연극 활 동을 했던 월북 배우들이었다. 이들이 쉽게 철저한 공산주의 사상으로 무장 될 리 만무했고 또 무미건조한 작품을 열성적으로 연기하지도 않았던 것 같 다. 리재덕은 그 점을 완곡하게 비판하고 있는 것이다.

세 번째로는 소위 혁명 대작에 대한 불만을 은연중에 비판하고 있는 점이 눈길을 끈다. 리재덕은 레퍼토리 선정에 있어서도 '공연 대상자들의 미학적 요구와 직업적 특성을 고려하지 않고 일률적으로' 시행함으로써 소기의 성 과를 얻지 못했다고 했다. 그리고 그는 중앙의 대극장용만이 아니라 순회극 운동에 있어서 중편대와 소편대들이 필요로 하는 단막희곡과 중막희곡들 이 절대로 필요하다고 주장함으로써 혁명 대작 일변도의 연극 정책에 다양 성을 요구하는 듯해서 주목될 만하다.

그러나 이러한 현장 배우의 주장은 예술을 오로지 사상 선전의 무기로 삼

---

58 리재덕, 「공연 활동의 기동성」, 『조선예술』, 1967.1.

고 있는 북한 공산주의 국가의 관 주도 연극 정책에는 전혀 부합하지 않는 소망이었다. 남한처럼 자유민주주의 국가들에서는 민간 전문가들이 연극 활동을 직업으로 삼아 대중오락, 더 나아가 삶의 질을 높이는 수단으로 활용하고 있는 경우에나 가능한 일이 아닐까 싶다.

한편 북한에서 남한보다 먼저 전국적인 연극 페스티벌을 벌이고 있음도 흥미롭다. 김일성의 지시에 의하여 1954년부터 시행된 것인데, 1966년 11월 1일부터 12월 5일까지 한 달 이상 진행된 축전에 전국에서 13개 극단이 참여하여 경연을 벌인 것으로 알려졌다. 짐작한 대로 이 단체들이 보여준 공연의 공통된 주제는 항일유격투쟁, 조국해방전쟁, 사회주의 건설 시기의 노동자, 농민들의 투쟁, 그리고 남반부 인민들의 반미구국투쟁 등이었다. 이와 같은 연극 축전을 벌일 수 있는 것은 아무래도 동양극장에서 주연 여배우로 활약하다가 해방 직후 월북하여 연기활동을 하다가 문화상이 된 박영신(朴永信)의 역할이 컸을 것으로 추측된다. 그 축전에서 함흥연극단이 〈푸른 잔디〉라는 작품으로 단체상을 받았고 그 작품을 만든 고기선이 연출상을 받았다. 그런데 막상 그 시기에 평양에서 주목을 끈 작품들은 황건원 작 〈아들딸〉을 비롯하여 김명수 작 〈벗과 원쑤〉, 홍광억 작 〈무지개〉, 그리고 계민성 작 〈포화 속의 진달래〉 등이고 모두가 목적극임도 예외가 아니다. 흥미로운 사실은 1960년대 후반에 들면 작가를 비롯한 연출가 등이 완전 세대 교체가 되었다는 사실이다. 다만 중진 원로배우 몇 명은 월북 연극인들이었다.

한편 1966년도의 중요한 연극 행사에서 페스티벌 외에 매우 흥미롭고도 주목할 만한 사건으로서는 북한의 대표적인 연극 전문 극장으로서 배우 양성소까지 갖추고 있던 국립연극극장이 그동안의 공로를 인정받아 천리마극장 칭호를 받은 사실이다. 천리마극장 칭호를 받으면 영예롭고 국가로부터도 여러 가지 특혜를 받는 듯싶다. 그렇기 때문에 천리마국립연극극장 칭호를 받은 구성원들은 그 보답으로서 네 가지의 결의문을 채택하기도 했다.

"첫째, 우리는 11월 7일 수상 동지 교시와 당 대표자회 보고에서 제시한 과업 실천을 위하여 현 시기 혁명 정세에 상응하게 혁명적이며 전투적인 주제로 일관된 연극작품을 창조할 것이다. 둘째, 현 정세에 맞게 우리의 무대를 혁명적 전투성으로 충만시키자면 우선 우리들 자신이 혁명적 사상 체계로 튼튼히 무장하여 사상미학적 식견이 높아야 한다. 때문에 전체 창조성원들에 대한 철저한 당적 사상 체계의 확립, 마르크스·레닌주의 사상의 미학적 식견을 높이기 위한 정치사상 교양사업을 더 한층 제고하겠다. 셋째, '우리 인텔리들이 주로 자기 기술과 지식으로써 사회에 복무한다는 것을 명심하고 자기의 전공 분야에 정통하며 기술적 자질을 높이기 위하여 모든 힘을 다하여야 한다.'고 대표자 회의에서 말씀하신 수상 동지의 교시를 철저히 관철하기 위하여 전체의 정치 실무 수준과 예술적 자질 제고에 부단히 노력해야 한다. 넷째, 현 시기 혁명적 대사변을 주동적으로 맞이하기 위해서는 물질 사상적 준비를 철저히 갖추는 문제가 무엇보다 절실하게 요구된다. 때문에 우리 극장 매개 천리마 기수들은 국가 살림으로부터 개인 살림에 이르기까지 모든 살림살이를 알뜰하게 꾸미며 한 알의 쌀, 한 치의 천, 하나의 못이라도 아껴서 나라의 재부를 더욱더 축적하겠다."[59]

이상과 같은 천리마연극극장 구성원들의 결의는 궁극적으로 김일성과 노동당에 절대적으로 충성하면서 작품 활동은 물론이고 어려운 시기에 절약운동까지 펼치는 등 애국애족에 이바지하겠다는 것이다.

천리마 시대를 대표하는 작품들은 〈붉은 선동원〉을 비롯하여 〈아침노을〉, 〈아득령〉, 〈산울림〉 등이었다는 것이 장영구의 생각이었다. 그는 「천리마현실과 연극의 폭과 깊이」라는 글에서 김일성 동지의 1960년 11월 27일 교시가 있은 지 7년이 지난 후 성과를 말해 주는 작품으로 "거창한 자연개조사업을 진행하여 또 하나의 강력한 동력기지를 일떠세운 영웅적 노동

59 「천리마국립연극극장 전체성원들의 결의문」, 『조선예술』, 1967.2.

자계급의 전형을 창조한 〈아득령〉. 수령의 청산리 교시대로 꾸준한 설득과 자기희생적 모범으로서 뒤떨어진 사람들을 교양 개조하여 농장농업생산의 장성을 가져오게 한 농촌 천리마기수를 전형화한 인민상 계관 작품 〈붉은 선동원〉, 새끼토끼 한 마리의 배앓이 병을 고치기 위하여 약을 구하러 70리 밤길을 한걸음에 갔다 오고 얼음장 밑에서 물도라지를 캐오며 목숨을 걸고 일곱 명의 어린 생명을 구원한 우리 시대의 새 인간을 그린 〈아침노을〉, 먹고 살기에 근심 걱정이 없는 행복한 오늘에 자만자족하는 보수와 침체상을 물리치고 보다 휘황한 내일을 향하여 힘차게 전진하는 산간지대 농촌 생활을 담은 〈산울림〉 등을 들 수 있다."[60]고 결론 지었다.

이 시기에는 이런 유형의 주제를 담은 단막극도 몇 편 공연되었다. 사회 안전성 붉은기연극단의 〈자랑 끝에 있은 일〉(리동춘 작)이라든가 〈참된 마음〉(손영지 작) 등이 바로 그런 작품이었다.

권력의 집중화와 연극의 급변

1967년에 접어들면서는 김일성이 종파 분자들을 완전히 제거하고 절대 권력을 장악함으로써 정치 · 경제 · 사회 · 문화 등 모든 면에서 큰 변화가 일어나기 시작했다. 이종석의 『북한의 역사 2』에 보면 "북한사회에서 1967년은 심각한 변화가 일어난 해였다. 그해에 일어난 일련의 정치적 사건들을 계기로 북한 주민들의 정서구조에 변화가 일어났고 사회적 담화도 달라졌다."면서 "1967년부터 북한에서는 마르크스 · 레닌주의를 대체한 전일적 사상 체계로서 주체사상이 강조되고, 혁명적 수령관과 후계자론, 사회정치적 생명체론 등 새로운 지도이론과 사회운용 원리가 강조되었다. 이때부터 극단적인 개인숭배가 제도화되었으며, 기계적 집단주의가 강요되고 고도의

---

60 장영구, 「천리마현실과 연극의 폭과 깊이」, 『조선예술』, 1967.11.

사회적 동원화가 만연하게 되었다."[61]고 했다. 또한 그는 1959년에 시작되어 1960년대에 광범하게 제도화된 학습 체계를 통해, 북한 지도부는 김일성 저작과 '항일 빨치산 참가자들의 회상기' 등을 북한 주민들에게 학습시킴으로써 대중이 김일성과 항일유격대의 언어를 자신들의 언어로 공유하게 되었으며, 이는 개인숭배와 유일사상화의 토양이 되었다고 주장한 바 있다.[62]

정치권력의 변화는 그대로 연극 현장의 목소리로 울려 퍼져나갔다. 한승히는 1959년 김일성의 발전소 준공식 현지 지도를 수행한 경험을 르포식으로 쓴 글에서, 건설 노동자들이 만들어 공연한 아마추어 공연을 보고 치하한 김일성의 일화를 소개한다. "나는 수상님 곁으로 갔다. 그이께서는 나의 손을 잡아 주시면서 '서클이 아주 훌륭하오. 이곳 건설자들은 일도 잘 하고 서클도 잘 하오…. 노동자 동무들이 창작하고 노동자 자신들이 출연하니 더욱 좋소. 서클원 동무들이 아주 많은 노력을 기울였소. 바라이데를 보면서도 말했지만 연기가 소박하면서도 생동하고 감정도 살았소. 아주 좋소! 극장의 전문 배우들은 자기 전공 부분밖에 못 하는데 서클 동무들은 노래도 부르고 춤도 추고 일도 잘 하고 다 하거든…. 현실 속에서만이 훌륭한 예술이 나올 수 있소. 서클을 잘해야 하오. 그래야 힘이 부쩍부쩍 나오….'"[63] 여기서 확인할 수 있는 것은 첫째 김일성이 현지 지도를 하면서 공연도 자주 보고 있다는 것과, 둘째는 김일성이 연극이란 현실의 재현이라는 초보적인 사회주의 리얼리즘 예술관을 확고하게 지니고 있다는 점이며, 마지막으로는 김일성에 대한 절대적인 우상화가 나타나고 있다는 사실이라 하겠다.

김복선의 수기인 「오직 그이의 가르침대로」에서도 "해방 후 우리 연극인들이 창조한 작품들 가운데는 김일성 동지의 직접적인 지도하에 조직 전개

---

61   이종석, 앞의 책, 64~65쪽 참조.
62   위의 책, 65~66쪽 참조.
63   한승히, 「현실 속에서만이 훌륭한 예술이 나올 수 있소」, 『조선예술』, 1967.7.

된 항일무장투쟁에서 오직 그이의 명령에 충실하여 조국의 자유와 독립을 쟁취하기 위하여 불멸의 영웅성과 희생성을 발휘한 항일유격 투사들의 형상과 조국해방전쟁의 불미 속에서 용맹을 떨친 인민군 전사들의 영웅적 형상도 있으며 또한 망치를 든 노동계급의 형상과 농업협동농장을 꾸리기 위해 헌신한 농민의 모습도 있다. (중략) 해방 직후 몇 명 되지 않던 우리들, 아는 것보다 모르는 것이 더 많던 우리들은 오직 당과 수령님의 세심한 보살핌과 인도하에서만 커다란 창작 역량으로 자랄 수 있었고 세인을 감탄케 하는 예술을 창조할 수 있었다."[64]고 하여 연극인들이 묘사해 온 것은 항일무장투쟁 영웅상과 조국해방전쟁 영웅상, 그리고 노동자 영웅상을 형상화하는 것이었고, 모든 지도는 김일성 수령이라고 추켜세우고 있음을 확인할 수 있다.

이러한 흐름이 다음 해에 들어서는 좀 더 구체적이면서도 명료하게 그 방향성이 드러나게 된다. 그것은 김일성이 소위 10대 정강이라는 것을 공표하게 되는 데서 시작된다. 10대 정강의 핵심은 단연 주체사상이었음이『조선예술』의 1968년도 1월호의 머리글에 나타나 있다. "10대 정강은 경애하는 수령 김일성 동지의 위대한 혁명사상, 주체사상이 구현된 전투적 강령이며 마르크스 · 레닌주의 이론을 가일층 발전시키며 국제공산주의 운동의 실천적 경험을 풍부히 하는 데 기여를 한 위대한 마르크스 · 레닌주의적 문헌"[65]이라는 것이다. 반면에 남한의 북한 전문가 이종석은 '주체사상은 사람 중심의 새로운 철학사상'이라면서 '김일성 동지의 사상, 이론 방법을 주체사상이라고 말한다'는 김정일의 개념정의를 예로 들고, 이야말로 곧 김일성주의라고도 했다.[66]

---

64   김복선, 「(수기)오직 그이의 가르침대로」, 『조선예술』, 1967.7.
65   「수령께서 제시하신 위대한 10대 정강을 받들고 혁명적 무대예술작품을 왕성하게 창조하자」, 『조선예술』, 1968.1.
66   이종석, 앞의 책, 103~105쪽 참조.

여기서 주목되는 것은 10대 정강의 무대예술화가 "4천만 조선 인민의 위대한 수령 김일성 동지의 탁월한 형상을 창조하는 것이며 수령의 혁명 가정을 형상화하는 것"이라면서, "김일성 동지의 혁명적 가정을 형상화함에 있어서 나서는 과업은 불요불굴의 반일투사이시며 애국적 교육가시며 자제분들을 열렬한 애국자로, 불굴의 혁명가로 교양 육성하신 김형직 선생과 혁명가의 아내이시며 혁명가의 어머니시며 백전불굴의 혁명투사이시며 특히는 김일성 동지를 4천만 조선 인민의 경애하는 수령으로 낳아 키우신 위대한 조선의 어머니이신 강반석 여사의 형상을 빛나게 창조함과 아울러 수령의 혁명적 가정을 폭넓게 형상화하는 것이다. 이에 있어서 심중한 주목을 돌려야 할 문제는 김형직 선생과 강반석 여사의 형상을 비롯한 수령의 혁명적 가정에 대한 형상을 김일성 동지의 어린 시절, 특히는 초기 혁명 활동과의 밀접한 연관 관계 속에서 창조하는 것"[67]이라 본 점이다.

그러니까 1968년 들어서 노동당이 소위 전투적 10대 강령을 내걸면서부터는 본격적으로 김일성 우상화 작업에 나서는데, 당사자뿐만 아니라 가족 전체의 신격화 작업을 병행해 나간 점이 주목된다. 무대예술 분야에서의 우상화 작업도 거의 맹목적으로 마치 절대 종교에서나 가능할 정도였다. 그 점은 『조선예술』 1968년 1월호에 실린 「전투적 강령―10대 정강을 받들고 연극 부문에서 혁신을 일으키자」에 잘 나타나 있다. "우리들은 수령의 높은 신임과 기대에 어김없이 보답하기 위하여 한마음 한뜻으로 계속 혁신, 계속 전진함으로써 1968년도 창작 계획을 기한 전에 초과 완수할 것이다. 우리 예술인들은 오직 경애하는 수령 김일성 동지의 위대한 혁명사상을 자기들의 피와 살로 만들며 수상 동지의 교시를 무조건 접수하고 무조건 관철하고야 마는 혁명적 기풍을 철저히 확립할 것이며 경애하는 김일성 동지의 혁

---

67 「수령께서 제시하신 위대한 10대 정강을 받들고 혁명적 무대예술작품을 왕성하게 창조하자」, 『조선예술』, 1968.1.

명사상 외에는 그 어떤 사상도 모르며 오직 김일성 사상 의지대로 사고하고 행동하는 당의 유일사상으로 철저히 무장하겠다."[68]고 비장한 결의까지 내보였다.

이러한 상황에서 나온 것이 소위 혁명연극이었다. 그동안 공연예술 용어로는 거의 쓰이지 않던 혁명연극이란 새로운 용어가 등장한 것이다. 한국비평문학회에서 펴낸 『북한가극·연극 40년』에 의하면 "북한이 말하는 혁명연극이란 1920~1930년대 김일성 일당이 항일 빨치산운동을 벌이면서 대원들 및 주민들의 계급교양을 의해 혁명이론을 기반으로 만들어져 공연됐다는 작품들이다. 북한은 이러한 혁명연극을 김일성 자신이 극작가로, 연출가로 또는 무대감독으로 활약, 공연했다고 내세우고 있다. 즉, 혁명연극은 프롤레타리아 연극운동에 있어서 새로운 전기를 맞이한 문화운동의 역량이 집결된 모습의 하나이며 빨치산 투쟁과 함께 김일성의 지도 아래 혁명산업의 한 부분으로 창조, 공연된 작품이라는 것이다. 따라서 혁명연극은 출발 당시부터 철두철미한 공산주의적 당성을 체현하고 대두된 목적극이었다고 할 수 있다."[69]고 정의한다.

실제로 그해 5월호 월간 『조선예술』에서도 '혁명연극' 시리즈를 3회에 걸쳐서 연재했다. 『조선예술』은 시리즈 첫 번째 글의 모두(冒頭)에서 "최고인민회의 제4기 제1차 회의에서 4천만 조선 인민의 경애하는 수령 김일성 동지께서 제시하신 위대한 10대 정강의 전투적 임무를 성과적으로 수행함에 있어서 영광스러운 항일무장투쟁 과정에 창조 공연된 작품"을 혁명연극이라고 정의하고 이어 시리즈 전체에 걸쳐 그 역사를 면밀하게 추적했다. 시리즈 제1에서는 김일성이 1920년대 후반 처음 혁명 활동을 시작하고 1932년 유격대를 조직하면서 혁명연극의 싹이 터서 그가 무송, 길림, 안

<hr />

68 「전투적 강령—10대 정강을 받들고 연극부문에서 혁신을 일으키겠다」, 『조선예술』, 1968.1.
69 한국비평문학회, 『북한 가극·연극 40년』, 신원문화사, 1990, 224쪽.

도현 등 각지에서 혁명조직과 연예대 성원들에 의하여 혁명연극 작품들이 창조되었다고 했다.[70] 그 첫 작품이 다름 아닌 〈안중근 이등박문을 쏘다〉와 〈혈분만국회〉로서 이들은 모두 김일성 지도하에 만들어졌던바, "우리나라에 대한 일제 침략의 죄악을 날카롭게 폭로하고 조선 인민의 애국정신을 고취하는 동시에 민족해방의 구체적 방도와 교훈을 보여 주며 사회적 진보를 가로막는 일체 낡은 현상의 반동적 본질을 까밝히는 내용"으로서 무송에서 조선인학교의 개교기념 공연으로 무대에 올려졌다는 것이다.

김일성이 무송에서 실림으로 투쟁지를 옮겨서도 소년회 성원들로 하여금 반일사상과 사회주의적 애국주의 사상을 담은 연극 〈13도 자랑〉이라든가 〈단심줄〉, 〈친정어머니에게서 온 편지〉, 〈색친단 색복단〉 등의 작품을 갖고 순회공연까지 다닌 바 있었다.

여기서 참고 삼아 몇 작품의 내용을 소개한다. "〈단심줄〉은 통일전선을 주제로 한 유희극으로서 무대 중심에 당을 상징하는 기둥이 서고 그 두리에 각색 끈이 드리워지는데 노동자, 농민, 병사, 학자, 학생 등 각계각층의 복장을 한 사람들이 나와 기둥 두리에 드리운 끈을 잡고 노래를 부르면서 기둥 주위를 얼기설기 돈다. 그러는 사이에 기둥에는 어느덧 각색 끈들이 하나의 〈단심줄〉로 엮여지는바 각계각층 사람들이 당 주의에 단결하여야 한다는 내용이 표현되었다."고 한다. 이는 곧 〈13도 자랑〉과 함께 아동의 정서에 알맞게 사회주의적 애국주의와 혁명적 단결의 사상을 호소한 것이다.[71]

그리고 〈색친단 색복단〉은 일본에 있는 남성들이 남의 나라 영토를 강점하러 몰려 떠나는 아버지, 오빠, 남편들을 도로 빼앗아내기 위해서 철길 위에 누워 투쟁하는 것을 내용으로 한 연극으로서 일제 침략의 죄악상을 보여 준 것이다. 결론적으로 말해서 이 시기의 혁명연극은 당시의 첨예한 민족

---

70 「영광스러운 항일무장투쟁과정에 창조된 혁명연극(1)」, 『조선예술』, 1968.5.
71 위의 글.

적·계급적 해방투쟁과 그 투쟁을 전개하는 노동자, 농민의 진공적인 미학적 요구에 부합되는 당시의 구체적인 조건에 알맞은 새로운 내용과 특징을 가지고 있다고 한다.[72]

김일성이 유격지를 왕청으로 옮긴 직후인 1933년 10월에는 용영구 아동유희대를 조직하여 야만적인 침략자들과는 같은 하늘을 이고 살 수 없다는 내용의 〈승냥이〉를 제작하여 공연했고, 일제의 침략으로 고향 땅을 잃고 이국땅을 방황하는 내용의 〈기민탄식〉도 만들어 순회공연도 했다. 그런데 여기서 주목되는 부분은 기존의 작품인 〈단심줄〉을 북만주 여러 지역을 순회공연할 당시 노래와 춤도 곁들였다는 사실이다.[73] 이점을 주목하는 이유는 1970년대의 혁명가극은 이미 1930년의 항일유격대의 활동 당시부터 싹이 트기 시작한 것이 아닌가 하는 생각 때문이다.

김일성은 1936년 여름에는 항일유격대의 근거지를 만주 무송으로부터 백두산 기슭으로 옮길 당시에도 공연 활동을 활발하게 전개했는데, 이 시기에 제작 공연된 작품은 〈피바다〉, 〈경축대회〉, 〈성황당〉, 그리고 〈한 자위단원의 운명〉 등이었다고 한다.[74] 또한 흥미로운 사실로서 혁명가극의 싹과 줄기가 이미 1930년대 김일성의 항일유격투쟁 당시에 만들어진 아마추어 작품들의 상당수가 1970년대에 와서 세련되고 대형화되어 무대에 등장한 것으로 볼 수가 있다는 이야기가 된다. 1970년대 이후 혁명가극에서 주인공이 부르는 노래 가사 "설한풍 스산한 북간도 피바다야/참혹한 주검이 묻노니 얼마냐?/혁명에 피 흘린 자/그 얼마나 되느냐?/무참히 죽은 자 비참한 그 형상/애달픈 대중의 가슴이 터진다/기막힌 이 원한을 천만 죽어 못 잊으리/낙심을 말아라 천백만 근로자야/혁명가 하나의 주검의 피값으로/16억 7,000만이 무산정권 세운다."도 이미 그 시절에 막 뒤에서 불렸던 것이다.

---

72 위의 글.
73 「영광스러운 항일무장투쟁 과정에 창조된 혁명연극(2)」, 『조선예술』, 1968.6.
74 「영광스러운 항일무장투쟁 과정에 창조된 혁명연극(3)」, 『조선예술』, 1968.7

한편 1953년에 북한 당국이 항일혁명투쟁 전적지 조사단을 꾸려서 113일에 걸쳐 조사를 시킨 바 있는데, 그 보고서에도 〈혈해〉, 〈경축대회〉, 그리고 〈성황당〉 등 항일혁명 문학작품들이 분명하게 나와 있었음이 확인된다.[75] 그 시절에 가장 많이 공연되었다는 〈피바다〉(3막)에 대해서는 1970년대 혁명가극론에서 자세한 것을 설명하겠지만 '1930년대 항일무장 투쟁기에는 조선 인민들이 조국의 해방과 인민의 행복을 위하여 현실을 어떻게 살며 투쟁하여야 하는가 하는 혁명투쟁의 진리를 가르쳐 준 교과서적인 작품'이라고 높게 평가되었다.

이러한 상황 속에서 한 지방 연극단은 시의를 좇아서 김일성의 항일무장투쟁의 실상을 묘사한 〈보천보의 홰불〉을 무대에 올린다. 정태유는 이 작품에 대하여 "보천보전투 승리 30주년 및 보천보전투 승리기념탑 제막을 기념하여 해산연극단이 연극 〈보천보의 홰불〉(전7장, 희곡창작사 집체창작)은 전체 인민들을 당의 유일사상 체계로 철저히 무장시키며 경제건설과 국방건설을 병진할 데 대한 당대표자회 결정 관철에로 적극 고무 추동하는 데 이바지하고 있는 작품"이라면서, 이 작품에는 당의 유일사상 체계로 튼튼히 무장하여 오로지 그이가 가리키는 한길로 나가려는 작가들의 집체적인 지혜가 충분히 반영되었다고 했다.

그러면서 "연출가는 작가들이 제시한 주제사상을 높은 예술성으로 무대에 구현하였으며 김일성 사령관의 형상을 극의 중심 위치에 굳건히 세우고 모든 인간관계—유격대원들과의 관계, 일제 원수들과의 관계를 옳게 얽혀 나가며 해결했다. 특히 우리 예술가들이 〈조국〉, 〈보천보의 홰불〉 등의 작품에서 달성한 격동적인 구도, 심도 있는 내면세계 추구 등의 성과들을 대담하게 도입하여 훌륭히 조형화하였으며 시대의 화폭, 투쟁의 화폭을 제시

---

75 김성보, 앞의 책, 236쪽.

제2부 분단 초기의 북한 연극

하였다."[76]고 호평했다.

다음 해에 들어서 『조선예술』은 머리글에서 "사람들을 혁명정신으로 교시하는 데 있어서 문학, 영화, 연극, 음악, 무용 등 문예 부문 일군들의 역할은 북반부에서의 사회주의 건설에 복무해야 할 뿐만 아니라 남조선의 해방과 조국의 통일을 위한 전체 인민의 투쟁에 복무하여야 한다." "예술가들은 자기들의 작품에 추상적이며 무미건조한 구호를 나열할 것이 아니라 현실에 있는 산 사람들의 사상과 감정, 생활을 통하여 우리 인민의 숭고한 애국심을 구체적으로 심오하게 형상화하여야 한다."[77]고 하여 일찍부터 김일성이 주장해 온 교시를 재강조한 바 있다. 그러나 무엇보다도 놀라운 사실은 김일성이 막연히 교시만 하는 것이 아니라 공연을 직접 관람하고 그때그때 강평과 함께 교시를 내렸다는 점이다.

1968년 여름에만도 그가 사회안전성 붉은기연극단이 공연한 〈승리의 해불〉과 〈땅〉, 〈은파산〉, 〈우리의 어머니〉 등을 관람한 후 "사상 예술적으로 훌륭한 작품을 창조한 창조 집단원들에게 높은 치하의 말씀을 주시었으며 연극의 내용을 더욱 풍부화할 수 있는 귀중한 자료들을 가르쳐 주시었다."[78]고 쓴 바 있다. 아마도 전 세계 지도자 중 김일성만큼 많은 공연을 직접 관람하고 그때그때 강평하고 더 나아가 방향을 지시한 경우는 없을 것이다. 아무리 예술을 좋아한다고 하더라도 방대한 국사를 제쳐놓고 일일이 극장을 찾아다니며 공연을 본다는 것은 어려운 일임에도 김일성은 그런 일을 해낸 것 같다.

이러한 김일성의 만기친람(萬機親覽) 자세는 세계에서 그 유례를 찾을 수

---

76 정태유, 「력사적인 전투를 그린 화폭—연극 〈보천보의 해불〉을 보고」, 『조선예술』, 1967.10.

77 「당의 유일사상 체계를 더욱 튼튼히 확립하며 혁명적 작품 창작에서 새로운 대고조를 이룩하자」, 『조선예술』, 1968.5.

78 최민순, 「일편단심 어버이수령께서 가리키시는 길을 따라」, 『조선예술』, 1968.6.

없을 정도이다. 만기친람이란 통치자가 권한을 분산시켜서 제도의 틀 안에서 온갖 일에 간여하는 정치를 하는 것이 아니라 독재적 요소가 강한 토양에서 있을 수 있는 일이라고 한 임채욱도 "김일성은 만기친람적인 행태에 있어서는 그 사례가 너무나 많다."면서 "김일성의 만기친람은 체제 문제와 그 자신의 성격과도 관계되는 것 같다. 북한 사회가 시스템이 움직이는 체제가 아니라 사람이 움직여야 하는 제도인 이상 만기친람의 태도는 피하기 어렵다. 또 김일성은 성격상 모든 것을 챙겨야 직성이 풀리는 편"[79]이라고 그 원인을 설명한다. 김일성은 정치 경제는 말할 것도 없고 문화, 과학 등 모든 분야에 걸쳐서 세세히 지시하고 있었던 것이다.

이 시기에 주목할 만한 것은 그동안 해 왔던 장막극 위주의 연극운동이 창작시간과 공연 조건의 제약 등으로 한계가 있다는 생각을 하게 되었던 것이다. 그것은 김일성이 사회안전성 붉은기연극단이 공연한 단막극 〈참된 마음〉, 〈자랑 끝에 있은 일〉, 〈꽃 필 무렵〉 그리고 〈인민의 눈은 속일 수 없다〉 등을 관람하고 크게 공감 칭찬한 데 따른 것이었다. 즉 단막극은 소편대들이 쉽게 만들고 또 어디서나 공연할 수 있어서 그때그때 당 정책을 널리 보급하는 데 매우 좋은 방도라 본 것이다.

이러한 김일성의 관심을 취재한 최만순은 「단막극과 소편대 활동」이라는 글에서 "김일성 동지께서는 또한 한 편대로는 공연하고자 하는 날짜가 오래 걸리기 때문에 두어 편대로 만들어서 공연하는 것이 좋겠다는 내용의 교시를 주시었다. 소편대의 기동적인 활동으로 시기성을 보장하는 문제는 소편대 활동의 기본 요구의 하나이다. 사실 지금까지 적지 않은 창조 집단들에서 한 편대를 두어 순회하다 보니 시기성을 보장하지 못하는 경우가 없지 않았다."면서 "당시 우리 예술인들은 우리 조국 땅에 기어든 미제를 때려 부수고 사회주의 전취물을 고수하리라는 한마음 한뜻으로 이악하게 달라붙

---

79 임채욱, 『북한문화의 이해』, 자료원, 2004, 253~261쪽 참조.

은 결과 사상 예술적으로 훌륭한 단막극들을 많이 만들어 인민이 있는 곳이면 전선과 후방 그 어디서나 전투적으로 공연함으로써 보다 많은 사람들을 미제와의 판가리 싸움에로 불러일으켰던 것이다. 우리 예술인들은 4천만 조선 인민의 위대한 수령이신 김일성 동지께서 단막극 창조와 소편대 활동에 대하여 주신 이 강령적 교시를 철저히 관철함으로써 당 정책을 제때에 군중 속에 침투시키며 전 사회의 노동자계급 혁명화에 적극 이바지하여야 할 것"[80]이라고 썼다.

그러한 상황 속에서 김일성의 모친 강반석을 주인공으로 하여 1920~30년대 만주 일대에서 항일무장투쟁을 묘사한 〈우리의 어머니〉가 사회안전성 붉은기연극단에 의하여 무대에 올려지자 리령은 그에 대하여 장황한 찬미의 글을 썼다. 즉 그는 공연평에서 "연극 〈우리의 어머니〉(서장, 4막 6장)는 우리 근로자들을 당의 유일사상으로 무장시키고 철저히 혁명화, 노동계급화하여 인민들에게 혁명투쟁의 방법을 가르쳐 주고 혁명적 정열을 북돋아 주는 혁명적 문예작품 창작에서 거둔 또 하나의 빛나는 결실이다. 이 연극은 그 풍부하고 고상하며 심원한 사상 예술적 작품으로 하여 혁명의 시대, 투쟁의 시대에 살며 오직 혁명할 의무만을 지니고 있는 우리의 모든 여성들과 어머니들, 그리고 전체 근로자들에게 어떻게 살며 투쟁할 것인가를 가르쳐 주는 위대하고 완벽한 본보기를 감명 깊게 보여 주고 있다."[81]면서 김일성과 모친이 주고받는 다음과 같은 대사도 인용했다.

> 김성동지 삼촌도 떠나신 데다가 저까지 떠나자니 일이 걱정이 됩니다.
> 어머니   집 걱정을 하면 혁명을 못 한다. 혁명을 위한 길이라면 가야지. (방에 들어가 보에 싼 권총을 가지고 나오신다)

---

80 최민순, 「단막극 창조와 소편대활동」, 『조선예술』, 1968.10~11.
81 리령, 「열렬한 공산주의투사, 위대한 조선의 어머니의 숭고한 형상 연극 〈우리의 어머니〉에 대하여」, 『조선예술』, 1969.8~9.

어머니	김성아, (총을 주시며) 아버지가 네게 남기신 총이다. 이 총을 가지
	고 네 몸을 보호하면서 아버지가 이룩하시지 못한 조국광복의 뜻을
	이룩하여라. 아버님의 말씀대로 우리가 못하면 자식들이 하고 자식
	들이 못하면 손자들이 해서라도 꼭 나라를 독립시켜야 한다. 이것이
	이 어머니의 소원이다.

이상의 대목에서 확인할 수 있는 것은 모친 강반석의 뜨거운 조국애와 철저한 공산주의 사상이 가족 전체를 항일무장투쟁의 전사로 전형화하게 만들었음을 강조한 것이다. 유독 부친보다는 모친에 초점을 두고 형상화한 이유는 아무래도 한 가정에서 모친이 갖는 정서적 유대감이 크다고 본 데 따른 듯싶다. 그러니까 북한의 모든 가정의 혁명화를 꾀함에 있어 강반석의 전사적 모습이 큰 영향을 미칠 것으로 확신한 것 같다.

이처럼 혁명연극 더 나아가 혁명적 대작이란, 전처럼 공산 이념의 작품화라는 점은 여전한데, 단지 김일성과 그 가족의 항일무장투쟁사 중심의 대하물로서 만든다는 것이 좀 다르다. 즉 '위대한 서사적 사건들을 배경으로 하여 준엄한 계급투쟁과 공산주의 운동의 역사를 전면적으로 폭넓게 반영하며 투쟁 속에서 성장 발전하는 혁명투사의 전형적 형상을 창조함으로써 근로자들의 혁명적 세계관 형성에 이바지하는 작품'이라는 것이다. 이런 것을 가리켜 소위 주체문예이론이라 하는 것이고, 혁명예술이니 혁명적 대작이란 것은 주체문예사상의 다른 용어, 다른 표현에 불과하다고 보아도 무방할 것 같다.

북한의 주체적 문예사상이란, 첫째 사람들의 혁명적 세계관 형성 과정을 깊이 있게 그리는 것이 문학예술 작품의 중심내용이 되어야 하는데, 이는 곧 위대한 수령님의 혁명사상, 주체사상을 신념으로 삼고 그것을 무조건 철저히 관철하기 위하여 견결히 투쟁하는 것이라고 했다. 그러면서 유일사상체계를 세우는 것은 결국 모든 당원과 근로자들이 진심으로 위대한 수령님을 높이 모시고 따르며 수령님께 끝까지 충성 다하는 열렬한 혁명전사가 되

기 위한 것이라고 했다.[82]

그런데 혁명적 세계관은 세 단계를 거친다. 그 첫째 단계가 사회현상의 본질을 인식하는 단계라고 한다면, 두 번째 단계는 착취 계급과 착취 사회를 미워하는 사상을 키우는 단계이고, 세 번째 단계는 민족적 및 계급적 원수들을 때려 부수고 사회주의, 공산주의 사회를 건설하기 위하여 끝까지 투쟁하겠다는 혁명적 각오를 가지는 단계라는 것이다.[83]

따라서 그 방도로는 김일성의 『사회주의 문학예술론』(313쪽)에서 밝혔던 "위대한 역사적 사건들을 줄거리로 하여 조선혁명의 발전과 함께 투쟁 속에서 자라나는 주인공들의 전형적인 모습을 그려 내야 한다면 과연 하나의 대작이 되지 않겠습니까"를 전제로 영화 〈유격대의 오형제〉의 경우에서 보여주는 바와 같이 김일성의 청소년 시절의 항일투쟁을 제재로 삼아야 한다는 것을 강조했다.[84] 물론 역사적 사건에는 김일성의 청소년기의 항일무장투쟁 외에도 6·25전쟁이라든가 미군의 한국 주둔, 그리고 남한 사회에서의 저항운동 같은 문제가 포함될 것이다. 끝으로 혁명적 세계관 형성 과정을 심오하고 진실되게 묘사함에는 주인공들의 지난함이 내포되어 있다고 했다. 여기서도 김일성이 예술론에서 주장한 "사람들이 그저 헐하게 혁명가로 되는 법은 없습니다. 많은 우여곡절과 풍파를 겪어야 혁명가로 될 수 있으며 이러한 과정을 거쳐야만 혁명적 세계관이 설 수 있습니다."에 함축된 고난과정을 제대로 그려야 진정한 작품이라는 것이다.[85]

---

82 「주체적 문예사상 해설—위대한 수령 김일성 동지께서 밝혀 주신 혁명적 세계관 형성 과정을 그릴 데 대한 사상의 기본내용(1)」, 『조선예술』, 1978.5.
83 「위대한 수령 김일성 동지께서 밝혀 주신 혁명적 세계관 형성 과정을 그릴 데 대한 사상의 기본내용(2)」, 『조선예술』, 1978.6.
84 「위대한 수령 김일성 동지께서 밝혀 주신 혁명적 세계관 형성 과정을 그릴 데 대한 사상의 기본내용(3)」, 『조선예술』, 1978.7.
85 「위대한 수령 김일성 동지께서 밝혀 주신 혁명적 세계관 형성 과정을 그릴 데 대한 사상의 기본내용(4)」, 『조선예술』, 1978.8.

이러한 주체예술론을 바탕으로 하여 혁명적 대작이란 것도 등장했고, 따라서 그 창작 의도 속에 은연중에 내포되어 있는 것은 김일성의 절대적 우상화와 신격화이다. 특히 1920~30년대 김일성 가족의 항일무장투쟁을 극화함으로써 항일투쟁은 곧 김일성이라는 공식을 고착시킴과 동시에 김일성에 대한 개인 우상화의 합리성을 부여하였다. 그에 따라 1960년대 중반부터 모든 무대예술 작품은 김일성 우상화와 연결되기 시작했으며, 작품에서 작자의 이름이 밝혀지지 않는 소위 집체작의 시대가 개막되었는데, 때때로 작가 개인 작품도 혼효시킨 것이 특징이다. 특히 김일성의 개인부터 가계까지 우상화하는 데까지 확대시킨 점이 주목된다. 이 시기의 작풍에 대해 "혁명적 작품 창작에서 우리 작가, 예술인들이 거둔 성과 가운데서 가장 빛나는 자리를 차지하는 것은 혁명의 탁월한 수령 김일성의 위대한 형상에 바쳐진 작품들과 그이의 위대한 혁명적 가정을 형상화한 작품들이 수많이 창조됐다."[86]고 그들은 주장했던 것이다.

무용작품으로서도 〈충성의 노래〉, 〈4월의 만경대〉, 〈원수님께서 주신 새 옷을 입고〉 등과 연극의 〈우리의 어머니〉, 〈어머니의 염원〉, 〈푸른 소나무〉, 〈승리의 기치 따라〉, 그리고 가극으로서 〈밀림아 이야기하라〉, 〈햇빛을 안고〉 등이 그런 유형의 작품들이었다.

---

86 중앙정보부, 앞의 글, 35쪽 참조.

제3부

김일성 우상화 수단으로서의 연극

제6장

1970년대 연극의 혁명

민족분단 이후 북한의 공연예술은 한마디로 사회주의 리얼리즘 창작 방법에 따라서, 또 김일성이 주창한 소위 사상미학 원칙에 쫓아 혁명 발전의 매 단계를 능동적으로 묘사해 온 것이 가장 특징적인 현상이다. 즉 해방 직후의 작품들에서는 자본주의의 모순을 매도하고 사회주의의 우월성을 강조함으로써 지주와 노동자와의 갈등, 노동의 미화 등을 주제로 삼았고, 6·25전쟁 시기에는 전쟁 선동과 반미 항쟁을 주로 묘사했으며 전후에는 전후 복구 건설과 생산 관계의 사회주의적 개조 과정에서 파생된 반보수주의, 반신비주의, 반소극성, 반개인 이기주의 등을 기본으로 한 인민의 혁명 교육과 함께 그 저변에는 시종일관 적대성을 띠도록 하였다.[1]

그리고 1960년대에 와서는 인민들이 사회주의, 공산주의 사상의 개조가 거의 완성되었다고 생각하고 천리마운동에 따른 그 전형 창조에 급급하면서 김일성을 우상화하기 시작했다. 그러니까 1960년대에 들어서 김일성의 혁명사상이 주축이 되는 '당의 유일사상 체계'와 항일유격대의 활동 사실을 모범화한 '혁명전통 교육'을 체계화함으로써 김일성의 우상화를 결정적으로 심화시키는 계기를 마련하였다는 이야기가 되는 것이다.

---

1   강진, 「현실의 극적 반영과 갈등의 미학적 특질」, 『조선예술』, 1972.5.

1970년대 들어서 그들의 문예정책 방향은 대체로 노동당 정책에 입각하여 이를 선전 미화하는 수단으로 이용하는 한도 내에서 소위 제국주의적 부르주아 반동문화의 침투를 경계하고 반미투쟁을 전개하는 반면, 복고주의적 경향을 배격하고 공산주의 세계관에 입각한 혁명적 문학작품을 생산할 것을 강조하는데, 이는 대남 혁명 전략을 인민민주주의 혁명으로 규정하고 있기 때문이며 특히 남북대화에서 자유화의 유입 가능성을 사전 배제하기 위한 강력한 사상 통제의 수단으로 이용하였다. 그러나 무엇보다도 1970년대 북한 예술의 특징은 주체사상을 내세운 김일성 우상화의 극치라고 말할 수 있다.

주체사상과 김일성 우상화

김하명이 쓴「혁명의 위대한 수령 김일성 동지께서 제시하신 사회주의 문화건설 방침은 사회주의적 민족문화를 건전한 토대 위에서 개화 발전시키기 위한 유일하게 정확한 지도적 지침」이라는 긴 제목의 글은 과거 김일성과 노동당이 여러 차례 교시했던 내용을 약간 변용하여 설명한 것이다. "우리는 문화 건설 분야에서 강한 사상투쟁을 벌여 제국주의의 문화 침투를 철저히 막아내고 복고주의적 경향을 극복함으로써 교육, 과학, 문학예술을 비롯한 사회주의 문화건설의 모든 부문을 건전한 토대 위에서 더욱 빨리 발전시켜야 하겠습니다."로부터 시작하여 "사회주의 사회에서 사상혁명의 주요 대상은 근로자들 속에 남아 있는 낡은 봉건적 부르주아적, 소부르주아적 사상 잔재이며 외부에서 침습해 들어오는 반동적 자본주의 사상 독소입니다. 사회주의 국가의 사상혁명을 힘 있게 벌여 근로자들 속에 남아 있는 낡은 사상 잔재를 남김없이 뿌리 빼야 하며 외부에서 들어오는 부르주아적 사상 독소를 철저히 막아내야 합니다." 이어서 그는 "지금 남조선에서는 미일 반동들과 그 앞잡이들의 민족문화 말살정책으로 말미암아 우리의 민족문화가 여지없이 짓밟히고 썩어빠진 양키 문화와 왜색 왜풍이 판을 치고 있으며

인민들의 정신세계를 좀먹고 있습니다."라고 하면서 "우리는 문화혁명에서
나서는 이 모든 과업들을 성과적으로 수행함으로써 우리의 문화를 사회주
의 근로자들을 위하여 복무하는 참다운 인민적인 문화로, 혁명투쟁과 건설
사업에 적극 이바지하는 전투적이고 혁명적인 문화로 만들어야 할 것"[2]이
라고 썼다. 문화예술을 국가정책의 선전 수단, 더 나아가 무기로 삼고 있는
북한이 1970년대에 접어들어서는 남한을 더욱 격하게 경쟁 상대로 여기고,
동맹국인 미국과 일본 문화의 유입을 철저히 차단하고 주체적인 문화예술
을 확립하겠다는 의지를 노골적으로 나타낸 것이다.

김일성이 그해 6월에 『조선예술』에 발표한 제목 없는 글에서도 "우리 작
가, 예술가들은 또한 자기들의 작품을 통해 불붙는 증오심을 불러일으켜야
합니다. 여기에서 적을 어떻게 묘사하느냐 하는 문제가 제기됩니다. 우리
작가들은 미제 침략자들을 교활한 자들로 묘사합시다. (중략) 조선에서의 미
제국주의자들의 만행은 인류에 대한 가장 흉악한 죄악으로서, 후손들에 대
한 말할 수 없는 치욕으로서 천추 만대에 걸쳐 세계인들의 분노와 저주를
받을 것입니다. 우리는 미국놈들의 죄악을 전 세계 인민들 앞에 철저히 폭
로하여야 하며 그들에 대한 적개심으로 우리 인민을 교양하여야 하겠습니
다."[3]라고 교시한 바 있다.

이미 작가들은 이러한 김일성의 교시가 있기 전부터 미국을 증오하는
작품인 〈영원한 흐름〉(김죽성·한도수 공동작)이라는 가극을 발표한 바 있다.
해방 직후 황해도 연백평야의 한 저수지의 축성과 개수(開水)를 소재로, 마
을 청년 영진과 그의 약혼자 봉녀를 중심으로 농토를 지키겠다는 마을 노
인들과 그곳을 군사기지로 만들겠다는 미군과의 갈등을 골자로 한 작품이

---

2   김하명,「혁명의 위대한 수령 김일성 동지께서 제시하신 사회주의 문화건설 방침은
     사회주의적 민족문화를 건전한 토대 위에서 개화 발전시키기 위한 유일하게 정확
     한 지도적 지침」,『조선예술』, 1971.3.
3   『조선예술』, 1971.6.

다. 38선 경계선인 연백평야를 무대배경으로 하여 토착지주와 미군에 맞선 마을 사람들과의 투쟁을 묘사하면서 북침하는 남한과 미군을 격퇴하는 데 있어 김일성의 절대적인 후광에 힘입어 승리한다는 가상의 상황을 줄거리로 하고 있다. 제1장에서 꽃단장을 한 처녀들이 춤을 추면서 부르는 "자유와 해방의 기쁨을 안고/김일성 장군님 개선하셨네/삼십 육년 긴 긴 세월/금수강산 3천 리에 해가 솟았네/왜놈도 지주놈도 없는 새 세상/장군님은 해방조국 안겨 주셨네/영명하신 수령님을 높이 모시고/자주독립 국가를 꽃피워 가네"라는 노래로부터 시작하여 "하늘을 원망하랴/땅을 저주하랴/기름진 연백벌을 미국놈이 짓밟아/넓고 넓은 논벌 위에, 밭이랑 위에/물이 아닌 피눈물만 흐르는구나"에 이어서 "지척에는 밝은 세상/북녘땅이 있건마는/숨 막히는 남녘땅엔/살아갈 길 없어라"로 계속되어 "장군님이 주시는 생명수 받아/우리가 피땀 흘려 거둔 쌀인데/물세를 내라니 웬 소리냐?/네놈에게 빚진 건 하나도 없다."로 연결된다. 결국 6·25전쟁이 발발하여 연백벌은 인민군에 의해 탈환되는 것으로 끝난다. 따라서 제6장의 끝은 다음과 같이 매듭지어진다.

인민군소대장 (둔덕에 뛰어올라) 남조선 동포 여러분! 미제와 그 앞잡이 매국역도들의 학정 밑에서 얼마나 고생을 하셨습니까? 우리의 최고사령관 김일성장군님께서는 북조선으로 침공해 온 미제 침략자들을 때려 부수고 반공격으로 넘어가 남조선 전 지역을 해방하고 여러분들을 구원하라고 명령하셨습니다.

〈김일성장군님 만세!〉의 환호성이 천지를 진감한다. (암전)

종장
막이 오르면 깊은 회상에서 깨어난 그들, 경건한 심정으로 교시판에 모신 수령님의 초상화를 우러러본다

이 작품에서 눈여겨볼 부분은 미국과 남한의 지주계급에 대한 증오심인데, 이는 북한 공산주의 정부정책을 선전해야 하는 연극단체로서는 당연한 주제 선택이기도 하다. 이렇게 증오로 가득 찬 주제는 그동안 많은 작품에서 보여줘왔지만 노동당 제5차대회에서 김일성이 교시한 중에 "혁명적 세계관을 세우자면 사람들로 하여금 먼저 자본주의의 반동적 본질과 제국주의의 야수적인 본성을 똑똑히 깨닫고 함으로써 착취와 압박을 일삼는 제국주의자들과 자본가 계급을 끝없이 증오하며 낡고 썩은 통치제도를 때려 부스기 위하여 견결히 싸우려는 혁명의식을 가지게 하여야 합니다."⁴라는 글에도 선명하게 나타나 있다.

그러나 전술한 대로 1970년대의 작품에서 강조된 주제는 김일성의 우상화와 유일사상 강조였다. 가령 김일성이 해방 직후에 각계 지도자와 문화계 대표들 앞에서 행했던 「문화인들은 문화전선의 투사로 되어야 한다」는 강연 25주년을 맞이해서 그 의미를 해설한 김창현은 "혁명의 위대한 수령 김일성 동지께서는 해방 후 오늘에 이르는 기간 수많은 강령적 교시들을 통하여 이 역사적인 노작에서 제시하신 우리 당의 문예 노선과 정책의 기본 문제들, 창작 실천상에서 제기되는 원칙과 방도들을 보다 심화시킴으로써 마르크스·레닌주의 미학이론의 풍부화와 발전에 거대한 공헌을 하시었으며 우리나라 사회주의 문화예술 발전의 휘황한 앞길을 열어 주시었다. (중략) 작가, 예술가들이 당의 유일사상, 수령님의 위대한 주체사상으로 철저히 무장할 때야만 사회주의적 민족문화예술 건설에서 노동 계급적 선을 똑바로 세울 수 있으며 복잡한 현실 속에서 새것과 낡은 것을 가려내고 본질적인 것과 비본질적인 것을 정확히 찾아낼 수 있으며 문학예술 활동과 창작에서

---

4 「백두산창작단의 창작솜씨를 따라 배우자─불후의 고전적 명작 〈한 자위단원의 운명〉을 영화에 옮기는 과정에서 백두산창작단 창조집단이 이룩한 귀중한 경험」, 『조선예술』, 1971.1.

빛나는 성과를 이룩할 수 있다."⁵면서 작가들이 작품 활동에서 또다시 유일사상과 주체사상을 주제화할 것을 강조하고 나온 점이라 하겠다.

그렇다면 유일사상과 주체사상을 작품으로 어떻게 구체화해야 할 것인가 하는 문제인데, 그 해답의 일단을 혁명연극 〈푸른 소나무〉와 〈승리의 기치 따라〉 등의 공연으로 김일성 훈장까지 받은 천리마국립연극단이 내놓은 바 있다. 즉 그들이 보여 준 작품은 1927년부터 이듬해까지 김일성이 육문중학 재학 시절에 초기 혁명 활동을 벌임으로써 조선공산주의 운동과 반일 민족해방투쟁이 시작되었다는 내용이다.

조선연극인동맹 평론분과위원회는 그와 관련하여 "혁명연극 〈혁명의 새 아침〉은 혁명의 위대한 수령 김일성 동지의 초기 혁명 활동 중에서 육문중학교 재학 당시인 1927년 봄부터 1928년 가을까지의 혁명 활동을 반영하면서, 김일성 동지의 혁명 활동의 개시가 조선 공산주의 운동과 반일 민족해방투쟁의 새로운 기원으로 된다는 것을 감명 깊게 그리고 있다. 특히 연극에서는 길림을 중심으로 전개하신 초기 혁명 활동 시기에 벌써 그이께서 마르크스 · 레닌주의를 조선의 현실에 창조적으로 적응 발전시켜 주체적이며 독창적인 혁명의 길을 개척하시었고 수많은 청년 학생들을 조선 혁명의 믿음직한 담당자로, 열렬한 공산주의자로 육성해오신 과정을 진실한 극적 형상으로 보여 주고 있다. 뿐만 아니라 연극은 이 과정에 벌써 그이께서는 확고부동한 혁명적 원칙성과 불굴의 의지, 능숙한 조직력과 비상한 혁명적 전개력, 혁명적 사업 방법과 인민적 사업 작풍, 높은 영도 예술을 지니신 조선혁명의 위대한 수령으로 등장하신 것을 감동적으로 형상화하고 있다."⁶고

---

5 김창현, 「우리 당의 문예노선과 정책을 기초 지은 강령적 문헌—위대한 수령 김일성동지의 천재적 노작 〈문화인들은 문화건설의 투사로 되어야 한다〉 발표 스물다섯 돌에 즈음하여」, 『조선예술』, 1971.5.
6 조선연극동맹 평론분과위원회, 「위대한 태양의 빛발 아래 조선혁명의 찬란한 새 아침은 밝아왔다—혁명연극 〈혁명의 새 아침〉에 대하여」, 『조선예술』, 1971.7.

썼다.

여기서 매우 흥미로운 부분은, 우리나라 공산주의의 발상이 1919년 1월 22일 러시아 남부 이르쿠츠크에서 남만춘(일명 만춘), 김철훈 등 5명이 모여 처음 논의하였고, 9월 5일 전로한인공산당으로 출범하여 상해에서 조직된 공산당과 더불어 이 땅에 침투(?)한 것이 1921년경인데,[7] 그 6년여 뒤인 1927년에 10대의 소년 김일성이 마르크스·레닌주의를 조선 현실에 맞는 공산주의로 정착시켜 독창적인 혁명의 길을 닦았다고 주창한 점이다. 그만큼 김일성을 천재적인 혁명가로 우상화한 작품이 바로 〈혁명의 새 아침〉이라고 한 것이다.

이 시기 김일성에 대한 우상화 작업은 여러 각도에서 이루어졌던바, 각 나라의 수반이면 으레 해야 할 일들도 북한에서는 지도자를 우상화하는 수단으로 활용한 것이 색다르다. 또 하나의 그러한 예로서 보통강벌의 개수 공사를 김일성이 지도한 사실을 서사시극으로 형상화한 작품 〈보통강의 서사시〉가 본보기가 될 만하다. 이 개수 공사를 작품화하게 된 배경에 대하여 "우리 창조집단이 서사시극이라는 새로운 예술 형식으로 이 거대한 사상 주체적 과제를 해결해 보려고 시도하게 된 것은 혁명의 위대한 수령 김일성 동지의 영생불멸의 혁명사상과 높은 덕성, 즉 아직까지 인류 역사상 알지 못하였던 수령님의 인민에 대한 사랑과 그 사랑 속에서 행복을 찾게 된 인민들의 어버이 수령님에 대한 다함 없는 흠모와 충성의 역사를 종래의 극적인 형식만 가지고는 도저히 감격적으로 노래할 수 없었기 때문이었다."면서 다음과 같은 시를 인용하기도 했다.

  이 벅차오르는 감격이여
  이 나라가 태어나 반만년

---

7 스칼라피노, 『한국공산주의 운동사』, 이정식·한홍구 역, 돌베개, 1986, 44~46쪽 참조.

유구한 역사가 흘러갔어도
그 누가 이 강반의 아픔을 헤아렸던가?
그 누가 사나운 대자연을 다스리고 길들여
인민들을 복되게 하려는 구상을 해 보았던가?[8]

  이상의 작품에 대하여 평론가들은 "그 사상 주제적 내용의 심오성과 예술적 형상의 완벽성으로 하여, 그리고 긴 역사적 시기를 포괄하는 방대하고도 다양한 생활 내용을 집약하여 종합적으로 생동하게 반영한 새로운 무대극 형식의 개척으로 하여 우리나라 무대예술 발전에서 실로 거대한 혁신적 의의를 가지는 성과작의 하나"[9]라고 평가했다.
  그런데 참으로 흥미로운 점은 이 시기 남한의 관변에서는 새마을 연극이 유행했는데, 평단에서의 반응은 차가웠었다는 사실이다. 남북한에서 같은 시기에 근본적으로 다르면서도 비슷한 목적성의 작품들이 유행했다는 점과 그에 대한 일반과 평단에서의 반응은 너무나 달랐다는 점도 흥미롭다. 이는 그만큼 자유민주주의와 공산주의 일당 독재라는 두 나라 체제상의 차이로 말미암아 연극의 관 주도 또는 민간 주도의 차이점이 있었고 그 반응 역시 다를 수밖에 없었던 것이다.
  그러나 분명한 점은 북한에서는 하나같이 모든 작품이 김일성의 유일주체사상으로 귀착되었다는 사실이다. 그들이 정기간행물로 내고 있는 종합 예술 잡지에 게재된 다음과 같은 글은 주체사상이 무엇이고 김일성 우상화가 어떤 것이며, 무대예술을 통해서 그들이 표현하려는 것이 무언인지를 극

---

8 「보통강반에 깃든 어버이 수령님의 사랑과 역사를 노래할 새로운 예술 형식을 탐구하는 길에서—단막시극 〈보통강의 서사시〉 창조 과정에 느꼈던 몇 가지 문제」, 『조선예술』, 1971.8.
9 조선연극인동맹 평론분과위원회, 「보통강반의 세기적 변화에 깃든 위대한 수령님의 숭고한 사랑을 형상한 새로운 형식의 대작—장막시극 〈보통강의 서사시〉에 대하여」, 『조선예술』, 1971.8.

명하게 나타내 주고 있다.

> 우리의 사회주의적 문학예술은 사회의 모든 성원들을 위대한 수령님의 혁명
> 사상, 주체사상으로 일색화하며 위대한 수령님께 무한히 충직한 혁명전사로
> 교양하는 사업에서 큰 역할을 맡고 있는 유력한 사상교양의 무기이다. 생동
> 한 긍정적 모범과 구체적인 생활체험을 통하여 사람들을 교양 개조하는 위력
> 한 감화력과 사회생활 전반에 미치는 커다란 영향력을 가지고 있는 우리의 문
> 학예술은 사상, 기술, 문화의 3대혁명을 수행하는 데서 중요한 역할을 놀아야
> 하며 그 앞장에서 나가야 한다.
> 사회의 모든 성원들을 혁명화, 로동계급화하여 공산주의적 인간으로 교양하
> 는 데 기본목적을 두고 있는 사상혁명 수행에 문학예술이 적극 이바지하기 위
> 하여서는 사회의 모든 성원들을 우리 당의 혁명사상, 주체사상으로 튼튼히 무
> 장시키는 데 철저히 복무하여야 한다. 온 사회를 주체사상화하며 모든 근로자
> 들을 당의 유일사상으로 튼튼히 무장된, 다시 말하여 위대한 수령님께와 당
> 중앙에 무한히 충직한 혁명전사로 키우자면 작가, 예술인들은 사람들을 불멸
> 의 주체사상으로 확고히 무장시키는 훌륭한 문학예술 작품들을 많이 창작하
> 여야 한다. 이에 있어서 문학예술은 우리 근로자들을 위대한 수령님의 권위에
> 대한 절대화, 위대한 수령님의 교시에 대한 신념화, 위대한 수령님의 교시 집
> 행에서 무조건성을 기본 요구로 하는 위대한 수령님과 당 중앙에 대한 끝없는
> 충실성을 깊이 있게 형상화하는 데 기본을 두어야 한다. (중략) 사회의 모든 성
> 원들을 당의 유일사상으로 튼튼히 무장시키는 데서 위대한 수령님의 영광, 찬
> 란한 혁명력사를 폭넓고 깊이 있게 반영한 혁명적 작품을 창작하는 것은 중요
> 한 의의를 가진다. (중략) 여기서 중요한 것은 위대한 수령님에 대한 끝없는 충
> 성심으로 가슴을 불태우고 있는 우리 시대 근로자들의 집단주의 정신과 대중
> 적 영웅주의, 높은 계급적 자각을 잘 그리는 것이다.[10]

이상과 같은 장문의 글을 인용한 것은 1970년대 이후 북한의 예술관이

---

10 「위대한 수령님과 당 중앙의 부르심을 받들고 〈삼대혁명 붉은 기 쟁취운동〉에 이바
지할 혁명적 작품창작에서 일대 전환을 일으키자」, 『조선예술』, 1976.1.

매우 잘 표현되어 있기 때문이다. 1970년대의 예술에서는 전 시대와 같이 공산주의 이념 부식을 넘어 오직 김일성과 그의 당 중앙(후계자 김정일)의 우상화가 절대 주제가 되며 공산주의 이념이건 노동의 미화건, 또는 반미 건 무엇이건 간에 모두 김일성 부자의 우상화 속의 방계에 불과한 것이다. 즉 모든 작품의 제재는 김일성 우상화를 부각시키기 위한 곁다리에 불과 하다는 이야기다.

그런데 여기서 주목을 끌 만한 점은 김일성과 함께 당 중앙도 충성의 대 상이라고 한 사실이다. 당 중앙은 후계자인 김정일을 지칭한 용어이기 때문 이다. 사실 김일성에 대한 우상화 작업은 그가 정권을 장악하면서부터 시작 되어온 것이므로 새로운 것이 아니다. 전술한 바 있듯이 6 · 25 남침 전서부 터 그런 조짐이 나타났었는데 그 우상화가 모든 예술작품의 궁극적 목적이 된 것은 1960년대 후반부터란 이야기다. 재미있는 사실은 주제의 변화가 형식의 변화까지 가져오게 되었다는 점이라 하겠다.

제3부 김일성 우상화 수단으로서의 연극

제7장

혁명가극 시대의 개막

북한에서 공연예술이 큰 전환점을 이루는 것은 1971년의 소위 혁명가극 출현부터이다. 1960년대부터 시작된 집체적 창작 방법은 1970년대에 와서 통념화되는데 김일성만은 예외의 경우였다. 즉 김일성에 의해 주창된 1960년대의 혁명적 대작은 1970년대에 와서 혁명가극으로 탈바꿈하게 된다. 그리고 혁명가극을 중심에 놓은 본격적인 집체 창작의 시대가 전개되는 것이다. 북한이 집체 창작을 권장하게 된 것은 소위 중지를 모은다는 의미에서였으며, 집체 창작이 개인 창작의 제약을 극복하여 당의 정책을 실현시키는 수단으로 삼기가 편리하고 인민을 궐기시키는 동원적 역할을 수행하기에 적당하기 때문이었다. 아무래도 개인 창작에는 그 작가의 감성과 주관에 따른 개성이 나타날 수 있기 때문에 집체 수단으로 이를 제거할 수가 있다고 본 것 같다. 물론 이따금 예외도 두었는데, 그마저도 김일성과 몇 작가에 한정했다.

따라서 북한 공연예술에 일대 전환점을 만들었던 민족 혁명가극 〈피바다〉는 김일성 작이었다. 바로 이 지점에서 김일성의 작가적 재능과 그 배경을 짚고 넘어가야 할 것 같다. 『김일성전집』 제3권을 보면 그는 "우리가 항일무장투쟁을 할 때에는 작가도 없었고 작곡가도 없었지만 연극도 하고 노래도 짓고 잡지나 소책자도 만들어 냈습니다. 우리는 모여 앉아 서로 의논

해 가지고 각본도 만들고 노래도 지었습니다. 그래도 우리의 연극을 보고 군중은 좋다고 하였으며 거기에서 감동된 많은 청년들이 유격대에 막 들어왔습니다. 이것으로 보아 어떻든 우리의 연극이 사람들의 심장을 틀어잡은 것만은 사실입니다."(498쪽)라고 회고한 바 있다.

'혁명가극'도 바로 김일성이 청소년 시절 만주에서 항일무장투쟁할 당시에 이미 만들어졌다고 『조선예술』에서 명확히 밝혀놓았다. 『조선예술』은 「영광스러운 항일무장투쟁 과정에 창조된 혁명연극(3)」(1968.7)에서 "김일성 동지께서는 항일무장투쟁의 새로운 단계의 요구에 맞게 혁명적 문학예술 활동을 조직 전개하심으로써 광범한 인민들을 민족자주의식과 노동계급의 혁명사상으로 무장시키며 그들을 조국광복을 위한 반일투쟁에로 불러일으키는 데 기여할 것을 제시하시었을 뿐만 아니라 몸소 문예작품들을 창작하여 주시었다. 이 시기 창조 공연된 연극들 중에는 지금 우리에게 널리 알려진 〈피바다〉, 〈경축대회〉, 〈성황당〉, 〈한 자위단원의 운명〉을 비롯한 수많은 작품들이 들어 있다."고 했다. 1930년대에 만들어진 작품이 좀 더 다듬어져서 40여 년 뒤인 1971년에 평양 한복판에서 화려하게 꽃피게 된 것이다.

최초의 혁명가극 〈피바다〉

1971년 여름 처음 무대에 올려질 때 당연히 원작자 김일성 수령의 관극은 필연이었으리라. 실제로 혁명가극을 총감독한 김정일은 「혁명가극 〈피바다〉는 우리식의 새로운 가극」이라는 제목으로 다음과 같이 회고했다.

> 오늘 위대한 수령님을 모시고 혁명가극 〈피바다〉 공연을 아주 잘 하였습니다. 공연을 시작하기 전까지만 하여도 창조기일이 짧은 데다 어제까지 가사와 곡을 고쳤기 때문에 배우들이 실수하지 않겠는가 하여 걱정하였는데 생각했던 것보다 공연을 훨씬 잘 하였습니다. 우리는 불후의 고전적 명작 〈피바다〉

를 혁명가극으로 옮기는 사업에서 영예로운 승리자가 되었습니다. 물론 작품 형상에서 아직 부족점들이 있습니다. (중략) 위대한 수령님께서는 오늘 혁명가극 〈피바다〉를 보시고 사상성과 예술성이 완벽하게 결합된 주제적이며 혁명적인 우리식의 가극을 창조했다고 매우 만족해하셨습니다. 수령님께서는 대화창을 없애고 노래들을 절가화하였으며 방창과 무용을 받아들이고 무대를 입체적으로 흐름 속에서 보여 주게 한 것은 종래가극의 낡은 틀을 완전히 마사 버리고 전혀 새로운 가극의 형상방도를 독창적으로 해결한 것이라고 하시면서 높이 치하하시었습니다.

수령님께서는 작품이 총체적으로 볼 때 원작에서 주자고 하는 사상을 잘 반영하였다고 하시면서 작가, 예술인들이 수고를 많이 하였다고 여러 번 치하하시었습니다.[1]

혁명가극의 첫 작품인 〈피바다〉 공연을 원작자인 김일성이 관극한 것은 당연한 일이고, 그 주창자라 할 김정일이 총연출자라고 지칭되어야 할 듯 싶다. 이 작품이 탄생하는 데는 그가 처음서부터 끝까지 그의 간여가 있었기 때문이다. 『예술조선』 기자인 림명애가 훗날 쓴 「〈피바다〉식 혁명가극의 탄생」에서는 "위대한 장군님께서는 가극의 대본 창작을 확고히 앞세우도록 하시고 일군들과 창작가들을 부르시어 원작에 충실할 데 대한 문제, 가극의 노래를 잘 살릴 데 대한 문제, 주인공인 어머니의 형상을 잘할 데 대한 문제, 생활을 진실하게 그릴 데 대한 문제 등 대본 창작에 나서는 문제들을 훤히 밝혀 주시었다. 그리고 수시로 가극 대본 집필 정황을 알아보시고 사색의 나래를 펴도록 머리를 틔워 주기도 하시고 막힌 고리들을 친히 풀어 주기도 하시면서 매 장면과 세부 형상에 이르기까지 하나하나 구체적인 가르침을 주시었다."면서 다음과 같이 부연했다.

가극 대본이 기본적으로 완성되자 장군님께서는 창조 현장에 몸소 나오시어

---

1   김정일, 『김정일선집 4』, 조선노동당출판사, 2010, 98~99쪽.

혁명가극 〈피바다〉 창조 사업을 짧은 기간에 끝낼 수 있도록 전국적 범위에서 창작가, 예술인들을 동원할 데 대한 대담한 조치를 취해 주시고 필요한 온갖 물질 기술적 조건들을 다 마련해 주시었다. 장군님께서는 시대의 요구, 인민의 지향을 깊이 헤아리시고 절가로 인간과 생활을 그리는 새로운 가극을 창조할 데 대한 독창적인 사상을 제시하시고 여러 차례 창조 현장에 나오시어 창작가들이 지은 노래들을 하나하나 들어주시었다.[2]

김정일은 온 힘을 다하여 혁명가극 〈피바다〉를 완성했기 때문에 자신이 구상했던 큰 그림, 즉 김일성을 신격화하는 종합예술을 선보인 것이었고 특히 수령의 반응에도 자신감을 갖지 않았을까 싶다. 아니나 다를까. 김일성은 예상을 뛰어넘을 만큼 대만족했다. 김정일은 기다렸다는 듯 "위대한 수령님께서는 오늘 혁명가극 〈피바다〉를 보시면서 낡은 가극 형식을 완전히 깨뜨려버리고 가극에 대화창 대신에 절가화된 노래들을 넣으니 인민성과 민족적 특성, 통속성이 훌륭히 구현되었다고 교시하시었습니다. 수령님께서는 이제는 우리가 완전히 새로운 우리식의 가극을 가지게 되었다고 하시면서 매우 기뻐하시었습니다."[3]라고 총감독으로서 소회를 밝히기도 했다.

김정일은 거기서 끝나지 않고 〈피바다〉야말로 시대가 요구하는 형식으로서 혁명가극의 새 시대를 열어 놓은 역사적 전환점이 되는 것이라고 다음과 같이 설파한다.

우리가 1971년 7월에 항일혁명투쟁의 불길 속에서 창작된 불후의 고전적 명작 〈피바다〉를 우리식의 혁명가극으로 옮겨 위대한 수령님을 모시고 첫 공연을 한 것은 우리나라 문학예술 발전에서 커다란 의의를 가지는 사변이었다고 말할 수가 있습니다. 우리는 혁명가극 〈피바다〉를 창작하여 공연함으로써 지난날의 가극과 근본적으로 다른 새로운 가극 〈피바다〉식 가극이 태어났다는

---

2 림명애. 「〈피바다〉식 혁명가극의 탄생」, 『조선예술』, 2011.1.
3 김정일, 『김정일선집 4』, 99쪽.

것을 세상에 선포하였습니다. 이때로부터 우리나라에서 가극혁명의 불길이 세차게 타오르게 되었습니다. 혁명가극 〈피바다〉를 창작한 것은 가극 분야에 오래 동안 남아 있던 낡은 틀을 마스고 혁명가극의 새 시대를 열어 놓은 역사적 전환점으로 되었습니다.[4]

이상과 같이 혁명가극을 창안하여 직접 총감독까지 한 김정일은 〈피바다〉식 가극이야말로 세계 연극사상 유례를 찾을 수 없는 새로운 가극이라면서 김일성 수령이 직접 창작한 원본으로 만든 〈피바다〉가 가극의 새 시대를 여는 역사적 전환점을 만든 것이라 했다.

이 작품은 1930년대를 시대 배경으로 삼은 김일성 주도의 항일무장투쟁 이야기다. 김일성에 의하여 처음 만들어졌을 때는 3막으로 된 간단한 작품이었다. 한 어머니가 있는데, 그에게는 삼 남매와 남편이 있었다. 남편은 나라를 찾겠다는 마음을 먹고 집을 떠난 지 오래되었으며 후에 큰아들도 항일유격대에 들어갔다. 어머니는 두 남매를 데리고 몹시 구차한 생활을 하고 있다. 그런데 하루는 부상당한 유격대원이 원수들의 추격을 피하여 이들의 집으로 들어왔다. 어머니와 열한 살 먹은 아들 을남이는 유격대원을 급히 숨겨 주었다. 뒤이어 왜병과 경찰 놈들이 살기가 등등하여 이 집으로 들어왔다. 놈들은 다짜고짜로 공산군을 내놓으라고 호통친다. 놈들은 어머니에게 별의별 행패를 다 부려 보았지만 별 도리가 없음을 알게 되자 이번에는 을남이의 가슴에 총부리를 들이대고 위협한다. 그러자 어머니는 당황해한다. 을남이는 당황해하는 어머니를 바라보며 '나는 몰라요!' 하고 소리친다. 아들의 이 말에 고무된 어머니는 놈들을 쏘아보면서 '이 원수놈들아! 나는 아무것도 모른다!'라고 부르짖는다. 악에 받친 원수놈들은 어린 을남이를 무참하게 총살한다. 자신의 눈앞에서 아들 을남이가 원수의 흉탄에 학살

---

[4] 위의 책, 99쪽.

된 것을 목격한 이 어머니는 그만 기절하여 넘어진다. 이때 조국광복회 회원인 딸 갑순이가 달려 들어온다. 갑순이는 을남이를 붙안고 운다. 무대 뒤에서 〈피바다〉 노래가 들려온다.

설한풍 스산한 북간도 피바다야
참혹한 주검이 묻노니 얼마냐
혁명에 피 흘린 자 그 얼마나 되느냐?

무참히 죽은 자 비참한 그 형상
애달픈 대중의 가슴이 터진다
기막힌 이 원한을 천만 죽어 못 잊으리,

낙심을 말아라 천백만 근로자야
혁명가 하나의 주검이 피 값으로
16억 7,000만이 무산정권 세운다.

이 소식은 지체 없이 유격대에 전달된다. 격분한 유격대원들이 아침에 마을로 달려온다. 유격대 소대장이 된 큰아들 원남이가 지휘하는 유격대원들은 원수들을 준엄하게 심판한다. 그 후 어머니와 갑순이는 유격대에 입대하여 일제와 싸우게 된다.[5] 이상과 같이 초기 작품은 간단한 스토리였다.

여기서 반드시 짚고 넘어가야 할 것이 김일성이 처음 이 작품을 쓴 과정을 알아보는 일이다. 2000년 4월에『조선예술』의 기자가 이 작품이 처음 탄생되는 과정에 대하여 소상히 기술한 바 있다. 그 기자는 위대한 수령님께서 〈피바다〉를 구상하시고 대본 작성에 착수하신 것은 동강회의 직후였다면서 다음과 같이 기록한다.

---

5 『조선예술』, 1968.7.

이미 어린 시절에 아버님에게서 배우신 〈간도토벌가〉를 한시도 잊지 않으시고 이것을 일제 침략자들에 대한 증오의 감정으로 새겨 안고 계시었다. 위대한 수령님께서는 유격대를 조직하신 다음 가는 곳마다에서 일제 침략자들의 야수적 상륙에 의한 피바다를 목격하실 때마다 〈간도토벌가〉를 상기하시었으며 〈간도토벌가〉를 상기하실 때마다 우리 민족이 당하는 고초와 수난을 두고 울분을 금치 못하시었다. 그런데 그이께서 놀라신 것은 간도에 살고 있는 절대 다수의 조선사람들이 그런 참혹한 운명 앞에서 순종하지 않고 오히려 총대와 곤봉을 틀어잡고 분연히 일어나 항쟁을 계속하고 있는 사실이다. 여인들과 그 여인들의 치마폭에 싸여 밥 투정질을 하던 아이들까지도 다 참가하였다. 이들의 모습은 위대한 수령님을 크게 감동시켰던 것이다. 위대한 수령님께서는 여성들이 가정적 울타리를 벗어나 사회적 변혁운동에 뛰어든 것을 하나의 혁명으로 보시고 이 혁명의 주인공들에 대한 크나큰 존경과 사랑을 느끼시었다. 그들을 지지하고 동정하는 과정에 희생된 남편의 뒤를 이어 혁명의 길에 나선 한 여인과 그의 자식들의 형상이 떠오르시는 것을 직감하신 수령님께서는 이것을 연극 대본으로 완성하실 결심을 굳히게 되시었다. 그러나 여러 전우들과 긴급회의들이 제기되어 그이의 연극 대본 완성은 잠시 중단되었다.

그러던 어느 날 대통령감으로 불리는 리동백이 리광수의 소설 〈혁명가의 안해〉를 수령님께 보여 드렸다. 수령님께서는 이 소설을 보시고 혁명가의 아내들을 모독한 이 소설에는 진실이 반영되어 있지 않다고 하시면서 조선 여성의 진면모를 올바로 밝혀 주시었다. 수령님께서는 그날 우수한 여성 투사들과 여성 활동가들, 덕행과 정절에서 모범으로 내세울 수 있는 열녀들을 두고 리동백과 오래도록 담화를 하시었다. 그러시고는 참된 조성 여성이란 어떤 사람인가, 투쟁만이 살 길이다라는 주체사상이 담긴 연극작품을 기어이 완성시킬 결심을 다시금 다지시었다. 수령님께서는 이미 구상하고 계시던 형상안을 다시금 되새기시면서 피바다 속에서 남편과 자식을 잃은 슬픔을 디디고 결연히 일어나 투쟁의 길을 걸어가는 소박한 여인의 형상을 무르익히시어 종잇장에 펜을 달리시었다.

대중을 의식화하는 데서 연극예술이 노는 비상한 견인력과 효과성을 깊이 파악하신 수령님께서는 백두산을 향해 남하행군을 하는 어려운 조건에서도 쉬임 없이 대본 완성에 온갖 심혈을 기울이시었다. 주력부대를 이끄시고 백두산의 서쪽 위성구역이라고 볼 수 있는 만강에 도착하신 수령님께서는 초고 단계에 있는 대본을 끝내 완성하시어 지체 없이 공연 준비에 착수하도록 대원들을 이끄시었다.[6]

김일성이 〈피바다〉를 위시하여 여러 편의 희곡을 항일투쟁을 벌이던 젊은 시절인 1930년대 초중반에 직접 습작했음을 알 수 있다.

그러다가 본격적으로 혁명가극을 만들던 1971년 들어서는 상당 부분을 재창조했는데, 우선 3막에서 7장으로 늘어났을 뿐만 아니라 내용의 디테일 면에서도 비교적 진전시켰다. 전체적인 줄거리는 크게 다르지 않지만 이야기가 구체적이고 리얼하며 짜임새 역시 극적이다. 시대는 1930년대 초이고 무대 역시 만주 동북 지방의 한 촌이다. 북조선 지방에서 지주 집 머슴살이 하다가 그마저 여의치 않아서 이주해 온 윤섭이네 부부와 삼 남매가 이야기의 중심을 이룬다. 이처럼 빈한한 가족 구성과 만주 이주는 1920~30년대 일제에 의하여 착취 수탈당하고 남부여대하여 고향을 떠나 만주로 이주했던 조선반도 전체의 실제적인 현상으로서 토월회 리더인 박승희의 희곡 〈아리랑고개〉 등에서도 다루어졌던 주제와 상통한다.

그런데 초기 작품과 달리 혁명가극에서는 주인공 윤섭이가 구국투쟁을 위하여 가출하는 것이 아니라 실제 마을을 지키기 위하여 일본 병사와 싸우다가 잡혀서 화형(火刑)에 처해져 처참하게 죽임을 당한다. 즉 왜병들이 마을에 들어와서 불을 지르고 마구잡이 총질을 함으로써 마을 전체가 피바다 속에 잠기는 것이다. 과부가 된 윤섭의 아내(어머니)는 가솔을 이끌고 다시 백두산 근처의 마을로 이주한다. 이때 유랑민들이 다음의 노래를 부른다.

참혹한 피바다에 남편을 잃고

---

6   본사 기자, 「만강에서 불후의 고전적 명작 혁명연극 〈피바다〉가 처음으로 상연되기까지」, 『조선예술』, 2000.3~4.

어린 것을 품에 안고 떠나갑니다
나라 잃은 설음은 가슴을 찢고
학대의 모진 비람 불어 옵니다

　그곳에서도 왜병들이 들어와 청년들을 공사판으로 강제 동원하는 등 탄압은 여전한 상태에서 공산주의 청년 유격대원들이 조국의 해방을 위해 투쟁하는 중에 간간이 마을에 들르고 있다. 따라서 장남 원남이도 유격대원이 되고 어머니마저 마을에서 은밀히 항일투쟁의 선봉에 서기 위하여 야학에서 글을 배우는 것으로부터 시작한다. 원남이는 출사표를 던지면서 '피바다에 잠겨 있는 내 나라 찾기 위해/혁명의 총을 메고 싸워 가리라/아 조국의 광복 위해/혁명의 전사되어 싸워 가리라'고 노래한다. 아들 원남이가 떠난 후에 은밀히 항일운동을 벌이는 중에 어머니는 '권리를 박탈한 자본사회에/청춘의 붉은 꽃 못 피운 원한/아느냐 그대여 여성동무들/여성들 우리 동무 다 일어나라/부르주아 제도를 없애버리고/동등한 권리 위해 총들을 들자'고 선동한다. 그런 얼마 뒤 그녀가 주동이 된 부녀회원들은 유격대를 돕기 위하여 곡식을 장만하고 왜놈들의 광산에서 폭약까지 훔쳐서 폭동까지 기획하는 모험도 꾀한다.
　그러던 중 왜병들이 유격대의 활동을 알아내고 그들을 체포하기 위해서 광분하던 중 원남의 집에 들이닥친다. 유격대원들을 찾아내라는 왜병들의 성화가 있는 중에 한 유격대원(조동춘)이 총격을 하는 등 싸움 끝에 왜병에게 저항하던 열한 살의 막내아들(을남)도 사살된다. 어머니는 막내를 잃는 불행 속에서도 굴하지 않고 유격대를 앞세워 주변 광산노동자들과 합세하여 폭동을 일으키기로 결심하고 결행에 나서면서 그녀는 노래한다.

판가리 싸움에 일어나라
침략자 일제를 쳐부수자
혁명의 붉은 기 들고서

최후의 결전에 나서자
동무여 싸우자 우리의 불타는 가슴
복수의 피가 끓는다 피가 끓는다

　이러한 일제에 대한 저항과 혁명을 위한 처절한 싸움은 유격대와 마을 사람들, 특히 부녀회원들 및 근처에서 일하고 있던 광산 노동자, 농민 등이 합세함으로써 승리로 종결된다. 따라서 이 작품의 마지막 장면은 이렇게 묘사되어 있다.

어머니는 떠나가는 유격대원들과 아들딸을 손 저어 바래다준다.
사막 뒤로 백두산이 솟아오른다.
백두산을 향해 가는 유격대원들의 모습이 멀리 보인다.
〈혁명가〉가 고조된다. ─막─

　흥미롭게도 이 작품이 1930년대 중반에 김일성 주도 항일유격대의 실제적 활동을 토대로 해서 그가 직접 창작하여 당시에 공연까지 했음이 「연극 〈피바다〉에 깃든 이야기」라는 희곡의 부기(附記)에 나타나 있다. "탁월한 군사전력가이신 김일성 동지께서 친히 거느리시는 조선인민혁명군 주력부대는 무송현성 전투에서 대승리를 거두고 1936년 8월 중순경에 만강부락에 들르게 되었다. 조선인민혁명군 주력부대를 거느리시고 가는 곳마다에서 일제 강도 무리들을 쳐부수어 연전전승하시고 다시 자기들을 찾아 주신 김일성 동지를 맞게 된 만강 사람들의 기쁨은 이만저만이 아니었다. 부대는 이 마을에서 사흘 동안 묵었다. 그동안에 유격대원들은 마을 사람에게 조선혁명의 탁월한 수령 김일성 동지의 위대한 혁명사상을 선전하였으며 조국의 운명에 대하여서와 조국의 행복한 앞날에 대하여 해설 설명하였다. 그리고 밤에는 부락민들과 함께 오락회도 갖고 혁명적 연극을 준비하여 그들에게 보여 주었다. 이때 만강부락에서 공연한 연극들은 〈피바다〉(2막3장), 〈성황당⟩(1막), ⟨경축대회⟩(2막) 등의 세 가지였다. 탁월한 혁명적 문예사상가이시며 천재적인 문필가이신 김일성 동지께서는 항일무장 투쟁 시기 가열한 전투의 여가마다에 몸소 이 연극들의 각본을 창작하시었을 뿐만 아니라 유격대원—배우들의 연기 연습을 친히 지도하여 주시었다. (중략) 그날 밤 만강부락에 있는 소학교 강당에서 연극 ⟨피바다⟩를 공연하였는데 마을 인민들은 이 연극을 보고 깊은 감동을 받았다. 혁명적 연극 ⟨피바다⟩의 공연이 성공한 것은 전적으로 김일성 동지의 직접적인 지도에 의하여 이루어진 것이다. 항일무장투쟁 시기 혁명적 연극은 혁명존중을 반일투쟁에로 힘 있게 불러일으키는 강력한 사상적 무기로 되었었다.”[7]고 적고 있다.

1953년에 극작가 송영이 김일성 원수 항일 빨치산 전적지 조사단의 일원으로 참가하고 쓴 회고문에서도 “김일성 부대가 이르는 곳마다 노래와 연극이 반드시 따라다녔다. 그 시기에 ⟨혈해⟩와 더불어 가장 많이 상연된 희곡 중에 ⟨경축대회⟩(2막)와 ⟨성황당⟩이라는 단막짜리 연극도 또한 많이 상연되었다. 미신 타파를 주제로 한 희곡이다.”[8]라고 하여 김일성이 원작자임을 분명하게 밝힌 바 있다.

1970년대의 혁명가극 시대를 열었던 ⟨피바다⟩는 김일성이 청년 시절 만주에서 항일무장투쟁 당시 온 가족이 앞장서서 싸웠던 실화를 직접 이야기로 엮은 작품임을 알 수가 있다. 이 작품이 부대극과 영화로 상영되자 찬사가 잇따랐다. 림학수는 이 작품에 대하여 “혁명의 영재이신 경애하는 수령 김일성 동지께서 몸소 창작하신 불후의 고전적 명작 ⟨피바다⟩는 혁명이란 무엇인지 그 말조차 모르던 평범하고 소박한 한 어머니가 준엄하던 1930년대의 시대적 환경 속에서 우여곡절에 찬 생활 노정과 간고한 혁명투쟁의 시련을 거쳐 마침내 일제를 반대하여 견결히 투쟁하는 혁명가로 자라나는 과

7   『조선예술』, 1972.1.
8   이용웅, 「문헌으로 고찰한 ⟨조선민주주의인민공화국⟩ 연극」, 『공연문화저널』 6, 연극과인간, 2006, 118~121쪽 참조.

정을 가장 심오하고 완벽하게 묘사함으로써 만 사람들의 심장을 끝없이 격동시키고 그들을 혁명투쟁에로 힘 있게 불러일으켰으며 또 불러일으키고 있는 생활과 투쟁의 참다운 교과서"[9]라고 했고, 조선음악가동맹 중앙위원회도 "혁명의 위대한 수령 김일성 동지의 주체적 문예사상과 혁명적 민족가극 건설에 관한 독창적 미학사상을 완벽히 구현한 불후의 고전적 명작 〈피바다〉 중에서 혁명적 민족가극 〈피바다〉는 우리나라 가극예술의 가일층의 발전과 사회주의적 민족문화 건설에서 거대한 의의를 가질 뿐만 아니라 세계의 진보적 문화예술운동과 사회주의 리얼리즘 문학예술 발전에서 실로 커다란 이론 실천적 의의를 가진다."[10]고 했다.

그 외에도 여러 기관과 전문가들의 찬탄이 이어졌다. 서원칠은 "우리 노동계급의 마음에 꼭 맞는 작품이었다고 하는 외에 나의 감동을 정확히 표현할 말을 찾을 수 없다. 혁명이란 말조차 모르던 어머니가 우여곡절에 찬 생활의 시련을 거쳐 마침내 혁명가로 자라나며 혁명의 위대한 수령 김일성 장군님께서 제시하신 조선혁명의 주체적인 노선을 따라 혁명투쟁을 견결하게 전개하게 되는 과정을 심오하게 그리고 있다."[11]고 했으며, 조선문학예술총동맹 중앙위원회는 "우리 시대의 위대한 마르크스 · 레닌주의자이시며 혁명의 영재이신 경애하는 수령 김일성 동지의 혁명사상과 주체적 미학사상을 철저하게 구현한 불후의 고전적 명작 〈피바다〉 중에서 혁명적 민족가극 〈피바다〉는 사회주의 리얼리즘 가극예술 발전에서 새로운 전환으로 된다. 사상성과 예술성이 완벽하게 결합된 이 가극은 문학예술 사업에서 예

---

9   림학수, 「참말로 혁명적이며 인민적이며 독창적인 혁명가극이다—불후의 고전적 명작 〈피바다〉 중에서 혁명적 민족가극 〈피바다〉에 대한 반향」, 『조선예술』, 1971.11.
10 조선음악가동맹 중앙위원회, 「사상성과 예술성이 완벽하게 결합된 혁명적이며 인민적인 가극예술의 빛나는 모범—불후의 고전적 명작 〈피바다〉 중에서 혁명적 민족가극 〈피바다〉에 대하여」, 『조선예술』, 1971.11.
11 서원칠, 「우리 노동계급의 심정에 꼭 맞는 혁명가극」, 『조선예술』, 1971.12.

술성만 내세우면서 예술성을 사상성을 홀시하는 편향과 사상성만 내세우면서 예술성을 홀시하는 편향에 결정적 타격을 주고 혁명과 건설에 힘 있게 복무하는 주체적이며 혁명적인 사회주의 리얼리즘 가극 예술창작의 불멸의 기치로 되었다."[12]고 찬탄했다.

그중에서도 김최원의 관점이 주목되는데, 이유는 〈피바다〉의 우수성을 독창적 음악성에 둔 점 때문이다. 김최원은 〈피바다〉가 그 어떤 작품보다도 뛰어난 점은 노래를 인민들이 알아듣기 쉽고 유순하고 아름다운 형태인 절가로 만든 때문이라면서 다음과 같이 설명하였다.

> 절가는 원래 근로대중에 의하여 창조되고 다듬어진 인민음악, 민요의 기본 형식이며 그들이 가장 사랑하는 노래형식이다. 예로부터 인민들은 절가를 통하여 자기의 생활체험의 풍부한 세계를 반영하여왔으며 이 과정에 다양한 종류와 양상의 절가들을 훌륭히 창조하였다. (중략) 절가는 바로 이처럼 다양한 기능과 풍부한 형상력으로 하여 가극음악의 위력한 표현 형식으로, 튼튼한 기초로 될 수 있었다. 절가를 가극음악의 기초로 삼고 모든 노래를 절가화할 데 대한 위대한 수령 김일성 동지의 독창적인 방침은 바로 절가가 가지는 이러한 특성과 우월성을 천재적으로 통찰하신 데 기초한 것으로서 가극음악의 인민성, 민족성 및 통속성 구현의 결정적 담보로 된다. (중략) 실로 〈피바다〉식 혁명가극에서 가극의 노래를 절가화할 데 대한 탁월한 방침의 훌륭한 구현은 오랫동안 내려온 종래의 낡은 가극에서 그처럼 우상화되고 신비화된 진부한 가극형식을 종국적으로 청산하고 그와는 근본적으로 다른 혁명적이고 인민적이며 통속적이고 현재적인 불패의 생활력을 가진 새 형의 가극형식의 광활한 길을 열어 놓은 일대 혁명적 사변이며 위대한 주체적 문예사상의 빛나는 승리로 된다.[13]

---

12 조선문학예술총동맹 중앙위원회, 「혁명적 민족가극 건설에 관한 주체적 미학사상의 빛나는 승리」, 『조선예술』, 1972.12.
13 김최원, 「〈피바다〉식 혁명가극에서 절가의 독창성」, 『조선예술』, 1973.11.

〈피바다〉에서 처음 활용했다는 절가는 전래의 민요와 대중가요를 긴밀하게 절충한 형태의 음악으로 보이는데, 거기에 혁명사상의 가사를 붙여서 목적극화한 것이 아닌가 싶다. 이 작품을 탁월한 혁명가극으로 업그레이드한 것은 역시 절가의 역할이었다고 했는데, 그에 관해서는 황민영의 글이 잘 설명해 준다. "노래라는 것은 가사의 억양과 리듬과 함께 음악의 억양과 리듬의 밀착 속에서 나타나는 것만큼 여기에서 어느 한 측면만을 절대화하지 말아야 한다. 다음으로 가사와 곡의 밀착에서 중요한 것은 당에서 가르쳐 준 가사붙임에서 음부 하나에 가사 하나씩 붙일 데 대한 원칙을 철저히 지키는 것이다. 이 원칙은 가사의 매개음에 그 사상 정서적 깊이를 더욱 풍부하게 선율을 받쳐줄 수 있게 하며 따라서 그 예술적 표현을 더욱 다양하고 폭넓게 할 수 있는 좋은 우월성을 가진다. (중략) 절가를 만들 데 대한 당의 방침은 연하고 부드러운 우리식의 노래를 만드는 데서 가장 중요한 원칙적 문제로 된다."[14]고 했다.

김최원은 절가와 함께 방창(무대 뒤 합창)을 새롭게 도입한 것도 〈피바다〉가 가극의 혁신을 가져온 요인의 하나라고 주장한다. "가극에서 노래를 절가화하고 방창을 새롭게 도입한 것은 주체적인 〈피바다〉식 가극 형식의 독창성을 규정하는 기본 징표의 하나이며 가극예술의 높은 사상예술성과 인민성을 담보하는 중요한 요인으로 된다. (중략) 〈피바다〉식 가극의 방창은 폭을 넓히고 주인공의 성격을 다면적으로 깊이 있게 묘사하며 극조직의 민활성과 진실성을 보장하는 위력한 수단으로 이바지하고 있다. (중략) 가극에서 방창을 새롭게 도입한 것은 수십 수백 년 동안 세계 가극계를 지배하여 온 종래의 낡은 가극 형식의 근본체계를 완전히 뒤집어엎고 진정으로 인민적이며 현대적인 새 형의 가극 형식을 창조하게 한 일대 혁명적 사변으로

---

14 황민영, 「가사와 곡을 밀착시킬 데 대한 당의 방침은 〈피바다〉식 가극창조에서 나서는 기본 요구」, 『조선예술』, 1974.4.

된다."[15]고 평가한 것이다.

이처럼 음악에서 특별히 공들인 〈피바다〉식 형태야말로 가극의 발전사에서 일대 혁명이라고 주창한 정봉석은 "위대한 수령 김일성 동지께서는 현시대는 가극의 시대라는 전혀 새롭고 독창적인 사상을 제시하시었다. (중략) 우리는 사회주의, 공산주의 건설의 두 가지 요소 즉 물질적 요새와 사상적 요새를 점령하여야 하는 것이다. 종합예술인 가극은 사람들의 혁명적 세계관의 형성 과정과 그들의 사회적 활동을 직접적으로 무대를 통하여 생동하게 보여 줄 때 온 사회를 혁명화, 노동계급화하며 사람들을 혁명적 세계관으로 튼튼히 무장시키는 데서 위력한 힘을 가지게 되는 것이다. 가극은 시와 음악, 무용과 미술 등 개별적 예술 종류들을 하나의 거대한 역사적 화폭 속에 합류시켜 보여 주는 종합예술로서 우리 시대 인민들의 높은 사상미학적 요구를 원만히 충족시켜줄 수 있는 예술의 하나로 되는 것"[16]이라고 하여 혁명가극이야말로 인민의 사상무기화에 있어 최고의 예술 양식이라고 했다. 여기서 특히 김일성이 일찍이 현대를 가리켜서 '가극의 시대'라고 규정했다고 한 점이 주목된다.

더욱 흥미로운 점은 〈피바다〉에 대한 외국의 반응이다. 우선 동맹국이라 할 중국의 『인민일보』(1971.10.10)와 『광명일보』(1971.10.10)에 게재된 기사를 간추려 소개해 보겠다. 『인민일보』는 "우리는 혁명적 민족가극 〈피바다〉를 보면서 조선의 혁명적 예술인들이 조선 인민의 위대한 수령 김일성 수상 동지의 혁명적 문예사상을 관철하기 위한 창조 활동에서 이룩한 빛나는 성과를 직접 느낄 수 있다. 수천 수백만 명의 근로자들에게 복무하는 문학예술을 창조하려면 반드시 작품의 혁명적 사상을 담는 동시에 그것이 혁명적 내용과 서로 잘 어울리는 예술 형식을 창조하여야 하며 사상성과 예술성을 밀

---

15 김최원, 「〈피바다〉식 가극에서 방창의 형상적 기능(1)」, 『조선예술』, 1975.2~3.
16 정봉석, 「〈피바다〉식 가극의 창조는 가극 역사발전에서 일대 혁명」, 『조선예술』, 1974.1.

접히 결부시켜야 한다. 혁명가극 〈피바다〉는 김일성 수상 동지의 교시를 높이 받들고 처음부터 마지막까지 조선의 민족음악을 기본형식으로 하고 있다. 조선 민족이 즐기는 이 기본 형식은 짧고도 섬세하며 생동하고 열렬한 음악 형상을 통하여 영웅적 인민의 풍부한 사상 감정과 극에 담겨진 주체사상을 훌륭히 표현하였다. 혁명가극 〈피바다〉는 음악과 무용, 그리고 그 밖의 다른 예술 수단들을 결부하는 데서도 매우 밝고도 우아한 특징을 가지고 있다."고 했다. 『광명일보』는 "지난날 조선 인민이 벌인 간고한 혁명투쟁과 생활을 무대에 올림으로써 우리들로 하여금 지난날 고난에 찬 나날과 투쟁의 나날들을 돌이켜보게 하였으며 또한 우리 인민들에게 교양을 주었고 우리 두 나라 인민들 사이에 피로써 맺어진 전투적 친선을 더욱 발전시키고 강화하는 데 도움을 주고 있다. 조선 전우들은 가극예술을 진정으로 노동자와 농민을 비롯한 근로 인민을 위하여 복무하며 혁명을 위하여 복무하는 새로운 가극예술로 만들었으며 혁명적 내용을 담을 뿐만 아니라 광범한 군중의 이해하기 쉽고 즐기도록 하기 위하여 낡은 가극예술의 표현 수법과 그 형식을 새롭게 하였다. 간결하고도 생동한 노래는 군중들이 인차 자기들의 것으로 만들고 부를 수 있으며 군중들에게 더욱 큰 영향을 줄 수 있다. 혁명가극 〈피바다〉에는 일련의 춤들도 배합되어 있는데 춤은 가극의 내용을 전달하는 데서 중요한 역할을 하고 있다. 조선민족은 노래를 잘 부를 뿐만 아니라 춤도 잘 춘다. 조선 인민은 암담하던 모든 시기에 언제나 춤으로써 강명과 기쁨에 대한 갈망을 토로했고 혁명적인 이상에 대한 동경과 투쟁에서의 필승의 신념을 보여 주었다."[17]고 하여 어느 신문보다도 비교적 정확하고 세세하게 평가하였다.

북한의 공연단체가 이 작품으로 해외 순회공연을 했던 만큼 동구권과 남

---

17 「중국 신문들이 우리나라의 불후의 고전적 명작 〈피바다〉 중에서 혁명적 민족가극 〈피바다〉에 대한 관평을 실었다」, 『조선예술』, 1971.12.

미 등 제3세계의 평가들도 있었다. 북한에서는 그중에서 호평을 받은 부분만 소개했다. 가령 루마니아의 음악가는 "신비하게 변하는 무대장치와 무용수들의 아름다운 율동, 웅장하고 세련된 민족관현악의 울림, 이 모든 것은 우리를 가극이 추구하는 감정세계로 이끌어 갔다."고 평했고, 페루의 한 평자는 "김일성 주석 동지께서는 위대한 정치가이실 뿐 아니라 저명한 문학작가이시다. 이런 대작을 창작하셨다니 얼마나 위대한 분이신가. 그이의 창작적 재능은 전문 예술가들의 솜씨를 천백 배로 능가한다."고 했으며 쿠바의 한 평자는 "이 작품은 진짜 사실주의이며 사회주의 리얼리즘의 모범이다. 조선의 모든 작품들은 혁명적이며 교양적이며 인민적이다."라고 했다. 그중에서도 예술이 가장 발달한 공산주의 종주국의 한 평자는 "일생 동안 나의 기억에 남아 있을 것이다. 가극의 연출, 음악, 무대배경, 배우들의 연기가 모두 조화롭게 결합된 우수한 혁명적인 작품이다. 이 가극은 모든 가극의 전형이라고 말할 수가 있다."[18]고 하는 등 호평 일색이었다.

　여기서 한 가지 주목되는 점은 드러내지 않고 뒤에서 혁명가극을 무대예술의 대표적인 형태로 밀어올린 인물이 있었다는 사실이다. 한국비평문학회가 펴낸 『북한가극 · 연극 40년』에서는 "혁명가극이란 김일성이 30년대 항일무장투쟁 시기에 직접 각본을 썼다는 연극을 60년대 말부터 김정일의 지도로 다시 가극으로 각색된 작품을 일컫는다. (중략) 혁명가극은 음악 · 무용 · 연극 등이 종합됐다는 점에서 우리의 악극이나 서양의 오페라와 비슷하지만 사상 계몽과 선전 선동을 위해 예술성보다는 규모와 무대를 중시한다는 점에서 독특한 종합 집체 형식이라고 할 수 있다. 따라서 한 작품에 보통 2백 명 이상의 배우들이 등장해 김일성의 주체사상에 의식화된 인민들이 혁명을 일으켜 악적 지주나 외세를 물리친다는 내용을 군중음악과 무용

18　본사 기자, 「예술의 총체이며 예술의 종합적 학교—불후의 고전적 명작 〈피바다〉 중에서 혁명가극 〈피바다〉를 본 외국 사람들의 반향 중에서」, 『조선예술』, 1976.1.

을 통해 서사시 형식으로 전개하고 있다."[19]고 하며 일찍이 김일성의 후계자로 내락받은 바 있는 김정일이 바로 그 장본인이라고 했다.

이는 사실 올바른 지적이다. 영화에 미쳤다고까지 평가받고 있는 그가 부친을 미화, 우상화하기 위해서 총체극 형태의 무대예술로서 웅장한 가극만큼 좋은 예술 형태는 없다고 보고 혁명가극 시대를 연 당사자였기 때문이다. 김정일이 연극에 손을 댄 것은 1969년 5월에 국립연극단의 〈승리의 가치 따라〉의 창작을 직접 지도하는 것으로부터였다.[20] 그때 그는 나이 겨우 27세의 팔팔한 청년으로서 김일성의 총애를 한몸에 받고 있었고, 영화에는 일가견을 가지고 있었다. 새롭게 시도한 혁명가극 〈피바다〉가 크게 성공을 거두자 그는 즉각 출연자들과 유능한 남녀 배우 150여 명으로 피바다국립극단을 조직하여 장대한 음악무용극을 계속 제작해 갔다. 그럼에도 불구하고 김정일의 구체적인 활동 상황은 한참 뒤에나 노출된다.

김일성 외의 극작가들의 활동

그 시절에 집체성의 혁명가극만 공연한 것은 아니다. 김일성 외에 이름 있던 극작가들의 일반적 희곡들도 자주 무대에 올랐다. 1971년 가을에 발표된 지재룡의 〈덕칠 일가〉(4막 5장, 종막)라든가 그 이듬해 봄에 발표된 집체창작의 〈혁명의 새 아침〉 같은 작품들이 바로 그런 계열이라고 하겠다. 물론 이들의 작품도 당연히 공산주의 이념의 확산과 김일성 우상화에 주안점이 두어져 있음도 당연하다. 우선 〈덕칠 일가〉부터 살펴보자.

이 작품은 1968년 1월 원산 앞바다에서 정찰 활동을 하고 있던 미국 함선 '푸에블로호'의 납치 사건으로부터 시작되지만, 실제적인 내용과 주제는 농업의 기계화 더 나아가 농업의 현대화로 인한 풍성한 수확이며, 그것은 순

---

19 한국비평문학회, 『북한가극·연극 40년—북한 문화예술 40년(7)』, 신원문화사, 1990, 56쪽.
20 박영정, 『북한연극/희곡의 분석과 전망』, 연극과인간, 2007, 140쪽.

전히 김일성의 은덕에 따른 것이라는 내용이다. 그렇다면 왜 작가가 미국 함선의 납치 사건을 앞에 제시했느냐 하는 것인데, 이는 우연찮게 농업의 기계화와 푸에블로호 사건의 시대 배경이 거의 일치한 데서 찾아야 할 것 같다. 푸에블로호 이야기는 반미사상을 고취하는 것으로 끝나고 그것과는 아무런 연관성이 없는 기계화에 의한 직파(直播) 농법을 가리켜서 공산주의 농법이라고 지칭하면서 덕칠의 아들과 딸은 다음과 같은 대화를 나눈다.

초옥   모두 기계로 농사짓게 되구 약으로 김을 잡게 됐다구 얼마나 기뻐들 하는지 몰라요.

관호   이제 우리 농장도 원수님의 농촌테제가 활짝 꽃피어서 농민들은 힘 든 노동에서 해방되구 우리들의 생활은 더 부유하게 될 거야.

초옥   그래서 우리 축산반에서두 기계화하자고 관호 동무에게 부탁이 있 어 왔어요.

이상과 같이 덕칠 일가는 물론이고 마을을 전체가 농업 전반의 기계화로 인해 풍년을 구가하게 되었고 젊은 농촌지도자 관호는 김일성으로부터 훈장을 받게 된다는 이야기다. 종장의 마지막 대사는 이렇다.

덕칠   수령님! 고맙습니다. 우리 온 가족은 수령님께서 열어 주신 그 광명의 길에서 영원히, 영원히 대를 이어가며 충성을 다 하겠습니다. 수령님!

그런데 만경대창작단의 집체 창작인 〈혁명의 새 아침〉(4막 7장)은 〈덕칠 일가〉와 내용이 조금 다르다. 즉 〈혁명의 새 아침〉은 김일성이 육문중학생 때 혁명운동을 벌였던 1926년을 시대 배경으로 삼았기 때문에 장소 역시 만주의 길림성이라는 점에서부터 전작과는 차이가 난다. 특히 그가 만주를 점령한 일본 제국주의에 항전하기 위해 조직했던 여러 가지 단체들 중에서도 1926년에 출범시킨 조선공산주의청년동맹을 행동 주체로 삼아 일제가 부설하고 있던 길회선 철도공사를 저지하는 내용을 담은 작품이다.

이 작품에서는 김일성의 이름 대신 '금성 동지'라는 명칭을 썼지만 그의 모친의 경우 실명인 '강반석'은 그대로 씀으로써 사실성을 극대화하고 있다. 그런데 흥미로운 사실은 이 작품 속에 소년 시절 김일성의 사상과 투쟁이 매우 리얼하게 표현되어 있다는 점이다. 실제로 그가 수립한 북한 정권의 정체성이 마르크스 · 레닌주의를 주체적으로 수용한 것이라는 점은 익히 알려져 있다. 이 작품의 대사 가운데 보면 "지금까지 국제 공산주의 운동과 노동운동에서 노동계급이 세워야 할 정권 형태로서는 콤뮨과 소비에트밖에 알지 못하고 있습니다. 그러나 우리는 우리나라의 구체적 조건과 실정에 맞게 독창적이고 새로운 형태의 정권인 인민정권을 세워야 합니다."라고 분명하게 천명하고 있다.

이 작품은 북한 정권 수립 초기 과정을 연극 형식을 빌려 설명한 것이나 마찬가지라고 할 수 있다. 좀 더 구체적으로 말하면 김일성이 만주의 육문중학 시절에 항일운동을 주도하면서 민족주의자나 종파분자들을 제치는 한편 그곳에 정착해 있는 동포들을 여러 가지 조직체로 엮고 이들 중에 조선공산주의청년동맹을 중심축으로 삼아 일제가 만주를 완전 장악하기 위하여 철도 부설을 서두르게 되는 과정에 동포 노동자들을 동원하여 총파업으로 차단시킨다는 내용이다. 금성 동무(김일성)는 주민들을 모아 놓고 "동지들! 현 시기 조성된 정세는 우리 청년 공산주의자들 앞에 무거운 임무를 제기하고 있습니다. 우리는 1926년 가을 우리나라 공산주의 운동과 민족해방운동 발전에서 획기적 계기로 된 '타도제국주의동맹'을 조직했고 금년에는 이 이 '타도제국주의동맹'을 더욱 대중적 성격을 가진 청년학생들의 비합법적인 조직인 '반제청년동맹'으로 개칭하였습니다. (중략) 동지들! 나는 오늘 여기에서 우리들의 첫 공산주의조직인 조선공산주의청년동맹의 창건을 선포"한다고 외친다.

여기서 또 하나 그의 예술관을 짚을 수 있는 대사도 나온다. 그가 마을 청년들 앞에서 "한 편의 시가 천만 사람의 가슴을 격동시키고 총칼이 미치지 못하는 곳에서는 우리의 노래가 적들의 심장을 꿰뚫을 수 있다는 것을 알아야 합니다. 상권 동무, 내 좋은 가사를 줄 테니 거기에다 곡을 만들어 보십시오. 그래서 그걸 우리 대중 속에 보급시킵시다."라고 말하는 대목에 문학이나 공연예술을 혁명의 선전 무기로 삼아야 한다는 그의 평소 견해가 명료하게 나타나 있다고 하겠다. 그리고 그가 직접 시도 쓰고 희곡도 썼음도 보여 준다. 한편 이 작품에서 그는 항일운동 방식에 대하여 "길회선 철도 부설을 반대하는 투쟁과 결부해서 일본 상품을 배척하는 투쟁을 전개하자는 것입니다."라고 했는데, 이는 오늘날에도 시사하는 바가 크다고 하지 않을 수 없다.

집체 창작 혁명가극의 시대

북한이 이러한 희곡 작품들을 무대에 올리긴 했지만 1970년대에는 역시 혁명가극이 대중을 사로잡아가고 있었다. 즉 북한 당국은 본격적인 혁명가극 〈피바다〉에 이어 인민상 계관작품이라는 〈당의 참된 딸〉을 공연하여 대중의 시선을 끌었다. 이 작품은 〈피바다〉와는 달리 6·25전쟁을 정면으로 다룬 혁명가극으로서, 젊은 간호원의 치열한 참전기를 통하여 진정한 노동당원이 되려면 생사를 넘나드는 고된 과정을 거쳐야 가능하다는 사실을 리얼하게 묘사한 작품이다. 막이 열리기 전의 서곡 '미제를 쳐부수는 싸움길에서/충성의 꽃을 피운 당의 참된 딸/당원은 어떻게 살아야 함을/빛나는 모범으로 보여 주었네'로부터 이야기는 시작된다.

젊은 간호원 강연옥은 1950년 여름, 인민군을 따라 최전선인 낙동강 근처에까지 내려온다. 치열한 전투에서 중상을 당한 병사들이 병원에 가서 회복되자마자 다시 전선으로 돌아오겠다는 의지를 보이는 것에 강연옥은 감동하여 부상당한 네 명의 병사를 데리고 후방병원으로 가게 된다, 그들 중한 명(덕준)이 강연옥에게 "당원이란 우리 혁명과 노동계급과 인민을 위하여 순간을 살아도 장군님을 위해 살고 일생을 살아도 장군님께 무한히 충직한 전사들"이라고 말함으로써 그녀를 감동시킨다.

강연옥 간호원은 부대의 부상당한 병사들을 이끌고 굶주림 속에 멀리 떨어진 야전병원을 찾아 나선다. 한 병사가 피를 너무 흘려 사경을 헤매자 자신의 피를 수혈하여 회생시키기도 한다. 마을로 잠입하여 쌀까지 구해다가 병사들을 먹이기도 하면서 병원을 찾아 치료한다. 포위를 당하여 태백산 줄기의 적후에 남기도 하지만 모두 다 극복해 낸다. 이때의 사정에 대하여 그들은 이렇게 노래한다. '험한 산길 헤쳐가는 고달픈 행군/가을비는 내리고 바람 세차네/태백산 병동은 어데 있는가/찾아갈 길 아직도 아득하구나'. 결국 병원을 찾아가 무사히 치료를 받고 회생하는데, 거기서도 강연옥 간호원의 헌신적인 돌봄이 큰 역할을 한다. 그 사실이 중앙당에 알려져서 강연옥은 드디어 자랑스런 노동당원이 된다. 이때 연옥은 '순간을 살아도 장군님 위하여/일생을 영원히 장군님 위하여/혁명의 전사로 충성 다하며/오직 한 길 당을 따라 싸우렵니다'라고 화답하고 병사들도 함께 '혁명의 전사로 충성 다하며/오직 한길 당을 따라 싸워 나가자'라고 노래한다. 그러한 환희 속에서 강연옥은 뼈를 다친 부상병에게 자신의 뼈를 이식해 주기도 한다. 그녀를 지켜본 병사들은 '어제는 적후에서 피를 바치고/오늘은 전우 위해 뼈를 바치네/끝없이 솟아나는 맑은 샘처럼/그 가슴에 고인 정성 한이 없어라' 하고 찬양 노래를 부른다.

그러나 미군의 폭격으로 불타는 막사로 뛰어들어간 그녀는 '장군님을 뵙고 싶습니다'라는 말을 남기고 장렬하게 전사한다. 인민군들이 붉은 기를 높이 들고 미군들을 소멸하며 진격하는 전투원들의 모습이 뒷무대에 보이는 가운데 '한순간을 살아도 수령님을 위해/동무여 목숨 바쳐 싸워 나가자/혁명의 총창을 억세게 잡고/기어이 남녘땅을 해방하리라/수령님 만세를 높이 부르며/철천지원수 미제 쓸어 버리자/대를 이어 수령님께 충성 다 바쳐/

제3부 김일성 우상화 수단으로서의 연극

승리의 한길로 달려 나가자'고 끝을 맺는다.

김정일은 "혁명가극 〈당의 참된 딸〉은 사상이 명백하고 당의 유일사상 체계가 철저히 선 교양적 가치가 있는 또 작품입니다. 요즘 만수대예술단 예술인들이 사상투쟁을 하면서 혁명가극 〈당의 참된 딸〉의 원형인 안영애처럼 살겠다고 결의하였다고 하기 때문에 오늘 이 가극을 보게 하였습니다. 혁명가극 〈당의 참된 딸〉의 노래들은 들을수록 좋고 특색이 있습니다. 장군님을 흠모하는 노래 〈어디에 계십니까 그리운 장군님〉은 명곡입니다. 혁명가극 〈피바다〉에서는 을남의 노래가 좋고 혁명가극 〈당의 참된 딸〉에서는 노래 〈어디에 계십니까 그리운 장군님〉이 제일 좋습니다."[21]라고 하여 그가 이 작품에 공을 많이 들였음을 암시하고 있다.

북한은 이 가극으로 몇 나라 순회공연을 가진 바 있는데, 특히 폴란드의 여러 도시에서의 공연은 큰 반향을 불러일으킨 듯싶다. 수도 바르샤바에서 공연을 하자 그곳 배우는 "나는 가극을 보고 김일성 동지께서 내놓으신 문예정책이 가장 탁월하고 정당하다는 것을 진심으로 느꼈다. 조선의 예술작품은 혁명성이 강하며 전투성과 인민성이 또한 강하다. 가극 〈당의 참된 딸〉은 김일성 동지의 위대한 반제 혁명사상을 빛나게 구현하고 있다. 이 가극은 미제를 반대하여 싸우는 모든 나라 인민들의 불멸의 교과서이며 조선노동당의 혁명적 문예사상의 빛나는 결실이다."[22]라고 평가하였다.

호주 언론인 스탠리 무어 역시 "이 가극은 극작가들과 배우들과 가수들 그리고 그만 못지않게 무대미술가들이 발휘한 극치의 창조적 기교들을 겸비하고 있다. 〈당의 참된 딸〉은 미제 침략자들과 그 추종 국가들을 반대하

---

21   김정일, 『김정일선집 4』, 222~223쪽.
22   「혁명가극 〈당의 참된 딸〉은 위대한 수령 김일성동지의 주체적 문예사상의 빛발 아래 만발한 주체예술의 화원에 핀 또 하나의 붉은 꽃—조선인민군협주단이 뽈스가 인민들의 대 절찬 속에 혁명가극 〈당의 참된 딸〉의 공연을 진행하였다」, 『조선예술』, 1973. 10.

는 싸움에서 조선 인민이 무방비의 영웅성을 발휘하고 있었던 조국해방 시기를 배경으로 하고 있다. 당의 참된 딸인 간호원 연옥이에 대한 영웅담을 수령님과 당의 호소에 대한 그의 헌신성에 기초하여 나온 영웅주의의 고무적인 모범으로 형상하고 있다."[23]고 극찬한 바 있다.

이 작품이 탄생하는 과정을 보면 매우 흥미롭다는 생각이 든다. 왜냐하면 탄생 과정이 너무나 자연스럽지 못하기 때문이다. 『조선예술』 기자의 취재 뒷이야기에 다음과 같은 내용이 실려 있다.

> 창작가들은 흥분 속에서 예술영화 〈어느 간호원에 대한 이야기〉를 그대로 가극에 옮기는 전투를 벌였다. 짧은 기간에 작품을 빨리 완성해야 한다는 생각으로부터 한 주일 남짓한 기간에 가극 대본을 서둘러 완성하고 일 개월간의 작곡 전투를 벌여 노래와 편곡, 녹음까지 끝냈지만 사실 그것은 영화 그대로 재단한 데 불과하였다. 실로 그들이 어버이 수령님께서 독창적으로 밝혀 주신 〈피바다〉식 가극 창작 원칙과 사상미학적 요구를 깊이 이해하지 못하고 창작에 들어가다 보니 작품에는 주인공 강연옥의 성격적 특질에서 정수로 되는 수령님에 대한 끓어 넘치는 흠모의 선도 미약하였으며 극적 긴장성과 생활의 굴곡도 가극적 특성도 새로운 예술적 발견도 없었다. 그러나 이런 미숙한 대본을 당에서 직접 보아 주고 극구성 문제, 주인공의 성격 발전에 대한 문제, 그리고 노래의 통속성에 대한 문제 등 작품창작의 방향성 제기되는 문제들에 대하여 일일이 가르쳐 주었다. 창조집단은 새로운 전투에 들어가게 되었다.[24]

〈당의 참된 딸〉 탄생 과정에서 확인할 수 있는 바와 같이 혁명가극은 당에서 직접 관리할 뿐만 아니라 일일이 창작에 직접 간여하여 만들어졌던 것이다.

---

23 스탠리 무어, 「혁명가극 〈당의 참된 딸〉」, 『조선예술』, 1972.7.
24 윤경남, 「녀전사, 한 당원의 형상에 돌려진 끝없는 사랑의 이야기—인민상 계관작품 혁명가극 〈당의 참된 딸〉 창조집단을 찾아서」, 『조선예술』, 1973.10.

여하튼 가극이 연극의 주류로 조금씩 다가가던 시기에 김일성의 탄생 예순둘 경축예술축전이 전국적으로 열렸는데, 지방에도 가극이 서서히 번창하고 있음을 여기에서 확인할 수가 있다. 이 축전에 함북도가무단의 가극 〈어버이 품〉을 비롯하여 황남도가무단의 〈은혜로운 품속에서〉, 황북도가무단의 〈한 열사 가족에 대한 이야기〉, 평북도가무단의 〈은혜로운 햇빛 아래〉, 개성시가무단의 〈분계선여성들〉, 강원도가무단의 〈남강의 어머니〉, 평남도가무단의 〈철의 역사와 함께〉, 평양가무단의 〈청춘과원〉, 철도성예술극장에서의 〈조국진군의 길에서〉 등 9편의 가극이 무대에 올려졌다.[25]

전국 각도와 수도 평양, 그리고 철도성의 가극단 등 아홉 개 단체가 동시에 무대에 올린 가극들의 공통적인 주제는 "경애하는 수령 김일성 동지의 위대한 혁명사상과 그이의 영도의 현명성, 높은 덕성을 훌륭히 형상화함으로써 근로자들을 당의 유일사상—수령님의 위대한 혁명사상으로 더욱 철저히 무장시키고 그들을 혁명화, 노동계급화하는 데 크게 기여한 것"이라고 정의된다.

그러나 이것은 한 행사의 작품들이고 실제로 〈피바다〉와 〈당의 참된 딸〉에 이어 평양과 전국을 달군 혁명가극의 다음 작품은 집체작 〈밀림아 이야기하라〉였다. 1971년에 창작되어 다음 해에 무대에 올려진 이 작품은 항일혁명운동을 주제로 한 〈피바다〉와 궤를 같이하는 것으로서 시대가 당연히 1930년대로 되어 있으며 장소 역시 만주와 조선의 국경지대 한겨울의 산간 마을이다. 이 작품에서 흥미로운 점은 위장 친일파를 내세워 적의 내밀한 사정을 알아내어 격파시키는 구성이 매우 극적이라는 사실이다.

서장과 제5장으로 구성된 장막인 이 작품은 일제 치하에서 구장을 맡아 일하는 아버지(최병훈)를 향해 '아 사랑하는 아버지/구장 노릇 한다니 이 어

---

25 「주체적 혁명가극 발전의 새로운 전진—혁명의 수령 김일성 동지 탄생 예순둘경축 전국음악무용예술축전을 보고」, 『조선예술』, 1972.7.

인 일인가요'라는 원망의 노래로부터 시작하여 비밀공작원이어서 말 못 하는 아버지는 '목숨보다 귀중한 조직의 비밀/굳게 다진 그 맹세를 너는 알리라'로 독백하면서 서장은 끝난다. 그런데 이병훈은 딸의 원망보다도 마을 사람들로부터 멸시와 버림을 받는 것이 더없는 고통이었다. 더욱이 외동딸(복순)이 구장이 된 아버지로 인하여 마을 청년들 사이에서 냉대와 조소를 당할 때, 그녀에게서 부친에 대한 혈육의 정과 사랑마저 식어갈 때 그의 고충은 이루 말할 수가 없었다.

그런 가운데서 이병훈은 모든 고통을 감내하며 마을 청년들의 의로운 투쟁을 도와주고 적들의 비밀을 알아내어 유격대에 알리며 토벌대들을 홍산골로 유인하여 격멸하는 등 혁명 업무를 착착 진행해간다. 이병훈이 부르는 노래 '몸은 비록 적들 속에 있다 하여도/마음은 언제 장군님 곁에/자애로운 그 사랑 그 믿음 속에/온갖 시련 이기며 싸워갑시다'라든가 '그리운 장군님께 전하여 주오/혁명 업무 기어이 다하오리다' 등은 적들 속에 남아서 정탐으로 아군을 돕고 있음을 알리는 것이다. 이러한 그의 노래 속에는 김일성에 대한 무한한 충성심과 동지애가 넘쳐난다고 하겠다. 이는 특히 그가 일본 토벌대를 홍산골로 유인해 가는, 생사를 가늠할 수 없는 길을 떠나면서 딸과 이별하는 장면에서 극적으로 표출되고 있다.

이처럼 주인공 이병훈은 혁명 임무에 대한 무한한 충실성을 지닌 참된 혁명아일 뿐만 아니라 공산주의적 인간성의 풍부한 체현자로 형상화되었다. 딸을 남겨두고 떠나는 마지막 날 밤 부친에 대한 끝없는 원망을 품고 눈물을 머금은 채 잠든 딸을 내려다보던 주인공 이병훈은 그녀를 깨워 가슴속의 깊은 속내를 토로한다. 그는 '아버지를 원망하다 잠들었느냐/잠결에도 설음에 흐느끼누나/네 얼굴에 흐르는 원한의 눈물/내 가슴에 피로 맺혀 고이는구나'라고 노래하고 곧바로 '빼앗긴 내 조국을 찾기 위하여/혁명의 준엄한 길 함께 나서자/대를 이어 일편단심 충성 다하며/장군님의 전사로 싸워 나가리'라고 노래한다. 그리고 그는 김일성 장군이 선물로 준 시계를 딸에게 주며 혁명의 길에선 살아도 영광, 죽어도 영광이라는 철석같은 신념을 심어 준다. 그리고 실제로 이병훈 구장은 일본군을 홍산골로 유도하여 혁명군으로 하여금 분쇄시키게 만든다. 그가 결국의 적의 총탄에 맞아 쓰러지면서 '아리랑 아리랑 아라리요/아리랑 고개로 넘어간다'라는 노래로 신호를 보냄으로써 적들은 전멸당하고 만다. 승리 후에 그가 부르는 '자나 깨나 그리웁던 어버이 장군님/우리에게 이 영광을 안겨 주셨네/자애로운 어버이 그 사랑을 안고/혁명의 한길에서 충성 다하리' 하는 노래로 대단원의 막이 내린다. 여기서 주목을 끄는 부분은 아무래도 첩자를 일제에 앞장서는 '구장'으로 내세워 등장인물들로 하여금 혼란과 갈등을 일으키게 만든 희곡적 구성이 아닐까 싶다.

문화예술을 통한 김정일 후계 구도의 구축

북한에서 이 시기에 교예를 특별한 공연물로 내세운 점도 주목된다. 『조선예술』에서는 "교예예술이 인민들을 사회주의적 애국주의사상으로 교양하며 당 정책을 선전하여야 한다는 위대한 수령 김일성 동지의 사상은 이와 같이 사회주의적 민족교예예술의 당적 성격과 현대성의 원칙을 가장 독창적으로 밝혀 주신 혁명적 문예사상으로서 교예예술에서 공산주의적 당성과 현대성을 철저히 구현할 수 있게 하는 가장 정당한 방도"라면서 "모든 것을 사람을 중심으로 생각하고 사람을 위하여 복무하는 것이 바로 주체사상의 요구"[26]라고 했다. 그로부터 교예는 평양을 중심으로 하여 전국적으로 확산되었다.

물론 당시 어느 예술 형태도 혁명가극을 능가할 수는 없었다. 특히 1960년대 말부터 영화를 중심으로 하여 북한의 예술을 이끌기 시작한 김정일은 공연예술을 일일이 지휘하는 과정에서 혁명가극의 가능성을 인지하고 유

---

26 『조선예술』, 1972.12.

능한 예술인들 150명을 불러모아 피바다가극단을 조직했다. 1960년대 말까지 막후에서 문예 활동을 하고 있던 김정일이 1970년대 초부터 드러내놓고 문예 활동을 일선에서 지휘하기 시작한 것은 1972년 12월 27일 최고인민회의 제5기 1차 회의가 김일성 유일체제를 법적으로 보장한 사회주의 헌법이 제정되고, 그 얼마 뒤에 김정일이 북한 권력 구조의 핵심인 조선노동당 비서국 비서(1973.9)와 정치국 정치위원(1974.2)으로 선임된 데 따른 것으로 볼 수가 있을 것 같다.[27]

교예를 갑자기 육성하여 전국적으로 확산시킨 것이라든가 대형 피바다극단의 조직과 가극의 영화화 등도 김일성 유일사상의 국내외 확산을 꾀하기 위한 것으로 볼 수 있다. 이 지점에서 한 가지 짚고 넘어가야 할 사항은 김정일이 내면적으로 은밀하게 김일성과 권력 핵심부로부터 후계자로 내정되어 있었을 개연성은 있으나 정식으로 공표된 것은 아니었다. 왜냐하면 당시 김일성은 62세의 연부역강의 장년기로서 왕성하게 국사를 보고 있던 시절이고 김정일은 겨우 34세의 청년이었기 때문이다. 독재국가가 아니더라도 후계자를 공식으로 표면에 내세우면 권력 누수가 생길 수도 있기 때문에 그런 문제는 금기시하고 있지 않은가.

여하튼 남한에서 박정희 군사독재의 항구화를 꾀한 1972년 10월의 유신헌법 개정 직후에 북한에서도 김일성 유일체제 헌법을 만든 것이라든가 김정일을 권력의 핵심 실세 자리라 할 노동당 비서와 정치위원으로 앉힌 점은 주목된다. 그러한 남북한의 권력이동의 소용돌이 속에서 김정일이 등장하여 다양한 문예 활동으로 김일성 유일사상 선전을 앞에서 이끌었다는 점도 흥미로운 사실이다. 그런 시점에서 그가 그동안 시도해 온 혁명가극의 모델이라 할 〈꽃 파는 처녀〉를 무대에 올린 것도 1972년 12월이었다.

27　이종석, 『북한의 역사 2―주체사상과 유일체제 1960~1994』, 역사비평사, 2011, 111~113쪽 참조.

혁명가극의 새로운 모델, 〈꽃 파는 처녀〉

이 작품은 영화로 먼저 제작되어 국내외에서 크게 화제가 되고 또 평판을 얻었다. 『조선예술』에 따르면 이 영화는 1972년 7월에 체코에서 열린 제18차 국제영화축전에서 특별상과 특별메달을 수상했다. 소련의 저명한 평론가인 쑤르꼬브는 "나는 이 영화를 보고 정말 감동되었다. 이 영화는 진실로 인민을 위한 영화이다. 사회주의 리얼리즘 작품으로 되려면 이 영화처럼 되어야 한다. 지금 다른 나라 영화들은 누굴 위한 영화인지 전혀 모르겠다. 그러나 당신들의 영화는 인민을 위하여 만든 것이다. 내용도 좋고 음악도 좋다. 배우들의 연기가 아주 훌륭하다."[28]고 극찬하기도 했다.

이 영화는 체코에서뿐만 아니라 스웨덴과 핀란드에서 열린 영화제에서도 극찬을 받았다. 스웨덴의 한 기자는 "예술영화 〈꽃 파는 처녀〉는 참말로 훌륭한 사상예술성을 가진 좋은 영화이다. 누구나 눈물 없이는 이 영화를 감상할 수 없다. 사람들의 심장을 틀어잡는 영화 〈꽃 파는 처녀〉를 보면 조선의 예술이 얼마나 훌륭한 사회주의 리얼리즘 영화예술의 표본인가를 똑똑히 알 수 있다."고 했으며 핀란드 헬싱키의 한 간호사는 "나는 헬싱키에서 여러 나라 영화들을 보았지만 〈꽃 파는 처녀〉와 같이 내용이 깊고 예술적으로 성공한 영화는 아직 보지 못했다. 영화를 보면서 나는 다른 사람들과 함께 계속 눈물을 흘렸다. 핀란드 인민과 조선 인민은 서로 풍습이 다르지만 영화를 보면서 우리는 시종 흥분을 억제할 수 없었다. 영화가 너무나도 설득력 있고 또 생활을 진실하게 반영해 주고 있기 때문에 우리는 영화의 내용을 다 이해할 수 있었다."[29]고 찬사한 바 있다.

---

28 「불멸의 기념비적 명작 우리나라 예술영화 〈꽃 파는 처녀〉가 제18차 국제영화축정에서 특별상과 특별메달을 받았다」, 『조선예술』, 1972.10.
29 「혁명의 위대한 수령 김일성 원수님의 주체적인 문예사상의 빛발 아래 활짝 꽃핀 조선의 사회주의적 민족문화 만세!─스웨리예와 핀란드에서 불멸의 기념비적 명작 〈꽃 파는 처녀〉가 커다란 반향을 불러일으켰다」, 『조선예술』, 1973.1.

〈꽃 파는 처녀〉는 혁명가극으로 무대에 올려진 후에는 더욱 큰 반향을 불러일으킴과 동시에 〈피바다〉와 쌍벽을 이루는 대표적 작품으로 자리매김한다. 이 작품은 만주 빨치산의 본거지인 오가자(五家子)에서 볼셰비키 혁명 13주년을 기념하여 김일성이 창작한 극본을 40년이 지나 재창작한 것이다. 당시의 자세한 배경과 과정에 대하여 김일성은 자신의 회고록에서 "오가자에는 우리가 무어 준 연예대가 있었다. 이 연예대가 계영춘의 지도를 받으면서 삼성학교를 거점으로 활동을 잘하였다. 나도 길림 시절부터 쓰기 시작하여 시험적으로 몇 차례 연습까지 해 본 〈꽃 파는 처녀〉의 대본 완성 작업에 달라붙었다. 대본이 완성되자 계영춘이 삼성학교에 조직되어 있는 연극 조성원들을 데리고 형상작업을 시작하였다. 우리는 10월 혁명 13돌 기념일에 삼성학교 강당에서 이 가극을 공연하였다. 이 가극은 해방 후 오래 동안 파묻혀 있다가 1970년대 초에 이르러 조직비서의 지도 밑에 우리 작가, 예술인들에 의하여 영화와 가극, 소설로 각각 완성되어 세상에 공개되었다."[30] 고 했다.

북한에서는 한때 이 작품이 정말 김일성이 쓴 것이 맞는가 하는 의문이 있었던 것 같다. 북한 당국에서 그 진위에 대해 조사한 것으로 보이기 때문이다. 김정일이 저서에서 "위대한 수령님께서 초기 혁명 활동 시기에 친히 창작하신 불후의 고전적 명작 〈꽃 파는 처녀〉 원작 발굴 사업에 대한 보고를 받았습니다. 작품의 발굴 경위와 내용도 보고 노래를 들어 보았는데 위대한 수령님께서 창작하신 고전적 명작 〈꽃 파는 처녀〉가 틀림없는 것 같습니다. 정확한 결론은 수령님께서 고증해 주신 다음에야 내릴 수 있습니다."[31]라고 회고한 데서 그 점이 확인된다. 김정일은 당시 그 보고서를 수령에게 올려 확인받으려고 한다고 했으므로 실제 실행했으리라 본다. 그런데

---

30 김일성, 『회고록 세기와 더불어 2』, 조선노동당출판사, 1992, 171~172쪽.
31 「불후의 고전적 명작 〈꽃 파는 처녀〉 원작발굴사업에 참가한 일군들과 한 담화」
    (1971.3.1.), 『김정일선집 4』, 1쪽 참조.

김일성은 자신의 회고록에서 그에 대해 구체적으로 설명한 바 있지 않은가.

이 작품은 북한의 국화(國花)인 진달래꽃이 만발한 4월로부터 시작되는 것 자체가 큰 상징성을 지닌다. 당책노인이라는 등장인물이 10대 처녀 꽃분이를 바라보며 건네는 "아버지는 돌아가시고 오빠는 감옥에 잡혀가구, 그런 데다 어머니까지 앓고 있으니 거 참 안됐구나… 게다가 못 보는 동생(순희)까지 있다지?"라는 대사 속에 지주의 착취와 일제 핍박의 치하에서 꽃분이의 실존적 처지가 얼마나 처절한가를 잘 말해 주고 있다.

꽃분이는 모친의 약값과 가족의 생계를 위하여 꽃을 팔러 다녀야 했다. 그녀의 유명한 노래 "꽃 사시오/꽃 사시오 어여쁜 빨간 꽃/향기롭고 빛깔 고운 아름다운 빨간 꽃/앓는 엄마 약 구하려 정성 담아 가꾼 꽃/꽃 사시오 꽃 사시오 이 꽃 저 꽃 사시어 이 꽃 저 꽃 빨간 꽃/산기슭에 곱게 피는 아름다운 진달래/산기슭에 피여나는 연분홍 꽃 살구꽃/꽃 사시오 꽃 사시오 이 꽃을 사시면/설움 많은 가슴에도 새봄 빛이 안겨요"라는 주제가가 울려 퍼지면서 연극은 관중을 사로잡아간다. 그런 그녀의 노력에도 불구하고 가족들은 지주의 간교한 훼방으로 더욱 불행해져만 간다. 어머니는 딸의 헌신적인 노력에도 불구하고 결국 세상을 떠나고, 꽃분이는 감옥에 갇혀 있는 오빠 면회를 위해 눈먼 동생을 남겨두고 길을 떠나면서 "오빠가 잡혀가던 언덕 길 위에/해마다 봄이 오고 꽃은 피건만/기다리고 기다리는 우리 오빠는/어이하여 아직도 안 오시는가"라고 구슬피 노래한다.

천신만고 끝에 찾아간 형무소에서는 청천벽력같이 오라버니가 옥사했다는 소식을 알려 준다. 꽃분이는 탄식한다. "괴로운 이 세상 내 어이하리/찾아와도 찾아가도 눈물뿐이네/억눌리고 짓밟힌 가련한 신세/캄캄한 하늘 아래 갈길 모르네/험난한 이 세상 살아갈 길을/물어봐도 물어봐도 알 길 없구나/언제 가면 이 원한 풀리려는가/이 설음은 어데 가면 끝나려는가". 꽃분이가 오라버니를 찾아간 동안 집에서는 눈먼 여동생이 지주에게 납치를 당하는 등 곤욕까지 치르고 행방불명 상태가 된다.

그런데 망연자실해 있는 꽃분이 앞에 갑자기 죽었다는 오라버니가 나타나는 것이 아닌가. 그러니까 옥사했다는 오라버니 철용이는 4년 동안 갇혀 있던 형무소를 탈출하여 빨치산 혁명가가 되어 귀향한 것이다. 지주들이 그동안 자기 가족에게 얼마나 포악한 짓을 했는가를 안 그는 귀향 직후 지주들을 응징하고 납치당했던 여동생 순희도 구출했으며 마을 사람들을 선동하여 혁명운동에 나서도록 교육한다. 철용이는 "피눈물 그 얼마나 흘리었더냐/천대받는 인민들아 일어나거라/우리를 구원할 건 우리의 힘뿐/혁명군 따라서 모두 나서라"라고 노래한다. 꽃분이 역시 오라버니를 통하여 빨치산 운동의 아름다움을 배운다. 철용이는 마을 사람들과 함께 "우리나라를 도로 찾아야 하고, 지주 자본가들이 없는 세상을 만들어야 합니다. 헐벗고 굶주린 불쌍한 아이들에게 고운 옷을 해 입히고, 배불리 먹이고 마음껏 공부를 시키기 위해서도 우리 모두가 굳게 단합하여 혁명에 나서야 합니다."라고 외친다.

가정이 일단 안정을 찾으면서 꽃분이도 다시 꽃을 팔러 거리로 나서는데, 이번에는 혁명을 통하여 진정한 삶의 의미를 찾은 만큼 거기에 부응하기 위한 것이었다. 다시 말하면 꽃을 팔아 새로운 가족과 빨치산 동지들의 가족의 생계를 지원하기 위해서라는 이야기다. 그녀가 꽃을 팔며 부르는 노래 "눈서리와 찬바람이 사납다 해도/봄과 함께 피는 꽃을 어이 막으랴/은혜로운 태양이 빛을 뿌리니/혁명의 붉은 꽃이 만발해 가네/마을에도 거리에도 마음속에도/아름다운 꽃들이 피어나건만/삼천리 금수강산 내 조국 땅에/활짝 필 꽃 씨앗을 뿌려간다네"[32]가 울려 퍼진다. 노래 가사 중 '은혜로운 태양'은 곧 김일성을 상징한다고 볼 수 있다. 이 시기부터 태양이 김일성에 대한 상징으로 자주 쓰기 시작했다는 사실이다.

한국비평문학회는 이 작품에 세 가지 특징이 있다면서 그 첫째가 대사보

---

32 연출대본 〈꽃 파는 처녀〉, 『조선예술』, 1973.2.

다는 방창, 즉 무대 뒤에서 부르는 노래가 많다는 것, 둘째 신파조의 간단한 이야기로 엮어져 있다는 것, 셋째 철저한 김일성 찬양을 위한 '목적극'이라는 것이라고 했다.[33]

반면에 북한 쪽에서는 찬양 일변도인 것이 극히 자연스럽긴 한데 우선 관중의 반응부터 소개해 보겠다. 『조선예술』이 「관중의 목소리」라며 게재한 글에 따르면 "혁명가극 〈꽃 파는 처녀〉는 식민지 착취사회가 그들에게 가져다주는 이 모든 고통이 바로 일제의 약탈과 지주 놈들의 가혹한 착취에 있으며 식민지 사회의 반동성에 있다는 것을 보여 주면서 오직 피압박 근로인민인 꽃분이 오빠가 나선 그 길 즉 일제 침략자들과 지주, 자본가 놈들을 때려 부수고 자유와 행복을 찾을 수 있는 항일무장투쟁에 나서야 한다는 것을 힘 있게 확증하고 있다. (중략) 혁명가극 〈꽃 파는 처녀〉는 감정 조직을 기본으로 하는 극 구성 조직, 하나의 생활 세부를 통하여 당대 사회의 불합리성을 예리하게 폭로하였을 뿐만 아니라 〈피바다〉식 가극의 형상적 제 원칙을 더욱 발전시키고 그를 빛나게 완성한 혁명적 대작이다. 〈꽃 파는 처녀〉는 종래 가극의 낡은 틀인 대화창을 완전히 극복하고 〈피바다〉식 혁명가극이 개척한 인민적인 절가 형식을 훌륭하게 완성하였다. 절가들은 서정심리적인 것, 극적인 것, 서사적인 것 등 다양한 서술로 매 극적 정황에 맞게 주인공과 등장인물의 내면세계를 깊이 있게 보여 줌으로써 극 발전을 힘 있게 추동하고 있다."[34]고 한다. 그 뒤의 찬양 글들도 이 범주를 크게 벗어나지 않는다.

문예전문가라 하는 임무삼은 이 작품의 구성과 관련하여 "불멸의 기념비적 명작 〈꽃 파는 처녀〉는 당해 시대에 해결하여야 할 근본 문제를 독창적으로 형상하기 위한 극 구성에서도 빛나는 모범을 보여 주고 있다. 그것은

---

33 한국비평문학회, 앞의 책, 106~107쪽 참조.
34 「계급투쟁의 위대한 교과서」, 『조선예술』, 1973.6.

첫째로 성격 발전의 계기를 생활적으로 제기하고 풀어나감으로써 극 구성의 전일성, 명백성을 기한 그것이다. (중략) 혁명적 세계관 형성 과정을 일률적으로 도식화하지 않고 주인공들의 사회계급적 처지와 생활조건과 각이한 개성에 따라 다양하게 전형화하는 것은 세계관 형성 과정을 깊이 있게 그리며 문학예술의 사상예술적 수준을 높이기 위한 중요한 담보로 된다. 혁명적 작품 〈꽃 파는 처녀〉는 세계관 형성의 첫 단계를 기본으로 형상화하면서 그것을 다시 세분화하여 적에 대한 증오와 항거의 감정이 축적되는 과정을 두 부분으로 단락지어 명확히 형상하였다."[35]고 평가한다.

박윤경은 이 작품의 장점을 주제 가사와 음악성에서 찾는다. 그는 평론에서 "우리는 가사를 하나 써도 누구나 다 알아볼 수 있는 가사를 쓰며 노래를 하나 지어도 누구나 다 부를 수 있는 노래를 짓도록 하고 있다."는 김일성의 교시를 인용하고 "혁명가극 〈꽃 파는 처녀〉의 사상적 특성에 맞게 노래를 듣는 사람으로 하여금 매우 애절하고 한없이 깊은 정서 세계에로 이끌어 가게 한다. 그러므로 이 노래는 들으면 들을수록 부르면 부를수록 또다시 듣고 싶고 부르고 싶게 되는 것이다. 악보 예에서 볼 수 있는 바와 같이 노래의 선율에는 우리나라의 민요 5음조식과 항일혁명가요의 음조적 특성들이 잘 살려져 있으며 씨앗마디에서 제시된 선율의 리듬형태가 본따가기 하는 수법에 의하여 계속 관통되어 있다."[36]고 특히 음악성에 초점을 맞춰 극찬함으로써 이 작품이 5대 혁명가극으로 정착하는 데 일조한 바 있다.

베 그라도부라는 소련 시인은 관극 평에서 배우들의 연기력과 무대기술의 뛰어남에 높은 점수를 준다. "가극 〈꽃 파는 처녀〉에서는 출연자들 중 뛰

---

35 림무삼, 「불멸의 기념비적 병작 〈꽃 파는 처녀〉의 극적 구성에 대하여」, 『조선예술』, 1973.1.
36 박윤경, 「부르면 부를수록 들으면 들을수록 깊은 사색에로 이끌어 가는 혁명의 노래—불후의 고전적 명작 〈꽃 파는 처녀〉에 나오는 노래 '꽃 파는 처녀'에 대하여」, 『조선예술』, 1974.5.

어난 사람을 골라내기가 힘들다. 왜냐하면 주인공 꽃분이로부터 시작하여 약방 주인에 이르기까지 모두가 다 높은 수준에서의 하나의 훌륭한 앙상블을 이루고 있기 때문이다. 무대장치와 무대 전환의 완전무결한 기술에 최대의 찬양을 보내지 않을 수 없다."[37] 이는 곧 그들도 작품의 농밀한 구성이나 완성도보다는 눈을 현혹시키는 무대기술 쪽에 주목했음을 단적으로 보여주는 것이라 하겠다.

〈꽃 파는 처녀〉는 이 작품을 직접 지휘했던 김정일이 자랑하는 대표적 혁명가극이다. 그는 자신의 저서에서 "혁명가극 〈꽃 파는 처녀〉는 대단한 걸작입니다. 〈꽃 파는 처녀〉는 사상이 심오하고 철학성이 있는 최고의 걸작입니다. 〈꽃 파는 처녀〉는 사상예술적으로 나무랄 데 없는 작품입니다. 〈꽃 파는 처녀〉와 같이 사상예술적으로 완벽한 예술작품은 세상에 없을 것입니다. 앞으로 50년, 100년이 지나가도 〈꽃 파는 처녀〉는 손색이 없는 작품으로 남아 있을 것입니다. 〈꽃 파는 처녀〉는 만점짜리 작품입니다. (중략) 〈꽃 파는 처녀〉에 나오는 노래는 곡도 아주 좋습니다. 노래는 다 명곡이기 때문에 누구나 들으면 좋다고 합니다. 노래의 곡이 좋기 때문에 훌륭한 작품으로 완성될 수 있었습니다. 사람들이 가극을 보러 오는 것은 배우의 연기를 보러 오는 것이 아니라 노래를 들으러 오는 것인 만큼 노래가 좋아야 합니다. 〈꽃 파는 처녀〉는 처음부터 선율이 좋은 노래로 시작되기 때문에 사람들이 극세계에로 끌려 들어갑니다. 〈꽃 파는 처녀〉에 나오는 노래들은 5대 혁명가극에 나오는 노래들 가운데 제일 좋을 것입니다. 〈꽃 파는 처녀〉는 5대 혁명가극 가운데서 네 번째로 창조한 작품이기 때문에 노래가 제일 처음에 창조한 〈피바다〉보다 더 좋습니다. 〈피바다〉는 〈꽃 파는 처녀〉보다 극성은 강하지만 노래는 그에 따라가지 못합니다. 〈피바다〉는 가극 혁명을 시작

---

37 「소베트쓰가야 꿀투라」지에 실린 소련시인의 글―혁명가극 〈꽃 파는 처녀〉는 전혀 새로운 독창적인 세계, 황홀하리만큼 선명하고 생동한 새 세계를 펼쳐 주었다」,『조선예술』, 1975.9.

하여 재일 처음에 창조하면서 바삐 하다 보니 더 좋은 선율을 찾아낼 수 있는 것도 그렇게 하지 못했습니다."[38]라고 극찬하였다.

속도전이라는 이름의 졸속주의

이 시기 가극단들은 생산 공장들을 순회공연하면서 노동자들을 고무하였다. 1974년도 초에 피바다가극단이 승리자동차공장을 찾아 공연하면서 노동자들을 위문한 것이 좋은 사례가 될 것이다. 혁명가극이 공연예술의 절대적인 주류로 자리 잡으면서 그런 유형의 작품은 계속 생산되고 있었다.

당시 혁명가극을 만들고 있던 피바다가극단 배우들의 모습을 취재한 잡지사 기자의 방문기를 살펴보자. 배우들은 취재차 찾아온 기자에게 "어버이 수령님의 크나큰 배려와 당의 세심한 가르침을 받으며 예술 활동을 마음껏 벌이는 우리보다 더 행복한 예술인들은 이 세상에 없습니다. 수령님께 충직한 혁명전사로 된다는 것은 우리의 가장 큰 영예이며 행복입니다. 불굴의 혁명투사이신 김정숙 동지처럼 수령님께 충성 다하는 혁명의 길에서는 살아도 영광, 죽어도 영광이라는 철석같은 신념을 우리는 가슴 깊이 다지고 있습니다."[39]라고 하여 오로지 김일성의 우상화에 올인하고 있음을 솔직하게 설명한다. 그만큼 북한의 예술은 자유세계의 예술과는 차원을 달리하는 것이었다.

북한 예술이 자유세계와 다른 대표적인 특징으로 '속도전'이라는 이름의 졸속주의도 반드시 포함되어야 할 것 같다. 계여정이라는 기자는 창작 과정에서 속도전을 강조하는 가장 중요한 이유는 '당의 유일 지도 체제를 확고히 세우고 청산리 정신, 청산리 방법과 대안의 사업 체제를 철저히 관철함

---

38 「혁명가극〈꽃 파는 처녀〉는 사상예술적으로 완벽한 최고의 걸작이다」, 『김정일선집 12』, 조선노동당출판사, 2011, 384~385쪽.
39 석유균, 「충성의 꽃을 붉게 피워 가리라—피바다가극단 예술인들을 찾아서」, 『조선예술』, 1974.11~12.

으로써 대중의 무궁무진한 창조 열정을 적극 발휘하게 하는 것'[40]이 그 목적이기 때문이라고 한바, 1972년 12월 27일 북한 최고인민회의 제5기 1차 당대회에서 김일성 유일 체제를 법적으로 보장한 사회주의 헌법 제정의 후속 현상으로 보는 것이 옳다고 생각한다.

'사상전'과도 맞물려 있는 이 속도전과 관련하여 계여정은 같은 글에서 "돌이켜보면 1년 남짓한 기간에 문학예술 발전에 새로운 시원을 열어 놓은 불후의 고전적 명작 〈피바다〉를 창조한 데 뒤이어 혁명가극 〈당의 참된 딸〉, 〈밀림아 이야기하라〉를 창조하였다. 특히 〈피바다〉식 가극 창작의 성과들을 집대성하고 더욱 발전시킴으로써 사회주의 리얼리즘 혁명가극의 최고봉에 오른 혁명적 계급교양의 위대한 교과서인 불후의 고전적 명작 〈꽃 파는 처녀〉를 창조하였다."[41]고 자랑까지 한 바 있다. 도대체 1년 동안에 어떻게 북한이 세계에 자랑하는 가극 4편을 만들어 냈는지 의문이다.

북한의 가극은 자유세계의 뮤지컬에 비교될 수 있는 음악무용극이기 때문에 연극적 형태뿐만 아니라 그 공연 형식에 걸맞은 음악과 무용까지도 갖추어져야 완성될 수 있으므로 많은 시간을 요한다. 그렇기 때문에 숙련된 예술가들을 많이 활용할 수 있는 선진국에서도 좋은 뮤지컬 한 편을 만들어 내는 데 오랜 시간이 걸린다. 북한이 선전예술로서 최고로 아끼고 투자하며 자랑하는 혁명가극의 창조 과정을 자유세계 기준으로 보면 공연예술의 기본 공식을 완전히 무시하고 졸속으로 만들어 낸 모조품에 불과하다. 공장에서 이러저러한 부품들을 기능공들이 뚝딱 조립해 낸 공산품과 같다고나 할까. 더구나 뛰어난 예술가도 별로 없었던 북한에서 혁명가극을 창조해 낼 때는 리얼리티를 부각하기 위해서 현장에서 실체험을 한 비예술인들, 이를테면 농민 노동자 군인 의료인 등을 반드시 창작 일원으로 참여시켰기에 아

---

40 계여정, 「〈속도전〉의 방침을 높이 받들고 문예작품 창작을 전격적으로 벌리자」, 『조선예술』, 1974.6

41 위의 글.

마추어 냄새가 풀풀 날 수밖에 없었다.

그러나 예술작품은 공산품과는 다른 고도의 정서적인 산물이다. 그럼에도 불구하고 북한은 이런 가극을 관극한 동맹국들의 의례적인 인사말을 명작이라 칭찬했다고 자랑하고 있다. 더 문제는 이러한 인사말을 정부 관리들이 곧이곧대로 믿고 스스로를 반성하거나 고치려는 생각을 아예 않고 계속 밀고 나간 데 있다. 북한의 공연예술이 언제나 변함없이 그 자리에 머물러 있었던 이유도 바로 거기에 있었다고 본다.

혁명가극을 주도한 김정일은 단 2년여 만에 4편을 창작함으로써 다섯 가지 성과를 이룩했다고 자랑한다. 첫째, 북한의 문학예술을 위대한 수령의 혁명사상으로 일관된 주체적인 문학예술로 발전시킨 것이다. 둘째, 문학예술 발전에서 혁명 전통을 확고히 하고 빛나게 계승 발전시켰으며 문학예술 창조에서 혁명적 원칙, 다시 말하여 당성, 노동계급성, 인민성의 원칙을 철저히 구현한 것이다. 셋째, 〈피바다〉식 가극 창조 과정에 문학예술 창작에서 종자에 관한 사상과 이론, 인간학으로서의 문학에 대한 이론, 혁명가극 창작과 창조에서 지켜야 할 제반 원칙들 그리고 속도와 질에 대한 사상과 이론을 비롯하여 가극 창작과 혁명적인 문학예술 창조에서 튼튼히 틀어쥐고 나가야 할 독창적인 문예사상과 이론들을 풍부히 가지게 되고 작가, 예술인들이 실천 행정에서 그것을 기본적으로 체득하게 되었다는 것이다. 넷째, 혁명적 문학예술 창작에 맞는 공산주의적인 창조 체계와 지도 체계를 확고히 세운 것이다. 다섯째, 창작과 창조 과정을 곧 혁명화, 노동계급화 과정으로 만드는 데 당의 방침이 철저히 관철됨으로써 위대한 수령님께 끝없이 충실한 혁명적인 작가, 예술인 부대가 튼튼히 꾸려지고 그들 속에서 아름다운 집단주의 정신이 높이 발양된 것이라고 주장했다.[42]

42　김정일, 『김정일선집 4』, 2~3쪽.

김정일의 종자론

여기서 간과해서는 안 될 것이 혁명가극을 주도해 왔던 김정일이 실은 영화광이었고 따라서 수많은 서양 작품 섭렵을 통해 나름대로의 이론을 정립할 정도로 전문가였다는 사실이다. 그는 1973년 4월에 『영화예술론』을 저술 상재한 바 있다. 북한영화를 연구해 온 최척호에 따르면 『영화예술론』은 생활과 문학(영화문학론), 영화와 연출(연출론), 성격과 배우(배우론), 영화와 촬영(촬영론), 화면과 미술(영화미술론), 장면과 음악(영화음악론), 예술과 창작(창작 방법론), 그리고 창작과 지도(창작지도론) 등 8장으로 구성되어 있으며, 그 핵심 부분과 관련하여 문학은 인간학이라고 했다. 그와 연관하여 "문학은 살아 있는 인간과 그의 생활을 그리면서 절실하고 의의 있는 인간 문제를 밝혀냄으로써 사람들에게 생활의 진리를 일깨워 주며 그들을 참된 삶의 길로 이끌어 가야 가치가 있다고 했다. 그러므로 문학은 인간의 자주성, 창조성, 의식성을 밝힌 주체사상에 기초하여 전형적인 생활을 풍부하고 깊이 있게 그려야 한다. 또한 '문학예술에서 종자란 작품의 핵으로서 작가가 말하려는 기본 문제가 있고, 형상의 요소를 뿌리내릴 바탕이 있는 사상적 알맹이'이므로 종자를 똑바로 골라잡고 잘 가꾸는 것, 이것이 창작의 성과와 작품의 가치가 좌우되는 결정적 담보"[43]라고 했다.

종자는 작품의 주제, 소재, 사상을 통일시키는 것으로 이 세 가지가 유기적으로 조화되어야 작품이 잘될 수 있다는 것이 이 책의 주된 이론이다. 그러니까 종자는 주제나 사상 그 자체가 아니라 그것을 규정짓는 사상의 알맹이다. 물론 소재도 종자가 아니다. 작품의 핵이 되고 바탕이 되는 것은 소재가 아니라 종자뿐이다. 가령 작품을 하나의 건물로 볼 때, 종자는 건물의 기초이고 주제는 건물의 기둥에 비길 수 있다는 것이다.[44] 그러면서 임채

---

43 최척호, 『북한 예술영화—북한 문화예술 40년 1』, 신원문화사, 1989, 28~29쪽 참조.

44 임채욱, 『북한문화의 이해』, 자료원, 2004, 157쪽.

욱은 구체적인 예로 혁명가극 〈피바다〉의 경우, 나라 잃고 수난당한 민족의 운명에 관한 문제가 주제라고 한다면 설움과 효성의 꽃바구니가 투쟁과 혁명의 꽃바구니가 되는 것이라 했다. 그리고 뒤에 무대에 올려지는 가극 〈한 자위단원의 운명〉의 경우에는 일제 식민지 통치 밑에서 조선 인민이 나아 갈 참된 길은 어디에 있는가 하는 문제가 주제라고 한다면 자위단원에는 들어가도 죽고 안 들어가도 죽는다는 것이 종자라고 했다.[45] 이 영화예술론에서 그 유명한 김정일의 '종자론'이 등장하면서 그 이후의 공연예술 전반은 당연히 종자론에 지배를 받게 된다.

예술 창조 작업에서 북한 문학예술인들에게는 어떤 의무가 덧씌워졌는가? 그와 관련하여 권영민은 북한 예술가들은 세 가지 준비 과정을 거쳐야 한다고 했다. 첫째, 모든 문학 예술가들은 사상미학적으로 자신의 예술 재능을 키워야 한다. 모든 작품은 독자적인 창작 실험을 통해서가 아니라, 김일성의 교시와 그 구현이라고 할 수 있는 당의 정책 노선에 대한 깊이 있는 참여와 지지를 통해 창작될 수 있다. 둘째, 종자론에 의거하여 모든 문학예술가들은 보다 목적 지향적인 사상미학적 준비를 거쳐 창작에 임해야 한다. 사회주의 문학예술은 언제나 혁명투쟁에 앞서 있는 근로 인민들의 미학적 요구와 부합되어야 하며, 역사발전에 대한 전망을 제시해야 한다. 셋째, 노동계급을 대변하고 있는 당에서는 종자론을 가지고 문학예술의 창작에 보다 완전한 지도 사업을 전개할 수 있게 되었으며, 사상성과 예술성의 결합에 장애를 초래하는 요소들을 철저히 극복할 수 있도록 문학 예술가를 지도할 수 있게 된 것이라고 했다.[46]

이상에서 알 수 있는 바와 같이 김정일이 영화론을 통해 제시한 종자론의 본질은 그동안 북한이 수행해 온 문예정책을 생물학과 연관시켜 구체화한

---

45 위의 책, 158쪽.
46 권영민, 「북한의 문예이론과 문예정책」, 『북한의 문학』, 을유문화사, 1989, 71쪽.

것에 불과했기 때문에 당시 대중들에게는 크게 어필하지는 않았던 것 같다. 왜냐하면 그 논의가 문예잡지에서는 별로 크게 다루어지지 않고 몇 년 뒤에나 거론되기 때문이다. 물론 북한의 모든 예술 특히 공연예술에서는 종자론이 창작의 바탕이 되었던 것만은 숨길 수 없는 것이긴 했다.

한편 북한에서 당시에는 완전히 혁명가극이 주류를 이루고 있었지만 일반적인 가극도 종종 무대에 올려졌다. 1974년 초에 평안남도예술단이 공연한 〈연풍호〉도 바로 그런 계열의 작품이었다. 혁명가극이 아니라고 해서 별다른 것은 아니었다. 혁명이라는 글자가 붙지 않는 일반 가극 역시 형태나 주제 면에서 혁명가극과 별로 다르지 않았다는 이야기다. 1940년대부터 1970년대 초반까지 남동마을이라는 어느 농촌의 저수지를 배경으로 하여 마을 사람들이 식민지 시대의 고통으로부터 벗어나 번창해간다는 내용의 〈연풍호〉는, 서장과 종장까지 합치면 9막으로 구성된 대작이다. 등장인물들도 자연히 견실한 노동자와 농민의 일가족이고 지주와 일본 경찰 등이 양념으로 끼어 있다. 내용도 북한이 줄기차게 내세우는 김일성의 후광에 힘입어 가뭄에서 벗어나 풍요로운 삶을 누리게 된다는 것이다. 특히 해방 전에는 농민과 노동자들이 일제의 압제와 지주의 시달림에 맞서 치열한 싸움을 벌이고, 해방 직후에는 토지개혁으로 풍요의 발판이 마련된다는 내용이다.

서장의 시작점에서 이미 행복한 결말이 암시된다. 식수기념일에 방창으로 불리는 가사는 이렇다. "이 연풍호/사랑의 바다여/수령님의 그 은혜 길이 전하리/설레이는 호수의 푸른 물결은/열두나 삼천벌에 흘러간다네/아 기슭을 찾아서 오는 사람들/그 무슨 사연 있어 여기 오는가." 그러나 제1장인 1940년대는 남동마을에 가뭄이 들어 온통 난리인데 지주는 그 틈새를 비집고 자신의 배만 불린다. 그러는 동안 해방을 맞아 김일성이 집권하면서 과감한 토지개혁으로 마을 사람들도 지주에게 수탈당하지 않고 농사를 지을 수 있게 되었으며 관개사업도 이루어져서 가뭄 걱정도 점차 사라진다. 마을 청년 영근이 기쁨에 넘쳐서 "장군님 펼쳐 주신 관개건설에/이 한몸 바치리라 맹세합니다/장군님의 그 사랑 가슴에 안고/일편단심 충성을 다 하렵니다."라고 노래하면 뒷막에는 붉은 태양이 솟는다.

제3장은 1950년대가 배경인데, 한창 관개사업을 하고 있을 때이다. 그런데 뜻밖에 전쟁의 소용돌이에 휘말린다. 전쟁의 혼란 속에서도 김일성이 기술자들을 동원하여 관개사업을 완수함으로써 남동마을은 풍년으로 기쁨에 넘친다. 여성 방창으로 울려 퍼지는 가사는 "사랑의 물줄기 가는 곳마다/황금나락 춤을 추며 설레인다네/은혜로운 수령님의 손길을 따라/이 강산 낙원이 꽃펴난다네/아, 이 강산에 낙원이 꽃펴난다네"라는 것이다. 제5장은 정전 직후로 되어 있는데, 폭격으로 파괴된 모든 것을 복구하는 내용으로서 정부가 내세운 '모든 힘을 전후인민경제복구발전에로!'에 의거하여 마을 사람들이 앞장서는 이야기로 옮겨간다. 그리하여 관개사업도 다시 성공하여 "5천 리 굽이굽이 흐르는 물은/만경대기슭으로 감돌아드네/땅을 주고 물 주신 우리 수령님/천년만년 그 은덕을 전해 가리라/아 어버이 우리 수령님/인민들은 만수무강을 축원합니다."라는 노래로 대단원의 막이 내린다.[47]

이상과 같이 〈연풍호〉는 1940년대부터 1950년대 중반까지 호수로 둘러싸인 한 마을의 고통과 성장 과정을 통해서 김일성의 위업과 그에 대한 충성심 고취를 목표로 한 가극 작품이다. 이 작품의 탄생 과정을 보면 그들이 내세운 소위 속도전을 너무나 잘 수행한 경우였다. 시작하고 단 15일 만에 완성해냈다는 사실에는 놀랄 수밖에 없다. 그것도 전문 연극인들과 예술과 무관했던 현장 사람까지 가세하여 만들어 냈다는 점에서 경탄을 금할 수 없다. 잡지기자 계여정의 르포 기사에 이 가극의 창작 과정이 적나라하게 묘사되어 있다.

기사에 의하면 1973년 여름 어느 날 당중앙위원회로부터 조직된 지 3개월밖에 안 된 평안남도예술단에 '공화국창건25돐 기념행사'에 내놓을 가극

---

47 가극 〈연풍호〉, 『조선예술』, 1974.2~3.

을 만들라는 명령이 내려왔고 곧바로 〈연풍호〉를 창조하게 되었다고 한다. 흥미로운 점 하나는 연풍호 근처에서 농사를 짓고 있던 농장원(김관덕)도 급 작스럽게 증언자로서 창조 과정에 참가시킨 것이다. 이와 관련하여 계여정 은 "진정 크나큰 영광과 기쁨을 어찌 말로 다 표현할 수 있겠는가. 그가 농 장원으로 있다가 어버이 수령님과 당의 혜택으로 배우가 된 영예만 해도 큰 데 자기가 보고 느낀 열두 삼천리 벌에 깃든 어버이 수령님의 위대한 사랑 을 직접 가극에서 노래하게 된 것"[48]이라면서, 작가들은 당의 문예 방침을 구현하여 위대한 수령님의 덕성을 주제로 한 이 가극에서 계급적 원수들을 반대하는 투쟁도 잘 반영하고 연대기식으로 된 가극에서도 극을 얼마든지 집중할 수 있다는 것을 형상적으로 보여 주었다고 주장한다.

이 시기는 뭐니 뭐니 해도 혁명가극 시대여서 계속하여 그런 유형의 작품 들이 쏟아져 나왔다. 가령 1974년 초 평양예술단에 의해 무대에 올려진 〈금 강산의 노래〉만 하더라도 북한이 최고로 꼽는 〈피바다〉 가극의 극작술을 근간으로 하여 창작된 수작이라 했다. 박진후는 이 작품에 대하여 "당에서 는 갈등과 극성 문제에 대하여 수령님께서 사회주의 현실주제의 작품에서 반드시 갈등 문제가 제기되어야만 작품의 극성이 강화되는 것이 아니라고 현실 주제의 작품에서는 갈등 문제가 예리하게 제기되지 않아도, 또 그것을 취급하지 않아도 되겠다고 하시었다고 가르쳐 주셨다."[49]면서 그동안 갈등 이야말로 희곡의 근본 원리라고 믿어 왔던 자신들의 생각이 틀렸음을 깨달 았다고 했다. 그만큼 당이나 김일성의 주장은 모든 연극 원리까지 초월하는 것이었다.

혁명가극 전체를 총지휘하고 있던 김정일도 그와 관련하여 "위대한 수령

---

48 계여정, 「끝없는 열정—가극 〈연풍호〉 창조자들에 대한 이야기」, 『조선예술』, 1975. 12.
49 박진후, 「당의 주체적 문예이론을 따라 배우는 길에서—〈피바다〉식 가극 극작술의 근본 원리를 철저히 구현한 혁명가극 〈금강산의 노래〉」, 『조선예술』, 1975. 5.

님께서는 오늘 우리나라 사회주의 현실을 주제로 한 작품에서는 갈등을 설정하지 않아도 일없다고 교시하시었습니다. 지금 우리나라 사회주의 현실을 주제로 한 예술영화들 가운데도 갈등을 설정하지 않은 것이 적지 않습니다. 우리나라 사회주의 제도에서는 긍정적인 것이 기본을 이루고 있으며 부정적인 것은 부차적인 자리를 차지하고 있습니다. 긍정적인 것이 지배적인 자리를 차지하고 있는 우리나라 사회주의 현실을 주제로 하여 작품을 창작할 때에는 갈등 문제가 크게 제기되지 않습니다. 긍정적인 것과 앞다운 것을 기본으로 하여 사람들을 교양개조할 데 대한 당의 방침은 리론실천적으로 매우 정당하며 문학예술 작품 창작에서도 철저히 구현되어야 합니다."[50] 라며 갈등 문제에 대하여 확실한 선을 그으면서 〈금강산의 노래〉가 이야깃거리라든가 목란꽃을 조선의 꽃이라고 한 것 등이 마음에 든다고 했다.

김정일이 분명하게 밝힌 대로 이 작품에는 등장인물 간의 갈등이나 대립 같은 것은 없다. 서장과 종장, 그리고 7장으로 구성된 이 작품은 전반부에서 일제 침략자들에 의하여 부부가 억울하게 이별하는 장면으로부터 시작되며 후반부에 와서는 헤어졌던 부부가 위대한 수령님께서 마련하여 주신 사회주의 제도에서 행복하게 상봉한다는 내용이다.

지난날 일제와 지주, 자본가들의 착취와 압박 밑에서 살 길이 막막했던 주인공 황석민 일가는 정든 고향을 떠나 금강산 남쪽의 깊은 산속에 초막을 짓고 살아간다. 그러나 여기서도 자본가의 별장을 지을 자리에 밭을 일구었다는 죄목으로 황석민이 일본 경찰에 체포되어 가족과 생이별을 하게 된다. 그 후 황석민은 북쪽의 어느 벌목장에서 노역을 하는 바람에 가족의 생사를 모른다. 한편 석민의 아내 명희는 어린 딸 순이를 데리고 살길을 찾아 정처 없이 떠다니며 남편을 찾으려고 애를 썼으나 소용없었다.

---

50 김정일, 「혁명가극 〈금강산의 노래〉를 훌륭하게 완성할 데 대하여」, 『김정일선집 5』, 조선노동당출판사, 2010, 386~387쪽.

어느덧 20년이 흘러 해방을 맞으면서 모녀는 '수령님의 은혜로운 햇빛 아래 이 땅에서는 근로대중의 사회의 주인으로서 자주적인 생활'을 마음껏 누리고 있었다. 순이는 금강산에서 이름난 노래와 춤의 명수로, 농장원으로, 그리고 명희는 '천리마 산수작업반장'이 되어 있었다. 한편 음악에 소질이 있던 석민은 그가 일하던 벌목장을 해방시킨 인민혁명군으로부터 혁명가요집을 선물 받고 곧바로 작곡가가 된다. 그가 금강산에 대한 작품을 쓰려고 들어왔을 때, 지난날 고통의 추억이 떠올랐지만 '사회주의 지상낙원'으로 변모한 금강산에 무한한 감동을 받는다. 그러면서 어떻게 금강산이 낙원이 되었는가를 작품화한다. 방창과 석민의 노래로 불리는 내용은 "금강산 금강산아 말을 하여라/너를 두고 내려온 전설은 얼마더냐/아버지를 애타게 찾는 저 모습/아! 금강산아 이것도 전설이더냐/원한의 그 세월 울던 내 딸아/애처로운 네 모습 잊을 수 없구나/아버지를 부르던 너의 목소리/오늘도 봉이마다 울리어 오는구나"였다.

어엿한 작곡가가 된 석민은 금강마을 예술소조 활동을 도와주고 또 마을의 젊은이들도 그의 지도를 받으면서 중앙축전 출전 준비를 하는 동안 순이는 아버지 석민의 반주로 〈목란꽃〉 춤을 연습하면서도 석민과 재회를 못한다. 그러나 김일성 수령의 배려로 부녀가 극적 상면을 하여 행복한 새 생활로 접어든다. 이 작품에서 빛나는 또 하나의 아리아가 〈목란꽃의 노래〉로서 "목란꽃 송이송이 피고 피었네/수령님 햇빛 아래 곱게 피었네/다 함없는 감사의 정을 담아서/금강산 봉이마다 활짝 피었네/아— 목란꽃 조선의 꽃이여/사회주의 이 강산에 만발하였네"라는 서정적인 가사이나 그 바탕에도 역시 사회주의가 깔려 있음을 확인할 수가 있다.[51]

김중일은 이 작품에 대해 "혁명과 건설에 관한 위대한 수령님의 혁명사상 가운데서 특히 사회주의 제도의 본질적 우월성에 관한 탁월한 사상을 반

---

51 한국비평문학회, 앞의 책, 148~169쪽 참조.

영하여 우리나라 사회주의 제도의 우월성을 빛나게 확인하고 있다."고 평가하면서 이 작품의 경험이야말로 "〈피바다〉식 극작수의 원리에 튼튼히 의고할 때 해결하지 못할 창조 과제란 있을 수 없으며 점령 못 할 예술의 고지란 없다는 것을 보여 주고 있다. 또한 예술적 갈등을 도식적으로 설정하여 이른바 '극성'을 인위적으로 추구하는 것이 완전히 시대의 요구에 어긋나는 것이며 그로부터는 아무런 좋은 결과도 기대할 수 없다는 것을 말하여 주고 있다."[52]고 하여 갈등과 대립을 근간으로 하는 희곡의 고전적 형식을 파괴하는 것도 혁명가극의 새로운 형태라고 상찬했다.

비슷한 시기에 당이 강원도예술단에 지시하여 급조한 혁명가극 〈남강마을 여성들〉의 경우 역시 전작(前作)과 마찬가지로 서장과 종장, 7장을 합쳐 모두 9장으로 구성되어 있는데, 여성을 주인공으로 삼은 것이 다를 뿐 북한이 주장하는 소위 '불멸의 주체사상을 작품의 내용에 반영하는 것이 곧 〈피바다〉식 가극의 근본 요구'에 합당함은 명약관화하다. 주인공 봉녀의 성격 형성을 통하여 자주의식으로 각성된 인민대중의 거대한 힘에 대하여 밝힘으로써 주체사상의 위대한 진리를 확증하고 있다.

6·25전쟁기에 전선 부근에 거주하는 봉녀가 여맹위원장으로서 온갖 시련과 난관을 뚫고 수령님께 충성한다는 것이 작품의 줄거리다. 수령으로부터 혁명가 칭호를 받은 봉녀는 전사한 아들에 대한 슬픔도 조국에 대한 희생으로 환치하고 실의에 빠진 며느리와 손녀를 보듬으며 청춘도 생명도 수령님께 바쳐야 한다면서 투쟁에 앞장선다.[53] 서장의 방창에 그러한 내용이 표현되어 있다. "조국의 준엄한 시련의 날에/전사들을 도와 싸운 남강의 여성들/가정도 행복도 모두 바치어/침략자 미제를 쓸어 버리고 싸워 이겼네/

---

52 김중일, 「사회주의 현실주제에서 〈피바다〉식 가극예술의 생활력을 과시한 혁명적 작품 (1)—혁명가극 〈금강산의 노래〉에 대하여」, 『조선예술』, 1974.4.

53 안종우, 「반제 반미교양에 이바지하는 혁명적 작품—혁명가극 〈남강마을 녀성들〉을 보고」, 『조선예술』, 1974.9.

항일의 빛나는 전통을 이어/포연을 헤쳐나간 남강의 여성들/수령님 부르심 높이 받들고/조국의 자유와 행복을 지켜 싸워 이겼네."[54]

이 작품에 이어서 무대 위에 올려져 다음 해(1975)에 활발하게 공연된 혁명가극 〈한 자위단원의 운명〉은 〈피바다〉 등 5대 가극에는 들지 못했지만 그들처럼 1930년대, 즉 김일성 중심으로 만주에서 항일혁명투쟁을 배경으로 한 점에서 동궤의 작품으로 분류될 만하다. 역시 7장의 장막극으로서 김일성 우상화를 목표로 하고 있다. 한국비평문학회의 『북한가극 · 연극 40년』에 소개된 경개(梗槪)에 따르면 북간도의 어느 마을에 사는 처녀 금순은 지주(허 구장) 집 머슴인 최 노인의 아들 갑룡과 약혼 관계다. 갑룡은 부친의 머슴살이가 종료되는 해에 결혼하기로 되어 있었다. 그런데 허 지주는 엉터리 계약으로 최 노인의 머슴살이를 연장한다. 이에 화가 난 갑룡은 돈벌이를 위해 집을 떠나 벌목장에 취직하여 여러 가지 어려움을 겪고 한참 만에 금순과의 결혼을 염두에 두고 귀향했으나 고향에서는 허 지주와 자위단장이 마을 청년들에게 감언이설과 반협박으로 자위단원 입단을 권하고 있었다. 갑룡은 다른 지역으로 가서 자위단원으로 가입하는데, 거기에는 친구 만식도 있었다. 일본인들이 자위단원들을 혹사하는 바람에 만식은 탈출했다가 잡혀 오는 등 고통이 막심했다. 특히 부친 최 노인까지 자위단원으로 잡혀 오면서 갑룡은 복수를 결심하고 자위단장과 일본군과 격렬한 싸움을 벌여 승리한다. 그리고 곧바로 김일성이 거주하고 있다는 소식을 듣고 백두산으로 들어간다는 내용이다.

이 작품에 대하여 월간 『조선예술』은 「〈피바다〉식 혁명가극의 또 하나의 개화, 혁명교양, 계급교양의 훌륭한 교과서」라는 제목으로 "혁명가극 〈한 자위단원의 운명〉은 주체적인 혁명 노선, 항일무장투쟁 노선의 정당성과 그의 역사적 의의를 확인하는 혁명교양의 위력한 무기로, 계급교양의 훌륭

54　가극 대본 혁명가극 〈남강마을 녀성들〉, 1974.6.

한 교과서로, 새 형의 가극예술 건설에 관한 우리 당 방침의 정당성과 위대한 생활력을 과시하는 우리 문학예술의 또 하나의 자랑스러운 성과"라면서 "〈속도전〉의 혁명적 방침을 높이 받들고 사회주의 대건설 사업에 떨쳐나선 우리의 근로자들의 투쟁을 더욱 힘 있게 고무할 것이며 전체 조선 인민을 조국의 자주적 평화통일을 위한 투쟁에로 더욱 힘 있게 불러일으키는 데 커다란 기여를 할 것"[55]이라고 극찬을 아끼지 않았다. 창작을 주도한 김정일은 이 작품과 관련하여 다음과 같이 설명한 바 있다.

> 〈한 자위단원의 운명〉은 위대한 수령님께서 반일민족통일 전선운동을 더욱 확대 발전시킴으로써 광범한 애국역량을 일제를 반대하는 투쟁에로 불러일으킬 원대한 구상을 무르익히시던 때에 창작하신 작품입니다. 이 작품은 일제의 식민통치 밑에서 착취받고 압박받던 사람들이 계급적으로 각성하여 일제를 반대하는 무장투쟁에 일떠서는 과정을 깊이 있게 보여 주고 있습니다. 이러한 내용은 〈피바다〉에도 주어져 있습니다. 그러나 이 두 작품은 서로 다른 형상적 특성을 가지고 있습니다. 〈피바다〉가 일제 침략자들에게 나라를 빼앗기고 망국노의 처지에서 헤매이던 우리 인민의 비참한 생활을 한 어머니의 형상을 통하여 보여 주면서 조선 인민이 민족적 독립과 계급적 해방을 이룩하기 위하여서는 반드시 혁명의 길로 나아가야 한다는 것을 가르쳐 주고 있다면 〈한 자위단원의 운명〉은 노예의 처지에서나마 자신의 염원을 이루어 보려고 모대기는 한 가난한 농민청년의 형상을 통하여 조선사람이 살길은 오직 일제를 반대하여 혁명에 나서는 길밖에 없다는 사상을 힘 있게 강조하고 있습니다.[56]

무엇보다도 이 작품의 중요성이 부각된 것은 아무래도 김정일이 새롭게 들고 나온 소위 종자론이라는 이론을 처음으로 작품에 구현한 데 따른 것이라고 말할 수 있다. 김정일은 "동무들은 질문에서 불후의 고전적 명작 〈한

---

55 「불후의 고전적 명작 〈한 자위단원의 운명〉을 각색한 혁명가극 〈한 자위단원의 운명〉에 대하여」, 『조선예술』, 1974.7, 53~59쪽.
56 김정일, 『김정일선집 5』, 253쪽.

자위단원의 운명〉의 종자를 어떻게 보는 것이 옳은가고 제기하였습니다.
〈한 자위단원의 운명〉을 영화로 훌륭히 옮기기 위하여서는 먼저 이 명작의
종자를 알아야 하는 것만큼 중요한 문제를 제기하였다고 봅니다."라고 운
을 뗀 다음에 이 작품은 〈피바다〉와는 달리 "계급적 자각이라고는 전혀 없
었고 어질고 순박하기만 하던 주인공이 인간의 존엄과 자주성을 참혹하게
짓밟는 식민지사회의 모순과 나라와 주권이 없는 인민은 아무리 양심적으
로 살려고 하여도 모진 고생 끝에 죽음밖에 차려질 것이 없다는 것을 깨달
았을 때 비로소 그는 인간의 존엄과 자부심을 지니게 되며 원수의 가슴팍에
총을 들려대는 새로운 인간, 자주적인 인간으로 다시 태어납니다. 다시 말
하여 그는 일제놈들의 요구에 순종해도 죽고 그것을 거역해도 죽는 막다른
처지에서 벗어나는 유일한 길은 일제놈들을 반대하여 싸우는 길, 혁명의 길
밖에 없다는 것을 깨닫게 됩니다. 주인공의 이러한 형상을 통하여 밝혀지는
〈한 자위단원의 운명〉의 종자는 '자위단'에는 들어도 죽고 안 들어도 죽는
다는 것입니다. 여기에 이 명작이 내놓는 인간문제의 철학적 깊이가 있습니
다."[57]라고 하여 절박한 상황에서 스스로 자각하여 혁명의 길로 나서게 되는
과정에 종자가 있다고 설명한다.

이처럼 혁명가극이 공연예술의 대표적인 양식으로 자리 잡아가는 시점에
서 1973년도에 김정일이 주창했던 종자론이 본격적으로 머리를 들고 나왔
던 것이다. 월간 『조선예술』 1975년 2월호의 「우리 창작가들이 지도지침으
로 삼아야 할 우리 당의 정책은 경애하는 수령 김일성 동지의 혁명사상의
구현」에서는 "당에서는 다음으로 모든 형상을 종자에 복종시켜 나가야 작
품에서 대를 세울 수 있다는 독창적인 방침을 제시하였다. 당에서 가르친
바와 같이 모든 형상을 종자에 복종시켜 나가야 작품에서 대를 세울 수 있
고 작품에서 대를 세워야 모든 형상들을 엇나가지 않게 할 수 있다."면서 영

---

57 위의 책, 257~258쪽.

화 〈초병의 눈〉은 종자론을 등한히 함으로써 실패했다고 주장한다. 그러면서 "종자는 작품의 사상성과 형상성을 명백하게 제시함으로써 창작가들의 창작 실천 과정을 성과적으로 담보해 주며 작품 창작에서 속도전을 믿음직하게 보장할 뿐만 아니라 혁명적 대작 창작을 규모로서가 아니라 내용적 심오성으로 보장하며 창작가들의 창작에서 유사성을 극복하고 작품이 개성적인 것으로 되게 하는 역할을 논다."면서 "실로 종자이론은 혁명의 시대의 문학예술 발전의 합법칙적 요구와 문예창작 실천이 제기하는 원칙적 요구에 전적으로 부합되는 위대한 사상, 이론"[58]이라고 했다.

종자론에 대한 논의는 1974년 여름에 공연된 혁명가극 〈청춘과원〉의 창작 과정에 대한 림희문의 설명으로 이어진다. 그는 6·25전쟁으로 불탄 야산을 김일성의 지도로 과수원으로 개간하여 인민들에게 과일을 공급한다는 내용의 〈청춘과원〉의 구성 과정을 종자론으로 연결시킨 것이다. 즉 그는 〈피바다〉식 혁명가극을 집중적으로 연구하는 가운데서 종자론에 대한 깊은 인식을 갖게 되었다면서 "당에서는 종자를 바로 선택한 다음에는 거기에 예술적 세부들을 집중시키고 심화해 나가면서 예술적으로 잘 가공하는 데 힘을 넣어야 한다고 하면서 결론적으로 말하면 작품 창작에서 사상성과 예술성의 결합, 이것을 보장해야 된다."[59]고 설명한다.

리춘구만 하더라도 시나리오 〈이 세상 끝까지〉를 설명한 글에서 "주체적 문예이론이 밝혀 주고 있는 바와 같이 문학예술에서 종자란 작가가 말하려는 기본 문제가 있고 형상의 요소들이 뿌리내릴 바탕이 있는 생활의 사상적 알맹이이다. 종자는 소재와 주제, 사상을 유기적인 연관 속에서 하나로 통일시키는 작품의 기초이며 핵"[60]이라면서 작가가 좋은 종자를 택했다고 하

58 「혁명적 영화예술창작 원칙을 밝혀 준 강령적 지침」, 『조선예술』, 1975.2.
59 림희문, 「당의 지도에 의하여 혁명가극 〈청춘과원〉의 종자는 꽃필 수 있었다」, 『조선예술』, 1976.3.
60 리춘구, 「종자와 구성―영화문학 〈이 세상 끝까지〉의 종자 작업에서 얻은 경험과

더라도 그에 맞는 구성을 제대로 못 하면 생동한 생활 세부들을 집중시킬 수 없고 종자를 활짝 꽃피울 수 없다고 했다.

이러한 종자론에 바탕한 충성스런 혁명가극들은 계속해서 생산되었는데, 가령 〈청춘과원〉에 이은 〈은혜로운 햇빛 아래〉와 〈금강산의 노래〉, 〈남강마을 여성들〉, 〈밝은 태양 아래에서〉 그리고 〈두만강변의 아침노을〉 등이 바로 그런 유형의 작품들이다. 이들 중 〈은혜로운 햇빛 아래〉는 1960년대 평북 창성 지방 현지 지도를 소재로 김일성과 공산주의를 찬양한 안룡만의 시 「낙원산수도」를 형상으로 삼아 만든 가극이다. 시의 마지막 부분은 이렇다. "하얀 차돌을 돌돌이 구리며 흐르는/강물을 끼고 자리 잡은 공장들마저/우리 시대 산수도 새 풍경을 보는 양/진정 아름다워라 황금산의 오늘은/즐거움 넘치는 새살림 속에/웃음으로 꽃피는 노래의 동산/아! 수령님께서 창조하셨네/이 궁벽한 산촌에 락원산수도/굽이굽이 높은 벼랑길 감돌아/찾아오신 수령님께서는/한낱 색깔과 선으로가 아니라/인간의 생활로/여기/찬란한 락원을 펼치셨구나." 가극의 내용도 이 시의 이미지를 형상화한 것에 지나지 않는다. 왜냐하면 이 시를 살리면서도 김일성과 공산주의를 찬양하기 위해 만든 가극이기 때문이다. 서경과 6장으로 된 이 작품은 창성 사람들만을 등장시켜 두메산골을 김일성이 유토피아로 만들었다는 이야기다.[61]

김정일도 관극 소감을 겸해서 "오늘 조선인민군협주단에서 창조한 가극 〈밝은 태양 아래에서〉를 보니 작품이 성공할 수 있을 것 같습니다. 아직 일부 부족점이 있지만 전반적으로 괜찮게 되었습니다. 위대한 수령님의 교시대로 극 구성이 잘 다듬어지고 당의 요구가 옳게 반영되었습니다. 특히 각 극의 제2부가 잘 되었습니다. 제2부에서 수령님의 교시를 받들고 항일혁명투사인 사단장이 군인들과 함께 홍수를 막는 수력발전소 건설자들을 돕는

교훈」,『조선예술』, 1978.5.

61 한국비평문학회, 앞의 책, 196~197쪽 참조.

장면부터는 잘 짜였습니다. 아버지와 짧게 만나는 장면의 감정 조직도 잘 되었습니다. 이 장면이 올라갑니다. 제2부에서는 관현악도 괜찮게 되었습니다. 좋은 노래들도 있습니다."[62]라면서 조금만 수정 보완하면 괜찮은 혁명가극이 될 수 있다고 했다.

혁명가극 〈금강산의 노래〉는 1973년도에 평양예술단의 공연으로 화제를 모은 바 있는데, 1975년 가을 들어서는 재일조총련 주도로 금강산가극단을 조직하고 일본에서 다시 공연함으로써 또 다른 반향을 불러일으킨다. 월간 『조선예술』은 이 공연을 본 일본 각계 인사들의 촌평을 대대적으로 보도했는데, 그중 배우 출신의 참의원 의원인 모치즈키 유코는 "나는 수많은 가극을 보았지만 이 가극처럼 자연스럽고 마음이 끌리는 가극을 보는 것은 처음이다. 조선 인민이 이렇게 훌륭한 예술을 창조할 수 있었던 것은 오로지 예술을 끝없이 사랑하시는 김일성 주석님께서 계시기 때문이다. 탁월한 영도자를 모신 당신들은 참으로 행복하다. 김일성 주석님께서 창조하신 예술은 소련식도 아니요, 미국식도 중국식도 아닌 조선식의 독창적인 것이다. 또한 〈금강산의 노래〉는 노래, 무용, 방창, 관현악, 배경이 하나로 조화되고 그 토대 위에서 종합적 예술로서 완성되고 있다."[63]고 극찬한 바 있다.

금강산가극단의 일본 활동은 전국 주요 도시 순회공연으로 이어짐으로써 큰 반향과 함께 김일성 훈장까지 받고 큰 성과를 올린 후 종결된다. 그에 이어 저들은 몇 번 무대에 올렸던 천리마강원도예술단의 〈남강마을 여성들〉을 새롭게 다듬어 리바이벌했다. 즉「조국해방전쟁시기 군민이 한마음 한뜻이 되어 영웅적으로 싸운 남강마을 인민들의 투쟁을 내용으로 한 혁명가극」에다가 충성심을 더욱 가미한 작품으로 업그레이드하는 과정을 월간

---

62 김정일, 『김정일선집 7』, 306쪽.
63 「주체조선의 예술을 보고 〈위대한 수령 김일성주석님의 주체적 문예사상이 낳은 세계 최고봉의 예술〉〈사회주의 제도의 우월성을 반영한 인민의 예술〉」, 『조선예술』, 1975.11.

『조선예술』의 석유균 기자가 취재했는데, 그 결과에 대하여 "실로 이곳 예술인들은 당의 세심한 보살핌 속에서 훌륭한 가극을 창조하여 어버이 수령님께 충성의 보고를 올리기 위한 보람찬 창조기간에 자신을 위대한 수령님과 당 중앙에 끝없이 충직한 근위대, 결사대로 튼튼히 준비하여 나갔다. 그리하여 충성의 한마음으로 수놓아진 이 보람찬 창조 기간에 수많은 예술인들이 조선노동당원의 영예를 지니게 되었다."[64]고 보도했다. 소위 혁명가극을 하는 연극인들의 꿈은 오로지 노동당원이 되는 것이고, 당국에서도 진정한 예술을 하라는 것은 아니고 김일성과 노동당에 충성하는 목적극만을 요구하고 있음을 잘 보여 주고 있다고 하겠다.

그러니까 혁명가극을 비롯한 모든 문학예술이라는 것이 솔직히 김일성과 당에 대한 충성과 사상교양을 위한 것임을 박종원의 다음 글에서 확인할 수 있다.

> 당에서는 우리 혁명의 새로운 발전단계의 요구와 인민들의 시대적 지향을 반영하여 온 사회를 수령님의 혁명사상으로 일색화할 데 대한 전투적 구호를 내놓고 그 실현방도들을 전면적으로 밝혀 주었다. (중략) 당에서 밝힌 혁명교양, 계급교양을 강화할 데 대한 방침은 온 사회를 위대한 수령님의 혁명사상으로 일색화하기 위한 투쟁이 전면적으로 벌어지고 있는 현실적 요구를 반영한 것으로서 우리 문학예술로 하여금 혁명교양, 계급교양의 기능을 백방으로 높여온 사회의 주체사상의 일색화에 적극 이바지할 수 있게 하는 강령적 지침으로 된다.[65]

앞에서도 누누이 설명해 온 바와 같이, 1970년대 이후 북한의 모든 예술

---

64 석유균, 「창조의 나날을 충성으로 빛내이며—혁명가극〈남강마을 녀성들〉을 창조한 천리마강원도 예술단 예술인들에 대한 이야기」, 『조선예술』, 1976.3.
65 박종원, 「혁명교양, 계급교양에 이바지할 혁명적 문학예술 작품을 더 많이 창작하는 것은 혁명발전의 요구」, 『조선예술』, 1975.12.

작품은 김일성의 혁명사상과 또 그와 맥을 같이하는 주체사상 일색화를 꾀하기 위한 방도이고 수단이었다. 그런 표본적인 작품이 다름 아닌 〈피바다〉이고 5대 혁명가극이며 그 아류의 작품들이다. 1976년에 공연된 〈밝은 태양 아래에서〉 역시 〈피바다〉식으로서 사상 예술적 내용에서 가장 중요한 것이, 주인공 박영진을 비롯한 발전소 건설자들의 생활과 투쟁에 대한 진실한 예술적 화폭을 통하여 위대한 수령님의 영도의 현명성과 고매한 덕성을 생동하고 감명 깊게 형상화한 것이다. 그렇기 때문에 "혁명가극 〈밝은 태양 아래에서〉는 위대한 수령님과 영광스러운 당 중앙을 해와 달이 다하도록 높이 우러러 모시고 영원히 따르는 열화 같은 충성심의 한마음을 안고 수령님께서 이끄시는 주체의 혁명 위업을 빛나게 완수하기 위하여 더욱 억세게 싸워 나가도록 우리의 당원들과 근로자들을 고무하는 데 크게 이바지할 것"[66]이라고 했다.

1976년 이후의 변화

여기서 주목해야 할 것은 두 가지이다. 그 하나는 1976년을 전후하여 '당 중앙'이라는 새로운 용어의 등장이고, 또 하나는 '태양'과 '달'이라는 용어의 상징성이다. 그러니까 김일성 수령에 대한 극도의 존중을 태양으로 상징시키기 시작했고, '당 중앙'이라는 용어로서는 김정일을 후계자로 구체화하기 시작하면서 그를 달(月)로 상징한 것이다. 북한 정권에서는 상징과 은유를 많이 활용했는데, 후술하겠거니와 태양의 경우는 김일성 사후 '태양절'로까지 연결되는 최고의 상징으로까지 발전한다. 이처럼 북한에서의 1976년은 특별한 해였다. 또한 그때부터 김일성에 대한 충성심을 조심스럽게 김정일에게까지 확장해 가기 시작한 것도 주목되는 사항이다. 그뿐만 아니라 혁명

---

66 「주체의 태양을 우러르는 인민의 충성의 노래—혁명가극 〈밝은 태양 아래에서〉에 대하여」, 『조선예술』, 1976.7.

가극의 마지막 장면에서는 으레 붉은 태양이 떠오르는 것으로 대미가 장식되었다는 점도 흥미롭다.

1976년에 들어선 뒤에는 혁명가극의 성과를 되돌아보는 기사도 눈에 띈다. 월간 『조선예술』은 가을에 접어들자마자 혁명가극 5년의 성과에 대하여 "혁명의 위대한 수령 김일성 동지의 혁명적 문예노선을 관철하는 길에서 쌓아 올린 불멸의 금자탑, 〈피바다〉식 혁명가극이 세상에 나온 때로부터 5년이 지나갔다. (중략) 실로 〈피바다〉식 혁명가극의 탄생은 진정으로 혁명적이고 인민적이며 현대적인 가극예술의 새 출발을 선포한 거대한 혁명적 변혁이며 문학예술 부문에서 착취사회가 남겨 놓은 낡은 요소들을 완전히 쓸어버리고 우리의 문화를 주체의 요구대로 개조하는 위업 수행에서 획기적인 계기를 열어 놓은 역사적 사변"이라면서 "우리나라에서의 가극혁명의 성과적 수행은 위대한 수령님의 불멸의 주체사상과 혁명적 문예노선의 빛나는 승리이며 영광스러운 우리 당 중앙의 현명한 영도의 고귀한 결실이다. 우리나라에서 가극혁명은 사회주의 건설이 새로운 높은 단계에로 심화 발전되고 위대한 수령님께서 천재적으로 밝히신 온 사회의 혁명화, 노동계급화 방침이 힘 있게 추진되던 시기에 수행되었다."[67]고 높게 평가한다.

특별히 눈에 띄는 부분은 '영광스러운 우리 당 중앙의 현명한 영도의 고귀한 결실'이라는 문장인데, 이는 혁명가극이야말로 미래의 후계자 김정일이 주도해서 만든 작품임을 분명하게 천명한 내용이기 때문이다. 물론 북한 내에서는 알음알음 다 알려져 있었지만 그런 내용을 글을 통해서 확실하게 알려 준 경우는 드물었다. 그만큼 시간이 흐르면서 김정일의 활동이 구체화되고 대중적으로 조금씩 부각되고 있었던 것이다.

여기서 더욱 주목되는 부분은 그 시점에서 혁명가극을 총정리하는 글이

---

67 「〈피바다〉식 혁명가극은 주체사상의 요구를 빛나게 구현한 참다운 인민의 가극예술」, 『조선예술』, 1976.9.

나오게 된 배경이다. 이는 곧 그동안 김정일이 주도해 온 혁명가극이 인민들에게 충분히 효과를 나타냈다고 보고, 혁명가극을 넘어서는 연극 양식을 모색해 보겠다는 의지의 표현이 아니었을까 싶다. 그러나 당장 새로운 형태의 연극이 탄생할 수 있는 상황은 아니었다. 북한 체제상 자유세계처럼 여러 형식의 연극을 실험해 볼 수 있는 처지가 못 되었기 때문이다. 즉 북한연극은 김일성과 노동당의 선전무기로서 수령과 당의 교시를 절대적으로 따라야 하는 데다가 더욱이 연극의 본질을 모르는 권력자가 좌지우지하고 폐쇄사회 속의 북한 연극인들 역시 해외 연극의 흐름에 둔감하기 때문에 새로운 연극을 창조한다는 것은 완전 불가능한 상태였다.

그래서 1978년 초까지도 집체작인 혁명가극 〈두만강변의 아침노을〉과 같은 작품이 무대에 올려지고 있었다. 이 작품 역시 김일성이 20대 청년 시절에 두만강 주변의 마을에서 항일유격대 활동을 한 것을 극화한 작품이다. 이 작품 역시 김일성 우상화라는 분명한 목표하에 제작되었음은 두말할 나위 없다. 3경 말미의 방창 가사만 해도 "아 장군님 왕재산에 오르시며/삼천리 조국땅에 서광 비쳤네/항일이 첫 대오 이끄시고서/장군님 왕재산에 오르시었네/포평나무 건느시며 다지신 맹세/광복의 새봄을 안아오셨네/반만년에 처음 맞은 새봄이런가/온갖 꽃 피어나 설리이누나/삼천리 강산에 빛나는 태양/광복의 새 역사 펼쳐 주시네", 그리고 이어서 "무장투쟁 불길을 국내로 넓혀/조국광복 넓은 길 열자 하셨네/왜놈을 미워하는 모든 사람들/하나로 굳게 뭉쳐 싸우라 하셨네/(중략) 아 장군님 가르치심 따라/반유격구 튼튼히 꾸려나가자"로 되어 있다. 이 작품 역시 김일성의 항일유격대의 눈부신 활동을 묘사한 혁명가극으로서 종전 작품들과 달라진 것이 없었다.

그러니까 1978년도 상반기까지만 해도 혁명가극이 절대적인 연극 양식으로서 존중되고 있었다. 황지철은 「노래와 음악은 가극의 생명」이란 글에서 다른 모든 예술과 마찬가지로 가극도 인민대중을 공산주의 사상으로 튼튼히 무장시키고 당과 혁명을 위하여, 조국과 인민을 위하여 헌신적으로 투쟁하도록 그들을 교양하는 중요한 역할을 한다. 가극이 이러한 역할을 원만히 수행하려면 혁명가극 발전에 관한 위대한 수령님의 주체적인 문예사상과 문예이론이 밝혀 주는 창작 원칙에 철저히 의거하여 창조되어야 한다. 위대한 수령님의 주체적인 문예사상과 문예이론은 노래와 음악이 가극의 생명으로 된다는 것을 가르쳐 주고 있다. (중략) 주체적 문예사상과 문예이론에 의하여 처음으로 밝혀진 〈피바다〉식 혁명가극 창작의 원칙과 방도는 이와 같은 가극예술의 특성을 가장 훌륭히 살릴 수 있는 길을 열어 주었으며 그 찬란한 개화발전을 확고히 담보하여 주고 있다."[68]고 분명하게 설명한 바 있는 것이다. 특히 혁명가극의 대표작이라 할 〈피바다〉는 1971년 7월 17일에 막을 올린 후 그들의 표현으로는 온 나라가 폭풍과 같은 환호를 일으키며 들끓었고 1979년 여름까지 만 8년 동안에 무려 500회나 공연되었다. 연간 60회 이상을 공연했다는 이야기가 되므로 매월 몇 회씩 무대에 올린 셈이다. 이에 월간 『조선예술』은 특집호를 꾸며 평론가와 참여자들을 불러내어 여러 가지로 그동안의 업적을 되짚어 보기도 했다. 평론가 리창선은 "혁명가극 〈피바다〉의 공연 500회! 그것은 혁명가극 건설에 관한 위대한 수령님의 주체적 문예사상과 우리 당의 독창적인 문예방침의 정당성과 불패의 생활력을 온 세상에 널리 시위한 빛나는 승리의 노정"[69]이었다고 평가했다.

특히 이 작품을 연출한 황덕기는 500회 공연을 끝내고 "관중들의 열렬한 박수와 환호 속에 불후의 고전적 명작 〈피바다〉 중에서 혁명가극 〈피바다〉 500회 공연의 막이 서서히 내리는 순간 나는 위대한 수령님을 모시고 첫 공연의 막을 올리던 역사적인 그날을 눈앞에 그려 보며 깊은 감회와 감격에 격동되는 심정을 억제할 수 없었다. (중략) 극장에서 창작 전투를 벌이는 창

---

68   황지철, 「노래와 음악은 가극의 생명」, 『조선예술』, 1978.2.
69   리찬성, 「〈피바다〉식 가극의 불멸의 본보기」, 『조선예술』, 1979.7.

작가들과 예술인들이 조그마한 불편도 있을세라 창작조건과 생활조건을 다 배려해 주신 은혜로운 사랑, 가을바람에 떨어지는 한 잎의 낙엽을 보시고도 외국공연에 나가 있는 우리 예술인들의 건강을 염려하시어 고급 외투를 만들어 손수 보내 주시고 조국의 향기로운 과일까지 보내 주시는 위대한 사랑을 그 어디에 비기랴"[70]고 회상하면서 북한 정부가 혁명가극에 물심양면으로 얼마나 공을 들였는가를 생생하게 알려 주고 있다.

중국에서 바라본 북한의 혁명가극

그 시기에 우리의 관심을 끌 만한 사항은 북한의 동맹국 중국의 예술잡지 『인민음악』이 혁명가극에 대하여 여러 측면에서 고찰한 글을 실은 점이다. 1979년 5월 말에 중국 정부 문화대표단의 일원으로 북한에 왔던 로숙이란 인물이 혁명가극을 분석한 글을 그 잡지 10호에 게재한 것이다. 그 글에서 그는 혁명가극을 비교적 객관적인 입장에서 다각도로 분석했다.

조선의 가극 발전은 비교적 빠르다. 1971년에 새로운 가극 〈피바다〉가 창조 공연된 후 1979년에 이르는 기간에 조선에서는 이미 12편 이상의 새 가극들을 창작 공연하였다. 지금 조선의 혁명가극은 조선의 극장예술에서 특출한 자리를 차지하고 있다. 현재 조선은 문화예술부 산하에 중앙가극단들이 있을 뿐 아니라 여러 도에도 가극단이 있다. 조선노동당과 정부는 새로운 혁명가극을 사회주의 문화건설의 중심의 하나로 보고 있으며 가극발전을 지도하는 방침도 아주 명확하다.

그것은 새 가극이 내용에서 사회주의적이고 형식에서는 민족적인 것으로 될 것을 요구하고 있다. 또한 가극이 현대적인 무대기술을 포함한 풍부한 예술수단을 적용하여 높은 예술 성과에 도달하며 강대한 표현력과 감화력을 가질 것을 요구하는 동시에 가극의 군중성, 통속성도 요구하고 있다. 그뿐만 아니라 가극이 높은 사상예술성과 최대의 군중성을 결합할 것을 요구하고 있다. 사회

---

70 황덕기, 「감회 깊은 500회 공연의 나날을 더듬으며」, 『조선예술』, 1979.7.

주의 문예로서 사회주의를 위하여 복무하는 조선가극의 색채는 매우 짙다. 지금 조선에서는 인민들에 대한 혁명전통교양을 가극창작 공연의 중심으로 틀어쥐고 있다."[71]

위와 같은 서두에 이어 그는 가극의 희곡, 음악, 그리고 공연 방법 등에 대하여 비교적 소상하게 설명하고 있다. 가극의 제재에 대해서는 모두 현대적이라면서 김일성 주석을 수반으로 하는 노동당이 인민을 영도하여 일본 제국주의 침략을 반대하여 투쟁해 온 혁명역사와 일반적인 사회생활을 형상화한 것이라고 했다. 그리고 혁명가극 음악의 특선과 관련해서는 민족적 품격이 바탕을 이루고 있는데, 이는 곧 전래민요의 창법을 계승하고 거기에 외국(서양) 음악의 좋은 점을 받아들이고 혁명과 인민의 요구를 가미한 것이라고 했다. 그에 따라 반주악기도 개량 국악기와 양악의 관현악기를 혼용함으로써 60명 정도로 악대를 구성했으며 가극의 영탄곡 형식을 취하지 않고 기본상 4단, 6단으로 된 노래 서정곡 형식을 의식적으로 받아들임으로써 선율이 우아하고 아름답고 감동적이며 강렬한 서정성과 민족적 특징을 가지고 있어서 마치 민요곡을 발전시킨 것처럼 들린다고 했다.

공연 방법과 관련해서는 배우들의 연기는 사실적이고 노동하는 춤과 경축하는 춤이 많고 배우들의 노래는 작품의 초반에 주로 부르고 독창, 중창, 합창 등이 알맞게 배합되었다고 평가했다. 무대미술은 현실감과 입체감을 강조하여 깊이와 현대기술 설비를 충분히 활용하였으며 입체 배경, 그림 배경, 환등 배경을 적절히 활용한다고 했다. 그리고 극의 흐름을 신속하고 유연하도록 막의 교체보다는 암전을 많이 활용했으며 노래도 인민들이 쉽게 따라 부를 수 있도록 만들었다고 했다. 결론적으로 혁명가극은 심각한 정치사상과 풍부한 안민 생활과 가장 아름다운 예술 형식의 통일로 되게 하여

71 「조선의 가극, 인민들의 심장의 외침—중국잡지 〈인민음악〉에 실린 글」, 『조선예술』, 1980.2.

인민들에게 훌륭한 사상적 영향을 주고 있다고 했다. 이처럼 북한의 혁명가극에 대하여 로숙은 같은 공산주의 국가로서 긍정적이긴 하지만 비교적 예리하게 총평을 한 바 있다.

혁명가극의 시대가 저물고

여기서 반드시 짚고 넘어가야 할 점은 북한이 10여 년 가까이 고작 혁명가극 12편으로 전국을 뒤덮었다는 점이다. 특히 혁명가극을 공연할 만한 대형극장이 있는 지역은 수도 평양과 제2도시 남포밖에 없었다고 볼 때 〈피바다〉 등 5대 혁명가극을 주로 두 도시에서 반복해서 공연했으며 여타 도시들에서도 임시 가설무대 같은 것을 만들어 이따금 공연했을 것으로 추측된다. 실제로 대표작이라는 〈피바다〉를 500회 공연했다고 자랑하고 있지 않은가? 이는 솔직히 혁명가극도 식상할 시기에 다다르고 있다는 이야기가 되는 것이다. 물론 북한의 경우 예술이 정권 보위와 김일성 우상화, 그리고 인민의 공산주의 교양화를 위한 무기였던 만큼 동원된 인민들에게 반복해서 관극시켰을 것이므로 공연이 활기를 띤 것처럼 보일 수 있다. 그러나 보다 큰 연극사적 안목으로 보면 1970년대는 외화내빈의 시대로 기록될 것이다.

더욱 흥미로운 사실은 그 시대 남한은 유신시대여서 공연예술이 극도로 위축된 암흑기였다는 아이러니다. 특히 검열 등으로 표현의 자유가 제한됨으로써 수작이 드물고 극단들의 공연 활동도 대단히 위축되었다. 게다가 명동의 국립극장이 문을 닫음으로써 사설극단들이 활동무대를 잃었으며 경직된 공연법으로 소극장운동마저 제대로 이루어지지 못했다. 그런 가운데 체제 비판적인 마당극운동이 대학가와 노동판을 중심으로 광범위하게 번졌던 것은 희망적 조짐이었다.

북한에서도 기존의 혁명가극의 변화 조짐이 보인 것은 1978년에 열린 최고인민회의 제6기 제1차 회의에서 제2차 7개년 계획을 발표한 직후 문화예술의 나아갈 방향에 대한 진단에서 조금씩 나타나고 있다고 말할 수 있다.

즉 제2차 7개년 계획에 대하여는 '공업화, 주체화, 현대화, 과학화를 실천하여 인민경제의 모든 부문에서 전례 없는 생산의 장성을 가져오는 방대한 경제건설 사업을 자력갱생의 높이 발휘하여 우리의 힘, 우리의 기술, 우리의 자원으로 수행할 것을 요구하는 것'으로서 국가적인 대사업인바, 시대의 나팔수인 문화예술의 역할이 중차대한 상황이었다. 그에 따라 월간 『조선예술』은 "우리 작가, 예술인들은 전체 근로자들을 위대한 수령님께 끝없이 충직한 혁명전사로 교양하며 그들을 새 전망계획 수행으로 힘 있게 고무 추동하는 혁명적인 영화, 음악, 무용, 미술, 교예, 예술사진 작품들을 더 많이 창작하여야 한다."[72]고 촉구했는데 의외로 혁명가극만은 제외되었다.

북한이 1970년대 들어서 문화예술을 언급할 때는 으레 혁명가극을 맨 앞자리에 놓을 정도로 대표적인 예술양식으로 떠받들었는데, 70년대 후반에 와서는 모든 예술 장르를 언급하는 중에 갑자기 영화를 앞자리에 놓은 것이다. 이는 단순한 실수가 아닌 의도된 것으로서 어떤 변화를 예측하게 한다. 실제로 그 시기 인민의 김일성에 대한 충성심을 고취한 대표적인 작품으로 영화 〈유격대의 오형제〉를 내세운 바 있기도 하다. 『조선예술』이 「위대한 수령님께 끝없이 충직한 〈유격대의 오형제〉들처럼 혁명적으로 살며 일하자」라는 글에서 "보면 볼수록 커다란 흥분과 격정에 휩싸이게 하는 예술영화 〈유격대의 오형제〉는 위대한 수령님께서 조직 영도하신 항일무장투쟁 행정에서 발현된 항일유격대원들과 우리 인민의 경애하는 수령님에 대한 다함 없는 흠모의 정과 충성심, 수령님께서 맡겨 주신 혁명임무를 한 치의 드팀도 없이 수행하는 무조건성, 그리고 혁명적 원칙성과 강철 같은 규율성, 뜨거운 혁명적 동지애 등을 다양한 생활을 통하여 감명 깊게 보여 주고 있다."[73]고 추켜세운 것이다.

---

72 「위대한 수령님께서 밝혀 주신 새 전망계획 수행에로 힘 있게 불러일으키는 전투적인 문학예술작품을 더 많이 창작하자」, 『조선예술』, 1978.3.
73 『조선예술』, 1978.3.

이러한 현상은 두 가지를 의미하는 것으로 보아야 한다. 첫째, 당시 예술 전반을 이끌고 있던 김정일은 영화광으로서 영화예술로 승부를 걸어 보려 했다. 둘째, 70년대를 장식한 혁명가극을 주도했던 김정일 자신과 인민들도 12편을 반복해 보는 것에 질릴 수밖에 없었으리라. 특히 혁명가극의 내용이나 형식이 너무 획일적이고 단조로우며 규격화되어 있어 흥미 유발에 한계를 드러낸 것으로 보인다. 실제로 김정일이 뒷날 발표한 연극론에도 〈피바다〉식 혁명가극에 대한 언급은 없다. 그만큼 그 시기에 김정일은 기존의 혁명가극은 수명을 다했다고 생각하고 쇄신 대체할 작품 연구를 하고 있었던 것이 아닌가 싶다. "지난날 영화와 가극예술 부문에서는 당의 주체적인 문예방침을 받들고 불후의 고전적 명작 〈피바다〉와 〈꽃 파는 처녀〉, 〈한 자위단원의 운명〉을 영화와 가극으로 옮기는 과정을 통하여 영화혁명, 가극혁명 빛나게 실현하였습니다. 우리는 영화와 가극예술 부문에서 이룩한 성과와 경험을 기초하여 연극예술부문에서도 혁명적 전환을 가져와야 하겠다고 결심하고 연극혁명을 일으킬 데 대한 방침을 내놓았습니다."[74] 실제로 그는 곧바로 혁명연극 〈성황당〉이라는 작품을 제시한다.

다음 장(章)에서 구체적으로 설명하겠지만 김정일이 〈성황당〉식 연극에다 걸었다고 보기는 어렵다. 아마도 그는 그동안 혁명가극이 김일성을 우상화하고 인민들에게 공산주의 교양을 시키는 교재로서 쓰임새가 컸지만 아무리 훌륭한 작품이라도 일단 공연이 끝나면 담배 연기처럼 사라지는 연극의 생리와 한계를 절감하고 연극보다는 표현의 범위도 넓고 수명이 길게 느껴지는 영화 쪽으로 기울어간 것이 아닌가 싶다. 물론 그가 영화 역시 극장을 나서면 사라지는 생리를 가진 것이어서 1980년대 들어서는 인민이 항상 가까이하게 되는 건축물에 치중한 것도 주목할 만한 것이다.

---

74 김정일, 「혁명연극의 새시대를 열어 놓아야 한다」, 『김정일선집 8』, 조선노동당출판사, 2011, 309쪽.

김정일이 1960년대의 혁명 대작과 1970년대의 혁명가극을 갖고 인민들에 대한 공산주의 교양과 김일성에 대한 우상화 내지 신격화에 성공하면서 정권을 안정시키고 후계자로서의 입지를 굳혔던 것만은 확실하다. 그래서 〈피바다〉와 같은 혁명가극은 하나의 고전이 되어 그 이후에도 자주 무대에 올려지곤 했다. 1986년도 겨울에 평양대극장에서 〈피바다〉 1천 회 공연을 관람하고 그 감회를 적은 평양 창전인민학교 교사 조규현의 관극기가 인상적이다.

> 저는 얼마 전 평양대극장에서 성황리에 1,000회 공연을 장식한 혁명가극 〈피바다〉를 매우 감동적으로 보았습니다. 단발머리 대학 시절에 이 가극을 처음 보던 때와는 유달리 생각이 깊어 가극의 마지막 장이 어떻게 끝났는지 몰랐습니다.
> 그것은 혁명가극 〈피바다〉가 가지고 있는 비상한 감화력과 비할 바 없이 높은 사상 예술적 가치 때문이기도 했지만 이제는 제가 자라나는 새 세대들을 혁명의 교대자로 키워내는 영예로운 초소에 서 있는 교원-혁명가라는 높은 자각에서 오는 책임적인 사명감 때문에 더욱 그러했습니다. 그날 밤 나는 자리에 누웠으나 쉽게 잠들 수 없었습니다. (어서 날이 밝으면 교단으로 달려가 이 어리고 철없는 가슴들에 교과서의 글줄로서가 아니라 세월이 흐르고 세대가 바뀔수록 가슴 치는 투쟁의 진리, 계급투쟁의 교과서를 안겨 주자!) 이런 생각을 하는 나에게 이 한밤이 참으로 길게만 느껴졌습니다. 저는 우리의 새 세대들을 위대한 수령님과 친애하는 지도자 동지의 참된 혁명전사로, 주체위업의 믿음직한 계승자로 억세게 키워내기 위하여 그들의 가슴속에 혁명의식, 계급투쟁의 진리를 더욱 세차게 지펴 주어야 하겠다고 다시 한번 마음을 굳게 가다듬었습니다.[75]

이 초등학교 교사의 감상평은 비교적 진솔함이 드러나면서 〈피바다〉와 같은 혁명가극이 의외로 인민들에게 상당한 감화력을 가졌다는 것과 따라

75 조규현, 「새 세대들에게 투쟁의 진리를!」, 『조선예술』, 1986.2.

서 북한 당국, 특히 김정일이 목표한 김일성에 대한 우상화와 김정일이 후계자 인식 심기에 완벽하게 성공하고 있음을 확인할 수가 있다. 그만큼 연극이 대중선동에 상당한 힘을 갖고 있음도 다시 한번 확인케 되었다.

1970년대 북한 연극의 총평

1971년에 출현한 혁명가극 〈피바다〉는 일제강점기를 배경으로 을남 일가의 고난에 찬 항일투쟁을 그린 것이다. 일제의 총칼에 온 강산이 피바다로 물드는 와중 한 부인이 남편을 잃고 준엄한 혁명의 길로 접어든다. 일제와 그 주구들의 모진 착취와 억압 속에서 고민하던 을남에게도 환한 빛이 비치는데 그것은 두말할 것도 없이 김일성의 후광이며, 유격대에 들어간 아들을 생각하며 모든 고초를 뚫고 일제에 통쾌한 복수를 하여 승리의 해방을 맞는다. 이 혁명가극 〈피바다〉에 대하여 평론을 쓰는 자들은 한결같이 〈피바다〉식 혁명가극은 주체사상의 요구를 빛나게 구현한 참다운 인민의 예술이니 "우리 시대의 혁명적 문학예술의 훌륭한 본보기를 보여 줌으로써 문학예술 전반을 더욱 찬란히 개화발전시키는 데서 거대한 영향력을 미치고 있다. 실로 〈피바다〉식 혁명가극의 탄생은 진정으로 혁명극이고 인민적이며 현대적인 가극예술의 새 출발을 선포한 거대한 혁명적 변혁이며 문학예술 부분에서 착취사회가 남겨 놓은 낡은 요소들을 완전히 쓸어 버리고 우리의 문화를 주체적 요구대로 개조하는 위업 수행에서 획기적인 계기를 열어 놓은 위대한 력사적 사변" 운운하는 찬사 일변도의 글들을 쏟아 냈다. 그러나 〈피바다〉식의 혁명가극은 재래의 연극보다 일보 후퇴한 형식이며 김일성 우상화를 좀 더 웅장하고 선동적이며 화려하게 시청각화한 것에 불과하다.

환언하면 그들은 "피바다식 혁명가극이야말로 종래의 가극의 틀을 대담하게 깨고 방창의 도입으로 등장인물들의 노래를 화합하고 무대의 제한성을 극복했다."고 하지만, 이는 오히려 가극을 통속화한 것에 불과하였다. 이는 마치 추상화 시대임에도 불구하고 유치한 사실화에 집착하는 그들의 화단과도 일맥상통하는 것이다. 혁명가극의 대표작으로 그들은 5대 혁명가극을 든다. 〈피바다〉를 비롯하여 〈밀림아 이야기하라〉, 〈꽃 파는 처녀〉, 〈당의 참된 딸〉, 〈금강산의 노래〉, 이렇게 5대 혁명가극은 대부분 김일성 작인 것처럼 되어 있다.

〈꽃 파는 처녀〉도 역시 일제강점기가 배경인데 꽃분이 일가가 일제와 지주에 항거하는데 마침 김일성이 영도하는 유격대가 침투해서 꽃분이 오빠를 통해 농민들을 단합시키고 힘을 합쳐 마침내 지주를 때려 엎는다는 스토리다. 당 방침인 가극의 절가화를 완성했다는 이 작품에 대하여 평론가 장형준은 "이 불멸의 기념비적 명작은 작은 사건을 가지고 혁명가로 자라나는 주인공의 성장 과정을 전형적으로 그린 혁명적 대작이다. 이 명작은 꽃분이 일가의 생활과 운명을 그리고 있으며 이야기 범위는 그 이상 확대되지도 않았으며 사건도 그리 크지 않다. 그럼에도 불구하고 작품은 당대 사회의 모순을 심각하고 예리하게 반영하고 있으며 또한 평범한 주인공이 공산주의 혁명가로 자라나는 그의 혁명적 의식 발전 과정과 혁명의 위대한 진리를 뚜렷이 천명하고 있다. 그렇기 때문에 〈꽃 파는 처녀〉는 지구상에서 제국주의자들이 남아 있고 압박자와 착취자들이 남아 있는 한 사람들의 영원한 교과서로 될 것이며 혁명적 대작 창작의 불멸의 본보기"라 격찬하면서 갈등 설정과 얽음새의 조직, 그 전개, 생활 세부의 진실한 묘사와 감정의 흐름, 체험세계의 심도 있는 천명, 혁명적 세계관의 형성 과정과 혁명투쟁의 진리를 밝힌 작품이라 덧붙이고 있다.

비평이 없는 북한 사회에서 김일성이 지었다는 〈꽃 파는 처녀〉에 대해서 최고의 찬사를 보낸 것은 당연지사이리라. 그러나 〈꽃 파는 처녀〉 역시 다른 작품들과 똑같이 그들의 허구적 이념과 김일성 우상화의 조작극임은 두말할 나위도 없으며, 스토리 역시 다른 작가들이 수없이 써먹은 천편일률적인 항일과 김일성에 의한 해방이라는 도식에 철저히 맞춘 것에 불과했다.

전쟁으로 황폐해진 창성 땅이 김일성의 배려로 황금산, 보물산, 즉 지상

낙원으로 변했다는 웃지 못할 이야기의 혁명가극 〈은혜로운 햇빛 아래〉는 김일성 우상화의 극치라 할 수 있다. 전쟁에 남편을 잃었다는 여주인공 창순은 김일성의 방문에 다음과 같이 읊조린다. "어버이 수령님 품에 안기어/이 딸은 그 사랑에 목이 멥니다/고마와라 은혜로운 사랑의 그 햇빛/김일성 원수님 아버지 품이여." 예술 차원과는 너무나 거리가 멀고 치졸하기 이를 데 없는 일대 희극이라 아니할 수 없다.

그리고 평남도예술단에서 김일성과 당에 대한 충성의 송가로 만들었다는 가극 〈연풍호〉는 〈은혜로운 햇빛 아래〉보다는 한술 더 떠서 김일성을 전지전능의 신처럼 우상화한 작품이다. 오랜 세월을 두고 농민들이 물이 없어 고생하는 터에 김일성의 힘으로 생명수를 흘러넘치게 함으로써 해마다 풍년을 구가하는 옥토로 만든다는 내용이기 때문이다. 마치 철모르는 어린애들이 펼치는 만화 같은 이야기이다. 그러니까 1970년대부터는 김일성을 떠나서는 예술로 성립할 수 없는 것이다. 이런 분위기 속에서 어떻게 상상력의 산물인 예술이 성장할 수 있겠는가. 작가의 창조적 상상력의 힘으로 우주의 이치와 진리의 법칙을 찾아내고 끝없는 진실의 탐구를 통한 인간 문제 해결이란 예술의 본도를 벗어나 김일성이라는 한 죄인이나 열심히 신격화하고, 또 그러기 위해 아도의 극으로 치닫고 있는 것이 북한의 기이한 실정인 것이다.

그렇기 때문에 1970년대 이후에는 단 한 편의 외국 번역물도 도입하지 않았던 것이다. "선진국가들의 문화 가운데서 조선 사람의 비위에 맞는 진보적인 것들을 섭취하여 우리의 민족문화와 예술을 발전시켜야 한다."고 말한 김일성의 교시도 어느새 잠적해 버리고 밀폐된 속에서 김일성만 열심히 우상화하고 있는 것이 최근의 북한 무대예술의 현황이라 할 수 있다. 즉, 그들은 세계문화의 흐름이나 예술사조의 변천과는 전혀 무관하기 때문에 낙후를 면치 못하고 소외와 고립 속에서 자아도취에 빠져 있는 실정이다. 따라서 그들의 무대예술에서는 보편성이라는 것은 아주 일찍이 없어져 버린 것이다. 정신이상자들이 아닌 이상 어떻게 작품에서 "산악을 허물고 강을 만들어 장군님은 우리 소원을 풀어 주시네"(가극 〈연풍호〉의 한 구절)와 같은 대사가 자연스럽게 쏟아져 나올 수 있겠는가. 일제 통치 시기 생이별을 강요당한 황석민 일가가 사회주의 제도하에서 20년 만에 만났다는 〈금강산의 노래〉나, 역시 식민지시대에 조선인민혁명군대 및 인민들의 김일성에 대한 충성심과 혁명정신을 그렸다는 〈밀림아 이야기하라〉, 그리고 6·25전쟁 시기에 한 간호원이 시련에 이겨 임무를 수행하고 최후를 마친다는 이야기의 〈당의 참된 딸〉 등의 소위 명작가극이라는 것들도 모두가 스토리와 사건만 약간 다를 뿐 김일성 우상화를 위한 조작극임에는 하등 차이가 없다.

이런 유의 혁명가극이 판을 치면서부터 일반적 연극과 무용은 빛을 잃게 되었다. 왜냐하면 그들은 혁명가극 속에 모든 것이 다 들어 있다고 생각했기 때문이다. 그렇다고 일반적으로 연극 형태가 아주 소멸된 것은 아니고 혁명가극과 같은 김일성 절대자화의 작품들이 공연되었다. 〈충성의 한길에서〉라든가 〈충성의 길〉 같은 것이 그 표본적인 작품들이다. 무용도 예외일수 없었다. 1970년대에 들어서 그들은 무용도 혁명무용이라 부르면서 김일성 우상화에 포커스를 맞추었다. 1970년대에 공연된 〈백두산에 장군별이 솟는다〉, 〈수령님의 높은 뜻 붉게 피었네〉, 〈수령님께서 마련해 주신 여성해방의 북소리〉, 〈수령님 말씀대로 누에를 많이 치자요〉, 〈김일성 장군님 만수무강 축원합니다〉, 〈수령님께 드리는 남녘 여성들의 충성의 붉은 마음〉, 〈남해의 여인들은 수령님의 만수무강을 축원합니다〉 등의 제목에서도 즉각 느낄 수 있는 바처럼 온통 김일성 우상화의 무용이 홍수를 이루고 있다.

그들은 혁명무용이란 것에 대해 "절세의 애국자이시며 민족적 영웅이시며 백전백승의 강철의 영장이신 혁명의 위대한 수령 김일성 동지의 초기혁명활동 시기와 그이께서 조직 영도하신 영광스러운 항일무장투쟁 시기에 창조 보급되었다."고 하여 무용마저 김일성이 창조한 것처럼 조작하고 있다. 북한 무용에는 특히 대중적 군무가 많은데, 이는 대중 선동을 위해 그렇게 만들었고, 무용마저도 혁명적 투쟁정신과 전투적 기백을 보여 준다고 해서 매우 살벌하고 거칠며 전투적이다. 총춤이니 칼춤, 곤봉춤, 유격대 기마병춤 등이 대표적이다. 무용 소도구에 딱딱이, 곤봉, 총, 칼, 치도 등이 사용되는 것이 예사며 춤 율동도 단결이니, 친선이니, 원수격멸 등을 표현한 것이고 동작에도 활개치기라든가, 팔모아치기, 팔뽑아들어메기, 손뼉치기 같은 거친 것이 많아서 자유세계의 무용과 달리 기이하고 해괴하다. 같은 공산권 국가들도 하는 로맨틱 발레도 자본주의의 유물이라고 일체 배격하고 있다. 북한은 한마디로 무대예술의 벽지라 할 수 있는 것이다.

북한에서는 이처럼 모든 무대예술이 김일성 우상화와 신격화를 위해서 총동원되었다. 따라서 김일성의 교시에 따라 당이 조작하는 도식적이고 획일적인 유사 무용예술, 사이비 예술만이 존재하는 것이다. 상상력과 다의성을 완전히 배제한 것이 무슨 예술일 수 있으며 개성과 인간성, 감정이나 정서를 도외시한 것이 무슨 예술일 수 있겠는가.

제8장
연극예술 시책과 드라마투르기

북한 사회는 세계사에 유례가 없을 정도의 강력한 통제 속에 놓여 있다. 그들에겐 개인적 활동이란 존재할 수가 없다. 그러므로 예술 활동도 당의 절대적인 명령과 조직하에 이루어진다. 개인적 소산물마저 개인 작업을 부정하고 이른바 집체창작이란 해괴한 것이 등장하여 개성을 말살하고 있는 것이다. 무대예술의 경우만 하더라도 사설극장은 물론 극단도 없으며 국립 아니면 준국립 비슷하게 반관적 성향을 띠고 있는 것으로 알려졌다.

모든 극단과 무용단은 각각 조선연극인동맹과 조선무용가동맹에 소속되어 있고 이 동맹은 또한 조선문학예술총동맹 산하에 있으며, 이체 또한 정무원 문화예술부 직속으로 되어 있다. 또 연극인동맹과 무용가동맹 속에 연기분과위원회와 연출분과위원회, 평론분과위원회, 그리고 현대무용분과위원회와 민족무용분과위원회, 평론분과위원회가 들어 있다. 그리고 다시 그 밑에 각 도 지부가 있는 것이다. 따라서 단체도 중앙단체와 지방단체, 그리고 사회단체로 나누어지게 된다.

중앙단체로는 해외공연을 전담하고 있는 국립평양만수대예술단을 위시해서 국립예술극장, 국립민족가극극장. 국립연극극장, 평양연극장, 국립인형극장, 국립민족가극극장, 국립아동예술극장 등이 있고 지방단체로서는 주로 음악과 무용을 공연하는 각도 가무단(평양가무단 등)이 있고 연극과 가극을 주로 하는 평북도립예술극장, 함남도립예술극장, 함북도립예술극장, 강원도립예술극장, 양강도립예술극장, 개성불립예술극장 등과 주요 도시에 있는 함흥연극극장, 함포연극극장, 원산연극극장, 혜산연극극장, 청진연극극장, 강계연극극장, 사리원연극단, 천리마국립연극극장, 천리마신의주연극단, 천리마해주연극단 등이 있다. 그리고 군대 내에도 있어서 조선인민군협진단을 비롯하여 조선인민군연극단, 각 집단군연극단과 협진단이 여러 개 있으며 기타 기관부설 단체로서 사회안전부 연극단과 사회안전부 협진단, 교통체신위원회 협진단과 연극단 등 수십 개의 단체가 맹렬히 활동하고 있다. 대체로 한 단체가 최소 60여 명부터 350명까지 확보하고 있는 것으로 보아 무대예술에 종사하고 있는 사람들은 5, 6천여 명에 이르지 않나 추측된다.

예술인들의 양성은 주로 평양문학대학과 연극영화대학, 예술대학, 2·16 예술전문학교, 무용학교 등에서 하고, 이들에 대한 대우는 비교적 괜찮은 편이다. 예술인들을 당정책 선전 선동에 효과적으로 이용하기 위한 술수로서의 우대정책을 펴고 있기 때문이다. 각급 예술인들은 능력과 당성에 따라 인민배우(인민예술가), 공훈배우(공훈예술가)로 대우받고 배우들은 다시 1급 배우에서 8급 배우까지 등급이 나누어져 있다. 물론 급에 따라 급료 차이가 많다. 그러나 이들은 엄밀한 의미에서 예술가라고 할 수는 없고, 다만 예술의 형태를 빌려 대중에게 공산주의 이념을 주입시키고 김일성을 우상화하는 꼭두각시에 불과하다. 어쨌든 북한에서는 문화시설의 대대적인 확충과 예술인들에 대해 사기 진작을 위해 각종 상훈과 포상, 그리고 칭호를 수여함과 동시에 예술인들에 대한 우대정책을 취하고 있으며 적극적인 해외 문화선전과 대규모적인 예술단의 해외공연 활동을 전개함으로써 예술을 정치외교 목적에 귀일시키는 이중적 효과를 꾀하고 있다.

이와 같이 당의 강력한 통제하에 추진된 예술정책으로 30여 년 동안에 북한 대중, 특히 해방 후 세대들의 가치관에는 커다란 변혁을 가져왔다. 이는 소위 사회주의 제도만이 이 세상에서 가장 우월한 것이며, 이 제도하의 문화와 예술 또는 인간만이 가장 혁명적이고 고귀한 존재이고 기타의 모든 제도와 문물은 퇴폐적이고 저급하며 부정적인 것이라는 가치관이다. 동시에 폐쇄사회 속에서의 강력한 당 정책 강요로 인해 북한 대중은 자연과 인간을 사랑하는 감정과 애정을 파괴당하고 정서가 고갈된 비정적 · 비타협적 · 전투적 인간형으로 획일화되어 냉혹한 사회체제에 냉혹한 인간들만 살아가게 하는 무서운 결과가 초래되고 있다.

이상과 같이 북한의 예술정책은 인간을 기형화시키는 데로 계속 치닫고 있는 실정이다. 연극예술 형태마저 선전 선동에 적합하도록 변질되었다. 그 좋은 예가 감상화와 시각화, 청각화에 따른 대형화일 것이다. 왜냐하면 그들에게 예술이란 것은 미라든가 진실이라는 본질적 가치보다는 사상계몽에 중점을 두고 있기 때문에 자연 내용이 천편일률적인 데다가 무미건조하기 이를 데 없다. 그래서 자연 눈요기식의 크고 화려한 조명과 장치, 그리고 무대 앙상블에 주력하고 있다. 이처럼 작품의 예술적, 내용 외적인 효과를 증대하기 위해 무대장치의 대형화와 기계화를 추진하였으며, 이에 막대한 예산을 투입하여 조명, 세팅 등은 소련의 무대 메커니즘을 직수입, 상당한 수준과 성과를 거두고 있는 것으로 알려졌다. 즉, 고속화된 무대 전환과 스크린 프로세스를 리얼하게 살리는 조명장치만은 상당한 수준에 가 있다는 이야기다. 이처럼 예술적 성과를 순전히 무대의 대중화와 현대화에서 찾으려는 의도에 따라 이의 조작술도 숙달되어 있으며 작가, 연출가, 비평들도 거기에 익숙해져 있다. 무용의 경우도 마찬가지다. 군무가 많은 것이 그 하나의 본보기가 될 수 있을 것이다.

그러나 무대 메커니즘의 발달이라든가 화려한 무대조명, 리얼한 스크린 프로세스 같은 것은 세계 무대예술 조류사에서 볼 때 이미 유물과 같이 진부하고 고루하며 낙후된 것이다. 왜냐하면 북한의 연극예술은 이미 낡은 19세기의 자연주의 형태인 데다가 내용은 그보다도 더 낡은 웰메이드 드라마

(well-made-drama) 형태, 즉 상업주의 형식을 그대로 좇고 있기 때문이다. 현대의 연극예술은 자연주의 형태를 벗어난 지 오래고 될 수 있으면 무대를 추상화하고 간소화 내지 세팅을 무시하는 경향까지 있다. 그럼에도 불구하고 그들은 낡은 방식을 그대로 수용하고 있다. 실제로 북한의 무대 장면을 그들 장치가의 입을 빌려 소개하면 다음과 같다.

> 당의 가르침에 의하여 창조한 종장 무대배경에서는 환등을 이용하여 위대한 사랑의 〈바다〉-연풍호를 두드러지게 주었다가 그것이 사라지면서 5천 리 수로를 따라 열두 삼천리 벌에 생명수 흘러들어 만풍년을 이룩한 농촌의 전경, 즉 줄지어 일어선 사회주의 문화 농촌 마을이며 곧게 뻗어간 수로들, 무연한 황금벌과 과일동산 장면들을 전개하여 어버이수령님의 자애로운 손길 아래 번영하는 열두 삼천리벌 농민들의 행복한 생활을 펼쳐 보이었다. 이러한 장면들에 연이어 금은색 장식으로 반짝이는 만경대 생가를 모시고 붉은 태양이 온 누리에 찬란한 빛을 뿌리며 만경봉 위에 솟아오르게 한다.

이는 혁명가극 〈연풍호〉 무대 장면에 대한 것이다. 그러나 이것은 단지 〈연풍호〉에만 해당되는 것이 아니고 각종 연극과 무용의 세팅도 대동소이하다. 특히 무슨 작품이든 마지막 장면에는 이따금 붉은 태양이 솟아 오르는 것으로 되어 있는 것 같다.

유치하기 이를 데 없는 그 붉은 태양은 두말할 것도 없이 김일성을 상징하는 것이다. 초창기 자연주의 무대를 유치하게 모방하고 있는 그들의 연극 스타일도 그런 정도의 수준에 머물러 있다. 이 이야기는 곧 극적 구조가 초기 리얼리즘보다도 훨씬 뒤떨어진 신파극 스타일이라는 뜻이다. 서양의 경우에 비유한다면 멜로드라마에 해당되는 것으로서 일제강점기를 풍미했던 신파조라는 이야기다. 그들은 연극을 보고 그 감상을 이야기할 때 으레 "눈물 없이 볼 수 없는 훌륭한 작품"이라고 말한다. 이는 일제강점기의 저급한 대중극인 신파극을 구경한 관객들의 탄성과 그대로 통하는 말이다. 센티멘

털리즘과 눈물은 신파극의 요체인 것이다. 그런 것을 실제 그들의 작품에서 한 장면 옮겨보면 다음과 같다.

순간 세찬 눈바람이 대오 앞에 눈사태를 덮어 씌워버린다. 앞무대에서 험한 벼랑바위를 오르던 한 대원이 쓰러진다. 분대장, 김철 등이 그 대원을 찾아 간신히 기어온다. 대오가 멈춰선다. 세찬 바람소리.

분대장　　세진 동무!
김철　　　세진이! (그를 흔들며 볼을 부벼댄다.)
세진　　　(가쁜 숨을 모으며 눈을 뜬다.) 분대장 동무! 날 두고 가십시오, 동지
　　　　　들의 짐이 될 바엔 차라리… (흐느낀다.)
분대장　　세진이 무슨 약한 소릴 하오? 우린 사령관 동지를 모시고 조국으로
　　　　　함께 가야 해… 우리가 이 길에서 쓰러지면 조국은… 조국은 영영
　　　　　다시 일어나지 못한단 말이야!…(목이 메인다.)
세진　　　(일어선다) 분대장 동지!
분대장　　세진 동지! (꽉 끌어안는다.)

이상은 이른바 음악무용 서사극이라는 〈고난의 행로〉(수도사령부 협주단 작)의 한 장면이다. 여기서 즉각 느낄 수 있는 것은 전형극인 신파희곡 스타일을 아직도 쓰고 있다는 점이다. 거기다가 극 구성에서는 갈등 이론을 그대로 따다가 이용하고 있는바, 긍정적 인물과 부정적 인물이 있는데 이들은 화술에서부터 확연히 구별 지어짐은 물론이다. 그런데 부정적 인물이란 일제강점기가 배경인 작품에서는 일본인이나 지주이고, 그 이후가 시대 배경이 되면 미국인이나 한국인 또는 인텔리 등 그들이 비판하려는 계층이다. 그리고 그들 측의 노동자·농민 등은 전부 긍정적 인물로 설정된다.

따라서 부정적 인물은 반드시 패배하고 긍정적 인물이 종국적으로 승리함으로써 으레 해피엔드가 되는 것이다. 극 구조뿐만 아니라 표현 방법도 마찬가지다. 발성법에서의 억척이라든가 과장 등이 그러하다. 이런 고전적

이고 전근대적인 극술을 그들은 아직도 고수하고 있는 것이다.

그럴 수밖에 없는 것이 당초 남쪽에서 쫓겨간 신파극 연극인들이 북한의 연극예술을 만들어 놓은 데다가 외부세계와 밀폐된 속에서 예술을 당정책을 선전 선동하는 목적물로만 수십 년 동안 이용해 왔기 때문이다. 따라서 북한의 연극예술은 외형만이 찬란해 보이는 빈 껍데기의 전근대적 예술로서 세계 수준에서 볼 때, 적어도 상당히 뒤져 있다고 해도 과언이 아니다.

제9장
〈성황당〉식 연극 방식의 새로운 시도

　김정일이 앞장서서 북한의 예술계를 주도하면서 창안해 낸 혁명가극이 10여 년 동안 정권 보위와 김일성 우상화, 그리고 인민의 공산주의 교양에 큰 기여를 한 것은 사실이다. 그러나 비슷비슷한 혁명가극 12편만 반복 공연하면서 당국자뿐만 아니라 인민들 모두가 조금 식상할 때쯤 하여 그것을 대체할 만한 새로운 형식을 찾아낸 것이 다름 아닌 〈성황당〉식 연극이다. 그러니까 스펙터클 쇼적인 혁명가극이 그 수명을 다했다고 생각한 김정일이 가극에서 음악을 몇 부분에서 방창 정도만 살리는 등 거품을 대폭 빼내고 사실화한 연극 형식을 〈성황당〉식 연극이라 이름 붙여 선호한 것이다.

　김일성 수령 다음으로 절대권력의 소유자가 된 김정일이 아니면 그동안 누구도 손을 댈 수 없는 신성불가침의 연극 양식이 혁명가극 아니었던가. 즉 1970년대는 온통 혁명가극 시대라 할 만큼 그것은 정치사회에 큰 영향력을 가졌고, 세계 연극사상 최고의 명작이라고 칭송받아온 연극 대부분의 원본이 김일성이 청소년이던 시절, 즉 항일혁명투쟁 과정에서 쓴 작품들이었던 데다가, 김정일이 사실상의 총연출자이기도 했다. 그렇던 연극 양식도 겨우 10여 년 정도 역사적 사명을 끝내고 연극사의 뒤안길로 서서히 물러서야 하는 처지에 놓인다.

　바로 그 지점에서 필자에게 떠오르는 생각은, 예술의 본질에서 벗어난 어떤 예술양식도 생명이 길 수가 없다는 것이었다. 더욱이 북한 등 사회주의 국가들에서처럼 예술을 이념이나 권력의 선전도구화하는 경우에는 생명력이 짧을 수밖에 없다. 왜냐하면 인민이 그러한 예술양식을 오래도록 흔쾌하게 받아들이지 않으려는 기색이 나타나기 때문이다. 당시 북한도 바로 그러한 상황에 직면한 것이다. 그러나 북한의 경직된 정치사회 구조상 연극이 크게 변화하기에는 한계가 있을 수밖에 없었다.

극장국가 북한

바로 이 시기에 김정일의 머리를 무겁게 짓누른 것은 두 가지, 즉 역사적인 대형 기념물 건립과 연극의 개혁이었다. 여기서 그가 역사적인 기념물 건립에 생각이 미친 것은 그가 그동안 혁명가극 등 공연물을 가지고 김일성을 우상화 내지 신성화와 함께 인민교양을 성취했지만 공연물은 막이 내리면 사라져 버린다는 생리를 깨닫게 되었으며, 특히 김일성 탄생 70주년이 다가오면서 그를 영원히 기릴 수 있는 조형물을 세울 필요성을 절감한 것이 아닌가 싶다. 그가 주요 조형물 건립을 추진하면서 "주체사상탑과 개선문을 건설하는 것은 우리 인민들을 혁명적으로 교양하고 수령님의 위대성을 후손만대에 길이 전하기 위한 중요한 사업"[1]이라고 하여 그런 사업이 단순히 어떤 일을 오래도록 잊지 않도록 한다든가 훗날의 추억으로 삼으려는 사전적 의미를 훨씬 뛰어넘어 인민을 혁명적으로 가르치고 김일성 수령의 위대성을 후손만대에 영원히 전하려는 데 궁극적 목표가 있다고 말한 것이 색다른 점이라 하겠다.

그는 1970년대 말에 곧바로 착수하여 1982년 4월 15일 전까지 대형 역사적 기념 조형물을 완성한다. 만수대창작사의 조력을 바탕으로 두 건축물을

---

1   김정일, 「주체사상탑과 개선문 형성안을 완성할 데 대하여」, 『김정일선집 9』, 조선노동당출판부, 2011, 68쪽.

짓는데, 그가 장소와 크기 미학적 특징 등을 일일이 지도하였다. 그가 자신의 저서에서 기술한 것을 보면 기념물들을 그냥 사물(死物)의 상징이 아니라 살아 있는 상징, 그러니까 극장 안의 무대장치와 같은 기능성을 띠는 살아 있는 상징으로 만들고자 하였다.

사실 클리퍼드 기어츠가 발리의 역사를 인류학적으로 탐구하면서 극장국가론을 설파한 해가 1980년도였는데, 이는 우연히도 주체사상탑과 개선문을 만들 무렵과 거의 일치하지만, 김정일이나 김일성이 기어츠의 인류학을 접한 적은 없었을 것이다. 그들은 인류학자도 아닐뿐더러 그런 것에 관심을 둘 만한 시간적 여유도 없었을 것이기 때문이다. 김정일에게는 장기독재를 굳히기 위하여 시각적으로 인민을 위압하면서 김일성을 신성화하고 교양할 수 있는 상징물을 세운다는 생각밖에는 없었을 것 같다.

그가 기념물들을 김일성의 신성화와 장기독재를 위한 상징물로 만들려는 저의는 기념물들의 위치까지 세심하게 고려한 데서도 드러난다. 주체사상탑과 개선문 건립의 장소와 관련하여 그는 "주체사상탑을 공업 및 농업전람관이 있는 대동강 기슭에 세우면 김일성광장 주석단과 앞으로 건설할 인민대학습당이 일직선상에 놓이게 됩니다. 위대한 수령님께서는 평양시의 중심을 김일성광장으로 보고 계십니다. 김일성광장이 평양시의 중심이기 때문에 인민대학습당 자리를 남산재에 잡으시었습니다. 주체사상탑을 공업 및 농업전람관이 있는 곳에 세우면 인민대학습당에서 탑을 바라보며 주체사상을 학습한다는 의미에서도 좋고 배를 타고 대동강을 거슬러 올라가면서 양쪽 강안을 바라보기도 좋을 것입니다."[2]라고 했다. 기념물들을 인민들이 마치 종교적 조형물이나 극장 또는 학교처럼 여기도록 위치까지 세심하게 배치한 것이다. 이처럼 그러한 구상에 따른 거대 기념물들이 후에 극장국가 형성에 적합한 상징물들이 된 것이다.

---

2   위의 책, 64~65쪽.

김정일은 1985년 10월에 준공한 대성산혁명열사릉에 대하여 "후손만대에 길이 빛날 기념비적 창조물이며 나라의 귀중한 재부"라면서 "대성산혁명열사릉에 세운 위대한 수령님 친필비는 우리 인민이 대를 이어 길이 전하여야 할 력사적인 대기념비"[3]라고 했다. 이는 단순히 추억을 반추하는 조형물로 그치지 않고 김일성을 신격화하고 인민을 교양시키려는 데 궁극적 목표가 있음을 가리키는 것이라 하겠다. 이처럼 김정일은 십수 년에 걸쳐서 거의 종교적 수준의 기념물들을 평양의 중심가에 질서정연하게 건설해 놓았던 것이다. 이 말은 곧 북한이 극장국가가 될 수 있도록 극장격인 다양한 조형물들을 건립해 놓았다는 이야기도 되는 것이다.

극장국가론을 처음 제기한 이는 미국의 저명한 인류학자 클리퍼드 기어츠이다. 그는 인도네시아, 그중에서도 발리섬의 역사를 추적하다가 한 부족국가 체제에서 매우 특수한 통치 방식을 발견하고 이로부터 극장국가라는 개념을 도출한 것이다. 기어츠에 따르면, "발리 국가가 언제나 지향했던 것은 스펙터클과 의식, 그리고 발리 문화에서 지배적으로 나타나는 집착인 사회적 불평등과 지위 자긍심을 공적으로 극화(劇化)하는 일이었다. 발리는 왕과 군주들이 흥행주, 사제들이 감독, 농민들이 조연배우이자 무대 담당이자 관객이었던 극장국가였다."면서 "거대한 화장의례, 삭치(削齒)의례, 사원에 드리는 봉헌순례, 그리고 피의 희생의례에는 수백 심지어 수천 명에 이르는 인력과 막대한 부가 동원되었는데, 이것들은 어떤 특정한 정치적 목적을 이루기 위한 수단들이 아니었다. 그것들은 그 자체로 목적이었으며 국가는 오히려 그런 것들을 위해 존재했다."[4] 그는 "왕의 궁정과 수도는 초자연적인 질서에 대한 소우주, 즉 '우주를 축소해 놓은 이미지'이며, 동시에 정치적 질서를 실체적으로 구현한다. 이 이론에 따르면 궁정과 수도는 국가의

---

3 김정일, 『김정일선집 11』, 조선노동당출판사, 2011, 173~179쪽.
4 클리퍼드 기어츠, 『극장국가 느가라—19세기 발리의 정치체제를 통해 본 권력의
   본질』, 김용진 역, 눌민, 2017, 30~31쪽.

250   제3부   김일성 우상화 수단으로서의 연극

핵심이자 엔진이자 회전축에 그치지 않는다. 궁정과 수도는 바로 국가 자체다."라고도 했다.

의전과 화려한 국가의례 등이 선전과 홍보를 위한 수단을 넘어 그 자체가 국정이 되고 통치가 되는 것이 극장국가의 실체이다. 국가는 커다란 극장이 되고 통치자는 주연배우가 되며 국민은 관객이자 엑스트라가 되는 것이다. 그리고 극장에 올리는 연극은 지배권력 강화를 위한 소프트라이팅을 유지하는 것이며 국가 구성원들은 이미 쓰여진 각본 때문에 일상과 삶을 스스로 바꿀 수 없는 질서로 받아들이게 되는 것이다.

이러한 북한 현상을 지켜본 일본 역사학자 와다 하루키는 1912년에 쓴 『북한현대사』(원명 『북조선현대사』)에서 처음으로 북한을 극장국가라고 지적하면서 다음과 같이 썼다.

> 김일성을 유격대 사령관으로 하고 전 인민을 유격대 대원으로 여기는 유격대 국가는 클리퍼드 기어츠(Clifford Geertz)가 말하는 '극장국가'다. (중략) 유격대 국가는 극장국가로서 설계사, 연출가를 필요로 했다. 그 역할을 담당한 것이 수령의 아들 김정일이었다.[5]

와다 하루키에 이어 권헌익과 정병호가 북한의 극장국가 탄생의 과정과 면모를 여러 각도에서 분석해 낸 바 있다. 권헌익은 "1970년대 정치무대에서는 북한의 국가권력과 권위의 연극성과 화려한 과시가 체계적으로 증폭되었다. 북한은 이 시기에 김일성 개인숭배를 총력을 다해 추진했으며 그의 만주 빨치산 전설에 지극히 영광스러운 권위를 부여했다. 이 과정을 북한에서는 유일사상 체계의 확립이라고 했다. (중략) 유일사상 체계를 만든 것은 김일성 자신의 위엄을 위해서뿐만 아니라 그의 권위와 권력을 김정일에게 인계하는 긴 과정의 일부였다. 이 승계 과정에는 수많은 문화적 창작과

---

5   와다 하루키, 『북한현대사』, 남기정 역, 창비, 2014, 181쪽.

기념사업뿐 아니라 김일성의 생애를 중심으로 한 유일한 역사적 서사에 따라 정치적으로 교양화된 사회를 건설하는 데에 모두가 나서자는 체계적인 노력이 들어 있었다. 이러한 의미에서 바로 이 시기에 북한이 극장국가로서 실질적으로 태어났다고 할 수 있다."[6]고 설명한다. 그러니까 김정일 주도의 혁명가극 운동이야말로 바로 김일성 유일사상 정립의 긴 과정의 일부였다. 그 후에 세워진 거대한 기념건축물들은 막이 내리면 사라지는 혁명가극을 대체하는 가시적 조형물인 것이다. 뒷날 김일성과 김정일의 시신을 모신 주석궁과 거기서 벌어지는 장엄한 의례 등이야말로 극장국가로서의 전형적 모습을 보여 주는 것이라고 말할 수 있는 것이다.

김정일의 연극 개혁

이어서 김정일이 한 일은 연극 개혁인데, 〈성황당〉식 연극이 바로 그런 것이라 하겠다. 1978년 여름에 혁명가극을 대체한 새로운 연극으로 〈성황당〉이 국립연극단에 의해 무대에 올려졌는데, 조선예술총동맹 중앙위원회는 1928년에 카륜의 자쟈문에서 첫 공연의 막을 올렸던 불후의 고전적 명작 〈성황당〉을 50돌을 맞아 다시 무대에 올리게 된 것이어서 뜻깊은 일이라고 선언한다. 이는 곧 김일성이 젊은 시절 항일독립투쟁을 하면서 창작했던 작품이었음을 밝힌 것이다. 그러면서 〈성황당〉은 주체시대에 맞는 새 형의 혁명연극의 시원을 열어 놓은 기념비적 명작으로서 이 연극이 무대에 다시 오른 것은 북한의 연극예술 발전 역사에서는 물론 인류 문예사에 금문자로 아로새겨질 역사적 사변이라고 했다.[7]

〈성황당〉식 연극에 대한 긍정적 인식은 그 8년 뒤 월간 『조선예술』에서도

---

6   권헌익 · 정병호, 『극장국가 북한—카리스마 권력은 어떻게 세습되는가』, 창비, 2013, 184쪽.
7   조선문학예술총동맹 중앙위원회, 「연극 혁명의 빛나는 승리, 혁명연극 〈성황당〉에 대하여」, 『조선예술』, 1979.1.

변함없이 반복된다. 이로 보아 그런 형태의 연극이 상당 기간 지속되었음을 알 수 있다. 월간『조선예술』에서는 〈성황당〉식 연극이 "우리 시대의 참다운 주체형의 인간 전형을 새롭게 창조함으로써 사람들에게 참다운 삶의 길, 투쟁의 길을 밝혀 주었다면서 참으로 친애하는 지도자 동지의 현명한 영도 밑에 〈성황당〉식 혁명연극이 새롭게 창조됨으로써 몰락에 직면하고 있던 연극의 운명은 구원되고 우리나라는 연극혁명의 영광스러운 조국으로 되었다."[8]고 했다.

이 작품을 혁명가극 시대를 대체하는 새 시대의 연극전범으로 부상시킨 이는 당연히 김정일이었고, 창조 과정도 약간 복잡하고 시간을 필요로 했었다. 김정일은 1972년 11월 7일에 국립연극단 사무실에 나와 "수령님을 모시고 혁명하는 우리 시대 인민들의 감정과 요구에 맞는 새로운 연극을 만들어 내야 합니다."라는 연설을 했다. 이는 곧 그가 막연하나마 혁명가극 이외의 새로운 연극 형태를 생각하고 있음을 뜻한다. 그리고 1973년 11월 15일에 또다시 국립연극단에 나타나 수령께서 창작한 〈성황당〉을 포스트 혁명가극 시대의 시발점으로 삼아 새로운 연극을 만들어 보라는 교시를 내린다. 물론 그 자신도 수시로 나타나 국립연극단원들에게 이러저러한 지시와 의견을 제시하곤 했다. 그러다가 1977년 가을에 〈성황당〉 무대화를 구체적으로 지시한다. "불후의 고전적 명작 〈성황당〉을 무대에 올리는 사업을 잘 하여야 하겠습니다."[9]라고 하명을 내린 것이다. "혁명연극 〈성황당〉의 대본은 당에서 내려 보내 주겠습니다. 국립연극단 창작가, 예술인들은 대본을 받으면 연극 창조 작업에 들어갈 수 있도록 불후의 고전적 명작들을 전면적으로 깊이 연구 학습하는 것이 좋겠습니다. 특히 위대한 수령님께서 초기 혁명활동 시기에 창작하신 불후의 고전적 명작들에 대한 학습을 잘 하여야

8　「〈성황당〉식 혁명연극의 창조」,『조선예술』, 1986.6.
9　김정일,『김정일선집 8』, 조선노동당출판사, 2011, 138쪽.

합니다. 그래야 혁명연극 〈성황당〉을 우리 시대 혁명연극의 본보기작품으로 훌륭히 재현할 수 있습니다."라고 하면서 창작 배경과 관련해서는 "위대한 수령님께서는 초기 혁명활동 시기 고루한 민족주의자들과 행세식 마르크스주의자들의 사대주의적이며 교조주의적인 낡은 사상과 소극적인 투쟁방식으로서는 나라와 민족의 운명을 구원할 수 없다는 것을 깊이 통감하시고 반일애국 역량의 통일단결을 이룩하며 광범한 대중을 민족주의식, 자주적인 혁명사상으로 무장시키기 위한 조직적 정치사업을 힘 있게 벌려 나가시었습니다."라고 설명했다. 그러면서 그는 사람들을 새로운 혁명사상으로 무장시키는 데서 연극예술의 역할이 큼을 통찰하고 혁명연극 〈안중근 이등박문을 쏘다〉를 비롯하여 〈3인1당〉, 〈혈분만국회〉, 〈딸에게서 온 편지〉 등을 쓰게 된 것이라 했다. 더하여 그는 〈성황당〉은 권세욕과 물욕에 눈이 어두워 서로 치고받으며 싸움질하는 일제의 앞잡이, 인민의 착취자로서의 지주와 구장의 계급적 본성에 대한 신랄한 풍자와 미신에 깊이 물젖은 농촌의 한 순박한 어머니가 미신의 허황성과 지주와 구장의 계급적 본성을 깨닫고 항거해 나가는 과정을 진실한 예술적 형상으로 실감 나게 펼쳐 보이는 작품이라 했다.[10] 그리고 5년 뒤 그의 생일인 1978년 2월 16일에 국립연극단으로부터 새로 정리된 〈성황당〉 대본을 받았고 그 4개월 뒤 김일성이 이 작품을 처음 쓴 50주년을 기념하는 6월 14일에 역사적 막을 올린 것이다.

특히 〈성황당〉을 처음 무대 위에 올린 국립연극단을 가리켜 '연극혁명의 영예로운 첫 담당자'라고 치하한 김정일이 직접 관극하고 작품 평까지 해주었다는 점에서 흥미를 끌 만한데, 그 일부를 소개하면 다음과 같다.

이날 친애하는 지도자 동지께서는 공연이 끝나자 자리에서 일어나시며 만면에 환한 웃음을 담으시고 배우들의 공연성과를 축하해 주시며 열렬한 박수

10　위의 책, 141쪽.

를 보내 주시었다. 친애하는 지도자 동지께서는 국립연극단 창작가, 예술인들은 당이 내놓은 연극혁명 방침을 높이 받들고 지난 몇 해 동안 긴장한 투쟁을 벌여 혁명연극 〈성황당〉을 무대에 올려놓음으로써 낡은 연극에 종지부를 찍고 연극의 새 시대를 열어 놓았다고 힘주어 말씀하시었다. (중략) 친애하는 지도자 동지께서는 작품의 양상도 좋고 극조직과 대사조직도 짜이고 생활의 폭도 넓히고 등장인물들의 성격도 깊이 있게 잘 형상하였다고 못내 기뻐하시며 특히 잡귀신들이 싸움하는 장면을 작품의 종자와 연극의 특성에 맞게 잘 형상하였다고 말씀하시었다. 계속하여 그이께서는 돌쇠 역을 한 주인공이 화술도 좋고 연기도 좋으며 만춘 역, 박씨 역을 한 배우, 구장 역, 지주 역, 중 역을 한 배우들도 연기를 잘 하였다고 한 사람 한 사람 친히 높이 평가해 주시면서 배우들이 연기에서 낡은 마스크 화술문제를 훌륭하게 해결하였다고 못내 기뻐하시며 높이 치하해 주시었다.[11]

위의 글에서도 조금 비치지만 〈성황당〉이 그동안 해 왔던 혁명가극과의 근본적 차이점은 가무가 아닌 사실적 대사 위주의 연극이란 점이다. 그와 관련해서는 김정일이 다음과 같이 설명했다.

연극의 기본 형상 수단은 대사입니다. 연극에서 인물의 성격은 주로 대사를 통하여 나타나며 극성도 대사조직에 의하여 이루어집니다. 극 작품은 감흥을 순간적으로가 아니라 지속적으로 끌고 나가야 합니다. 극 작품에서 대사조직을 잘 하지 않고서는 감흥을 지속적으로 끌고 갈 수 없으며 작품의 사상주체적 요구도 똑똑히 살릴 수 없습니다. 지금은 관중이 연극을 보면서 극세계에 끌려 들어가는 듯하다가 마는 경우가 적지 않은데 다 대사조직을 잘못한 것과 관련됩니다. 풍자극이라고 하여 대사조직을 잘 하지 않고 우스운 말로만 엮어 나가면 만화영화를 보는 것 같은 인상을 줄 수 있습니다. 부정인물들이 말싸움 끝에 제 김에 주저앉도록 대사조직을 더 잘 하여야 하겠습니다.[12]

11   리단, 「〈성황당〉식 혁명연극의 새 시대를 펼쳐 주시려」, 『조선예술』, 1987.2.
12   김정일, 「혁명연극의 새 시대를 열어야 한다」, 『김정일선집 8』, 314쪽.

이상에서와 같이 김정일이 혁명연극의 사실적(?) 개념에 대하여 분명하게 밝혀놓았음에도 불구하고 논자들은 〈성황당〉식 연극에 대하여 새로운 연극 양식은 아니라고 하는 등 설왕설래하고 있어 흥미롭다.

김정일은 〈성황당〉의 극 구성과 관련해서도 우리 시대, 즉 주체시대는 근로 인민대중이 역사의 주인으로 등장한 역사의 새 시대인 만큼 희곡도 자주성에 대한 문제, 자주적인 인간에 대한 문제를 내세우고 새 시대의 참다운 인간 전형을 창조하여야 한다고 했다. 그러면서 이 작품은 연극혁명의 시발점으로, 주체적 혁명연극의 새로운 본보기가 됨은 무엇보다도 위대한 주체사상을 구현한 참다운 공산주의적 인간학이기 때문이라 했다. 이 글에서는 〈성황당〉이 종교와 미신으로부터 사람들을 사상적으로 해방하는 문제를 종자로 삼고 있다고 했다.

김일성을 우상화하려면 그를 절대화하는 주체사상을 인민들에게 심어야 하는데, 그러려면 인민들이 그동안 지니고 있던 잡다한 종교라든가 잡종의 신앙을 근본적으로 씻어 내야 할 필요가 있었던 것이다. 따라서 연극혁명의 앞자리에 〈성황당〉을 올려놓게 된 것은 짐작하고도 남을 만하다. 그러니까 어지럽고 잡다한 그림으로 가득 차 있던 것을 말끔히 지우고 마치 백지장에 새로운 그림을 그려 넣듯 〈성황당〉이라는 주체사상을 인민에게 복습시킨 것이나 마찬가지라고 말할 수가 있다.

혁명연극 〈성황당〉

그들이 연극혁명의 시동으로 내세운 〈성황당〉은 서장과 종장을 제외하고 9장으로 구성되어 있으므로 전체는 11장이나 된다. 시대적 배경은 1920년대 말 어느 가을이고, 장소는 조선 북부의 산골마을인데, 시종일관 어머니인 박씨와 딸(복순)의 운명 문제에 초점이 맞춰져 있다. 박씨는 일찍이 남편을 잃고 험악한 세상에서 딸 하나를 데리고 비참하게 살아가는 농민이다. 딸의 결혼을 앞두고 혼사 비용도 없는 자신의 처지를 한탄하며 오직 성황신

밖에 믿을 것이 없다는 생각에 빠져 있다.

이런 박씨의 신념에 대해서 야학을 통해 진리를 터득한 주인공 돌쇠는 못마땅하게 생각하고 그녀를 근본적으로 바꾸려고 노력한다. 강냉이밭에서 박씨와 돌쇠는 성황신에 대한 격렬한 논쟁을 벌이고 성황당에 가져다 놓은 떡을 먹어 치우기도 한다. 이런 때 백 구장과 전도부인이 등장한다. 백 구장은 라이벌인 황 지주가 성황당 텃밭을 소유하려 한다는 이야기를 듣고 전도부인을 앞세워 그곳에 교회를 짓겠다고 선언한다. 그리고 구장은 박씨에게 군수의 소실이 곧 해산할 것이므로 딸 복순을 보내라고 재촉한다. 박씨가 복순은 구장의 머슴인 만춘과 혼인 날짜를 받아 놓았다고 하자, 구장은 무조건 군수 집에 보내라고 강권한다.

박씨는 오직 성황당에 가서 빌기만 한다. 그런 시기에 황 지주가 나타나 성황당 터는 자기 땅이라면서 구장과 공조하며 딸을 군수에게 보내라고 강요한다. 이는 곧 두 사람이 박씨의 딸을 군수의 세 번째 첩으로 만들려는 것이다. 그런 음모를 모르고 있는 박씨는 오직 성황신에게만 의존한다. 게다가 구장과 지주는 무당을 불러 굿판을 벌이려 한다. 그러자 전도부인과 스님, 무당 간에 한바탕 싸움이 벌어지기도 한다. 지주와 무당에 굴복한 박씨가 딸을 군수에게 보내려 하자 돌쇠와 만춘은 마을 청년들을 규합하여 성황신 흉내를 내어 구장 지주, 무당 등을 혼내 주는데, 이때 박씨도 속았음을 알고 분노한다. 동시에 박씨는 성황신이라는 미신의 허위성과 기만성을 깨닫고 스스로 성황당을 부수고 마을 사람들과 신나게 춤추는 것으로 대단원의 막이 내린다.

〈성황당〉은 미신 타파에 관한 문제를 다루면서도 단순히 종교와 미신의 허위성을 폭로하는 데만 국한시키지 않고, 사람들 개개인이 자기 운명의 주인으로서의 자각과 자기 운명을 스스로 개척해 나아가려는 의지를 안겨 주고 혁명투쟁으로 힘차게 고무하는 혁명의 근본 문제에 대한 해명으로 지향시키고 심화시켰으며, 주체의 혁명적 진리를 구현한 독창적인 철학적 종자를 심어 놓고 그것을 예술적 형상으로 실현해 나갔다고 평가된다. 그러니까 이 작품은 단순히 미신 타파라는 계몽연극이 아니라 주체사상을 강조하고 주민들로 하여금 계급의식을 느끼게 하며 더 나아가 계급투쟁을 부추기는 전형적인 공산주의 혁명연극이라는 것이다.

김정일은 특히 극의 구성이 새로워졌다고 했다. '제한된 몇 개의 막과 장에 생활을 담던 과거의 극 구성방법을 대담하게 마스고 생활의 논리에 따라 극을 여러 장면으로 구성하며 장면 전환을 흐름식으로 해결함으로써 생활을 무대 위에 입체적으로 담고 연속적 과정으로 펼쳐 보이며 대사를 생활적으로 조직하고 극을 박진력 있게 발전시켰다'는 것이다. 그리하여 이 혁명연극에서는 종자의 요구에 맞는 인간관계와 이야기 줄거리가 빈틈없이 째이고 장면들이 생활의 논리에 맞게 펼쳐지며 모든 인물이 자기의 뚜렷한 형상적 과제를 가지고 나오며 모든 대사가 알기 쉽게 생활적이면서도 심오한 철학적 내용을 담게 되었다고 했다.[13]

이 밖에도 중앙위원회는 〈성황당〉의 새로움에 대한 개략적인 설명을 더 부연했다. 무대미술과 음악을 비롯한 여러 형상 수단들도 새로운 이론에 기초하여 그 역할을 최대한으로 높이는 원칙하에서 극을 엮어나감으로써 종합예술로서의 연극예술의 특성과 위력을 남김없이 살렸다고 했다. 그리고 〈성황당〉은 풍자극인데, 과거에는 처음부터 끝까지 풍자적 웃음이 일관되어야 하는 것으로 생각하고 정극적인 요소를 배제했었다. 이는 풍자극을 만들어 놓고 거기에 생활을 인위적으로 틀에 맞추는 낡은 극작법인 만큼, 이를 타파하고 생활의 논리에 따라 웃음도 있고 눈물도 있고 정서도 있게 인간 생활을 자연스럽고 진실하게 반영하였다는 것이다. 결국 연극이 억지스러움은 버리고 자연스러워야 한다는 것이므로 사실주의 방향으로 회귀하고 있음을 감지할 수가 있다.

---

13   위의 책 참조.

그에 따라 연출과 연기도 모두 자연스러움에 기반을 둔다는 것인데, 연극 형식을 먼저 규정해 놓고 그 속에 생활을 인위적으로 틀어 맞추려고 하던 종래의 낡은 연출 방법이 완전히 극복되고 생활의 본질을 보다 진실되고 생동하게 보여 주는 새로운 연출 방법이 철저히 구현된 것이었다. 그리고 연극에서 배우라는 존재는 인간과 그 생활을 진실하게 창조하는 기본 열쇠를 틀어쥐고 있는 창조자이다. 따라서 배우의 연기가 진실해야 인물 형상이 진실하게 창조되고 연극예술의 높은 사상예술성이 보장될 수 있다고 했다.

그러면서 중앙위원회는 "연극혁명을 수행할 데 대한 주체적 문예이론은 연기 현상에서 '신파'적 잔재를 극복하고 관객이 극장에 와서 배우가 무대에서 움직이는 것을 보도록 할 것이 아니라 실제 인물의 움직임을 볼 수 있도록 배우 연기를 진실하게 할 것을 요구하고 있다."고 했다. 따라서 리얼하게 하는 화술혁명이 곧 연극혁명이라고 했다. 그러면서 그들은 "연극에서 목을 누르고 꾸민 소리를 내는 종래의 신파적인 화술의 낡은 습관을 철저히 극복하고 인물의 성격과 생활 정형에 어울리는 진실하고 자연스러운 대사 형상이 새롭게 창조되었다고 했다. 또한 연극혁명은 화술뿐만 아니라 배우의 과장된 행동에서도 낡은 틀을 마스고 보다 진실되고 생동하는 형상을 창조할 것을 요구한다."는 것이었다.

이처럼 그들이 제시한 새로운 연극혁명이란 리얼리즘으로의 회귀인데, 중앙위원회도 그에 대하여 구체적으로 설명한 바 있다. "혁명연극의 사실주의적 연기 형상에 의하여 우리 인민들은 원작의 세계에 깊이 들어가 오늘의 무대에서 1920년대 말의 현실과 당대의 산 인간들을 생동하게 볼 수 있게 되었다. 여기에 바로 이 혁명연극의 배우연기가 가지는 형상적 특징과 거대한 견인력이 있다." 이 말은 사실주의 연극이야말로 1920년대에 김일성이 항일무장투쟁하는 모습을 생생하게 보여 준다는 이야기와 직결되는 것이다.

그러려면 배우의 분장도 과장되고 거친 '연극적인 것'을 버리고 외형을 세부적으로 섬세하게 조성함으로써 입체적이며 사실적인 연극 형상의 완벽성을 기해야 하며 무대미술 역시 종래의 고질적인 낡은 틀을 철저히 마스고 혁명연극의 내용에 맞으며 시대적 미감에 맞는 새로운 형식을 만들어 내야 한다고 했다. 곧 혁명연극의 무대미술은 사실주의적 표현의 깊이와 넓이를 새롭게 확대하여야 한다는 것이며 무대 전환을 빠르게 함으로써 관중들이 극 세계에 깊이 끌려 들어가게 해야 한다는 것이다. 그러려면 흐름식 무대 전환 방식을 취해야 하는데, 이를테면 배경과 장치들의 능동적인 이동과 무대 회전, 흐름막과 환등의 효과적인 배합, 국부 처리에 의한 생활의 연속과정을 보여 주는 전환 방법 그리고 그 밖의 일련의 새로운 전환 수법 등으로 무대 전환에서 근본적인 혁신을 일으켰다고 주장했다.

음악에 관해서는 〈성황당〉에서 볼 수 있는 바와 같이 모든 방창을 한 절씩만 두되 소박하고 은은한 청각적 인상을 주는 독창으로 부르게 해야 한다고 했다. 그러면서 방창과 관현악을 연결시켜 연극세계에 음악이 조화롭게 융합되도록 해야 한다는 것이다. 중앙위원회는 결론적으로 세상 사람들은 〈성황당〉을 통하여 우리 시대, 주체시대가 요구하는 혁명연극의 참다운 본보기를 보게 되었으며 이에 고무되어 낡은 연극의 틀을 마스고 사회주의 공산주의 연극예술을 성과적으로 창조해 나갈 수 있게 되었다고 했다.

이상과 같은 중앙위원회의 총론 제시가 있은 뒤 각 전문가들의 〈성황당〉식 연극혁명의 구조에 대한 구체적인 설명이 뒤따랐다.

우선 한룡숙은 〈성황당〉에 대하여 "문학예술이 인민의 심장을 울리며 인민에게서 사랑을 받기 위해서는 사회주의적 내용과 슬기롭고 다양한 민족적 형식이 옳게 결합되어야 한다."[14]는 김일성의 교시를 전제로 "연극혁명에 관한 주체적 문예이론을 빛나게 구현한 혁명연극 〈성황당〉은 연극의 내용에서뿐만 아니라 형식에서도 혁명을 일으킴으로써 주체시대의 요구와 우

---

14 천현식, 『사회주의문학예술론』, 조선노동당출판사, 1975, 225쪽.

리 인민의 지향과 정서에 맞는 새로운 혁명연극의 본보기"라면서 "혁명연극 〈성황당〉의 혁신성은 풍자극 창작에서 종래의 틀을 마스고 정극적인 요소를 배합한 새로운 양상을 개척한 것이다. 이 작품은 풍자적인 것이 압도적 비중을 차지하면서도 이와 함께 정극적인 요소도 있고 풍자적 대상에 대한 비판적 웃음과 더불어 긍정적 인물들의 눈물도 있는 새로운 양상의 풍자극"인 만큼 "우리 작가, 예술인들은 연극혁명에 관한 주체적 문예이론이 빛나게 구현된 혁명연극 〈성황당〉의 성과를 부단히 따라 배워 창작 실천에 구현해 나감으로써 온 사회의 주체사상화의 역사적 위업 수행에 적극 이바지하는 혁명적 문학예술 창작에서 새로운 전환을 일으켜야 할 것"[15]이라고 했다.

연극혁명에서 큰 자리를 차지하는 무대미술의 쇄신에 대한 설명은 김화웅이 했다. 그는 〈성황당〉식 무대미술은 현대예술사에서 특별한 자리를 차지한다면서 "그 연극혁명이 역사적 위업을 수행하는 데서 의의를 가지는 것은 위대한 수령님의 사회주의적 민족미술 건설에 관한 주체적 문예사상을 연극 무대미술 분야에 빛나게 구현하여 새로운 입체적인 무대형상을 창조함으로써 연극창조에서 미술이 응당한 역할을 수행한 덕"이라고 했다. "종래의 연극 무대미술은 격식화되어 있고 '신파적'의 낡은 틀에 매달려 단순히 배우들이 활동 장소와 환경이나 보장하는 기능을 맡고 있었다. 평면적인 매우 따분한 무대장치에 불과하였으며 또한 무대미술의 개혁을 들고나온 이후에도 무대적 제약성을 극복하지 못하였다."면서 혁명연극 〈성황당〉의 무대미술은 빠른 속도로 무대를 전환하는 새로운 경지를 개척하였다면서 다음과 같이 주장했다.

무대장치의 회전적 전환과 유동식 전환, 상하좌우로 엇바뀌는 장치들의 교차적 전환, 환등 배경 간 막 흐름에 의한 장치 전환, 국부조명에 의한 장치 전

15 한룡숙, 「풍자극에서 새로운 양상을 개척한 기념비적 명작」, 『조선예술』, 1979.1.

환 등 다양한 무대 전환 수법으로 연극이 시작되어 끝날 때까지의 극 진행 전 과정에 공간이 없이 새로운 화폭을 연속적으로 펼쳐나가면서 작품이 제기하고 있는 생활환경을 다각적으로 폭넓게 보여 주고 있다. 이것은 관객들로 하여금 극적 감흥을 계속 승화시키도록 하며 그런 감흥을 가지고 극적 사건들을 목격하게 한다. (중략) 혁명연극 무대미술이 개척한 회전식 장치전환은 장면의 변화를 기동성 있게 보장하고 있을 뿐만 아니라 작품의 주체사상을 집중적으로 힘 있게 부각시키는 역할을 한다.[16]

〈성황당〉식 무대기법은 전과 달리 과장된 신파적인 요소를 완전히 제거하고 사실적이며 속도를 높이기 위한 소위 흐름식 회전무대를 활용하는 것을 목표로 삼았다. 회전무대 기법은 이미 1935년 동양극장에서 써먹은 바 있고, 1973년 장충동 국립극장에서 최신 시설로 정착시킨 것이므로 남한에서는 전혀 새로운 것이 아니다. 그런데 김화웅의 글에서 그 어느 것보다도 눈길을 끄는 대목은 "작품의 주체사상을 집중적으로 힘 있게 부각시키는 역할"이라 볼 수가 있다. 왜냐하면 북한이 1970년대에 전력을 쏟아서 인민을 계도했던 혁명가극의 그 스펙터클한 퍼포먼스가 오히려 메시지 전달에 장애가 된다고 본 것 같기 때문이다. 따라서 그들은 속도감 있고 리얼한 작품이 메시지를 명료하게 전달한다고 보고 사실주의 작품으로 회귀한 것이 아닌가 싶다.

그에 따라 음악도 크게 축소한 것이 특징이다. 김중일은 〈성황당〉식 연극의 음악과 관련하여 음악이 사람들의 정서와 감정을 자극하고 풍부하게 해 주는 데 그 위력이 있는 만큼 그것을 연극에 잘 배합하기만 한다면 연극이 더욱더 정서적인 것으로 될 수 있으며 배우들의 연기도 더 자연스럽게 될 것인데, 〈성황당〉식 음악이 그 본보기라고 했다. "혁명연극 〈성황당〉은 연

---

16 김화웅, 「우리시대 연극무대 형상의 새 시원을 열어 놓은 〈성황당〉식 무대미술」, 『조선예술』, 1979.1.

극구성에 노래와 음악을 배합함으로써 종래의 연극에서 불과 몇 군데에 효과음악을 도입했던 것과는 비할 바 없이 음악의 비중을 높이고 있다. 〈성황당〉의 음악은 독창에 의한 방창과 혼성 대방창, 관현악, 등장인물이 무반주로 부르는 노래 등을 극 중에도 넣고 장과 장 사이에도 넣으며 호상 연결시키기도 하고 재현시키기도 하는 다양한 방법으로 도입하여 새로운 기능을 발휘하고 있다. 〈성황당〉의 음악에서 무엇보다도 새로운 것은 종래의 연극에서 알지 못하였고 또 알 수도 없었던 방창을 도입한 것"[17]이라는 것이다.

〈성황당〉식 연극 연출에서는 과거의 낡은 도식적 이론을 깨고 시대와 인민의 지향에 맞게 작품을 진실하게 만든다는 자세로 임했으며 배우들의 화술을 중시한 것이 특징이었다. 그러니까 결국은 〈성황당〉식 혁명연극이란 것은 지난 시절 김일성이 제시했던 사회주의 리얼리즘으로 회귀한 것이었다. 김일성이 자주 거론해 온 사회주의 리얼리즘은 마르크스 · 레닌주의 프롤레타리아 예술관을 이론적 기초로 하여 생활의 본질과 합법칙성을 반영하며 고도의 사상성과 예술성을 보장한다는 것이다. 따라서 세 가지, 즉 현실을 진실하게 반영하고, 공산주의자를 긍정적 주인공으로 만들어야 하며, 인민대중을 사회주의 · 공산주의 사상으로 교양하는 사업을 반드시 수행해야 한다는 것이다.

이러한 예술사상은 1932년 소련공산당 중앙위원회에서 제창한 후 1934년 '제1회 전국 노동자, 작가 동맹대회' 및 기타 모임에서 공식적으로 채택되어 공산주의 문화예술의 기본원리로 정착되었던 것이다.[18] 따라서 문예이론가 리령도 「〈성황당〉식 혁명연극의 탄생이 가지는 사상미학적 의의」라는 글에서 "〈성황당〉식 혁명연극은 바로 우리 시대 극작법 앞에 긴절하게 나선 이 극 구성법을 시대적 요구와 사실주의 연극예술의 본성적 요구에 맞게

---

17 김종일, 「〈성황당〉식 혁명연극에서 음악은 연극예술을 새로운 높이에서 완성하게 하는 위력한 수단」, 『조선예술』, 1979.1.
18 한국비평문학회, 『북한가극 · 연극 40년』, 신원문화사, 1990, 13쪽 참조.

완벽하게 해결함으로써 사회주의적 사실주의극 구성법의 빛나는 본보기를 창조하였다."면서 다장면 구성이 사회주의적 사실주의극 구성법의 본보기로 되는 것은 그것이 철두철미 작품의 사상주체적 과제와 생활반영에서 "극적 집중화의 원칙적 요구 등을 충실히 해결하면서도 어디까지나 생활을 폭넓고 깊이 있게 입체적으로 보여 준 데 있다."[19]고 했다.

그러면서 그는 이 작품이 사회주의 리얼리즘 연극의 창조적 본보기가 되는 것은 입체적 무대미술과 완성된 사실주의 연기 형상에 의하여 생활을 현실에서처럼 더욱 실감 나고 진실하게 보여 준 데 있다고 했다. 거기에 더하여 현실을 흐름식 무대로 실감 나게 다각적으로 보여 줌으로써 관중들로 하여금 무대에서 현실 그대로를 보고 느끼며 극의 세계로 깊이 끌려들어갈 수 있게 한 데 있다고 했다.

연극평론가 한웅은 〈성황당〉 관극기에서 "수령님께서 창작하신 〈성황당〉이 꺼져가는 낡은 연극에 종지부를 찍고 주체시대의 요구에 맞는 새형의 혁명연극의 탄생을 온 세상에 선포하는 것으로서 연극예술의 내용과 형식, 창조체계와 모든 영역에서 낡은 것을 뒤집어엎고 주체사상과 이론, 방법의 요구대로 근본적인 변혁을 가져온 새로운 혁명연극의 탄생은 연출과 음악, 미술 등에서의 성과들과 함께 배우의 화술과 연기에서의 근본적인 전환을 가져왔다."[20]고 평함으로써 해방 직후에 연극의 기본 형식으로 삼았던 사회주의 리얼리즘 연극에로의 복귀를 〈성황당〉식의 새로운 연극 형태라고 극찬했다.

세상에 없는 허무한 종교와 미신을 믿을 것이 아니라 자기의 힘을 믿어야 한다는 뚜렷한 사상을 지닌 이 작품에 대하여 동원된(?) 북한 관중의 솔직한 반응은 의외로 뜨거웠던 듯싶다. 유명 연출가 박관면은 관극기에서 "객석

---

19 리령, 「〈성황당〉식 혁명연극의 탄생이 가지는 사상미학적 의의」, 『조선예술』, 1979.2.
20 한웅, 「사실주의 연기의 완성을 보여 준 빛나는 형상」, 『조선예술』, 1979.2.

의 분위기는 부단히 변화되어 가고 있었다. 숨소리 하나 들리지 않던 고요가 깃든 객석이 요란한 풍자적 폭소로 변하고 잠시 후에 그것은 흐느낌 소리로 번져가기도 했다. 때로는 비장성이 서정성으로 달라졌다가 박수갈채가 그것들을 삼켜버린다. 불후의 고전적 명작 혁명연극 〈성황당〉을 공연하는 극장은 감격과 흥분의 도가니 속에 잠겨 있었다. 나도 설레이는 객석의 파도에 마음과 몸을 잠그고 무대 위의 황홀경에 완전히 도취되고 말았다."[21] 라고 극찬하면서 이 작품이 19세기의 낡은 연극의 틀을 완전히 마사 버리고 사회주의 리얼리즘 풍자극의 극치를 이루었으며 주체사상을 지도적 지침으로 한 주체적 문예이론을 구현한 독창적 혁명연극이라고 했다.

여기서 주목되는 점은 순전한 목적극임에도 불구하고 거의 동원되다시피해서 〈성황당〉을 구경한 관객들이 눈물을 흘리기도 하고 박장대소를 할 정도로 작품에 빠져들었다는 사실이다. 그러니까 아무리 이데올로기 목적물이라고 하더라도 연기나 무대기술만 좋으면 관중은 공감한다는 사실을 이 작품이 잘 보여 주고 있었던 것이다. 한룡숙도 "주체시대에 맞는 새 형의 혁명연극의 시원을 열어 놓은 이 불후의 고전적 명작은 오늘 관중들의 심장을 힘 있게 틀어잡고 그들 속에서 일찍이 있어 보지 못한 격동적인 파문을 불러일으키고 있다."[22]면서 이 작품이야말로 사람은 신이나 종교를 믿을 것이 아니라 자기 힘을 믿고 자기 운명을 자신의 힘으로 개척해 나가야 한다는 심오한 문제를 제기하고 그것을 깊이 있게 해명하고 있다고 말한다.

결론적으로 〈성황당〉은 "당의 원대한 구상과 현명한 영도에 의하여 영화혁명, 가극혁명이 일어나고 뒤이어 연극예술 분야에서도 종래의 낡고 뒤떨어진 모든 것을 쓸어 버리고 주체시대가 요구하는 새로운 연극예술을 창조하는 연극혁명이 일어남으로써 우리의 주체예술은 연극예술의 참다운 본보

---

21 박관면, 「풍자극 창조에서 새로운 전환—불후의 고전적 명작 혁명연극 〈성황당〉을 보고」, 『조선예술』, 1979. 2.
22 한룡숙, 「혁명연극 〈성황당〉의 철학성에 대하여」, 『조선예술』, 1980. 6.

기, 〈성황당〉식 연극을 가지게 되었다."[23]는 평가를 받았다.

북한에 연극혁명을 일으켰다는 〈성황당〉은 1978년도 하반기에 시작하여 2년도 안 된 1980년도 중반까지 무려 500회나 공연했고, 1982년 하반기까지는 무려 1,200회나 무대에 올렸다. 이는 거의 매일 공연했다는 이야기가 된다. 공연은 주로 평양의 대극장인 만수대예술극장(3천 석)이나 평양대극장 (2,160석)에서 이루어졌고, 1,400석 극장이 있는 제2도시 남포시립극장 정도에서도 가능했다고 볼 때, 1,200회라는 공연 횟수는 적어도 수백만 명을 동원했다는 이야기가 될 것이다. 이는 대단한 성과로서 아마도 한 작품으로 단기간에 그렇게 많은 관중을 동원한 경우로서는 세계적인 기록이 아닌가 싶다. 이는 곧 단기간에 인민들을 주체사상으로 무장시키는 데 절대적인 기여를 했을 것으로 짐작되므로 김정일이 시도한 연극의 쇄신을 통한 인민의 종교 타파라는 목적 달성 역시 충분히 이룩했을 것으로 보인다.

〈성황당〉의 부작용과 한계

다만, 여기서 간과해서는 안 될 것이 〈성황당〉이 극장 무대를 지배하던 1978년도 후반부터 1980년대 초반까지 3~4년 동안에는 이렇다 할 창작극이 나오지 않았다는 사실이다. 그럴 수밖에 없었던 것이 김일성 원작, 김정일 지휘의 〈성황당〉의 위세가 워낙 대단해서 기성 극작가들이 새로운 창작극을 내놓기가 어려웠다. 김일성과 김정일의 만기친람이 공연예술 창작까지를 절대적으로 지배했기 때문에 오히려 기성작가의 새 작품이 나오기 어려웠던 것이다.

본디 연극이란 발생부터 사회 비판적인 기능을 안고 태어났지만, 엄격하게 통제된 북한에서는 정부나 사회에 대한 비판이 금기 사항이었던 데다가 민간이 연극단체를 조직하여 활동할 수도 없는 처지였으므로 연극은 언제

---

23   신동락, 「연극예술의 발전을 위하여」, 『조선예술』, 1980.8.

나 단선적이었고, 따라서 세계연극 조류에 부응하는 새로운 공연예술이 움트기조차 불가능했다.

북한 정부는 오로지 정치 경제 안정과 발전을 촉진하는 데, 연극은 물론이고 예술 전체를 활용하는 데에 온 힘을 쏟아붓고 있었다. 6·25전쟁과 경제 파탄을 극복하는 수단으로 연극을 이용한 후, 1960년대 후반부터 1970년에는 순전히 공산주의 정착과 김일성의 우상화와 신격화를 위해서 소위 혁명가극을 활용했고, 1978년 하반기부터 1980년대 초반까지는 주체사상 확립을 위해 해방 직후에 이미 써먹었던 사회주의 리얼리즘을 조금 개선한 〈성황당〉식 연극을 내세웠던 것이다.

그 점에 대하여 조선연극동맹 이론분과위원회도 "영광스러운 당 중앙이 주체시대에 맞는 새로운 혁명연극을 창작할 데 대한 방침을 제시한 때로부터 10년이 되어온다. 영광스러운 당 중앙의 현명한 영도 밑에 우리의 연극예술은 주체시대의 요구와 인민의 지향에 맞는 〈성황당〉식 혁명연극의 탄생을 온 세상에 선포하고 새로운 혁명연극 창조의 넓은 길을 힘차게 걸어나갈 수 있게 되었다."[24]면서 당 중앙, 즉 김정일이 10여 년 동안 혁명가극과 〈성황당〉식 연극까지 주도했다고 분명히 밝히고 있다.

〈성황당〉식 혁명연극이라는 것도 1980년대 들어서서는 더 이상 앞으로 나아갈 방도를 제대로 찾지 못하는 상황에 이른다. 70년대까지 활용했던 혁명가극이 시대 변화와는 너무 동떨어지고 진부한 항일무장투쟁 이야기라서, 김일성 원작이라 감히 비판은 못 하지만 일단 낡은 것으로 보고 〈성황당〉식 연극을 시도했으나, 그마저 크게 성과가 나지 않자 당황하는 기색이 역력했다.

그런 때에 김정일이 이번에는 김일성의 저술 『사회주의문학예술론』을 다

---

24 「조선연극동맹 리론분과위원회, 주체적인 연극혁명방침의 빛나는 승리」, 『조선예술』, 1982.11.

시 끄집어낸다. "민요, 음악, 무용 등 각 부면에서 우리 민족에게 고유하고 우수한 특성을 보존하는 동시에 새 생활이 요구하는 새로운 리듬, 새로운 선율, 새로운 율동을 창조하여야 하며 우리 인민이 가지고 있는 풍부하고 다양한 예술 형식에 새로운 내용을 담을 줄 알아야 합니다."(59쪽)라는 대목이다. 즉 김정일과 그의 수하들은 1970년대를 풍미했던 혁명가극을 낡은 것으로만 치지도외하지 않고 주제와 형식의 현실화를 생각해 낸 것이다.

혁명연극의 현실화라는 숙제

최균삼은 혁명연극의 현실화와 관련하여 "우리 당은 가극혁명 수행에서 이룩한 귀중한 성과와 풍부한 경험을 총화하고 혁명 발전의 새로운 요구에 맞게 새로운 주제의 가극들을 창작하여 〈피바다〉식 가극의 창작 원칙에 따라 형상 방법과 표현 형식을 끊임없이 개선할 데 대한 방침을 제시함으로써 가극예술을 매우 발전시킬 수 있는 이론적 무기를 마련하였다."면서 〈피바다〉식 혁명가극 창작 원칙의 요구는 "자주성을 위한 인민들의 투쟁을 내용으로 하고 그것을 인민적이며 통속적이고 민족적이며 현대적인 형식으로 반영하는 것이며 그러기 위하여 인민음악 형식인 절가를 기본 형상 수단으로 하고 우리 인민에게 고유한 방창, 그리고 아름답고 우아한 민족무용과 조선화에 기초한 살아 움직이는 입체적인 무대미술 등을 유기적으로 결합시켜 가극을 만드는 것"[25]이라고 명확하게 설명했다.

그렇지만 그러한 이상적 형태의 현실화는 쉽지 않았다. 왜냐하면 그러한 작품이 연극계에서 나오지 않았기 때문이다. 아니 나오지 않았다기보다는 절대적인 통제사회에서는 나올 수가 없었다는 이야기가 적절하다. 그러한 시기에 나온 새 작품으로는 혁명연극이라 이름 붙인 리성준 작 〈충성의 해

---

25 최균삼, 「가극의 주제와 형상 방법, 표현 형식의 개선에 대한 문제를 놓고」, 『조선예술』, 1982.3.

발〉이라는 희곡이 발표되었을 뿐이다. 김일성의 부인 김정숙의 탄생 65돌을 축하하는 의미에서 발표된 이 희곡은 서장과 종장, 그리고 9장으로 구성된 장막극이다.

해방 직후 혼란기를 시대 배경으로 삼은 이 희곡은 김일성이 건국을 위해 동분서주하는 동안 김정숙이 갑자기 어느 시골 마을에 출현하여 인민들의 단결을 도모함으로써 부군의 건국 작업을 측면에서 도와주는 내용이다. 서장에서 이야기를 선도하는 설화자가 "이 땅에 거연히 솟아오른 주체의 낙원 위에 행복의 노랫소리 높을 때면 우리의 마음속에 잊지 못할 숭고한 영상이 간직되나니 아! 바람 세찬 조국의 북방에 위대한 장군님의 건국노선을 꽃피워 가신 불요불굴의 공산주의 혁명투사 김정숙 동지의 불굴의 그 모습, 그 노고의 길이 가슴 뜨거이 노래하노라!" 하고 선언하면서 막이 열린다.

산간마을에서는 부르주아와 프롤레타리아 간에 갈등이 빚어지면서 혼란이 일어날 때, 김정숙이 등장하여 "노동계급이 건국의 주인이 되자면 증산으로 나라를 받드는 것도 중요하지만 농민, 지식인, 기업인, 상인, 종교인… 모두를 하나같이 단결시켜 이끌어 나가야 합니다. 그래서 노동계급을 건국의 선봉대라고 하는 것이에요"라고 훈시한다. 이처럼 김 여사가 마을을 안정시킨 후 설화자가 "아! 김정숙 동지께서 비쳐 주신 해발 누리에 빛난다. 충성의 해발 이 땅 위에 영원히 뿌린다!"라고 찬사하면서 막이 내린다. 그러니까 이 정도의 희곡이 나온 후에 이렇다 할 작품이 보이지 않았다는 말이다.

김정일 개인숭배가 시작된 1980년대

그러한 상황에서 연극인들과 관중은 자연스럽게 예술 분야를 직접 총괄함으로써 인민의 마음과 정신을 틀어쥔 김정일만을 바라보는 처지였다. 때마침 1980년 10월에 제5차 대회가 열린 지 10년 만에 조선노동당 제6차 대회가 열림으로써 북한 전체에 큰 변화가 일어난다. 다름 아닌 그동안 베일 속에 감춰져 있던 김정일을 대내외에 화려하게 등장시킨 극적 쇼였다. 좀더 구체적으로 설명하면 김정일이 단번에 정치국원이 되는 동시에 비서국 비서, 군사위원까지 됨으로써 부친 김일성 및 김일, 오진우에 이어 군력 서열 제4위에 오르게 된 것이다. 그 대회에서 채택된 조선노동당대회의 결정서는 "1970년대의 당 사업은 획기적 전환점을 만들었는데, 그 주된 성과는 혁명위업을 대를 이어 끝까지 완성하여 우리 당을 영원히 주체의 혁명적 당으로 강화 발전시킬 수 있는 조직 사상적 기초가 다져진 것"이 가장 큰 성과라고 했다. 이 말은 곧 전반적 세대교체와 김정일 후계 체제의 공고화 작업을 주요한 과제로 계속 추진해 나갈 것임을 천명한 것이다.

실제로 그로부터 북한의 전 사회에서 세대교체가 이루어져서 노동당 정위원의 90%를 차지하고 있던 항일무장투쟁 관련 혁명 1세대가 50%로 감축되고 혁명 2세대와 테크노크라트가 50%를 차지할 정도가 된다. 김일성은 국방과 외교만 맡고 나머지 대부분의 국정을 김정일이 담당하면서 북한은 2인 공동 통치체제로 탈바꿈했다.[26] 그렇게 되자 김정일에 대한 개인숭배 캠페인도 활발해질 수밖에 없었다. 특히 개인숭배 캠페인에서 그의 장기 (長技)라 할 문화예술 진흥에 대한 상찬이 대단히 중요한 부분을 차지하는 것은 극히 자연스런 것이었다. 왜냐하면 지도자가 큰 업적이 있어야 하는데, 김정일은 혁명세대가 아니므로 항일무장투쟁을 능가할 만한 업적으로 1960년대부터 1970년대에 걸쳐서 이룩한 예술 성과를 내세울 수밖에 없었던 것이다.

흥미로운 점은 김정일 개인숭배에 대한 글은 제3세계, 즉 아프리카인으로부터 나왔다는 사실이다. 에티오피아인 베겔레 쎄윰이「현명한 지도자 김정일 동지는 공산주의의 붉은 태양」이라는 시에서 "자주시대의 노을이

---

26 이종석,『북한의 역사―주체사상과 유일체제 1960~1994』, 역사비평사, 116~119
    쪽 참조.

제3부 김일성 우상화 수단으로서의 연극

피어나/공산주의 붉은 태양이 솟았나니/그이는 현명한 지도자 김정일 동지/인민의 여원을 담아/온 누리에 광휘로운 빛을 뿌리며/찬란한 공산주의 태양으로/솟았어라/빛나는 예지에 뛰어난 재능/인자하신 성품을 지니신 그이는 /위대한 사상이론가이시고/혁명과 건설의 영재/인민의 참된 지도자…"라고 칭송했고, 탄자니아의 한 대학생은 「위대한 향도자의 별」이라는 제목으로 "위대한 별 밝은 별이/지구 위에 솟아올랐어라/주체의 태양 빛나는 우리 시대의 하늘에/찬란한 향도의 별 솟아/시대의 앞길 더욱 휘황히 밝혀 주리라/아! 만민의 끝없는 기쁨과 감격/누리를 진감하는 들끓는 환호/이렇듯 온 세상에 차고 넘친 적은/정녕 역사에 없었어라…"[27] 운운하는 찬양 일변도의 시를 북한 잡지에 게재한다.

때마침 친북 국가 시리아의 기자이며 작가인 무하마드 알 미쑤리가 『김일성주의 리론과 실천』이라는 책의 2부로 『김일성주의 위업의 빛나는 계승』을 펴냈는데, 이는 바로 김정일의 업적을 평가한 내용이었다. 거기서 미쑤리는 김정일의 현명한 지도로 문화예술 발전에서 세기적 전변이 일어났다면서 "친애하는 김정일 동지의 불타는 창작적 열정과 세련된 지도로 오랜 세기를 두고 피라미드처럼 굳어졌던 문학예술의 낡은 형식과 체제들이 허물어지고 인류가 이제까지 보지도 듣지도 못하던 완벽한 문예작품들이 수많이 나오게 되었다."[28]고 극찬을 아끼지 않았다. 이는 주로 혁명가극을 지칭한 것이었다.

그리고 유고슬라비아의 탄유그통신 사장 알렉산다르 바꼬쉐위츠 역시 의례적이긴 하지만 김정일에 대하여 "친애하는 김정일 동지께서는 정말 예술의 대가, 예술의 천재이시다. 사람들은 흔히 예술은 곧 생활의 반영이며 생활 속에서 나온다고 한다. 저도 지금까지 그것을 믿어 왔다. 그러나 조선에

---

27 『조선예술』, 1982.9.
28 「김일성주의 위업의 빛나는 계승」 중에서 「…20세기 문예부흥의 창시자」, 『조선예술』, 1982.10.

와 보니 참다운 예술은 예술의 천재가 없이는 창조될 수 없다는 것을 알게 되었다. 조선의 예술과 같은 극치의 예술은 이 세상 어느 나라에서도 찾아볼 수 없다. 이 세상에 있는 근 150개 나라의 모든 예술인들의 힘과 지혜를 다 합친다 해도 영명하신 김정일 동지께서 지도하신 음악 무용서사시 〈영광의 노래〉처럼 높은 경지의 예술작품을 창조해 낼 수 없을 것"[29]이라고 극찬을 아끼지 않았다.

외국인들의 극찬뿐만 아니라 국내에서의 평가 역시 대단했음은 물론이다. 월간 『조선예술』은 30회에 걸쳐 그가 예술 분야에 남긴 업적을 구체적으로 설명했다. 정극으로부터 시작하여 혁명가극, 영화, 미술, 무용, 문학, 음악, 교예(서커스) 등을 창조 발전시키는 한편, 수천 년 동안 전해져온 국악기를 대폭 개조했으며 새롭고 독창적이라는 문예이론도 제시했다. "소재와 주제, 사상을 유기적인 연관 속에서 하나로 통일시키는 작품의 기초적이며 핵"이라는 종자론도 그가 1970년대에 창안한 예술론이다.

그에 못지않은 일로서 김정일이 김일성에 대한 인민의 충성심을 고취하고 더 나아가 신격화를 꾀하기 위한 거대 상징물들을 신축한 바도 있다. 그가 막대한 자금을 요하는 거대 상징 기념물을 건축할 수 있었던 것은 외교와 국방을 제외한 국정 대부분을 책임지는 위치에 올랐기 때문이다. 제2차 7개년 계획의 경제 개발이 정체되자 거기에 박차를 가하기 위한 소위 '속도창조운동'을 벌이면서 그 일환으로 주체사상탑을 위시하여 개선문, 김일성경기장, 인민대학습당, 창광거리, 문수거리 등을 건축 조성한 것이다.

그가 김일성보다도 더 광범위한 국정을 책임지면서 전처럼 예술 전반을 직접 지휘하기 어려운 처지에 놓이자 연극 등 공연예술의 진척이 느슨해지고 활력을 잃을 수밖에 없었다. 물론 1980년대 초반까지도 그가 좋아하고

---

29 알렉산다르 바꼬쉐위츠, 「예술은 예술의 천재가 없이는 창조될 수 없다」, 『조선예술』, 1983.3.

열정을 쏟았던 영화에 비해서 무대예술이 뒤처졌던 것도 사실이었지만 그래도 무대예술이 갖는 선동성 때문에 그의 직접적인 지도와 참견이 잦았던 것도 사실이었다. 그럼에도 불구하고 그가 국정을 책임지면서부터는 연극이 한동안 활력을 잃는 처지에 놓이게 되었음을 부인하기 어렵다. 그렇기 때문에 1980년대 초중반까지만 해도 〈성황당〉이 무대예술 장르의 대표작으로서 자주 무대에 올려지고, 그들 스스로 낡은 것이라고 했던 1970년대의 혁명가극의 대표작들, 이를테면 〈피바다〉를 위시하여 〈꽃 파는 처녀〉 등이 자주 재탕 공연되곤 했다.

두번째 혁명연극 〈혈분만국회〉

그러다가 1984년 4월 김일성의 72회 생일을 기념하기 위하여 〈성황당〉식 혁명연극으로서는 두 번째로 국립연극단에 의하여 〈혈분만국회〉가 화려하게 무대에 오르게 된다. 그 작품이 〈성황당〉에 이어 두 번째의 혁명연극이 된 것은 김정일의 혁명연극관과 절대적인 지시에 따른 것이다. 월간 『조선예술』의 기자는 혁명연극전통은 김일성이 소년 시절에 독립운동을 하면서 창작한 것이 시발점이 되는바, 그것을 우리 시대의 요구에 맞게 무대에 다시 올리는 사업이 중요하며 원작에 충실하도록 종자를 살리면서도 예술 형태의 특성을 살리는 한편 생활의 폭을 시대적 미감에 맞게 넓히라고 했다.[30]

이 작품도 김일성이 항일 빨치산투쟁 당시 창작한 희곡으로서 수년 전부터 이미 여러 번 무대에 올려져 익숙한 공연물이었다. 나라의 운명이 풍전등화에 처해 있던 1907년에 미국인 헐버트로부터 헤이그에서 제2차 만국평화회의가 열린다는 귀띔을 받은 고종이 밀령을 내려 이준(李儁) 열사는

---

30 「우리 당이 연극 부문에 이룩한 불멸의 업적을 옹호 고수하고 더욱 빛내이자」, 『조선예술』, 1985.5.

이상설, 이위종 등과 회의 개최일인 6월 5일에 의장에게 고종의 친서를 전달하는 등 활약했으나 일본 측의 반대로 본회의에 참석을 못 하자 기진맥진한 끝에 순국한 사건을 소재로 한 것이다. 그래서 그 통탄스러움을 의미하는 뜻으로 〈혈분만국회(血憤萬國會)〉라고 명명한 것 같다.

미신 타파에 이어 자주자존에 의한 주체사상 구현을 위한 작업으로 '남의 말을 들으면 나라가 망할 수 있다'는 간단한 주제의 이 작품을 택한 김정일은 심혈을 기울여 〈혈분만국회〉 창조에 나선 듯싶다. 국립연극단원인 민영옥에 의하면 "친애하는 지도자 동지께서는 이 원대한 구상을 실현하기 위한 사업으로 1980년 9월에 혁명연극 〈혈분만국회〉 원작 고증조를 친히 알려 주시고 원작 고증사업에서 있을 수 있는 편향들을 예견하시어 원작 고증사업에 대한 구체적인 방향을 밝혀 주시었다. 그리하여 친애하는 지도자 동지의 지도 밑에 혁명연극 〈혈분만국회〉를 무대에 올릴 수 있는 준비사업이 갖추어지게 되었다."[31] 이로써 국정 운영으로 분주함에도 불구하고 김정일이 직접 앞장서서 이 작품의 창조에 관여하며 역사 고증에서부터 창작의 방향까지 제시해 주었음을 알 수 있다. 특히 김정일은 이 작품이 다음 해 11월 16일 초연될 때까지 계속해서 자료를 보내 주는 등 열성을 쏟았다.

그렇기 때문에 민영옥은 같은 글에서 "우리 창작가, 예술인들은 하루빨리 연극을 훌륭히 창조하여 위대한 수령님과 친애하는 지도자 동지께 기쁨을 드릴 충성의 결의를 안고 보람찬 창작전투를 벌여나갔다. 당 조직의 지도 밑에 진행되는 창작전투는 당의 정치적 신임에 높은 정치적 자각과 기술로써 충성으로 보답하려는 일념으로 가슴 불태우는 창작가, 예술인들의 높은 충성심과 창조적 열의로 충만되었다."고 썼다. 민영옥의 글에서 확인할 수 있는 바와 같이 〈혈분만국회〉는 순전히 김정일의 의견에 전적으로 의존

---

31 민영옥, 「향도의 해발 아래 무대에 오른 혁명연극 〈혈분만국회〉」, 『조선예술』, 1984.8.

하였으며 주인공 이준을 단순한 반일 애국자를 넘어 공산주의 사상을 지닌 인물로까지 형상화했음을 알 수 있다.

이 작품에는 실존인물들인 이준, 이상설, 이위종, 헐버트 등 외에도 서대감, 박순절, 최옥녀, 주형각, 장세환, 이완용, 스즈키 등 미국인과 일본인들이 등장한다. 시간적 공간적 배경은 1906년 가을부터 1907년 여름까지의 서울과 북간도, 헤이그로 한정되어 있어 기록극 비슷하게 만든 것이 특징이다. 서장과 9장으로 구성한 점에서 북한의 혁명가극의 틀을 그대로 차용하고 있음을, 간간이 음악을 삽입한 점에서 〈성황당〉식 연극임을 확인할 수 있다.

제1장은 이준 열사가 국권 회복을 위한 계몽운동과 의병 활동을 하는 내용인데, 그의 딸(금영)이 간단한 노래를 부른다. 그 내용을 보면 당시 노동당과 김정일이 중요시하고 권장했던 인민들의 배움과 깨우침에 포커스를 맞추고 있는 것이 특징으로 부각되고 있다. "다정한 내 동무야 소꿉놀이 정신 팔 제/배움의 좋은 시절 냇물처럼 흘러간다./종소리/울려오는 학교로 어서 가자/지식은 광명이요 무식은 암흑일세." 제2장에서는 이준이 헐버트로부터 만국평화회의에 대한 주요한 정보를 전해 듣고, 참석 여부를 두고 정부 측 인사와 한바탕 논쟁이 벌어지고, 통역과 고종 알현 문제 등에 대하여 분분한 대화가 오간다. 작품은 역사극답게 연대기처럼 진전되는 순서에 따라 전개되는데, 제4장에서는 자연스럽게 이준이 집을 나서 북간도를 거쳐 헤이그로 떠나는 과정에서 가족과의 눈물 어린 이별의 장면들을 신파극처럼 다루고 있다.

제5장에서는 북간도에서 이준이 외국어에 능통한 이위종을 설득하는 대목에 많은 부분을 할애했고, 망설이던 이위종은 의병 활동을 하고 있던 최옥녀 이야기에 솔깃하고 결국 헤이그에 가기로 결심한다. 여기서 이준은 의병 활동만으로는 나라를 구할 수 없고 미국과 같은 강대국의 도움을 받아 인류의 양심에 호소해야 독립을 할 수 있다고 역설한다.

이준 혈서를 쓴 목수건을 받아 안는다.

이준　　태복이!… (이위종을 발견하고) 보오! 백성들의 마음은 이렇소! 그는
　　　　자기의 마지막 피 한 방울까지도 나라를 위해 바쳤소. 그런데 군은
　　　　제 나라를 버리고 안식처를 찾아 외국으로 도망치겠단 말이지! 비겁
　　　　하고 너절하오.

이위종　선생님! (큰 충격을 받은 듯 머리를 떨군다)

최옥녀　우리 두령을 하던 놈은 군자금을 훔쳐가지고 달아났습니다. 저희들
　　　　은 지금 어떻게 싸워야 할지 몰라 갈팡질팡하고 있습니다. 선생님!

이준　　옥녀! 의병으로는 도저히 나라를 구할 수 없네.

최옥녀　네?

이준　　우리나라와 같은 약소국가는 미국과 같은 큰 나라의 도움을 받아 인
　　　　류 양심에 호소하여 피를 흘리지 않고 나라를 독립해야 한다는 것일
　　　　세.

　이상과 같이 급박한 상황에서 강대국 미국의 도움을 받아야 한다고 한 이
준의 말을 강조한 것은 역설적으로 외세에 의존하면 독립을 얻지 못한다는
점을 부각하기 위한 것이었다. 그렇다고 해서 이준이 외세 의존적인 인물은
아니고 매우 현실적인 민족주의자임이 그 다음 장에서 드러난다.

　제6장은 일행이 헤이그에 도착하여 외교 활동을 전개하는 이야기다. 이
준은 고종 황제의 친서를 들고 우여곡절 끝에 준비위원장인 폰레스를 만나
본회의 참석을 요구하지만, 폰레스는 조선이 외교권을 일본에 양도해서 불
가능하다고 거부한다.

폰레스　당신들을 대표로 인정할 수 없습니다.

이준　　그게 무슨 말입니까? 우리는 당당한 독립국가의 대표들입니다.

폰레스　당신네 조선이 일본국에 외교권을 양도하지 않았습니까?

이준　　각하! 양도한 것이 아니라 일본국이 강권으로 빼앗았습니다.

제7장에 들어서서 헐버트를 매개로 미국 대표들을 설득하려 했으나 의외로 미국 대표들은 일본 편을 드는 것으로 그들이 표리부동하고 교활하여 못 믿을 사람들임을 부각하고 있는 데서 북한답다는 생각이 든다. 이 대목에 대하여 북한의 어느 평론가는 "미국이야말로 조선의 자주권을 유린한 교활성과 음흉성을 적나라하게 드러내고 있다."고 말한다. 이어지는 제8장, 다시 한양의 서 대감(서광범?) 집이 무대가 된다. 서 대감은 박순절 상궁이 궁성에서 돌아오기만을 기다리고 있다. 귀가한 박순절은 이등박문이 찾아와서 고종에게 밀사 파견에 책임을 지라고 협박했다는 이야기를 한다. 이준의 아내 이일정과 박순절의 노력에도 불구하고 결국 일본 뜻대로 고종이 만국평화회의에 밀사 파견이 없었다는 전보를 쳐야 하는 황당한 일이 벌어진다. 여기서 서 대감의 무기력감과 주형각의 배신이 일어나기도 한다.

제9장, 다시 헤이그의 만국평화회의장으로 무대를 옮겨져서 이준과 일본 대표 스즈키 사이에 을사늑약의 허위성을 놓고 치열한 논쟁이 벌어지는데 의외로 본국 고종의 '밀사 파견 없음'의 전보가 도착하면서 전세가 불리해진다. 이위종과 이상설이 경찰들에게 끌려나갈 때, 이준은 "민족자결이라구? 당신들이야말로 평화와 정의에 대해 지껄일 자격이 없소! 내 말을 들거라! 우리 조선은 완전한 독립국가이며 을사보호조약을 인정하지 않는다. 우리 조선 사람은 왜놈의 노예가 되기를 원하지 않는다." 그러고 나서 할복자결을(그동안 곡기를 끊어온 탓에 충격으로 죽었다는 설도 있다) 감행하는데, 그는 자신을 부축하는 이위종과 이상설에게 실나락 같은 낮은 소리로 "우리가 그처럼 애써 찾은 국권 회복의 밝은 빛이란 결국 허위였소. 내 할 수만 있다면 저 하늘에 이 세상 모든 사람들이 다 볼 수 있도록 이 붉은 피로 글을 새겨 놓고 싶소. 남의 힘을 믿으면 나라가 망한다고"라는 말을 남기고 운명한다.

이 장면을 통하여 북한이 전하려는 메시지는, 이준이 나라를 구하겠다는 신념만은 철석같이 굳건했으나 혁명의 올바른 지도자 정신을 못 가졌기 때문에 인민들의 자주적인 힘을 믿지 못하고 외세에 의존함으로써 비극적 운명을 맞을 수밖에 없었다는 것이다. 그렇다면 북한의 전문가들은 이 작품에 대하여 어떻게 평가했을까. 리대철은 "혁명연극 〈혈분만국회〉는 국권 회복을 이룩하기 위한 참다운 길을 찾지 못하고 몸부림치던 리준이 큰 나라에 기대를 걸고 만국평화회의에 참가하였으나 뜻을 이루지 못하고 배를 가르는 피의 역사적 교훈을 통하여 자주성을 위한 투쟁에서 무엇을 믿고 어떻게 투쟁해야 하는가 하는 문제에 심오한 예술적 해답을 주고 있다. 다시 말하면 연극은 외세 의존은 망국의 길이며 오직 자주정신만이 이 나라의 자주권을 지킬 수 있다는 심오한 진리를 밝히고 있다."[32]면서 이 땅 위에 아직 주체의 빛발이 비쳐오기 이전에 수많은 애국지사들은 이 주체의 진리를 깨닫지 못한 탓으로 피눈물 나는 수난의 길, 사대와 외세의 진창길을 걷지 않으면 안 되었다고 했다. 리대철은 이준이 죽으면서 외친 대사, "우리가 그처럼 애써 찾은 국권 회복의 밝은 빛이란 결국 허위였소, 내 할 수만 있다면 저 하늘에 이 세상 모든 사람들이 다 볼 수 있도록 이 붉은 피로 글을 새겨 놓고 싶소, 남의 힘을 믿으면 나라가 망한다고"를 인용했다. 그러면서 그는 다음과 같이 결론지었다.

이 연극의 창조 과정은 〈성황당〉식 혁명연극의 성과를 더욱 공고 발전시키는 것이 주체적 연극예술을 새로운 높은 단계로 발전시키는 가장 정당한 길이라는 것을 확증해 주고 있다. 연극은 심오한 철학적 깊이, 높은 사상성과 예술성으로 하여 우리의 주체적 연극예술이 거둔 특출한 성과작으로, 연극예술에 관한 우리 당의 독창적인 사상과 이론의 정당성과 생활력을 과시한 또 하나의 기념비적 작품으로 된다.[33]

한편 캐릭터 측면에서 이 작품을 분석한 장영은, 김정일이 그의 『영화예

---

32 리대철, 「력사의 교훈을 통하여 자주의 진리를 밝힌 불멸의 화폭」, 『조선예술』, 1984.6.
33 위의 글 참조.

술론」에서 주창했던 「민족적 관습이 진하게 배어 있는 지난날의 생활을 그리는 경우에는 력사주의적 원칙과 현대성의 원칙을 지키는 것이 중요하다」라는 글 가운데 역사주의적 원칙이란 역사적 인물과 사건을 과장하거나 왜소화함이 없이 해당 시기에서의 그의 긍(肯)부정적 측면을 정확히 고찰하는 것이고 현대성이란 현대적 미감에 맞게 묘사한 것이라 정의했다. 그러면서 이 작품과 관련해서 "제국주의자들은 모두 한 배속이므로 그들이 민족적 독립을 지지해 주리라고 생각해서는 절대로 안 되며 나라의 독립은 외세에 의존하는 방법으로서가 아니라 어디까지나 민족 자체의 단합된 힘으로 침략자들을 몰아내야만 이룩할 수 있다는 력사의 교훈을 가르쳐 주고 있다."면서 〈혈분만국회〉는 리준의 형상을 통하여 사람들로 하여금 외래 침략자들과 착취 계급을 끝없이 미워하는 계급의식을 높이도록 하며 외세에 대한 환상을 버리고 자신의 힘으로 나라의 운명을 개척해 나가는 자주의식을 간직하도록 하는 데서 중요한 교양적 의의를 가진다고 했다.[34]

혁명연극의 두 번째 작품인 〈혈분만국회〉는 이준의 헤이그 밀사 사건을 순전히 북한 특히 김정일의 시각에서 풀어나간 것이 특징이다. 북한에는 진정한 비평이 없고 일방적 찬양만 존재하기 때문에 이 작품에 대하여도 진지한 토론은 역시 부재했다. 더구나 김일성 원작에 김정일이 각색한 작품을 감히 누가 감히 비판할 수 있겠는가. 오히려 김일성을 비롯한 북한의 수뇌부는 모두 관람했을 것이고, 북한 현대극의 고전으로 남게 된 것이다.

1980년대 중반의 단막극들

1985년부터 후계자 김정일은 국사에 더욱 깊숙이 간여하여 어려운 경제 활성화에 진력한다. 그해 당중앙위원회 제10차 전원회의에서 채취공업 부

---

34 장영, 「역사물 창작에서 인물의 전형화 문제—혁명연극 〈혈분만국회〉를 중심으로」, 『조선예술』, 1984.9.

문을 적극 지원하자는 내용이 포함되어, 그것을 선전하는 희곡들 여럿이 눈에 띄기도 했다. 그 시기에 나온 새로운 희곡들로서 대중의 관심을 불러일으킨 작품들은 문응량의 〈우리 집〉을 위시하여 류인혁의 〈산간역에 비낀 노을〉, 항대렬의 〈눈 높은 처녀〉, 김근엽의 〈해돋이〉, 전평창의 〈뻐꾹새 운다〉, 그리고 림희문의 〈만민의 별〉 등이다.

우선 문응량의 단막희곡 〈우리 집〉은 해방 직후를 시대 배경으로 하여 김일성 부부 중에서도 다분히 김정숙, 즉 김정일의 생모에 포커스를 맞춘 작품이라는 점에서 주목된다. 왜냐하면 김정일이 후계자로 부상하기 전까지만 해도 김정숙만을 우상화하는 작품은 별로 없다가 김정일이 권력을 잡으면서부터 자주 그런 유형의 희곡이 등장했기 때문이다. 그런데 흥미로운 점은 김일성 소년 시절의 항일투쟁에 강점을 두었던 경우와 달리 김정숙의 경우는 주로 해방 이후의 활동에 주안점을 둔 것이 색다르다. 그러니까 김정숙은 주로 해방공간에서의 정권 수립과 안정에 진력하는 모습을 부각하는 데 주안점을 두었다고 말할 수가 있을 것 같다.

가령 〈우리 집〉만 보더라도 해방 직후의 불안정한 사회에서 앞으로 나라 재건에 역할을 할 주요 기술자 가족에게 김정숙이 직접 나서서 새 집을 마련해 주는 내용이다. 마을의 일에 앞장서고 있는 인민혁명군 출신의 여성 리더는 저간의 사정을 다음과 같이 설명했다.

> 순옥　기사 선생! 여사께서는 기사 선생의 고통을 자신의 고통으로, 기사 선생의 기쁨을 자신의 기쁨으로 여기시며 기사 선생을 위해 얼마나 마음 쓰셨는지 모릅니다. 며칠 전에 있은 일입니다. 드디어 기사 선생의 가족이 장진에 있다는 소식을 들으신 여사께서는 됐구먼, 됐어! 오늘은 십 년 묵은 내 병이 뚝 떨어지는 것 같구만, 우리가 종학 기사 선생의 집을 하나 잘 마련해 주자구, 그래서 지난날 세방도 없어서 갖은 고생을 다 했고 오래 동안 서로 소식도 모르고 헤어져 있던 가족이 한데 모여 살게 해 주자요, 그러시면서…

분녀	흐흑…
순옥	여사께서는 저를 떠나보내시면서 기사 선생이 평생 소원이던 자기 집에서 가족들과 함께 행복하게 살 것을 생각하니 자신께서도 기운이 솟는다고 하시며 한 푼 두 푼 저금해 두셨던 돈을 저에게…

이상은 김정숙의 의사를 전하는 여성 일꾼 순옥과, 해방을 맞아 감옥에서 갓 풀려난 기술자 남편(종학)과 재회한 아내 분녀와의 대화 한 토막이다. 빨치산 출신의 김정숙이 지난 시절의 군복을 입은 채 남편 김일성과 함께 동분서주하면서 인민들의 고단한 생활을 일일이 돌보았고, 재건에 크게 기여할 과학기술자들을 특별히 아꼈으며, 건국하는 데 남편 못지않은 역할을 했다는 사실을 이 희곡에서 리얼하게 묘사하고 있는 것이다.

김정숙이 기술자를 특별히 돌본다는 점은 제6차 대회에서 강조한 바 있는 채취공업, 즉 북한의 주력산업인 광산 개발의 주역 기술자를 중시한다는 메시지를 부각하고 있다. 당시 남북한 모두가 해방공간에서 건국 준비에 분주했던 만큼 건설의 일꾼이라 할 기술자들이 대우받을 수밖에 없었다.

황대렬의 〈눈 높은 처녀〉도 같은 맥락으로, 여의사가 자신에게 걸맞은 지체 높은 남성들을 모두 제치고 '어버이 수령님과 친애하는 김정일 동지께 기쁨을 드리겠다는 뜨거운 마음으로 집과 부모를 떠나 오직 탄광에 자기의 모든 희망과 청춘을 바치고 사는 탄광부'에게 시집을 가기로 결심하는 내용이다. 평론가 김룡세는 이 작품과 관련하여 "우리 시대의 가장 아름답고 훌륭한 인간은 높은 직무나 직업에 관계되는 것이 아니라 당과 수령이 부르는 어렵고 힘든 부분으로 남 먼저 달려갈 줄 아는 인간, 그곳에서 알려진 혁명 업무를 충실하게 해재끼는 인간이라는 것을 깊이 있게 밝혀 주고 있다."[35]면서 이 작품이야말로 혁명적 수령관과 주체의 인생관에 기초하여 우리 시대

---

35 김룡세, 「시대정신의 탐구, 참신한 극적 형상」, 『조선예술』, 1985.11.

청년들이 지닌 시대정신의 높이를 새롭게 탐구해 내고 그것을 참신한 극적 형상으로 감명 깊게 보여 주었다고 극찬한 바 있다.

처음에는 탄광부와의 결혼을 극렬하게 반대했던 여의사의 모친도 마음을 180도 바꿔 가족 모두가 아예 탄광 마을로 이사하여 살겠다고 결심할 정도가 된다. 딸이 탄광부에게 시집가기로 결정한 직후 모친 상녀는 다음과 같이 말한다.

> 상녀　됐다. 이 어머닌 찬성만 한 게 아니라 너희들이 바란다면 사위 따라 아주 탄광 마을로 가서 살 작정까지 했다구 말이다. 호 호 호…

한편, 전평창의 〈뻐꾹새 운다〉는 농촌의 기계화운동을 장려하는 내용이다. 〈뻐꾹새 운다〉가 앞선 두 작품과 다른 점은 통치자에 대한 무조건적인 충성 권장이 없고 기술자에 대한 존중보다는 농촌의 기계화를 앞장서 실천하는 청년을 상찬하면서 농촌의 현대화를 추구한 점이고, 공통점이라면 농촌의 현대화를 통한 조국 건설을 추구하고 있는 바라고 하겠다.

작품에서는 딸이 농촌 기계화에 앞장서는 청년과 함께 은밀하게 도시로부터 기계를 들여오는 일을 하자, 그 모친 리씨가 마을에 도시바람을 일으킨다고 분노하다가 사실을 알고는 무안해한다. 리씨가 "저것들이 고향 마을을 잘 꾸리기 위한 좋은 바람이 난 것도 모르고… 내 그만 정신이 쑥 빠졌댔지"라며 겸연쩍게 웃자 협동농장 분조장 만호는 "예, 우리 모두 힘을 합쳐 고향 마을을 도시 부럽지 않는 보다 문명한 사회주의 문화농촌으로 일심 있게 꾸려갑시다."라고 화답한다. 종결 부분에서는 다음과 같은 방창이 울려 퍼진다. "뻐꾹새가 노래하는 곳/사랑하는 내 고향일세/로동으로 행복을 열고/로동으로 꽃이 피는 곳/아 언제나 좋은 것일세/아 내 고향 어머니 품아".

그 뒤에 림희문의 〈만민의 별〉이라는 매우 이색적인 희곡이 발표되었다. 여기서 필자가 이색적이라고 지칭한 이유는 이 희곡이 북유럽의 어느 해안

도시를 배경으로 하고 있으며 동시에 그 나라의 유명한 시인과 그 가족이 주인공으로 등장해서이다. 일찍부터 김일성의 주체사상을 숭상해 온 페테르 모켈로라는 시인은 임종이 가까운 병석에서도 오로지 김일성, 특히 후계자 김정일을 '만민의 별'이라고 칭하면서 존경함과 동시에 찬양시까지 쓰고 있다. "아 시대의 경사/인류의 대경사!/향도의 별을 맞이한/인류의 기쁨 감격의 환호/지구를 진감하고/영광의 노래 행복의 노래는 하늘가에 닿아/여기 북구라파의 나라/이름 없는 시인의 가슴도/저 푸른 발찍해의 물결처럼/설레는 이 시각/위대한 영도의 별 우러러/싸이마 호수처럼 맑고 깨끗한 충성의 마음 안고/백야의 하늘에 울려퍼지는/흠모의 노래 모두 합쳐/삼가 축복의 노래 드리옵니다/친애하는 지도자 선생님께/영광 영광 영광을 드리옵니다!"[36]

김씨 부자에 대한 절대적 신봉자였던 시인이 가정형편으로 곤경에 처하자, 평양의 김정일은 즉각 특사를 파견하여 시인을 꼭 살리도록 여러 가지로 돕는다. 그에 감격한 시인 모켈로는 답례로 즉흥시 「만민의 별」(아 별! 별!/내 마음에 비쳐 온/향도의 별!/그 별 조선의 하늘가에 솟아/누리를 밝히고/그 별 위도와 경도를 넘어/낮과 밤 가림 없이/밝은 빛 뿌리나니/주체의 태양을 받들어 빛나는/향도의 큰 별 김정일 동지이시여/그이는 인류 만민의 가슴가슴에 영원한 생을 주고 참된 삶을 준/은혜의 별 사랑의 별/무궁한 미래에 길이 빛날/시대의 별/그이는 이 땅 위에/이 하늘 아래 사는 참된 사람들/한마음으로 우러러 받들고 모시는/만민의 별/민민의 별이시여라!)을 은은하게 읊조리고, 시인과 대표 단원들이 발트해의 물결이 출렁이는 푸른 바다 너머 별을 바라보는 가운데 감격의 막이 내린다. 북한에서 김정일이 공식 후계자로 지명되고 나서 그가 국내는 물론이고 제3세계와 서양에서까지 크게 인정받는 것처럼 선전하고 있었다는 점을 확인할 수 있다.

그다음에 나온 작품 〈해돋이〉는 조금 다르게 김정일의 조부모 김형직(金

---

36 림희문, 「만민의 별」, 『조선예술』, 1986.2.

亨稙, 1894~1926), 강반석의 독립투쟁 이야기이다. 김일성 가족의 독립투쟁 본거지라 할 만주 무송을 배경으로, 1926년 김형직 부부가 독립운동의 일환으로 야학 백산학교를 열었던 이야기가 핵심 주제이다. 특히 백산학교를 열어 민중계몽운동을 하던 김형직이 타계하면서 그 지역의 유력자였던 지주 변(邊)가가 일본 세력을 등에 업고 백산학교를 폐쇄하려는 음모를 꾸미는 이야기가 희곡의 기본줄기를 이루고 있다.

> 설봉 　김형직 선생님께서 세워 주신 우리 학교를 지켜야지, 사모님께서는 선생님을 잃으신 슬픔을 이기면서 학교를 위해 온갖 정력을 다 쏟고 계시는데… 이 일을 어찌 사모님의 어깨에만 실리겠소. 요즈음 변가 놈은 왜놈의 손발이 되어 칼 찬 놈들과 꿍꿍이를 하고 있지, 그러니 그놈은 우리 백산학교에 큰 위협으로 되고 있소.

위의 대사는 백산학교 교사가 학생들과 마을 사람들을 모아 놓고 그 지역의 지주가 일본 세력을 등에 업고 설립자인 김형직이 갑자기 타계한 직후 폐교를 시도하는 음모를 분쇄해야 한다는 취지로 한 말이다. 주목할 만한 사항은 이 희곡이 상당한 사실에 근거하고 있다는 점이다. 실제로 무송에서 야학을 세워 독립운동을 하던 김형직이 1926년 6월 5일에 한 공산주의자에게 암살을 당했으며 그가 타계한 직후 우연히 국내에서는 학생들이 중심이 되어 순종의 인산일(因山日)을 계기로 6 · 10만세 사건이 일어나 시국이 뒤숭숭해지고 일제의 탄압이 혹독해졌다. 〈해돋이〉는 이러한 역사적 사실에 바탕을 두고 창조된 작품이라는 점에서 흥미롭다.

작품 속에서는 김형직의 숭고한 뜻을 이어받겠다고 남만주에서 독립운동을 하고 있던 박상조라는 인물이 찾아와서 마을을 단결시켜 민중봉기를 유도한다. 남녀노소 할 것 없이 마을 전체가 들고일어나자 박상조는 다음과 같이 감격한다.

상조　　음? 놈들이 물러서는 게 아닌가⋯ (깊은 생각에 잠긴다) 아! 독립군
　　　　은 총을 든 자만이 싸우는 줄 알았더니 여기서는 부녀자들두, 누구
　　　　나 다 싸울 줄 아는구나!

　김형직이 세운 학교를 지키기 위하여 지주와 일제의 탄압에 맞서 마을 사
람들이 끝까지 투쟁한다는 이 작품에는 매우 중요한 내용이 또 하나 제시된
다. 제1장에서 백산학교 학생들이 나누는 대사를 보자.

곱단　　(교재를 내놓으며) 이 교재를 안 가지고 가요?
천수　　무슨 교재?
곱단　　화전에서 공부를 하고 계시는 성주 동지께서 보내 주신 것 말이에요.
천수　　음, 그 「레닌과 10월 혁명」에 대한 교재 말이지.
곱단　　「파리콤뮨」에 대한 것두.

　위 대사는 이 작품에서 매우 중요한 대목이다. 무송을 근거지로 삼아서
독립운동을 하다가 암살당한 김형직의 백산학교 폐교 문제가 기본 줄거리
인데, 갑자기 김형직의 아들 김일성이 등장하기 때문이다. 김일성의 소년
시절 이름이 김성주였다. 그러니까 화전에서 공부하고 있던 소년 김일성이
백산학교의 교재로 쓰라고 보내준 책자가 「레닌과 10월 혁명」인 것이다. 주
지하다시피 1917년 3월(러시아구력 2월)과 11월(러시아구력 10월)에 일어난 러
시아 혁명으로 세계 최초로 사회주의 소련 정부가 수립되었는데, 김일성이
그에 관한 책자를 백산학교에 교재로 쓰도록 보내 주었다는 것이다. 그 외
에도 파리콤뮨(파리 코뮌)에 대한 교재도 보냈다고 했는데, 파리 코뮌은 1871
년 3월 18일부터 5월 28일까지 2개월여간 파리 시민들이 세웠던 사회주의
자치정부를 가리킨다. 물론 이 정부는 프로이센과의 전쟁에서 참패함으로
써 단명으로 끝나긴 했지만 프랑스 역사에 중요한 의미를 던지는 사건인 것
만은 분명했다.

작품 시점에서 김일성은 우리 나이로 겨우 열다섯 살(1912년 4월 15일생)에 불과했다. 그럼에도 불구하고 무송 사람들은 김형직의 빈자리를 메꿀 수 있는 이는 오직 김일성이라는 생각을 하고 있었던 것이다. 타 지역에서 독립운동을 하다가 이곳을 찾아온 박상조와 고성만 등은 그 대안이 될 수가 없었다. 남만주에서 독립운동을 하다가 온 박상조나 국내에서 6 · 10만세운동을 주도하다가 온 고성만 등은 모두가 까마귀 떼에 불과하고, 사람들은 오직 김일성만을 오매불망하고 있었던 것이다.

상조   나라의 비운은 더해만 가는데 까마기 떼만 성해 가는구나.
명복   최 선생님, 이런 때 성주 동지께서 곁에 계신대도…
설봉   (그리워할 뿐 대답을 못 한다)

이상과 같은 답답한 상황에서 소년 성주, 즉 김일성이 무송에 혜성같이 등장함으로써 그들에게 희망의 빛을 던진다.

동진   여러분들에게 반가운 소식을 안고 왔습니다. 성주 동지께서는 화성 의숙을 그만두고 이곳 무송으로 오십니다.
상조   아니 아버님의 뜻을 굳건히 이어 가시기 위해 화성의숙에서 공부를 할 터인데 화성의숙을 그만두었다는 건 웬 말이요?
동진   예, 성주 동지께서는 조선혁명을 이끌어 나가시기 위해 그렇게 하셨습니다. 여러분! 성주 동지께서는 타도제국주의동맹을 결성하셨습니다.
일동   예?!
동진   타도제국주의동맹의 혁명적인 강령은 벌써 화전은 물론 길림의 선진적인 청년, 학생들 속에서까지 큰 파문을 일으키고 있습니다. 타도제국주의동맹의 당면과업에서는 일본 제국주의를 타도하고 조선의 해방과 독립을 이룩할 것을 내세웠으며 최종적으로는 조선의 사회주의, 공산주의를 건설하며 나아가서 모든 제국주의를 타도하고 세계에 공산주의를 건설할 것을 규정하고 있습니다.

모두 환성을 올린다.

명복   (설봉에게) 최 선생님! 조국이 목마르게 기다리던 해답입니다.

동진   (명복에게) 태양의 빛발 아래 2천만 우리 겨레를 불러 맞을 새 역사, 여명의 종소리를 더 힘차게 울립니다.

붉은 태양이 찬란히 솟아 온 누리를 붉게 물들이는데 강산으로 힘 있게 울려가는 종소리. 이어서 방창이 울려 퍼지면서 막이 서서히 내린다.

소년 김일성이 무송으로 와서 부친의 독립운동 사업을 잇고, 그가 결성한 타도제국주의동맹을 바탕으로 하여 조선의 해방과 독립을 꾀하는 한편, 공산주의 국가를 건설하고 더 나아가 세계를 공산주의화한다는 것이다. 여기서 또 하나 주목할 사항은 그를 태양(太陽)으로 상징하기 시작했다는 사실이다. 그러니까 〈해돋이〉라는 제목도 궁극적으로는 열다섯 살의 소년 김일성 주도로 독립투쟁을 했고 따라서 그가 곧 이 땅의 태양으로 자리매김되어야 한다는 의미를 담은 것이다.

당시에는 단막극이 한때 성행했다. 이는 아무래도 당시 김정일이 연극인들에게 내린 '연극 분야에서는 연극의 형태상 특성을 살리면서 수령님을 모시고 혁명하는 우리 시대 인민들의 감정과 요구에 맞는 새로운 독창적인 연극을 만들어 내야 한다.'는 훈시에 따른 것으로 보아야 할 것 같다. 평론가 리철홍도 한 글에서 단막극의 유행을 지적하는 한편 "단막극은 오늘 우리 연극예술의 선전 선동자적 및 교양자적 기능을 높이는 데서 중요한 자리를 차지하고 있는 연극의 기본 형식의 하나로서 실천 과정에서 검증된 일련의 미학적 요구와 고유한 특성을 가지고 있다."[37]고 평가한 것이다. 그러니

---

37   리철홍, 「단막극 및 극 소품의 형태상 특성을 잘 살리자」, 『조선예술』, 1985.11.

까 혁명가극이든 혁명연극이든 또는 단막극들이든 모두가 노동당이 내세운 절대적인 교시에 입각한 작품들이다.

여전히 명맥을 이어 가는 혁명가극

그런데 더욱 흥미로운 사실은 김정일이 1970년대의 혁명가극은 낡은 연극 형태라면서 소위 〈성황당〉식 혁명연극을 시도하고 있는 중에도 혁명가극이 여전히 공연되는 것을 방관하고 있었다는 점이다. 그럴 수밖에 없었던 것은 혁명가극의 원작이 모두 김일성이 만주 오가자에서 항일무장투쟁을 하던 청소년 시절에 쓴 작품인 데다가 김정일 자신이 리메이크한 것들이기 때문이다. 부친인 김일성은 혁명가극에 특별한 애착을 갖고 있었고 인민들 역시 그나마 가무가 주조를 이루는 혁명가극을 선호하기도 했다. 그렇지만 시대감각과 예술미감이 비교적 예민했던 김정일만은 세월이 바뀌면서 과장 표현의 그런 연극 형태가 시대적으로 안 맞는다고 생각해서 절제된 〈성황당〉식 연극을 제시했던 것인데, 여러 가지 주변 상황으로 일보 후퇴하여 두 가지 연극 형식을 병존시키려는 듯 보였던 것이다.

그러한 조짐은 리상태가 쓴 「혁명적 문학예술 발전에서 우리 당이 이룩한 불멸의 업적」이라는 글에도 명확히 나타나 있다. 그는 "위대한 수령님께서 항일혁명투쟁 시기에 친필하신 불후의 고전적 명작들을 여러 가지 형태의 문학예술 작품으로 훌륭히 옮김으로써 혁명적 문학예술 전통을 오늘 우리 시대에 가장 빛나게 계승 발전시키시었을 뿐만 아니라 주체적 문학예술 발전의 영원한 본보기 작품들을 마련하시었다. (중략) 혁명가극 〈피바다〉, 〈꽃 파는 처녀〉, 〈한 자위단원의 운명〉, 〈당의 참된 딸〉, 〈밀림아 이야기하라〉, 〈금강산의 노래〉 등 수많은 가극작품의 창작은 가극혁명의 빛나는 승리를 보여 주었을 뿐만 아니라 인류 가극예술 발전의 새 시대를 장식하는 거대한 역사적 사변으로 되었다."면서 김정일이 가극혁명과 함께 연극혁명도 성과적으로 수행하여 〈성황당〉식 혁명연극의 새 시원을 열었던바 "지도자 동지께서 재래식 연극의 틀을 대담하게 마스고 일대 혁명적 전환을 일으킬 원대한 구상을 안으시고 연극혁명 방침을 제시하시었으며 그 실현을 위한 투쟁을 현명하게 영도하시었다."[38]고 하여 상호 충돌과 호양(?)의 내용을 그대로 인정하였다.

김정일도 15년 전인 1971년 6월 28일에 〈피바다〉를 처음 무대에 올리면서 주체사상의 확립과 김일성 우상화라는 강렬한 이데올로기를 주입하는데는 스펙터클 쇼적인 혁명가극의 표현 방식이 최고라고 생각했었지만 시대가 바뀌면서 그런 과잉 표현 형태가 진부하다고 느껴서 소위 〈성황당〉식이라는 연극 형식을 시도했으나 수령을 비롯하여 인민들이 여전히 혁명가극을 선호했다. 그리하여 5대 혁명가극은 고전으로까지 정착해간다.

김정일은 주류 연극계의 두 흐름을 용인할 수밖에 없었지만 자신의 신념을 저버린 것은 아니었다. 그 점은 송석환의 「혁명가극 〈피바다〉에 깃든 불멸의 이야기」라는 글에 명징하게 나타나 있다. "친애하는 지도자 동지께서는 불후의 고전적 명작 〈피바다〉를 가극으로 옮기려면 영화를 옮길 때와는 달리 여러 분야에서 품을 많이 들여야 할 것이라고 하시면서 '우리는 이번에 혁명가극 〈피바다〉 창조사업을 통하여 가극 분야에서 지금까지 내려오던 낡은 도식과 틀을 완전히 마사 버려야 합니다.'라고 힘주어 말씀하시었다."[39] 북한에서는 1970년대 초로부터 순전히 김정일이 자신의 예술철학에 입각하여 창조한 〈피바다〉식 혁명가극과 〈성황당〉식 혁명연극이라는 두 형태가 병존함으로써 자연스럽게 연극계가 풍성해졌다. 물론 이는 솔직히 김정일이 바라는 바는 아니었다.

그는 간간이 자신이 주도하여 만든 지난날의 혁명가극에 대하여 이렇게 말했다. "완성하자면 아직도 고쳐야 할 부분이 많습니다. 일부 노래들은 서

38　리상태, 「혁명적 문학예술 발전에서 우리 당이 이룩한 불멸의 업적」, 『조선예술』, 1985.10.

39　송석환, 「혁명가극 〈피바다〉에 깃든 불멸의 이야기」, 『조선예술』, 1986.7.

양 가극식을 벗어나지 못하고 있습니다. 곡이 유순하지 못하고 올라갔다 내려갔다 하는 것은 창작가들의 낡은 창작 관점과 관련되어 있습니다. 창작가들은 이번 기회에 대사에 곡이나 붙이면 가극이 되는 것처럼 생각하는 것은 낡은 창작 관점과 태도를 버리고 가극 분야에 내려오던 낡은 틀을 결정적으로 마사 버려야 하겠습니다. 무대미술 분야에서는 가극에서의 낡은 틀을 마스는 것을 하나의 혁명으로 내세워야 합니다."[40] 가장 조선적이라고 자랑해 온 혁명가극도 전체적인 틀에서 결함이 많음을 전체 지도자 자신이 시인하고 있는 것이다.

김정일이 위와 같은 지시를 내리기 7개월 전인 1987년 2월 『조선예술』에는 혁명가극 〈당의 참된 딸〉이 15주년을 맞아 1천 회 공연에 즈음하여 기념보고회를 개최했다는 기사가 실려 있다. 특히 "김일성 수령께서 〈당의 참된 딸〉을 친히 보아 주시고 교양적 이의가 큰 작품이라고 높이 평가하시면서 중앙극장에서 공연하는 것과 함께 지방극장들과 군부대들에 나가 공연하며 외국 방문공연도 진행하도록" 권고했다는 사실과 혁명가극을 창조하고 스스로 낡은 것이라고 지적했던 김정일이 "혁명가극 〈당의 참된 딸〉 공연을 중단 없이 높은 수준에서 계속하도록 온갖 조건을 다 마련하여 주시고 가극공연의 질적 기준을 고수하며 끊임없이 높일 수 있도록 창작가, 예술인들의 예술적 기량을 부단히 높이도록 그들의 사업과 생활을 따뜻이 보살펴 주시었다."[41]고 말한 사실은 혁명가극의 혁신을 강조하고 있어 매우 흥미롭다. 15년 동안 1천 회 공연이라면 적어도 연간 66회 정도 공연한 것이므로 대단한 무대 활동이라고 아니할 수가 없다.

〈꽃 파는 처녀〉만 하더라도 처음에는 김일성이 지도했지만 곧바로 김정일이 나서서 세련시켰다고 한다. 김일성상 수상자인 인민예술가 김영희는

40 리종혁, 「가극혁명의 첫 봉화」, 『조선예술』, 1987.9~10.
41 「1,000회 공연 기념보고회 진행—인민상계관작품 혁명가극 〈당의 참된 딸〉 창조 완성 15돐에 즈음하여」, 『조선예술』, 1987.2.

"나는 〈피바다〉식 혁명가극 〈꽃 파는 처녀〉의 창조 과정에 친애하는 지도자 동지의 그 많고 많은 이야기 가운데서 친애하는 지도자 동지의 세심한 가르 치심을 받으며 연출 형상을 창조하던 몇 가지만을 여기에 적으려고 한다. 친애하는 지도자 동지께서는 혁명가극 〈꽃 파는 처녀〉를 음악은 물론 연 출과 무대미술에서도 전혀 새롭고 독창적인 것을 창조할 데 대한 구상을 지니시고 그것을 창조 실천에 옮기는 사업에서 몸소 총연출가가 되시어 실천적 모범으로 우리들을 이끌어 주시었다."[42]면서 "위대한 수령님을 모 시고 첫 공연의 막을 올린 때로부터 오랜 세월이 흘렀으나 가극은 오늘도 변함없이 세계 혁명적 인민들을 민족해방, 계급해방을 위한 혁명의 길로 힘차게 떠밀어 주고 있으며 자주성을 위한 인민들의 투쟁을 적극 고무 주 동하고 있다."고 했다.

1973년 3월에 북한의 제2도시 (진)남포시에서 시립예술단이 주체가 되어 예외적으로 막을 올려 화제를 모았던 혁명가극 〈연풍호〉도 마찬가지로 여 전히 계속 공연되었다. 『조선예술』 1986년 정월호는 "20세기 문예부흥의 대 화원 속에 한 떨기의 아름다운 꽃으로 붉게 피어난 가극 〈연풍호〉는 오늘도 계속 관객들의 절찬 속에 연일 상연되고 있다. 가극 〈연풍호〉가 이처럼 우 리 당 역사의 한 페이지를 반영한 대작으로 크게 성공하고 100여만 관객들 의 높은 찬탄을 불러일으키게 된 것은 오로지 친애하는 지도자 김정일 동지 의 빛나는 예지와 탁월한 영도의 결과이다."[43]라고 기사화했다.

북한의 예술 특성—우리식 예술

북한 정부가 강조하는 국가 경영의 핵심적 방향이 '우리식으로 간다'였 고, 마찬가지로 연극예술 역시 '우리식 연극'을 지향해 왔다. 김정일은 그와

---

42 김영희, 「몸소 총연출가가 되시여—혁명가극 〈꽃 파는 처녀〉에 깃든 불멸의 이야 기 중에서」, 『조선예술』, 1987.5.
43 「가극 〈연풍호〉가 대작으로 되기까지」, 『조선예술』, 1986.1.

관련하여 "우리는 로동당 시대, 주체시대에 맞는 우리식의 새로운 혁명연극을 개척해 나가야 하며 그것을 우리 시대에 완성해 놓아야 합니다."라고 교시했다. 북한이 말하는 우리식 연극이란 어떤 것인가? 그에 대하여는 리대철이 구체적으로 설명하기를, "대개 민족들은 역사적으로 형성된 자기의 고유한 특성을 가지고 있기 때문에 그들의 연극은 응당 자기식의 특성을 가지고 있기 마련이다. 만일 자기 민족의 본색을 저버린 얼치기 연극을 끌어들인다면 자주적 입장과 창조적 태도를 가지고 창조사업을 벌여나갈 수 없게 할 뿐만 아니라 민족적 정서와 미감이 상실된 연극으로 민족과 인민의 버림을 받는 연극으로 떨어지고 말 것이다. 따라서 다른 나라와 지난날의 낡은 연극과 구별되는 자체의 고유한 특성을 가지고 있는 연극만이 인민대중의 환영을 받을 수 있는 생명력 있는 연극으로 될 수 있다."[44]면서 우리식 연극으로 만든다는 것은 주체사상을 바탕으로 하여 우리 인민의 민족적 정서와 감정, 취미와 기호에 맞게 연극을 창작한다는 것이라고 했다.

그리고 구체적으로 들어가서 우리식 연극 특성은 무엇보다도 자주성에 대한 문제, 자주적인 인간에 대한 문제에 관한 옳은 예술적 해답을 주는 주체의 인간학, 혁명적인 시대극이라는 데 있다고 했다. 따라서 우리식 연극의 특성은 종래의 평면적이고 비진실한 연극의 낡은 틀을 마수고 현실을 있는 그대로 생동하게 반영하는 가장 진실한 입체적인 연극이라면서 형태상으로 보면 현실을 입체적으로 폭넓고 깊이 있게 반영할 수 있는 새로운 다장면 극 구성법을 활용했다는 것이다.

또 하나의 특징으로서는 다양한 형상 수단들을 새롭게 도입한 새 형의 종합예술이라면서 대사를 기본 형상 수단으로 하면서도 방창과 설화, 음악과 무대미술 등 다양한 형상 수단들을 폭넓게 도입한 종합예술이라고 했다. 거기에 더하여 우리식 연극의 장점 중 대표적으로 내세울 만한 것으로서는 과

---

44 리대철, 「우리식 연극의 특성」, 『조선예술』, 1987.2.

학의 발전을 무대기술에 도입한 흐름식 무대 전환 방식이라고 했다.

그리고 우리식이란 것을 회화에 적용할 경우 조선적인 것을 바탕으로 해야 하는데, 그에 대하여서는 "선명하고 간결한 전통적 화법에 의하여 창조된 연하고 부드럽고 선명한 민족적 색채 미감과 힘 있고 아름답고 고상한 필체 등 우리나라의 고유한 미술 형식의 조형적 형상성이 직접 표현되고 있다. 조선화는 선 하나만으로도 인간의 풍부한 사상 감정과 다양한 움직임을 놀랄 만큼 선명하게 나타낸다."면서 고려자기와 이조자기를 예로 들어 "세련된 모양과 은근하면서도 밝은 색채, 친근감을 안겨 주는 문양이 하나로 어울려서 아름답고 고상한 맛을 자아내는 여기에 바로 우리 인민의 정서가 웅심 깊이 깃들어 있는 것"[45]라고 했다. 고유성을 계속 강조하고 있었음을 알 수가 있다.

그렇게 볼 때, '노래도 조선민요에 기초한 절가이며 방창도 조선식 방창이고 관현악도 조선의 민족관현악, 무용도 조선의 고유한 민족무용이며 무대미술도 조선화에 기초한 조선식 미술이었던 지난 시절의 혁명가극'이야말로 전형적 우리식 연극이 아니겠는가?

그렇지만 북한의 가장 민족적인 예술은 혁명연극이라고 말할 수가 있다. 여러 가지를 시도한 끝에 내놓은 연극 형태가 혁명연극이라고 보았기 때문이다. 우선 혁명연극의 세 번째 작품인 〈딸에게서 온 편지〉를 한번 검토해 보자. 이 작품은 흥미롭게도 춘원 이광수의 농촌계몽소설인『흙』과 심훈의『상록수』등이 발표되었던 1930년대에 만주 오가자 일대에서 공연되었던 것을 1987년 국립연극단이 재창작한 농촌계몽극의 성격을 띠고 있다. 만주 오가자에서 1930년대에 공연되었다면 당연히 김일성이 항일독립투쟁을 하면서 쓴 것임을 짐작하고도 남는다.

---

45 평양영화대학 영화예술연구소, 「조선적인 것을 바탕으로 하여야 한다」, 『조선예술』, 1985.2.

다만 김일성이 춘원의 소설을 읽었다는 증거가 없는 만큼 영향관계에 대해서는 알 수 없다. 그러나 당시 우리나라 사람들의 문맹률이 80%를 넘었던 터라서 선각자들의 우려가 대단히 컸었고, 이를 극복해 보려는 시도가 소설, 연극, 영화 등 문예작품을 통해 전개되었다. 그러니까 1919년 3·1운동 이후 지식인들 중 상당수는 대중이 깨어나지 못하면 독립을 기할 수 없다는 생각으로 문예작품 말고도 틈나는 대로 강연 등을 통해서 계몽운동을 펼쳤다. 특히 당대 대표적인 민족언론이라 할 『동아일보』를 중심으로 1930년대 초에는 러시아의 브나로드운동 소개를 위시하여 대대적인 민족계몽운동을 전개한 바 있었음은 주지의 사실이다. 바로 그런 시기에 김일성이 만주 오가자에서 농촌계몽 희곡을 썼다는 것은 일단 시의적절한 것이었다고 보인다. 그렇지만 1945년 민족해방 이후 남북한에서는 적어도 초등학교는 의무교육을 실시해 왔기 때문에 문맹률이 극히 낮았음에도 불구하고 그런 희곡을 국가 차원에서 리모델링하여 대대적으로 공연한 것은 거기에 다른 저의가 있었지 않나 싶다.

서장을 포함하여 전 6장으로 구성되어 있는 〈딸에게서 온 편지〉의 무대는 북조선 삼치골이고, 등장인물은 주인공 허달수와 그의 처 조씨, 달수의 모친, 달수의 동생 허달천과 그 딸 봉순, 과부 부실과 그 아들 차돌, 야학 선생, 김 노인, 외지에서 온 청년 만복, 석유장수, 장님, 지주이자 구장 윤 지주 내외, 그리고 남녀 야학생들 및 마을 사람들 등이다. 그런데 특이하게도 이 작품에서는 개막과 함께 소개자라는 이가 나와서 "여러분, 오늘 여러분들이 보시게 될 혁명연극 〈딸에게서 온 편지〉는 위대한 수령님께서 항일혁명 투쟁 시기에 몸소 창작 공연하신 작품입니다. 그때로부터 세월은 흘러 반세기도 훨씬 넘었지만 오늘도 이 작품은 배우기 싫어하고 모르면서 아는 체하다가는 웃음거리가 되며 사람은 알아야 자주적인 인간의 존엄과 가치를 빛낼 수 있다는 참된 진리를 밝혀 주고 있습니다."라고 소개한다.

이 장면은 솔직히 1910년대 일본에서 신파극이 들어와 관객들이 처음으로 근대적인 극장에서 전통극과는 판이한 작품을 대했을 때 시도했던 방식과 너무나 비슷하고, 주제 역시 신파극처럼 진부하다. 다른 점은 단순히 글을 깨우쳐야 한다는 주제를 넘어 주체사상까지 숙지토록 하려는 데 목적이 있다고 보아야 한다.

주인공 허달수는 비록 가난하지만 근면 성실하며 효성이 지극하고 가정 평화를 잘 지킨다. 그는 글보다는 일이 사람을 만든다는 신념을 가져 공부를 해야 한다는 야학 선생의 권유를 거부하고 있다. 문맹자라서 일상에 대한 판단력이 부족한 그는 세상사를 팔자에 맡긴다. 가난은 팔자라고 생각하는 허달수에게 야학 선생은 '나라가 없고, 지주 자본가들이 판을 치는 세상에서는 아무리 근면해도 사람 구실을 못 한다'고 가르친다. 그럼에도 불구하고 허달수는 글이 사람을 만드는 것이 아니라 일이 사람을 만든다고 자신의 피눈물 나는 처지를 팔자로 여기며 그것을 고쳐보려고는 꿈에도 생각 않는다.

마침 그런 때에 남편을 찾아 북간도로 간 딸 봉녀로부터 학수고대하던 편지 한 장이 도착했지만 까막눈인 그는 편지지로 구멍 난 창문을 바른다. 눈 뜬 장님인 그는 소식을 알기 위해 아내를 북간도로 보내려고 윤 주사 집에 여비를 꾸러 보냈다가 여비는커녕 조카딸 봉순을 윤 주사 댁 식모로 들여보낸다는 각서에 도장을 찍기도 하는 등 봉변을 당하기 일쑤다. 그가 창문에 바른 것이 편지라는 것을 알고 지나가는 청년에게 읽어달라고 부탁하였으나 그마저 무식하여 스스로 자탄의 눈물을 흘리자 봉녀에게 나쁜 일이 생긴 줄 오해하여 온 집안과 마을이 눈물바다를 이루기도 한다. 그 장면을 목격한 야학 선생이 그 편지를 읽어 보고는 감옥에 갇혔던 사위가 풀려나 오가자란 마을에 자리 잡아 살고 있으며 딸도 글을 배워 남편과 함께 나라 찾기에 나섰고 아들도 출산했다는 내용을 알려 준다. 거기다가 허달수가 윤 주사에게 속아 조카딸 봉순을 식모로 들여보낼 것을 서약하는 각서에 도장을 찍었다는 내용도 알려 준다.

이 모든 것을 알게 된 허달수는 기쁨과 수치, 후회와 분노로 뒤엉킨 감정에 사로잡히게 되며 야학 선생에게 감사하고 용서를 빌면서 마을 사람들에게 모두 야학에 나가자고 일장 열렬히 호소하기에 이른다. 마을 사람들이 야학에 다니면서 급속히 민족의식이 생겨나고 본격적으로 일제와 지주 자본가에게 적대감도 서서히 분출되기 시작한다. 제4장의 한 장면을 보자.

> 차돌 난 우리나라가 독립된 다음에 장가를 갈 거야, 봉순인?
>
> 봉순 나두.
>
> (중략)
>
> 봉순 우리나라가 정말 독립될까?
>
> 차돌 되지 않구, 이제 우리가 배우고 또 배우면 삼치골이 눈을 뜨고 나중에 온 나라가 눈을 떠서 힘을 합치면 빼앗긴 나라를 꼭 다시 찾게 될 거야.
>
> 봉순 그렇게 되면 어떤 세상이 될까?
>
> 차돌 그땐 왜놈두 지주, 자본가두 없는 살기 좋은 세상이 온다구.

이상과 같이 마을 사람들이 모두 야학에 다니자마자 분위기가 180도 변했던 것이다. 이어지는 장면에서 야학 선생은 다음과 같이 말한다.

> 선생 여러분! 이렇게 온 마을 사람들이 한마음이 되니 두려울 것이 없습니다. 발달하지 못하면 백성도 나라도 망하고 맙니다. 우리 백성들이 개명하지 못했기 때문에 남의 노예가 되어 짓밟히고 천대받게 되었으며 우리나라가 문명치 못한 탓에 남에게 먹히우고 말았습니다. 그러니 독립된 제 나라에서 진정 사람답게 살자면 배우고 또 배워 나라 찾는 길에 떨쳐나서야 합니다.

이 작품의 중심축은 아무래도 제5장에 두어져 있는 듯싶다. 왜냐하면 허달수가 자신의 무식을 깨닫고 180도로 성격의 변화를 일으키기 때문이다.

문맹이어서 허위계약서까지를 썼던 그가 자탄하는 장면은 이러하다.

달수   (계약서를 와락 찢으며) 내가… 내가 눈뜬 소경이었구나, 눈뜬 소경!
달천   형님! … 봉순아!
봉순   아버지!
달천   이거 큰일 날 뻔했구나!
김 로인   (심중히) 아무리 똑똑한 사람이래두 모르면서 아는 체하다가는 반복
         되는 걸세. 자칫하면 봉순이를 윤 주사 놈한테 팔아넘길 뻔하지 않
         았나.
달수   선생님, 이 못난 놈을 용서해 주시우. 내 진작 선생님의 말씀을 들었
         더라면(목메어 운다).
선생   아저씨, 사람은 나서 죽을 때까지 배워야 합니다. 배워야 애국심이
         생기고 원수가 누군지를 똑똑히 알게 됩니다.
달수   여보! 아주머니! 우리 모두 야학에 나갑시다.

그러니까 이 작품은 단순히 글을 깨우쳐야 한다는 계몽극이라고 보기보다는 한국비평문학회에서 이미 지적한 대로 '무지에서의 해방=주체적 인간임을 인식=계급의식 함양=적대계급과의 투쟁의식 고취'라는 등식을 강조한 정치성 짙은 연극이라고 말할 수 있다.

그리고 작품 형태는 장대하고 비장미가 넘치는 혁명가극과는 달리 경희극(輕喜劇)으로서 북한이 혁명연극만은 순전히 그런 형식으로 가져간 것이 특징이다. 북한이 말하는 경희극의 개념은 프랑스식 개념이라 할 파르스(Farse)와는 약간의 차이가 있다. 북한의 경희극은 "해학을 기본으로 하여 경쾌하고 명랑한 웃음을 불러일으키는 연극의 한 형태이다. 적대적 모순을 체현한 묘사대상을 날카로운 조소와 야유, 풍자로서 전면적으로 부정하며 그것을 희극적으로 매장함으로써 갈등을 해결 짓는 풍자희극과는 달리 경희극은 희극적 주인공들을 전면적으로 부정하는 것이 아니라 그 인물들에게 있는 낡고 부정적인 측면을 명랑하고 가벼운 웃음으로 비판한다. 경희극에

서 희극적 주인공이 웃음을 불러일으키는 것은 희극 일반에서와 같이 자기의 지향과 행동이 시대에 뒤떨어지고 낡고 부정적임에도 불구하고 그것을 정당화하고 진보적인 것으로 믿고 있는 데 있다." 즉 그들은 경희극에서의 웃음의 특징은 어디까지나 풍자적 비판의 성격을 띤 것이라 했다. 그리고 "자본주의 사회에 이르기까지의 착취사회에서는 풍자희극이 주되는 희극 장르로 되었다면 인간에 의한 인간의 착취와 억압이 없어지고 긍정적인 것이 지배적인 자리를 차지하는 사회주의 사회에서는 경희극이 주되는 희극 장르로 된다. 긍정적인 것이 기본을 이루고 있는 우리의 현실을 반영한 경희극에는 긍정인물이 중요하게 등장하는 것이 특징이다. 이러한 긍정인물에 의하여 사회주의 대고조시기 우리 인민의 보람찬 전진운동과 혁명적 낙관주의로 충만된 생활, 긍정적·낙천적 웃음과 부정적 인물들에 의하여 생기는 희극적 웃음이 동시에 있게 된다."[46]고 정의하고 있다. 이는 사실 북한답게 아전인수격 경희극 정의라고 말할 수가 있다. 이러한 경희극 정의를 혁명연극에 대입하면 매우 잘 들어맞는다.

〈딸에게서 온 편지〉에 대한 그들의 평가와 반응은 어떠했을까. 우선 이 작품을 국립연극단에서 공연토록 지시한 김정일의 평가부터 검토해 보자. 그는 "혁명연극 〈딸에게서 온 편지〉는 지식은 광명이고 무식은 암흑이다. 아는 것이 힘이라는 사상을 명백하게 주고 있습니다. 남녀노소 할 것 없이 누구나 배우지 않아 무식하면 자주적인 인간으로서의 존엄과 가치를 빛 내일 수 없으며 남의 웃음거리로 된다는 진리를 똑똑히 보여 주고 있습니다. 이 혁명연극은 항일혁명 투쟁 시기에 창작 공연된 연극 〈딸에게서 온 편지〉를 잘 옮겼기 때문에 당대 사회뿐 아니라 오늘의 시대적 요구에도 맞는 생활력이 큰 작품으로 되었습니다. '전당이 학습하자!'라는 혁명적 구호를 들고 모두가 학습을 하고 있는 때에 〈딸에게서 온 편지〉와 같은 훌륭한 연극

_____

46 「상식—경희극」, 『조선예술』, 1986.1.

을 창조해 낸 것은 아주 좋은 일입니다. 〈딸에게서 온 편지〉는 간단한 이야기를 가지고 만들었지만 당대 사회의 시대상도 잘 그렸고 계급적 선도 명백합니다. (중략) 농촌에서 낡은 유습과 인습을 없애고 문화혁명을 다그치도록 하는 데서 〈딸에게서 온 편지〉가 큰 작용을 할 수 있습니다. 문화적으로 뒤떨어진 사람들을 깨우치는 데는 〈딸에게서 온 편지〉가 영화에 못지않게 교양적 가치가 있습니다. 낡은 유습과 인습을 가진 사람들에게 〈딸에게서 온 편지〉를 보여 주면 많은 가책을 받게 될 것"[47]이라면서 배우들의 화술이 뛰어나다고 칭찬을 아끼지 않았다.

연출과 관련하여 리몽훈은 「풍만한 시대상과 아담한 극적 형상」이라는 제목으로 이 작품에 대하여 "간단한 이야기를 가지고 만들었지만 당대 사회의 시대상도 잘 그리었고 계급적 선도 명백하다."고 지적한 김정일의 관극 소감을 전제로, "주인공 달수의 성격을 기정사실화하지 않고 1920년대 말 우리나라 북부 산간지대의 소박하고 근면한 조선 농민의 고유한 개성적 특질을 생동하게 체현한 산 인간으로 형상화하였다. (중략) 그 어떤 충격적인 정황이나 사건, 인물들의 복잡한 관계 속에 심각한 극적 체험과 굴절이 아니라 간단하고도 소박한 이야기로 엮어져 있어도 작품의 시대상과 인물들의 성격을 양상적인 특성에 맞게 아담한 극적 형상으로 잘 살려 낸다면 명작이 담고 있는 심오한 사상예술성과 미학 정서적 요구를 완벽한 형상으로 완성할 수 있다는 것을 실천적으로 보여 주고 있다."[48]고 했다.

배우들의 연기 측면의 평가를 보면, 평론가 민영옥이 역시 김정일의 저작 『영화예술론』에서 언급한 "배우는 모든 인물을 다 생동한 개성으로 그려낼 때라야 생활을 옳게 보여 줄 수 있고 인간의 참다운 모습을 진실하고 특색 있게 살려낼 수 있다."는 극히 상식적인 글을 전제로 하여 그에 꿰어맞추

47 김정일, 「우리의 연극을 시대의 미감에 맞게 〈성황당〉식으로 창조하자」, 『김정일선집 11』, 조선노동당출판사, 2011, 469~474쪽.
48 리몽훈, 「혁명연극 〈딸에게서 온 편지〉 연출형상을 놓고」, 『조선예술』, 1987.9.

듯이 "이 혁명연극에서의 양상적 특성을 놓고 볼 때 주인공의 연기 형상 창
조에서 정극적인 성격과 희극적인 성격들을 어떤 원칙에서 배합하여 양상
적 통일을 실천하겠는가 하는 문제가 중요하게 제기된다. 배우는 작품의 종
자와 주제사상에 따라 허달수의 연기 형상에서 희극적 성격을 위주로 하여
두드러지게 살리면서 거기에 정극적 성격을 유기적으로 잘 배합함으로써
주인공의 성격을 생동하고도 진실하게 창조하였다. 배우는 주인공의 역 형
상을 창조하면서 그의 희극적 성격을 진실하고 생동하게 체현하였다."[49]고
평가했다. 김정일의 연기론에 딱 부합하는 연기평이다.

평론가 리대철 역시 김일성의 저작집에 게재된 글「부강한 새 나라를 건
설하려면 글을 모르는 사람이 없어야 합니다」를 전제로 하여 "연극은 단순
히 문맹 퇴치에 국한하여 문제를 제기하지 않는다. 연극이 제기한 배움에
관한 문제는 강도 일제를 때려부시고 나라의 독립과 민족의 해방을 위한 사
회정치적 문제이며 인간의 존엄과 가치를 빛내는 자주적인 인간에 관한 문
제이다. 여기에 바로 이 연극의 철학적 심오성과 현실적 의의가 있는 것이
다. 글을 배우지 않고 아는 체하다가는 남의 웃음거리가 된다는 교훈, 사람
은 알아야 인간의 존엄을 지킬 수 있다는 진리는 주인공 허달수의 성격과
생활을 통하여 힘 있게 확증하고 있다."면서 이 "연극은 개조된 인간을 보여
주는 데 머무르지 않고 낡은 사상에서 헤어나지 못하는 달수의 부실을 재생
의 길로 이끌어 가는 달천의 능동적이며 자주적인 활동을 폭넓게 보여 주고
있다. 바로 여기에 이 인물이 차지하는 형상의 몫이 있으며 인식 교양의 높
이가 있다."[50]고 평가한 바 있다.

---

49   민영옥,「생동하고 진실한 연기 형상—혁명연극 〈딸에게서 온 편지〉에 대하여」,
      『조선예술』, 1987.8.

50   리대철,「특색 있는 불멸의 예술적 화폭—혁명연극 〈딸에게서 온 편지〉에 대하여」,
      『조선예술』, 1987.8.

김정숙 우상화를 위한 새로운 혁명가극 〈해빛을 안고〉

1987년도에 들어서는 몇 가지 주목할 만한 일이 벌어졌다. 김일성이 노쇠해 가고 김정일이 외교와 국방을 제외한 국정의 전반을 책임지고 사실상의 통치자로 권력을 굳혀가면서 선대처럼 혁혁한 항일투쟁 경력을 지니지 못한 약점을 메꿀 그만의 중차대한 업적을 만들어 내야 하는 과제가 필요해졌다. 연전에 국가통치의 상징이 될 만한 거대 건축사업을 벌였지만 그것으로도 만족을 못 하고 있었던 듯싶다. 그리하여 백두산 밀영의 탄생 같은 것으로도 부족함을 느낀 나머지, 자신의 20여 년에 걸친 예술작업으로 항일투쟁의 상징 김일성과 김정숙 부부의 장남임을 내세우면서 자신의 저작집을 널리 보급하고, 32세로 요절한 모친 김정숙의 우상화를 꾀하기도 했다.

그러다가 1987년 하순, 혁명가극 운동을 그만둔 뒤 거의 10여 년 만에 〈해빛을 안고〉라는 지난 시절 형태의 작품을 무대에 올린 것은 매우 이채롭다. 1970년대에 집중적으로 연출했던 혁명가극이 너무 스펙터클하여 사상전달에 한계가 있다면서 소위 〈성황당〉식 혁명연극을 지향하다가 갑자기 가극을 제작했기 때문이다.

김정일이 모친을 기리는 연극으로서는 이미 1980년대 초에 김정숙 탄생 65돌을 기념하는 〈충성의 해발〉이라는 혁명연극을 무대에 올린 바도 있었다. 그러다가 1987년도에 또 다시 생모를 기리는 작품을 내놓은 것이다. 대본 겉장에 "혁명가극 〈해빛을 안고〉에서는 불요불굴의 공산주의 혁명투사 김정숙 동지의 존귀하신 모습을 배우형상으로 모시고 있다."고 기술함으로써 당초부터 모친 김정숙을 우상화하기 위한 작업임을 분명하게 밝혀놓은 것이 특징이다. 서장과 7장으로 구성되어 있는 이 작품은 김정숙이 조국광복회 회원으로서 항일혁명투쟁을 벌이던 1937년 백두산의 사령부 밀령을 배경으로 하고 있다. 스무 살의 앳된 처녀 김정숙이 옥순이라는 아명으로 김일성 장군의 지령을 받고 적후 지역인 장백현 도천리에 스며들어 항일계몽운동을 편다는 내용이다.

서장은 김정숙이 사령부 귀틀집에서 나오는 장면으로 시작된다. 대중창으로 "아 김정숙 동지/장군님 해빛 안고 적후로 떠나게"라는 노래에 이어 "삼천만 우리들의 희망의 태양/족구의 새 아침을 밝혀 주시네/광복의 그 해빛을 가슴에 지니고/영광의 새날로 향해 갑니다."라는 여성방창이 불려지고, "뜨거워라 그 사랑 한없는 믿음/장군님 주신 임무 다 해 가리라"라는 혼성방창으로 맺어진 뒤 김정숙의 응답 노래 "사령부 멀리 떠나 적후에 가도/크나큰 그 믿음을 안고 싸우리/이 한몸 장군님의 해빛이 되어/어두운 강산을 비쳐가리라/찬란하다 그 태양 광복의 해빛/인민의 가슴속에 안겨 주리라"가 울려퍼진다.

이 작품의 등장인물 역시 과거 혁명가극들처럼 탄압받고 힘없는 서민들과 악덕 지주, 변장한 애국지사, 친일경찰과 일본군인, 그리고 당시 계몽운동을 상징하는 야학 선생과 김정숙(옥순) 등 정형화된 인물들뿐이다. 평소 조용하기만 한 이 마을에 어느 겨울날 악덕지주가 행패를 부리는데, 김일성 장군의 혁명 임무를 가슴에 안은 김정숙 동지가 그곳에 도착하여 현장을 목격하고 도와주는 것으로 이야기는 시작된다. 도천리는 마침 황군의 요충지여서 일본 군인들이 자주 드나드는 곳이기도 했다. 악덕지주의 행패란 마을 청년(성국)을 부역으로 끌고 가려는 데서 비롯된 것이다. 마침 그곳에는 사촌인 숨은 애국자 한 구장이 살고 있어서 김정숙으로서는 항일계몽운동을 할 수 있는 활동 공간이 넓었다. 마을에서 감자 씨를 심는 등 일을 돕지만 그보다는 송 지주의 집에서 머슴살이 고역에 신음하는 나이 어린 처녀 영순이를 친언니의 심정으로 보살펴 점차 계급적으로 눈을 띄워 주고 혁명의 길로 이끌어 주며 망국노의 신음을 안고 시골 마을에 마음을 붙이지 못하는 젊은 애국청년 순학에게 혁명의 진리를 깨우쳐 마을 사람들을 각성시키는 야학을 열게 한다.

가령 순학이 "몸은 비록 산촌에 묻혀 있어도/사나이 큰 뜻을 버릴 수 없네/시골의 야학에서 글을 가르쳐/망국노의 피눈물을 언제 가시리"라고 한

탄의 노래를 부르자 김정숙은 "만리 길도 첫걸음에 시작되듯이/큰일도 작은 일로 시작된다네/가난한 우리 겨레 깨우쳐줄 때/그 가슴에 품은 뜻도 이루어지리"라고 희망의 응답을 노래한다. 그리하여 두 사람은 야학 활동을 항일운동 차원에서 열정적으로 전개한다. 그러는 동안 마을에서 청년이 부역으로 끌려나가자 김정숙은 "장군님, 이럴 땐 어떻게 하면 좋습니까?"라고 한탄한다. 한밤을 고스란히 바쳐 조선인민혁명군의 하 소대가 구원해 준 청년 성국을 마을로 데려온 김정숙은 성국의 가족을 결합시켜 주고 그들로 하여금 혁명투쟁에 나서도록 한다. 그리고 마을의 부녀회 조직을 광범위하게 하여 일제의 토벌 기도를 앞질러 알아내서 사령부로 정찰 자료를 제공하기도 한다.

한편 제국주의들의 기세가 악랄해지면서 김정숙도 코너에 몰려간다. 함께 야학을 했던 순학이 체포되려 하자 김정숙이 최후로 자신의 신분까지를 밝히면서 맞선다.

분서장　　문 열어라!

　　　　　김정숙 동지 순학을 피신시키려 데리고 들어가신다. 한구장 대문 빗장을 벗긴다. 분서장 헐레벌떡 뛰여든다.

분서장　　여기 순학이가 왔지?
한구장　　아니! 순학이라니…
분서장　　시치미를 떼지 마오!

　　　　　눈에 피발이 선 분서장 집안을 발칵 뒤집으며 소란을 피운다. 김정숙 동지 유유히 나오신다.

분서장　　누구야, 구장 누이?! …음− 순학일 내놔, 어서!
김정숙 동지　뇌물만 받아먹고 범인은 놓치구, 권총까지 빼앗긴 당신이 왜 이렇게 큰소리요?
분서장　　뭐야? (칼을 빼들고 덤벼든다)

김정숙 동지 결연히 권총을 내대신다. 분서장 질겁하여 뒤걸음친다.

김정숙 동지　순학 선생을 내일 안으로 당장 무죄석방 시키시오! 할 수 있소?

부들부들 떨며 절망적으로 부르짖는 분서장.

분서장　도대체 당신은 누구요?
김정숙 동지　나는 김일성 장군님의 전사요!

　이처럼 신분을 밝힌 뒤 김정숙은 당초의 목적대로 본격 투쟁에 나선다. 그리하여 결국 그는 항일운동을 방해하는 악덕 자본가 송 지주를 살해함으로써 항일공작과 살인 혐의로 일본 군인들에게 체포되어 구속된다. 거기서 끝나는 것이 아니고 그는 심한 고문을 당하고 머지않아 사형을 당할 처지에 놓인다. 도천리 사람들이 김정숙을 살릴 길을 찾아보려고 비밀리에 김일성 장군을 찾아갔고 그로부터 '양민보증운동'을 전개하면 구출할 수 있다는 묘안을 받아 온다. 마을 사람들은 곧바로 김 장군의 지시대로 '우리 옥순이를 보증합시다'라는 양민보증운동을 광범위하게 전개하여 결국 옥순, 즉 김정숙을 석방하도록 한다.
　양민보증운동에 힘입어 즉각 석방된 김정숙은 "은혜로운 장군님의 뜨거운 손길/녀전사는 고마움에 눈물집니다/들에 핀 한 떨기 이름 없는 꽃에도/그 해빛을 따사롭게 안겨줍니다"라는 감사의 노래를 부르고 그가 본래 속해 있던 사령부로 떠나간다. 그 마지막 장면에서 "항일의 여전사 김정숙 동지/충성의 해발로 그 이름 빛나리"라는 대방창이 울려 퍼지는 가운데 멀리 백두산이 숭엄하게 솟아오르고, 그 위에 붉은 태양이 광휘로운 빛발을 뿌리며 장엄하게 솟아오른다.
　갑자기 이 작품이 나오게 된 배경에 대하여 월간『조선예술』은 "혁명가극 〈심갈파의 봄〉을 보아 주신 친애하는 지도자 동지께서는 이전에 창작된 혁명가극 〈해빛을 안고〉와 같은 좋은 작품이 있는데 왜 이것을 만드는가고 하시면서 창작가, 예술인들에게 가극의 창작방향과 형상 방도에 대하여 구체적으로 가르쳐 주시었다."[51]며, 이 작품은 순전히 김정일의 권유에 의해서 무대에 올려진 것이었음을 확인시켜준다. 그러니까 김정일은 과거 장백현 도천리 일대에서 있었던 지하정치공작 활동을 제대로 작품화하면 자연스럽게 그 주역이었던 모친 김정숙의 항일지하혁명투쟁도 부각될 것으로 인식한 것이다.

평론가 문중식도 "혁명가극 〈해빛을 안고〉는 1937년 봄 국내에 지하조직망을 확대할 데 대한 위대한 김일성 장군님의 높은 뜻을 받들고 장백현 도천리와 신파 일대에 파견되시어 나라 잃고 억눌려 살던 우리 인민들의 가슴가슴에 광복의 해발을 알려 주시려 적극적인 지하정치활동과 정찰활동을 벌리시는 김정숙 동지의 빛나는 형상을 통하여 조국광복을 위한 성스러운 투쟁의 길에는 난관과 시련이 많지만 오직 위대한 장군님의 해빛을 안고 그이의 가르치심대로 살며 투쟁할 때 반듯이 광복의 새날을 앞당기게 된다는 심오한 사상을 밝히고 있다."면서 이 작품이 "사상예술성이 높은 주체적인 가극예술의 또 하나의 기념비적 명작으로 훌륭히 창조될 수 있는 것은 전적으로 친애하는 지도자 동지께서 독창적인 〈피바다〉식 혁명가극 창조원칙을 옳게 구현할 수 있도록 창작가, 예술인들을 현명하게 이끌어 주시었기 때문"[52]이라고 분명하게 밝히는 관극평을 남겼다.

실제로 이 작품에 참여했던 강효재도 한 수기에서 이 작품은 당초 양강도예술단이 초연한 것인데, 그 과정에서 평양의 피바다가극단으로부터 대본과 연출 연기 등 전부를 전수받았다고 다음과 같이 설명했다.

양강도예술단은 피바다가극단으로부터 혁명가극 〈해빛을 안고〉의 대본과

---

51 「혁명가극 〈해빛을 안고〉가 완성되기까지」, 『조선예술』, 1987.12.
52 문중식, 「불요불굴의 공산주의혁명투사의 빛나는 예술적 형상―혁명가극 〈해빛을 안고〉를 보고」, 『예술조선』, 1987.12.

함께 연출과 연기 형상, 무대미술과 조명에 이르기까지 모든 형상 요소들에 대하여 일정한 기간 전습을 받게 되었으며 이 과정에 친애하는 지도자 김정일 동지께서 밝혀 주신 독창적인 가극 이론과 방침을 철저히 구현함으로써 이 혁명가극을 사상예술적으로 높은 수준에서 형상할 수 있게 되었다.[53]

이와 같이 그 어떤 작품보다도 김정일이 앞장서서 만들어낸 것이 다름 아닌 〈해빛을 안고〉였다. 혁명연극을 공연해 가는 과정에서 느닷없이 혁명가극을 부대에 올리게 된 배경에는 김정일의 생모에 대한 아쉬움이 있었다.

이 작품에서 주목할 만한 부분은 김정일이 생모에 대한 그리움을 혁명가극으로 승화시키면서도 당시 혁명연극 〈딸에게서 온 편지〉에서 구현했던 계몽주의적인 주제, 즉 '아는 것이 힘'이라는 주제까지 생모의 활동에 투영했다는 점이다. 그로서는 한 작품으로 일석이조의 득을 노린 것이었다.

네 번째 혁명연극 〈3인1당〉

이어서 1987년 후반 들어서는 네 번째 혁명연극 〈3인1당〉을 무대에 올린다. 1929년 길림 지역에서 창작되었다가 거의 60여 년 만에 재창작된 이 작품에 배경에 대하여는 희곡의 서장에 대강 드러나 있다. 막이 열리면 설화자가 등장하여 "우리 혁명의 개척기에 파쟁과 분열의 죄악을 불사르며 길림에서 첫 막을 열었던 불후의 고전적 명작 〈3인1당〉! 3부 통합을 운운하면서도 파쟁에만 열을 올리던 완고한 민족주의자들에게 환상적인 송도국의 이야기를 통하여 단결의 진리를 깨우쳐 준 1929년 역사의 그날을 감회 깊이 생각하며 우리는 오늘 그 혁명연극을 각색하여 다시 막을 열게 됩니다."라고 읊조리는 것이다. 이어서 막이 오르면 막에 김일성 수령의 교시가 투사되고 설화자는 또다시 "그 연극이 효과를 냈습니다. 그들이 몇 달 동안 싸움만 하더니 그 연극을 본 다음에는 형식적으로나마 '국민부'라는 이름으로

---

53 위의 글.

합쳤습니다."라고 읊조린다.

설화자는 1920년대 만주에서 벌어졌던 독립운동가들의 갈등, 특히 김일성이 주도하던 세력들 간의 파쟁을 언급하며 그들에게 〈3인1당〉이라는 연극을 보여 주자 단합이 되었다고 설명한 것이다. 그와 관련하여 홍국원도 "실제로 그 시기 만주에서는 민족주의자들은 정의부, 참의부, 신민부(일명 국민부?)라는 세 파로 갈라져 세력다툼을 하였으며 인민대중의 비난과 압력에 못 이겨 부득이 3부 통합을 한다고 하면서 길림에 모여 회의를 하고 있었으나 몇 달이 지나도록 아무런 해결도 보지 못하고 있었다. 또한 이 시기 종파분자들 역시 조선공산주의 운동의 이론가로, 지도자로 저마다 자처하면서 각종 좌우경기회주의이론을 퍼뜨림으로써 혁명투쟁에 막대한 해독을 끼치고 있었다."[54]고 말했다.

그러한 대립과 갈등은 만주에서의 독립운동가들 사이에서만 일어났던 건 아니다. 상해임시정부에서도 비슷했으며 김일성이 북한에 독립정부를 세운 이후에도 1960년대 초까지도 연안파니 소련파니 하면서 주도권 다툼이 끊이지 않았었다. 그러한 갈등과 대립에 대한 트라우마를 자연스레 마음속에 지니고 있던 김정일이 그 불식을 위해 그런 문제점을 풍자한 〈3인1당〉을 국립연극단에서 창조하여 보급하도록 한 것이 아닌가 싶다. 실제 창작에 들어가서는 조선시대의 사색당쟁을 굴절시켜 작품의 소재로 삼기도 했다. 가령 가상의 송도국을 설정하여 동남당, 북서당, 그리고 서남당이라는 세력 분포를 만들어 놓은 것도 실은 만주에서 독립운동 당시 정의부, 참의부, 그리고 신민부 등으로 민족주의자들이 조직해 놓은 세력 분포를 연상케 하는 것이다.

송도국왕이 죽고 난 후 그 후계를 둘러싸고 동남당의 박 정승, 북서당의

---

54 홍국원, 「력사의 교훈으로 단결된 진리를 깨우쳐 주는 명작—혁명연극 〈3인1당〉에 대하여」, 『조선예술』, 1987.11.

최 정승, 그리고 서남당의 문 정승이 서로 자신이 적임자라고 다투는 중에 한 세력이 백마국과 결탁하여 근대를 끌어들임으로써 결국 나라가 패망에 이르게 된다는 것이 작품의 줄거리다. 송도국왕이 후계자를 지정하지 않은 채 막연히 운봉도사라는 자가 정해 줄 것이란 유언만 남기고 운명하면서 복잡한 이야기가 시작된다. 운명 전 왕의 유언을 직접 들은 부원군은 정승들에게 임금이 꿈에 수십 년 동안 도를 닦은 운봉도사를 만난바 그가 불원간 하산하여 다음 왕을 정해 줄 것이니 도사의 뜻을 하늘의 뜻으로 알고 정해 주는 대로 따르라고 전갈한다. 이때부터 왕의 자리를 노리는 세 정승의 음모와 배신의 기나긴 싸움이 시작된다.

박 정승   아, 상감마마께서 운명하시면 난 뒤따라 순사하겠다고 벌써 이렇게
          혈서까지 써가지고 왔는데 충신을 몰라보시다니.
문 정승   아, 살아생전엔 날 그토록 충신이라고 하시더니 원통하오이다.
최 정승   상감마마께선 날 막내 자식처럼 여기시구 늘상 최 정승 최 정승 하
          시더니 절통하오이다.
박 정승   자고로 충신은 임금님이 돌아가시면 뒤따라 순사하여 저세상까지
          가서 모셨다 하거늘 우리 이제라도 순사하여 충신의 넋을 보여 드립
          시다.(하며 손을 내민다)
최 정승   아, 이거 난 안 되겠군. 난 상감마마의 장례식에 다른 나라 조객들을
          청할 일도 있고 해서 약간 뒤늦게 따라가야 할 것 같소이다.
문 정승   그런데 난 하나밖에 없는 아들의 혼처나 정한 다음에 인차 뒤따를
          테니 박 공이 먼저 좀….
박 정승   상감마마, 소신은 칼이 없어서 따라가지 못하나이다.
최 정승   칼이 없으면 이 대돌에 이마를 쪼아서라도 명줄을 끊어얍지요.
박 정승   여보, 볼품없이 그렇게 죽어서야 저승에 가서 그 흉한 얼굴로 어떻
          게 상감마마를 모시겠소. (제1장)

나라는 어떻게 되든 오로지 권력 장악을 향한 세 정승의 행태야말로 볼썽

사나울 정도로 치사하기까지 하다. 그러는 와중에 백마국 사신이 와서 조공을 바치면 침범하지 않겠다고 엄포를 놓는데, 세 정승의 대처 방식이 매우 다르다. 박 정승은 정면대결을 하겠다고 하고, 반면 문 정승은 솔개국에 원병을 초청하여 대처하자고 했으며, 최 정승은 백마국의 군사를 멀리 피해 대궐을 아예 해청도라는 섬으로 옮겨가자고 했다. 그러는 과정에서 왕이 꿈에서 만났다는 운봉도사는 나타나지 않고 백마국 군사들은 무주성까지 쳐들어와 있었다. 다급한 박 정승은 해청도에서 30년간 과거 공부를 했다는 가짜도사 민천산을 이용키로 한다.

> 민천산   가만, 그런데 내가 도사 놀음을 하자면 뭘 좀 알아야 할 텐데….
> 박 정승   예, 그건 우선 지금 백마국 놈들이 쳐들어오고 있는데 나라를 구원하자면 세 당파 중에서 가장 세력이 강하고 또 병법에도 아주 능한 인재가 롱상에 앉아야 하거늘 이제 세 정승이 다 모이오면 그저 이 송도국에 새 임금이 될 인재는 박 정승밖에 없노라!— 이 한 말씀만 엄하게 해 주시면 되겠소이다. (제2장)

    이렇게 박 정승이 가짜 도사를 만들어 놓고 두 정승을 기다리자 그들이 나타나면서 또 한 번 희극이 벌어진다. 왜냐하면 최 정승에 의해서 민천산이 가짜임이 드러나고 역으로 그를 이용하는 계략이 벌어지기 때문이다.

> 최 정승   너 이놈, 가짜지?
> 민천산   가짜라니?
> 최 정승   내가 네놈을 모를 줄 아느냐. 이놈, 바른대로 말하지 않으면 당장 죽여버리고 말 테다.
> 민천산   아이구, 박 정승이 고을 원님 벼슬을 주겠다길래 내 이렇게…
> 최 정승   너 이놈, 내 말을 듣거라. 난 고을 원님보다 더 높은 벼슬을 주겠다.
> 민천산   판서 벼슬을요?
> 최 정승   그렇지, 그러니 날 그저 임금으로만 점지해라. (제3장)

한편 문 정승은 족보를 들이대면서 자신이야말로 왕위에 올라야 한다고 주장한다. 그러는 와중에 가짜 민천산이 최 정승을 왕으로 지명하면서 세 정승 간에 음모와 모반이 새롭게 전개된다. 정승들이 이번에는 외세를 업고 왕위에 오르는 방식을 찾기 시작한다. 최 정승이 왕위에 오르려 하자 문 정승은 솔개국에 밀사를 보내 황제의 인장을 받아오고, 박 정승은 기왕에 와 있던 백마국을 이용하려고 한다. 두 정승 간의 다툼이 심해지면서 문 정승은 권력을 나누고 동시에 국가 역시 두 토막으로 나누어 다스리자는 의견까지 낸다. 그러니까 이들은 나라 꼴은 어떻게 되든 왕위에만 오르면 그만이라고 외친다. 이들이 개싸움을 벌이는 사이 결국 박 정승이 이용하려던 백마국 군사들이 쳐들어와서 궁궐까지 불태우고 나라를 패망시킨다.

> 홍무관　　대감님!—
> 박 정승　　웬일이냐?
> 홍무관　　백마국 군사들이 궁성에 쳐들어와 우리 동남당도 몰라보구 대궐까지 불태웠소이다.
> 박 정승　　뭐라구?
> 홍무관　　힘을 합쳐 싸웠으면 능히 막아낼 수 있는 적 앞에서 대감님들이 제 뿔뿔이 노는 바람에 우리 송도국은 망하고 말았소이다.
> 박 정승　　아 그러니 파쟁바람에 룡상두 나라두 다 망쳐먹었단 말인고?!
> 두 정승　　망했구나!
>
> 화포알이 날아와 터지며 무대는 불길에 휩싸인다.
> 이어서 '불구름 몰아와 나라를 망친/파쟁의 죄악을 어이 잊으랴/천년 만년 세월이 가도/역사의 이 교훈 잊지 않으리'라는 방창이 울려퍼지면서 막이 서서히 내린다.

이 작품에 대하여 평론가 홍국원은 파쟁과 분열은 망국의 길이라는 진리를 밝혀 주는 명작이라는 전제하에 "이 작품이 우리 인민의 지나온 역사와 생활에서 가장 뼈아픈 사인을 상기시켜 주는 역사극이며 초기 공산주의자들의 파벌싸움의 본질을 예리하게 풍자 조소함으로써 그들을 시대를 다 산 역사의 오물로 낙인하고 조국 광복의 승리를 위하여 민족 대단합의 필연성을 열렬히 주장한 혁명적 풍자희극"[55]이라고 했다. 그러면서 그는 "풍자극에서도 인물의 성격을 잘 살려야 부정을 신랄하게 풍자할 수 있으며 웃음을 자아낼 수 있다."는 김정일의 발언을 전제로 하여 혁명연극 〈3인1당〉은 작품의 양상적 특징에 맞게 인물 형상을 개성화하고 웃음을 통하여 심각한 교훈을 찾게 하는 혁명적 풍자희극의 빛나는 본보기라고 극찬한다.

공연을 처음부터 끝까지 지켜본 『조선예술』 기자는 작품의 성공을 순전히 연출의 몫으로 보고 "연극에서 이처럼 조리 있고 명백한 극조직, 자매예술의 형상적 기능의 능동적인 활용을 통하여 극을 생동하고 진실하게 끌고 나가게 된 것은 주체적 연극 연출 체계의 요구에 맞게 연출가(인민배우 한진섭, 김동범)가 극 창조에 참가하는 모든 창작가, 예술인들로 하여금 손색없이 훌륭히 구현할 수 있도록 대중적 시혜와 힘을 높이 발휘시켰기 때문"이라면서 공연 전 의도발표회를 거침으로써 창작가, 예술인들은 원작의 요구에 맞는 산 인간의 형상 창조를 위하여 수십 편의 역사 서적들과 자료들을 연구하면서 사회관계 속에서 발현되는 극적 인간들의 성격적 핵을 찾고 그것을 생동하게 보여 주기 위한 연기와 장치들, 의상, 소도구, 음악 형상을 찾아내게 되었으며 연출가들은 대중이 찾아낸 이런 형상 속에서 장면별 극적 과제와 형상의 초점문제, 무대 및 음악적 형상의 방향을 옳게 잡아 갈 수 있었다고 했다.[56]

이 작품은 무대에 올려지는 과정에서 공개 토론회까지 열어 창조자들뿐

---

55 위의 글.
56 리종철, 「주체적 연극연출체계의 위대한 생활력—혁명연극 〈3인1당〉의 연출형상을 두고」, 『조선예술』, 1987.11.

만 아니라 일반 대중의 의견까지 반영하여 생동하는 작품으로 만들어 냈다고 한다. 더욱 흥미로운 점은 공연이 끝난 뒤 이례적으로 작품 전체를 품평하는 좌담회까지 열었다는 사실이다. 이 좌담회에서는 여러 가지 일화와 함께 김정일의 연극론과 배우론이 구체적으로 드러나기도 했다. 그는 작품 전체에 대하여는 "당파싸움을 하면 나라가 망한다는 것을 설득력 있게 보여 주고 있다. 혁명연극 〈3인1당〉은 젊은 청년들을 교양하는 데도 좋고 나이 많은 일군들을 교양하는 데도 좋다."고 했으며 풍자극과 관련해서는 "생활의 논리를 따라야 한다. 생활의 논리를 따라야 하는 것은 작품의 진실성을 보장하기 위한 기본 담보"라면서 "풍자극에서도 인물의 성격을 잘 살려야 부정을 신랄하게 풍자할 수 있으며 웃음을 자아낼 수 있다. 인물들의 성격은 생활의 논리에 맞게 형상하여야 한다."고 했다. 그러니까 그가 이 시기에 생각하고 실천했던 연극론이란 색다른 것이 아니고 사회주의 리얼리즘 연극론이었다고 말할 수가 있다. 그가 즐겨 쓴 생활의 논리라는 말도 결국은 사실에 부합해야 한다는 의미인 것이다.

그 결과 배우의 연기론과 관련해서도 그는 "생활을 모르는 배우는 인물의 내면세계를 보지 않고 외형적인 옷차림이나 말투, 걸음걸이 같은 데 신경을 쓰면서 성격의 본질적인 특성을 놓침으로써 진실한 형상을 창조해 내지 못하게 된다."면서 "배우의 예술적 생명은 얼마나 많은 인물을 형상해 내는가 하는 데 있는 것이 아니라 얼마나 새로운 인간형상을 훌륭히 창조해 내는가 하는 데 있다."[57]고 말했다. 배우술 역시 사실적 연기를 가장 바람직한 것이라고 했던 것이다.

그 점에서 김정일이 1980년대에 내세웠던 혁명연극이란 것도 결국 사회주의 리얼리즘을 포장만 다르게 한 것에 불과했다고 말할 수 있다. 그러므로 김정일의 연극론에는 새로운 것이 없고 결국 해방공간에서부터 1960년

---

57 「당의 독창적인 문예리론을 지침으로 삼고―좌담회」, 『조선예술』, 1987.11.

대 초반까지 북한 연극이 추구했던 사회주의 리얼리즘을 김정일이 표현만 조금 바꾼 채 혁명가극운동 이후, 특히 1980년대에 소위 방창을 조금 가미한 〈성황당〉식 혁명연극이라 칭하고 주류 연극으로 활용한 것이다.

1988년의 단막희극

혁명가극처럼 혁명연극도 다섯 작품을 지정했지만 그 사이사이에 〈해빛을 안고〉와 같은 혁명가극도 끼워 넣고 이따금 전문 극작가들이 쓴 가벼운 단막희극들도 무대에 올렸다. 1988년도에 발표된 리기창의 〈그들의 발걸음〉이라든가 김국성과 리승일의 공동작 〈하나로 잇닿은 마음〉 등이 바로 그런 유형의 극들이다.

이들도 전문 극작가들의 작품답지 않게 순전히 국가정책이나 지도자 찬양극이었다. 〈그들의 발걸음〉은 인민경제의 주체화, 현대화, 과학화를 내건 제3차 7개년 계획을 충실히 실천해야 한다는 것을 극화한 것이라면, 〈하나로 잇닿은 마음〉은 김정일이 야심차게 추진하고 있던 광복거리 건설사업을 찬양한 목적극이었다.

경제건설 과정에서 인민들이 온몸을 던져 일하는 모습을 묘사한 것이 〈그들의 발걸음〉인데 무대가 바로 기계공장이고 등장인물 중 주역은 쇳물을 녹이는 노장(爐長) 강쇠와 그의 젊은 딸인 노배전반 운전공이며, 기술과장과 그의 처와 아들은 의사와 연구사지만 종래에는 모두가 합심하여 순천비날론연합기업소에 보낼 용광로와 같은 대상설비를 손수 제작한다. 특히 주인공 강쇠는 심장질환을 앓는 예비환자임에도 불구하고 헌신적으로 작업을 해내는 성품이다.

봄이   사실 아버지의 심장이 그리 좋지 못하세요.
강쇠   제 병은 제가 더 잘 아는 법이다.
봄이   아버지…

강쇠　　봄이야…(딸의 손을 잡고 다정히 잡아 옆에 앉히며) 저 살구나무를
　　　　봐라. 우리가 2 · 8비날론공장에 보낼 대상설비를 만들구 공장에 찾
　　　　아오신 어버이 수령님을 만나 뵈온 날 철진이와 함께 심은 나무인데
　　　　세월이 흘러 순천비날론연합기업소에 설치할 대상설비를 만드는 오
　　　　늘엔 저렇게 하늘을 덮게 무성해진 가지마다 열매가 주렁졌구나. 저
　　　　를 키워준 이 땅이 고마워서 저처럼 살진 열매로 보답하건만 난 아
　　　　직…

　이상 부녀의 대화가 조국과 수령을 위해서는 몸까지 바칠 수 있다는 충성
심을 잘 보여 준다. 결국 강쇠와 그의 딸 봄이, 그리고 기술과장 가족 등의
불굴의 노력으로 대상설비를 독자적으로 만들어 냄으로써 붉은 쇳물이 쏟
아지는 속에 연극은 막을 내린다. 마지막 장면은 이러했다.

　　이윽고 강쇠와 학빈 대공무선전화로 〈노 시동–〉의 구령과 함께 신호를 한
　　다. 봄이 배전반의 시동 단추를 누른다. 순간 노의 세찬 동음과 함께 방창이
　　울린다.

　　　아―그날의 발걸음으로
　　　빛나는 충성의 탑 세워 나가세

　　환등 배경에 붉은 쇠물이 쏟아지는 속에 노전탑과 배관들이 거연히 솟아오
　　른다. 모두 그것을 바라보며 군상을 이룰 때―막이 내린다―

　〈하나로 잇닿은 마음〉은 김일성 대신 내치를 장악한 김정일이 야심적으
로 추진하던 거대 건축사업의 일환인 광복거리 건설사업과 그와 잇닿은 제
3차 7개년 계획까지를 촉진을 선전하는 연극이다. 따라서 작품의 무대도
광복거리 건설 현장으로 설정되어 있다. 북한에서는 군대가 중요한 건설사
업을 맡아 하는 경우가 많다. 이 작품은 바로 그 점을 짚은 것이기도 하다.

작품에는 영화인, 재일조선인방문단원 등 여러 층의 인물들이 등장하지만 주역은 인민군 소대장 고광진과 그의 처인 처녀돌격대장 홍선희 등 대부분 현역 군인들인 것이 특징이다. 작품에 영화인과 재일조선인방문단원을 배치한 것은 군인들의 작업 성과를 국내에 널리 홍보하고 북송된 재일동포들이 북한 사회에서 절망적 삶을 살고 있다고 의심하는 재일동포 사회를 달래기 위한 포석으로 보인다.

작품은 모두 3장으로 이루어져 있다. 제1장은 노동 영웅 만들기라고 말할 수 있는데, 주인공으로 전체 작업을 지휘하고 있는 고광진 소대장의 처이자 작업장의 필수 기계라 할 대형 트라스 조립을 위한 보조기중기 조립을 남모르게 해낸 처녀돌격대장 홍선희가 부각된다. 홍선희는 젊은 여자의 몸으로 보조기중기 조립은 물론이고 남자들도 어려워하는 거대한 기중기 조립과 운전까지 해내는 일꾼이기도 하여 작업현장에서 노동영웅으로 인기를 독차지하고 있다.

홍선희   (나오며) 아니 무슨 말인지 빨리 하세요.
고광진   다른 게 아니구 오늘 밤 교대작업 때 동무가 저 보조기중기 운전공을 해줘야겠소.
홍선희   어머나? 아니 내가요.
고광진   아, 동무야 발전소 건설장의 이름난 기중기 운전공이 아니요.
홍선희   하긴 지금 기중기 운전공이 없다지요?
고광진   역시 처녀돌격대장 홍선희 동무가 틀림이 없구만. 허허.
홍선희   어머나.
고광진   그래서 말이요. 내 이렇게 남자 옷을 가지구 나왔소.

그러나 궁극적으로 이 작품의 목적은 김정일의 업적을 부각시키는 데 있음을 다음과 같은 장면에서 확인할 수가 있다.

단장   내가 어렸을 때 여기 와 보니까 골짜기마다 소나무뿐이었는데 오늘
        은 이런 큰 도시가 일떠서는 걸 보니까 정말 꿈만 같습니다.

방문단원 2   어디 그뿐이겠습니까. 방금 저희들이 여기로 오면서 보니까 동
        평양에 큰 극장이 두 개씩이나 나란히 서 있구 릉라도에 있는 15만
        석의 경기장과 요란한 다리를 보고서는 제 눈을 의심하지 않을 수
        없었습니다.

황재식   그렇습니다. 이 광복거리는 70년대에 건설한 인민문화궁전의 90배
        나 되구요.

단장   90배요?

황재식   그리고 80년대 초에 건설한 인민대학습당의 50뱁니다.

방문단원들   50배요?

단장   정말 조선사람 된 긍지로 해서 가슴이 후더워집니다. 우리 당이 마
        련해 놓은 자립경제의 위력이 아니구서야 어떻게 이런 방대한 건설
        을 한꺼번에 다 해낼 수가 있겠습니까.

  1941년에 태어났기 때문에 항일무장투쟁 경력이 없는 김정일이 내치를
담당한 이후 국가통치를 상징할 만한 거대한 건축물을 여럿 건설한 것을 대
내외에 알리려는 목적으로 인민들이 많이 관람하는 공연 매체를 틈틈이 드
라마타이즈하고 있었던 것이다. 그 점은 다음과 같이 마지막 제3장에서 더
욱 선명하게 나타난다.

남설화자   그렇다 인민의 소원을 헤아려 베푸신 그 사랑/인민의 크나큰 믿음이
        되고 힘이 되었나니/그래서 세상 사람들은 말하더라/조선의 광복거
        리는 김정일 동지의 담력으로 일떠서는 행복의 거리라고

녀설화자   세상 사람들이야 어이 다 알랴/평양의 광복거리 설계를 펼쳐 주실
        때/저 순천땅엔 대 화학공업기지가 일떠서고/태천과 금강, 서두수엔
        만년 언제가 솟아오르고…

남녀   우리의 친애하는 지도자 김정일 동지이십니다.

배우조장   동무들! 혁명의 성지 만경대에 일떠서는 이 광복거리 건설이 과연

어떤 전투입니까? 그것은 친애하는 지도자 동지께서 일찍이 품고 계
시던 원대한 구상을 실현해 나가는 보람찬 전투입니다. 우리 모두
이 전투에서 청년영웅이 됩시다.

고광진   옳습니다. 우리는 위대한 수령님께서 바라시고 당이 구상하는 그 길
에 자기의 한 몸을 바치는 것을 최대의 영광, 최대의 행복으로 생각
하고 있습니다.

이상에서 예술작품들이 그동안 우상화의 대상으로 삼아온 김일성 수령
을 김정일로 대체하고 있음을 확인할 수 있다. 특히 주체사상도 김일성보다
는 김정일에 초점을 맞추고 있는 사실에 주목할 필요가 있다. 이 작품도 "백
두산에 오르신 친애하는 지도자 동지의 영상이 모셔지면서 〈우리는 친위대
돌격대〉 노래 합창이 시작된다."면서 "피 끓는 가슴에 충성을 맹세한/우리
는 영예로운 친위대 돌격대다/친애하는 지도자동지 높은 뜻 받들고/위대한
주체사상 빛내여 가리라"[58]고 우렁찬 합창으로 막을 내린다.

마지막 혁명연극 〈경축대회〉

1988년도에는 다섯 번째 혁명연극인 〈경축대회〉가 국립연극단에 의하여
평양에서 무대에 오른다. 이 작품이 북한 정권 창립 40주년과 김일성 생일
76회 태양절(4월 15일)에 맞춰져서 공연되었다는 점이 주목된다. 이는 그만
큼 혁명연극으로서는 마지막으로 올려지는 〈경축대회〉가 갖는 무게가 가볍
지 않다는 이야기가 될 듯싶다. 실제로 일찍이 한국비평문학회가 지적한 바
와 같이 〈경축대회〉가 "일본 제국주의는 반드시 멸망하고 김일성이 이끄는
조선인민혁명국은 반드시 승리한다는 점을 강조한 작품이며 나아가 주민
들에게 반제국주의 의식을 고무시키는 데 주목적이 있는 작품"[59]이기 때문

---

58   김국성, 「경희극 〈리승일, 하나로 잇닿은 마음〉」, 『조선예술』, 1987.6.
59   한국비평문학회, 『북한가극·연극 40년』, 신원문화사, 1990, 345쪽.

이다.

대강의 줄거리는 1930년대 중반에 만주 지역 차일령시를 배경으로 일본 제국주의 침략자들의 허위적인 경축대회를 김일성 주도의 항일유격대의 승리의 경축대회로 환치시킨다는 극히 단조로운 것이다. 좀 더 구체적으로 설명하면 일제 관동군 토벌대가 김일성의 항일유격대의 본거지를 포격하려다가 항일유격대의 계략에 말려들어 같은 편인 일본 경찰대를 침으로써 경찰들은 전멸하고 서장만 살아 도망치다가 포로가 된다. 공격을 마친 토벌대장 자신은 큰 공을 세운 것처럼 으스대지만 잠시 후에 포로로 잡혔던 서장이 사건의 전말을 알려 주자 처음에는 믿으려 하지 않는다. 그러자 토벌대장 사이고와 서장은 누구도 진상을 아는 사람이 없으니 두 사람이 짜고 상부에 허위 보고서를 내자는 음모를 도모한다. 허위 보고서를 받은 사령부에서는 즉각 사이고 토벌대장에게는 훈장을 수여하기로 하고 경축대회를 열도록 지시한다. 토벌대장이 얼마나 뻔뻔하고 후안무치한 인간인가를 보여 주는 장면은 이러하다.

기자 1 당신의 무공에 영광을 드립니다. 이 차일령지구에 집결되었던 빨치산을 소멸했으니까 이제 빨치산이 완전히 전멸되었다고 보아도 되겠습니까?

사이고 그럴 수 있지.

기자 2 대장님이 이번에 빨치산을 절멸시킨 그 전법의 비결이 어디에 있는지요?

사이고 비결?… 에… 또… 그건 한마디로 말해서 나의 '대포주공전법'이요.

기자 3 '대포주공전법'?

사이고 일부 군사가들은 빨치산이 밀림 속에 있기 때문에 정규군의 육군전법으로는 공격이 불가능하다고 하는데 한 평방당 대포 두 알씩만 갈겨보라. 참새 한 마리 살아남지 못할 것이다. 그런데 나는 네 발씩 쐈다. (제1장)

그런 상황에서 토벌대장에게 앙심을 품고 있던 경찰서장이 유격대원들의 사주를 받아 토벌대장에게 복수를 하게 된다. 한편 그러한 기미를 알아챈 토벌대장은 서장을 정신병자로 취급하여 체포 구금한다. 이에 서장은 자신의 누이동생과 그 남편인 토벌대참모장에게 은밀히 편지를 보내 자초지종을 알려 준다. 참모장은 한때 자신의 도움으로 목숨을 건진 바 있는 관동군사령부 부참모장에게 서장의 이야기를 전하고 토벌대장의 비행을 낱낱이 알린다.

그러나 이미 관동군사령부 부참모장은 토벌대장과 약조한 바가 있으므로 참모장의 말을 무시하고 경축대회 준비를 독려한다. 한편 곤경에 처한 서장의 부친인 일본제국 중의원 의원이 때마침 토벌대의 경축대회장를 방문한다는 정보를 입수한 유격대원은 중의원 의원 대신 변장을 하고 경축대회장에 나갈 계획을 세운다. 제4장의 한 장면을 여기에 인용해 보겠다.

박지산　아니 적은 인원으로 그 많은 적을 어떻게요?

길수　방법이 있소. 놈들이 사사끼 경찰서장놈을 없애 치우는 바람에 그 문제를 해명하자고 그의 애비 중의원 의원 사사끼 이찌로란 자가 여기에 나타나게 했소. 그래서 내가 그놈으로 변장을 하고 한발 먼저 적들 병영 안에 들어가겠소.

박지산　안 됩니다. 그것만은 위험합니다.

길수　지산 동무, 적은 인원을 가지고 놈들을 치자면 적들의 병영 안에 들어가서 수족을 얽어매놓은 다음에 답새겨야 하오.

박지산　그렇지만 중의원 의원의 딸년과 그의 사위 야부끼가 있는데 혹시 그러다가….

길수　그 야부끼 참모장은 놈은 죽은 목숨이나 같은 놈이요.

대원 2　(들어오며) 길수 동지, 술통을 실은 마차가 요술단을 대기시켜 놨습니다.

길수　알겠소. 자 출발합시다.

그들 나간다. (제4장)

　드디어 경축대회가 열리는 날이 되었다. 거기에는 지역 인사들과 토벌대
장 일행, 관동군사령부 간부들 등이 대거 참석했다. 이때 가짜 중의원 의원
으로 분장한 유격대원이 나타나 토벌대장에게 아첨을 떤다.

　잠시 뒤 가짜 중의원인 유격대원이 잠시 나간 사이 서장의 부친인 진짜
중의원이 등장하면서 일대 소란이 벌어진다. 소란한 틈을 타서 유격대원들
이 기습하여 토벌대장을 비롯한 간부들을 체포, 처형해 버린다. 따라서 일
본군의 경축대회는 풍비박산 나고 그 자리에서 유격대원들과 주민들의 신
나는 경축대회가 펼쳐지면서 막이 내린다.

　김정일은 「연극예술에 대하여」라는 자신의 논문에서까지 이 작품을 소개
하며 평가까지 하고 있어 흥미롭다. "혁명연극 〈경축대회〉에서는 일제의 토
벌대가 유격대의 유인전술에 걸려 제 편끼리 싸움을 하여 경찰대를 몽땅 죽
이고도 유격대를 섬멸하였다고 경축대회를 벌이려는 내용을 취급하였기
때문에 연기를 과장하지 않아도 풍자적인 양상을 띠게 되어 있습니다. 제
놈의 잘못을 감추고 상부에 허위보고를 하여 경축대회를 벌이려는 토벌대
대장과 그 진상을 밝혀내어 토벌대 대장을 제끼고 그 자리를 타고 앉으려는
토벌대 참모장 사이에 벌어지는 개싸움 바람에 멀쩡하게 살아 있는 경찰서
장이 죽은 사람으로 되기도 하고 정신병자로 되기도 합니다. 관동군사령부
부참모장은 이 모든 사실을 뻔히 알고 있으면서도 모르는 척하면서 대일본
제국의 명예를 위해 성대한 경축대회를 벌릴 것을 명령합니다. 관중은 연극
을 보면서 적들의 내부모순을 스스로 알게 되어 그들의 허황한 망상과 추악
상에 조소를 보내게 됩니다."

　북한의 혁명연극을 연구한 박영정은 〈경축대회〉에 대하여 "극의 전면에
는 부정적 인물군이 등장하여 조소와 풍자가 넘치는 풍자극의 성격을 가지
고 있으면서, 극의 이면에는 긍정적 인물군과 투쟁하여 승리하게 되는 정극

적인 성격이 배합되어 있는 풍자극이 있다. 그리고 〈성황당〉과 같이 풍자극과 정극의 요소에 비탄의 정서까지 배합된 복합적인 풍자극이 있는가 하면 정극적인 것과 해학적 웃음이 결합된 경희극 〈딸에게서 온 편지〉도 있다."[60]라고 언급했다.

5대 혁명연극에 대한 남북한의 평가

북한에서는 5대 혁명연극에 대하여 어떻게 보고 있을까. 평론가 리대철은 그는 '풍자극이라고 하여 웃음으로만 관통되어야 한다는 법은 없다. 풍자극도 생활의 론리를 따라야 한다. 생활의 논리를 따르는 것은 작품의 진실성을 보장하기 위한 기본 담보이다'라는 김정일의 견해를 전제로 하여 지도자 동지가 5대 혁명연극의 양상을 개척하신 사상이론적 업적에서 중요한 내용을 이루고 있는 것은 또한 풍자적 웃음으로 환상적인 생활을 현실감이 나게 펼치면서 특색 있는 양상을 창조한 것이라고 했다.[61] 그러면서 김정일의 주장을 좀 더 구체적으로 설명했는데, 곧 풍자적인 것과 정극적인 것의 양상을 조화시키자면 우선 풍자 장면들에서 기형적인 동작들과 외형적인 과장의 인위적인 말투로 관중을 웃기려는 배우들의 연기를 없애고 자연스럽고 진실하게 형상하여 정극적인 장면과의 양상적 통일성을 보장하여야 한다고 했다.[62] 그러니까 뭐니 뭐니 해도 풍자극에서도 핵심은 리얼리티가 있어야 한다는 주장이었다.

평론가 강진은 5대 혁명연극에 대하여 좀 더 주체적이면서도 심층적으로 분석하여 설명하고 있다. "특별한 사상예술적 가치는 우리 당이 새롭게 밝

60 박영정, 「북한 5대혁명연극에 나타난 웃음과 희극성」, 『웃음문화』 제5호, 2008.6.
61 리대철, 「5대혁명연극의 양상을 독창적으로 개척한 우리 당의 불멸의 업적(1)」, 『조선예술』, 1989.2.
62 리대철, 「5대혁명연극의 양상을 독창적으로 개척한 우리 당의 불멸의 업적(2)」, 『조선예술』, 1989.3.

혀 준 주체의 인간학적 원리를 빛나게 구현하여 우리 시대가 제기하고 있는 자주성에 대한 근본문제를 인민대중의 다양한 형상을 통하여 심도 있게 설명하고 있다."면서 일찍이 김정일이 주창한 〈성황당〉식 연극이야말로 주체 사상에 입각한 공산주의 사상 학습에 긴요하다고 했다.

이어서 그는 당이 그동안 동서고금의 연극 실태를 깊이 분석하고 항일혁명연극들에 빛나게 체현되어 있는 자주적인 시대정신을 옳게 찾아내어 철학적으로 심오한 형상 화폭 속에 구현하게 함으로써 주체적인 연극의 본보기를 만들어낸 것이라면서 역시 김정일의 주장에 따라 우리의 주체적인 연극이 그 어떤 생활 분야를 반영하든 간에 철학성이 깊은 극적 형상을 창조하려면 종자가 새롭고 독창적이어야 하며 시대가 제기하는 절박한 문제, 세계의 주인이며 역사의 창조자인 인민 대중의 정치적 생명과 관련된 사활적인 문제를 탐구해야 하는데, 5대 혁명연극이야말로 자주적인 인간에 대한 문제를 철학적으로 깊이 있게 탐구한 것이라고 했다.[63]

결국 5대 혁명연극은 당대의 자주적인 시대정신을 근로 인민대중의 생동한 극적 형상으로 심도 있게 구현하고 있는 그 높은 사상예술적 품격과 생활의 본색에 맞는 양상의 다양성 및 참신성으로 하여 주체시대의 새로운 혁명적인 연극의 시원을 열어 놓은 것이라는 것이다.

북한 전문가들이 5대 혁명연극에 대하여 알쏭달쏭한 논리를 펼치며 찬탄의 평을 하는 중에 김정일이 다시 나서서 "생활을 진실하게 반영하기 위하여서는 복잡하고 다양한 관계 속에 얽혀 있는 인간 생활을 본래의 모습대로 입체적으로 그려야 한다."고 말함으로써 리얼리즘의 본질을 솔직하게 설명한다. 즉 그는 그동안 스펙터클한 가극으로 인민을 황홀하게는 했지만 메시지 전달에 한계가 있다는 것을 깨닫고 1960년대까지 시행했던 사회주의 리얼리즘만이 주체사상이나 공산주의 이념을 명료하게 전달할 수 있다는 것

---

63   강진, 「5대 혁명연극은 주체적인 연극의 참다운 본보기」, 『조선예술』, 1989.6.

을 뒤늦게 알아차린 것이다. 물론 그가 자신의 독창성을 돋보이게 하려고 사회주의 리얼리즘이란 용어는 쓰지 않았을 뿐이다.

한편, 남한의 연구자들은 5대 혁명연극에 대하여 어떻게 평가하고 있을까. 그동안 북한 연극 연구에 열정을 쏟아온 박영정은 "북한 연극의 장르는 정극과 비극, 그리고 희극으로 분류된다. 그런데 각각 작품마다 구체적인 양상은 매우 다양하게 나타난다. 5대 혁명연극 가운데 희극적 성격이 강한 〈성황당〉, 〈딸에게서 온 편지〉, 〈3인1당〉, 〈경축대회〉, 네 작품만 보더라도 그 구체적 양상은 매우 다양하다."면서 "〈3인1당〉과 같이 부정적 인물군만 등장하여 신랄한 풍자로 일관하는 전통적인 풍자극이 있는가 하면, 〈경축대회〉와 같이 극의 전면에는 부정적 인물군이 등장하여 조소와 풍자가 넘치는 풍자극의 성격을 가지고 있으면서 극의 이면에는 긍정적 인물군이 부정적 인물군과 투쟁하여 승리하게 되는 정극적인 성격이 배합되어 있는 풍자극이 있다. 그리고 〈성황당〉과 같이 풍자극과 정극의 요소에 비탄의 성격까지 배합된 복합적인 풍자극이 있는가 하면 정극적인 것과 해학적 웃음이 결합된 경희극 〈딸에게서 온 편지〉도 있다. 그리고 크게 보면 적대적 관계에서 발생한다는 풍자극이 주를 이루고 있는 것은 북한의 사회주의 현실 소재를 다룬 작품이 아니라 일제강점기를 배경으로 하는 작품들이기 때문이라고 볼 수 있다."[64]면서 5대 혁명연극의 장르적 특성만을 지적했다.

김정일의 연극론

김정일은 혁명연극이 진행되는 와중인 1987년도에 작가 예술가들에게 교시했고(「작가, 예술인들 속에서 혁명적 창작기풍과 생활기풍을 세울 데 대하여」), 이어서 1989년도에도 「온 사회에 문화정서 생활기풍을 세울 데 대하여」 및 「조선민족제일주의 정신을 높이 발양시키자」는 글을 발표했다. 여기서 김

---

64 박영정, 앞의 글.

정일은 자기 운명의 주인은 자신이라는 주체철학을 근간으로 삼아 공연예술도 궁극적으로는 조선음악, 조선화, 조선춤 등 고유한 민족적 표현 형식을 견지해야 하며 거기에 사회주의 사상을 담아야 한다고 분명한 기준을 제시한 바 있다. 이상과 같은 특수한 북한 상황을 염두에 두고 김정수가 특히 혁명연극 배우들의 연기를 면밀하게 분석한 것은 주목할 만하다. 그는 혁명연극 배우들의 연기가 "민족성의 담론을 수용하여 현실적 · 개성적 · 운문적 화술"이었다면서 다음과 같이 설명했다.

> 김정일은 반복하여 민족성을 고수하되 현대의 미감에 맞을 것을 요구했고, 현대적 미감은 곧 현실적 · 사실적 연기로 수렴된 것이다. 연기는 불필요한 과장을 삼가해야 했고, 이는 곧 개성 있는 인물 구축으로 이어졌다. 배우들은 호흡을 이용하여 한숨 소리, 울분 섞인 소리 등의 사실적 화술을 발화했고 이에 맞추어 움직임 역시 다양해졌다. 음색과 음량의 다양성이 인물의 개성화에 직접적인 영향을 미친 것이다. 이외 배우들은 대사의 어미 처리에 민족성을 적용했다. 대사 자체가 시조적 리듬으로 구사되었고, 이에 따라 운율적인 화술을 전개한 것이다.[65]

김정일이 추구한 연극은 연기 방식에서 볼 때 사실주의의 범주를 벗어나는 것이 아니었으며 거기에 고유의 시조 등과 같은 전통적 운율을 조금 가미한 것에 불과했다. 거기에 주체사상을 고취하기 위하여 사실주의와 극사실주의적인 한국화를 바탕으로 한 흐름 방식의 무대미술을 취했으며 변용된 전통음악과 춤사위도 가장 토속적인 방식으로 나아갔던 것이다. 북한 평론가 오태정도 그와 관련하여 "5대 혁명연극의 창조 과정을 통하여 내용에서뿐만 아니라 형식에서도 새로운 변혁이 일어나 주체적인 연기체계가 확

---

65 김정수, 『북한 연극을 읽다─김일성에서 김정은 시대까지』, 도서출판 경진, 2019, 370쪽.

립되고 막간이 완전히 허물어지고 흐름식 입체무대미술의 새로운 경지가 완벽하게 개척되었다."[66]고 설명한 바 있다.

즉 1970년대 후반 이후 김정일이 추구한 연극은 분명히 해방 이후 1960년대까지 북한 연극이 추구했던 사회주의 리얼리즘 방식에 약간의 다른 옷을 입힌 것에 불과했다. 그 점은 그가 인민에게 읽힌 글인 「연극예술에 대하여」에도 어느 정도 나타나 있다고 말할 수가 있을 것 같다. 「연극예술에 대하여」는 1부 '연극혁명', 2부 '극문학', 3부 '연극무대 형상', 이렇게 3부로 되어 있다. 1부는 혁명가극과 혁명연극의 배경 설명에 주안점을 두었다고 한다면 2, 3부는 김정일이 추구해 온 연극의 본질 설명에 주안점을 둔 것이다. 그렇기 때문에 그가 알고 있고 또 시행한 연극의 본질은 아무래도 2, 3부에서 찾아야 할 것이다.

제2부 '극문학' 부분, 희곡의 정의를 설명한 글에 "희곡에서 대사를 잘 써야 하는 것은 연극의 특성과도 관련됩니다. 영화가 행동의 예술이라면 연극은 대사의 예술이라고 말할 수가 있습니다."라는 구절이 있다. '대사의 예술'이란 곧 '배우의 예술'이란 뜻이다. 그리고 지문과 관련해서도 "영화문학에서는 인물의 행동과 내면세계를 묘사하는 바탕글이 기본형상 수단으로 되지만 희곡에서는 바탕글이 인물의 등장과 퇴장, 시간, 장소를 제시해 주는 보조적인 형상 수단으로밖에 되지 않습니다. 희곡에서는 중요한 극적 과제가 대사를 통하여 해결됩니다."라고 했다. 이는 극의 일반적인 지문을 설명한 것이다.

그리고 그는 연극의 성패가 배우가 대사를 어떻게 형상화하는가에 좌우된다면서 "대사는 얼마 없고 행동이 많으면 연극이 유치해질 수 있다."고 하여 앙토냉 아르토와 그로토프스키 이후 동작 중심의 현대극을 비판하고 사

---

66 오태정, 「불멸의 업적은 만대에 길이 빛내리—문화예술부혁명사적관을 찾아서 (2)」, 『조선예술』, 1989.6.

실주의 연극을 중시하는 자세를 보여 주기도 했다. 한편 그는 "물론 인물의 성격을 극의 정황에 따라 대사를 주어 형상하는 것보다 말 없는 행동으로 형상하는 것이 더 나을 때도 있습니다. 등장인물이 깊은 사색에 잠기거나 불의에 맞닿은 뜻밖의 억이 막혀 말이 나오지 않을 때에는 말 없는 행동이 몇백 마디의 대사보다 낫습니다."라고 하여 사실주의 연극에서 중시하는 포즈를 강조하기도 했다. 그 외에도 그는 평소에 사실주의 연극에서 보편적으로 이야기되는 "예술의 생명은 진실성에 있다"거나 "희곡에서 극 조직을 잘 하는 것은 연극의 골격을 튼튼히 세우는 데서 나서는 중요한 문제입니다."라는 말을 하곤 했다.

그는 희곡에서만 리얼리스트가 아니었다. 가령 배우의 연기와 관련해서도 그는 "배우가 대사를 잘 형상화한다는 것은 인물의 대사를 그의 성격과 정황에 맞게 진실하게 형상한다는 것"이라고 하여 등장인물과 배우의 일체를 주장했다. 한편 극의 한 부분이라 할 무대미술과 관련해서도 "무대의 장치물이나 배경이 실물처럼 생동하고 현실처럼 변화무쌍하게 되어야 사람들은 가극에서 그려지는 생활을 황홀하고 신비하면서도 현실로 믿고 감동 깊게 받아들이게 된다."[67]고 하여 사실주의를 강조한 바 있는 것이다. 그 점은 김정일의 연극론을 규명한 김정수가 다음과 같이 설명했다.

> 희곡/연극예술의 표현수단이 '대사'라는 주장과 연기에 있어서 움직임보다 화술에 치중하라는 지침은 1950년대 연극론과 비교할 때, 연극예술에 대한 개념의 축소로 해석될 수밖에 없다. 김정일 연극론의 1/2은 해방 직후부터 1950년대까지 북한 연극계에서 제기된 이론의 부분적 계승, 변형, 축소인 것이다.[68]

---

67 김정수, 「연극론 〈연극예술에 대하여〉의 특성연구」, 『공연문화연구』 제22호. 2022.2.; 최언국 외, 「친애하는 지도자 김정일동지의 문학예술작업(2)」, 『혁명적 작품 창작에서 위대한 변혁』, 평양, 1993에서 재인용.

68 위의 글.

이상과 같은 김정수의 관찰은 매우 예리한 것이다. 왜냐하면 연극 비전문가라고 볼 수 있는 정치인 김정일이 1950년대까지 연극인들이 전적으로 의존했던 사회주의 리얼리즘을 그 정도로까지 다르게 표현하여 구체화했다는 것 자체가 놀랍기 때문이다. 그래서 김정수도 자신의 저서에서 김정일의 연극론을 보면 '그 명성과 불일치한다는 인상을 받는다'고 한 것 같다. 솔직히 인류가 수천 년 동안 가꿔온 연극 방식을 연극 학자나 이론가도 아닌 김정일이 뛰어넘을 수 있겠는가. 따라서 김정일이 1980년대에 주창했던 소위 〈성황당〉식 연극론이나 혁명연극이라는 것도 결국은 해방 직후 북한사회에서 금과옥조로 삼았던 사회주의 리얼리즘 연극 방식의 부분적 바꿈에 불과한 것이었다.

그런데 흥미로운 사실은 김정일이 1988년 10월 들어서 1970년대에 실험했던 혁명가극(正)과 1980년대에 시도했던 혁명연극(反)을 발전적으로 종합한 형태(合)라 할 민족가극 〈춘향전〉을 극장가에 내놓았다는 점이라 하겠다. 물론 공연예술의 대표적인 고전이라 할 〈춘향전〉이 권택무의 글[69]에 소상하게 나타나 있듯이 북한에서도 김정일의 손이 미치지 못하던 해방 직후부터 1960년대까지 사회주의 리얼리즘의 입장에서 부분적으로 개조되어 창극이나 영화로 널리 공연된 바 있었다. 그러나 그러한 〈춘향전〉도 김정일이 손을 대면서 평양예술단에 의하여 완전히 새로운 민족가극으로 북한 대중에게 선을 보이게 된다.

그렇다면 〈춘향전〉이 어떤 과정을 통해서 새로운 민족가극으로 탄생되었는가부터 알아보아야 할 것이다. 그 과정에 대하여는 북한의 예술을 대변하는 월간 『조선예술』에 소상하게 설명되어 있다. "지난 시대의 고전작품으로만 남아 있던 〈춘향전〉이 오늘 우리 시대에 와서 이와 같은 민족가극의 훌륭한 본보기 걸작으로 꽃펴나게 된 것은 전적으로 친애하는 지도자

---

69   권택무, 「춘향전의 극화에서 제기되는 문제」, 『조선예술』, 1966.8.

김정일 동지께서 민족가극 〈춘향전〉 창조의 전 과정을 여러 차례에 걸쳐서 비범한 예지의 정력적인 지도로 이끌어 주셨기 때문"이라며 그 작업이 온전히 김정일의 손에서 이루어졌음은 분명하게 밝힌 것이다.

김정일이 이 작품에 처음 손을 댄 것이 1988년 10월 28일이다. 그의 첫 소견은 "〈춘향전〉의 기본 사상은 빈부귀천에 따라 사람을 차별하고 신분이 서로 다른 사람들끼리는 사랑도 할 수 없고 살 수도 없게 되어 있는 봉건적인 신분제도의 반동성을 폭로하는 것입니다. 사람을 신분에 따라 갈라 놓고 차별하는 것을 비판하는 것이 〈춘향전〉의 핵"이라는 것이었다. 이 말은 그가 철저한 공산주의자로서 전제군주 시대의 봉건사상을 타파하고 시대 감각에 맞추는 데 궁극적 목표를 두고 있음을 의미하는 것이다.

따라서 그는 무엇보다 먼저 민족 고전작품인 〈춘향전〉을 주체적인 관점에서 분석 평가하고 역사주의 원칙과 현대성의 원칙을 결합하여 우리 시대 인민들의 미감에 맞게 각색하면서 가극에서 사상적 대를 올바로 세우는 데 주안점을 두었다고 한다. 그리하여 "인물이 절색일 뿐 아니라 시도 잘 짓고 바느질도 잘하며 마음씨 고운 춘향과 세력 있는 양반의 아들 이몽룡 간의 사랑은 당시 사회적 환경에서는 하늘과 땅 사이의 차이보다 더 아찔한 신분 제도라는 장벽을 넘어야 하며 빈부귀천이 인간의 존엄과 사랑이 자유마저 박탈하고 유린하는 사회적 근원으로 되는 당대 사회에서 춘향이가 당하는 불행한 운명을 통하여 봉건사회가 얼마나 비인간적이었던가를 예리하고도 날카롭게 폭로"[70]했다는 것이다.

민족가극 〈춘향전〉에서 특히 눈에 띄는 부분은 변 사또가 부임했을 때, 농민들 4~5명이 나타나 자신들의 어려움을 알리고 쌀을 요구하는 장면이 아닐까 싶다.

---

70 「민족가극 〈춘향전〉이 기념비적 걸작으로 창조되기까지」, 『조선예술』, 1989.5.

농민들 4~5명이 와르르 몰려 들어온다.

농민 1   사또님 사또님 우리 백성 살려 주오. 굶주리고 헐벗은 부모처자 살려 주오.

농민들   관가에 환자쌀로 구원해 주시면 어려운 보리고개 넘기여 가리.

변학도   호장, 환자쌀을 주도록 하라.

농민들   고맙습니다(땅에 엎드려 절한다).

변학도   그러되 가을에 가서는 한 말에 두 말씩 받도록 해라.

농민들   아니(환자쌀 이자가 많은 데 놀라 웅성거린다)

농민들 애원한다.

변학도   썩 내몰아라!

사령들이 농군들을 왁살스럽게 내몬다.

원작에 없는 농민들 장면을 삽입함으로써 작품의 사실성을 부각하는 효과가 생겨난다. 그러나 역시 신분 차이가 나는 청춘남녀의 애틋한 사랑이 핵심인 것은 똑같다.

이 작품이 지니고 있던 당시 사회의 신분제도를 넘어선 두 청춘남녀의 환상적 사랑을 그대로 묘사하면서도 인물 묘사에서는 원본에서와 차이를 둔 것이 민족가극 〈춘향전〉의 특징이다. 실제로 작품 전체는 원본과 많은 차이가 있는데, 그중에서도 이 도령과 춘향이 너무 쉽게 만나 서류상으로나마 결혼까지 한다든가 중요한 조연들인 월매와 방자 향단의 성격에서 과장을 제거한 것이 특징이다.

원작에서 억세고 괴벽스러운 월매는 지극한 모성애를 지닌 어머니이자 사회적으로 버림받고 원통하게 살아온 불행한 여인으로 새롭게 형상화했다. 춘향이 이 도령과의 첫사랑으로 고민할 때, 월매는 "눈물 속에 너를 안아 내 홀로 키웠더니 어느 사이 네가 자라 꽃나이 되었구나 봄나비 날아들 때 처녀의 그 행실 잃지를 말아라"(제2장 제1경) 하고 조용히 타이르고 이 도령이 결혼 승낙을 청하자 "도령님. 양반댁의 도령님이 다지는 그 맹세가 반갑기는 하지만 따를 수 없으리, 이 어미 천한 탓에 춘향도 천민이라 혼사는 못하리"라고 완곡히 거절한다. 그러나 두 사람은 결혼했고 얼마 뒤 이 도령이 부친이 있는 한양으로 가야 될 때, 월매는 "내 딸을 두고 간다. 이 어인 말인가. 님 그려 울다 죽을 젊은 것 어찌 보랴. 양반도 사람이요 천민도 사람인데 사랑에도 귀천 있고 빈부가 있다더냐. 이것아 천 리라도 따라가고 만 리라도 따라가거라, 아이구 내 팔자야…"(제3장)라고 장탄식을 한다.

한양으로 혼자 가버린 이 도령의 소식이 끊어진 사이 변 사또가 부임하여 수청을 거부한 춘향을 하옥시켜 모녀가 절망에 빠져 있을 때 장원급제한 어사 이 도령이 거지 변장을 하고 남원에 당도하자 월매는 절망한다.

몽룡   하하, 단벌옷을 다 버렸군.
월매   자네 이 거지꼴이 웬 말인가? 엉?
몽룡   …
월매   (털석 주저앉는다) 춘향인 죽었구나! 하루를 백년같이 기다렸건만. 한 가닥 소원마저 끊어졌구나 하늘도 무정하다 억울한 이 세상 이제 는 내 딸 춘향 살길 없구나.

월매 넋이 나간 사람처럼 비틀거리며 칠성단 쪽으로 다가가 제사상을 밀어 재낀다.(제6장 제1경)

그러나 극적으로 춘향이가 회생하자 월매는 "비껴라, 저리 비껴라, 어사 장모 들어간다. 이런 경사 어디 있나. 내 사위가 어사라니 웬 말이냐. 고생 끝에 낙이 온다 하더니만 이런 복을 받았구나"(제7장 제2경)라고 환호작약한다. 이상에서 확인할 수 있는 바는, 월매가 모성애가 강한 범용한 여인으로 묘사되어 있는 점이다.

월매와 같이 제외되어서는 안 될 조연들인 방자와 향단의 캐릭터도 크게 변화시켰다. 사실 이들은 원작에서는 과장되고 경박스런 인물들로 설정되어 작품의 희극성을 돋우는 역이었지만 민족가극에서는 매우 진지한 인물로 바뀌었다. 월간 『조선예술』도 이들과 관련하여 "방자, 향단이도 다 근로하는 계급의 출신에 맞게 춘향을 진정으로 성심성의를 다하여 도와주는 아름다운 개성을 가진 인물로 형상되었다."고 했다. 이들은 자신들이 모시는 상사를 진심으로 존경하고 사랑하는 신의의 인물로서 끝까지 최선을 다하여 섬기는 캐릭터로 묘사되어 있다. 이는 사실 리얼리즘 연극에서 흔히 만날 수 있는 충실한 조력자들이기도 하다.

향단의 모습을 보자. 한양으로 떠나 소식 없는 사이 춘향은 변 사또의 수청을 거부하고 감옥에서 최후를 기다리고 있는 때, 느닷없이 거지 꼴로 춘향 집을 찾아온 이 도령을 박대하는 월매를 못마땅해하는 향단의 모습은 멋지다.

춘향	이별은 잠시라고 날 두고 가시더니 이제야 오셨는가 그 모습이 웬일이요.
몽룡	오랜 세월 지날 적에 꿈결엔들 잊었으랴 꽃과 같던 네 모습이 이리 될 줄 몰랐구나.
춘향	살아서 못 보리라 애태우며 그리던 님 이렇듯이 만나보니 이제 죽어 한이 없네.
월매	그래두 제 랑군이라구.
춘향	어머님, 어머님이 정한 배필 좋고 글고 있으리까.
월매	아이구, 저게 환장을 하는구나.
향단	마님, 마님이 이러시면 아씨 마음이 좋겠나요. (제6장 제2경)

위의 한 장면에 충실한 하녀로서 향단의 곱고 바른 마음씨가 고스란히 드러난다. 그녀의 대척점에 서 있는 방자 역시 모시고 있는 주인에 대한 충실한 도우미로서 묘사되어 있다. 김득청도 그와 관련하여 "민족가극 〈춘향전〉에서는 방자와 함께 향단을 춘향과 몽룡의 참다운 사랑을 진심으로 도와주

는 의리가 있는 인물로, 예절도 있고 정의감도 있는 인물로 형상화함으로써 우리 인민의 민족적 성격에 맞게 정확히 형상할 수 있게 되었다."[71]고 명확하게 지적했다.

그러나 이 작품을 처음서부터 끝까지 지휘했다고 할 수 있는 김정일은 1988년 8월에 공연한 작품을 보고는 모든 면에서 부족하다고 했다. 그는 "민족가극 〈춘향전〉이 우리가 의도적으로 만드는 작품인 것인 만큼 거기에 출연시킬 사람들을 다른 예술단체에서 데려다 쓸 수 있습니다."[72]라고 하여 이 작품은 순전히 그가 주도하여 만든 것임을 분명히 했었다. 그러면서 "민족가극 〈춘향전〉은 구성을 뜯어고칠 것이 없는 것인 만큼 영화촬영소에서 후시 작업을 하는 식으로 하나하나 다듬어나가면 인찬 완성할 수 있을 것"[73] 이라고 했었다.

민족가극 〈춘향전〉은 극 구성만큼은 손댈 수 없을 만큼 북한의 세계관에 맞도록 새롭게 만들었고 주요 등장인물의 성격까지 사회주의 리얼리즘에 충실하게 재구성한 것이 특징이었다. 북한 평론가 강진도 극 구성에 대하여 "이 민족가극에서는 주인공 춘향을 비롯한 천민들을 일방으로 하고 변학도를 비롯한 양반계급들을 타방으로 하는 긍·부정 인물들의 갈등 관계만을 외곬으로 보여 주지 않고 있다. 민족가극에서는 본질적인 신분제도의 모순을 내포하고 있는 춘향과 도령 간의 우여곡절에 찬 사랑 관계와 그로부터 파생되는 월매와의 극적 관계, 방자와 향단의 해학적인 관계와 그들의 대조적인 사랑선, 춘향을 동정하며 칭송하는 인민들의 다양한 인정선을 다각적으로 설정하고 있으며 여기에 변학도와 몽룡 사이에 얽혀 있는 양반계급의

71 김득청, 「민족가극 〈춘향전〉은 원작의 사상적 내용을 심오히 밝혀낸 명작」, 『조선예술』, 1989.5.
72 김정일, 『김정일선집 12』, 조선노동당출판사, 2011, 452쪽.
73 위의 책, 453쪽.

내부 갈등선도 입체적으로 배합하고 있다."[74]고 했다.

한 가지 부연하면 배우들의 자연스러운 연기 측면에서도 사실주의 냄새가 다분히 나고 있음을 리대철의 글에서 확인할 수 있다. 민족가극 〈춘향전〉의 배우술과 관련하여 리대철은 "몽룡이를 만난 순간 춘향은 얼굴이 홍당무가 되어 머리를 숙이며 자리를 피하려고 한다. (중략) 순결한 사랑의 세계를 대변하는 노래가 비단결처럼 흐른다. 밝고 청신한 숨결과 약동하는 심장의 울림, 마음의 박동을 억누르지 못하는 노래가 온 광한루 하늘가에 울려 퍼진다. 배우들은 완전히 체험의 세계, 자감 상태에 잠긴다. 관중들도 배우 자신을 보는 것이 아니라 그 옛날의 춘향과 리도령의 세계를 체험한다. 배우들의 역인물의 사상 감정과 생활을 깊이 체험하고 자감상태에 깊이 잠겨 있기 때문에 노래 형상도 그 얼마나 자연스러운가"[75]라고 하여 그들의 사실적인 연기를 긍정적으로 평가했다.

이성곤도 북한 〈춘향전〉을 분석한 글에서 "혁명가극과 혁명연극의 성과를 고스란히 이어받은 작품으로 (중략) 북한 연극의 전부라고 해도 무방할 두 공연방식의 특징을 모두 계승하고 있다는 점에서 이 작품은 1980년대 이후 북한을 대표하는 연극 형식으로 꼽기에 손색이 없다."[76]고 주장한 바 있다. 그런데 그 바탕은 언급한 대로 해방 직후부터 1960년대까지 시행해 왔던 사회주의 리얼리즘이었음을 확인할 수가 있다.

---

74 강진, 「민족가극 〈춘향전〉에서의 극조직의 새로운 형상적 특성」, 『조선예술』, 1989.5.
75 리대철, 「깊은 체험의 세계에서 형상의 새로운 경지를 개척한 연기형상」, 『조선예술』, 1989.5.
76 이성곤, 「북한의 민족가극 〈춘향전〉에 나타난 연극미학적 특징」, 『드라마연구』 제58호, 2019.

제4부

급변하는 정세 속 북한 연극의 과제

제10장

1990년대의 정치적 급변과 주체연극의 행로

고난의 행군

북한의 경우 1990년대는 50여 년의 길지 않은 역사 중 정치 · 경제적으로 가장 어려웠던 시기가 아니었을까 싶다. 그 첫 번째 이유는 종주국이라 할 소련에서 미하일 고르바초프가 1985년 3월에 공산당 서기장으로 취임하면서 소위 페레스트로이카라는 개혁개방 정책을 폄으로써 자국은 물론이고 동구권 국가들이 변화의 소용돌이를 치면서 민주주의로 거듭나는 진통을 겪고 있었기 때문이다. 게다가 그들의 경쟁상대인 남한이 1988년도에 서울국제올림픽을 성공적으로 치름으로써 자유세계의 중요한 일원으로 우뚝 서지 않았던가.

그뿐만 아니라 국내적으로도 대단히 큰 변화가 일어났다. 그동안 같은 공산주의 국가로서 교역과 원조까지 해 주던 소련과 동구권 국가들이 자유세계로 방향을 틀면서 경제 교류가 끊어짐에 따라 북한의 경제 타격이 컸는데, 그런 상황에서 공산권에 영향력이 있던 절대적 통치자 김일성마저 1994년 여름에 갑자기 사망함으로써 더욱 불리한 여건에 직면케 된 것이다. 게다가 김정일이 정권을 계승한 얼마 뒤 대홍수와 가뭄 등 자연재해까지 겹침으로써 1995년부터 3~4년 동안 수십만 명이 아사하는 '고난의 행군'을 겪기도 했다.

통일부와 한국은행의 조사에 따르면 그 당시 북한의 경제는 1990~2003년 사이에 연평균 마이너스 5.2% 성장했으며 3차 7개년 계획 전체 기간의 성장률은 마이너스 2.9%였다.[1] '고난의 행군'을 겪지 않으면 오히려 이상할 지경이었다. 외교와 국방을 제외한 내치에 전적인 책무를 짊어진 김정일이 어려운 현실 상황에서 내건 테제라는 것이 겨우 1989년 12월 28일에 조선노동당 중앙위원회의 책임 일군들 앞에서 행한 '조선민족제일주의정신을 높이 발양시키자'는 연설 정도가 아니었던가 싶다.

그 연설의 핵심은 만인이 일제와 미제와 싸워서 이긴 조선 인민을 영웅적 인민이라고 부를 만큼 우리 조선민족이야말로 제일이라면서, 이런 인민이 지닌 조선민족제일주의정신은 위대한 당의 영도를 받는 긍지와 자부심이라는 것이었다. 그러면서 조선민족제일주의는 위대한 수령을 모시고 위대한 당의 영도를 받으며 주체사상을 지도 이념으로 삼고 가장 우월한 사회주의 제도에서 사는 긍지와 자부심이라면서 당과 수령의 불멸의 업적과 위대성에 대한 책도 더 많이 써내고 문학예술 작품도 더 많이 만들어 내야 하겠다고 했다.[2]

이러한 연설을 보면 그에게는 구체적으로 1990년대를 어떻게 대비하고 어떻게 끌고 갈 것인가 하는 비전은 전혀 없었던 것 같다. 다만 월간 『조선예술』 기자와의 인터뷰에서 "우리의 문학예술은 시대와 함께 전진하는 혁명적 문학예술로 되어야 하며 현실보다 앞서 나가면서 대중을 혁명과 건설에로 힘 있게 불러일으키는 당의 위력한 사상적 무기로 되어야 합니다."[3]라고 극히 일반적이면서도 추상적인 말을 남겼을 뿐이다.

1990년 초에 열린 전국화술소품축전에 부치는 연설에서는 "오늘 연극예

---

1   이종석, 『북한의 역사 2—주체사상과 유일체제(1960~1994)』, 역사비평사, 2011, 124쪽.
2   한국문화정책개발원, 『북한문화연구』 제2집, 1995, 252쪽 참조.
3   「주체예술의 화원 더욱 붉게 만발한 1990!」, 『조선예술』, 1990.12.

술 부문 앞에는 연극혁명에서 거둔 성과와 경험을 공고히 하고 그에 토대하여 사상예술성이 높은 〈성황당〉식 연극을 더 많이 창작함으로써 온 사회의 주체사상화 위업 수행에 이바지하여야 할 무겁고 영예로운 과업이 나서고 있습니다."라고 하여 과거의 발언을 되풀이했다. 솔직히 그가 몇 년 뒤 닥친 부친 김일성의 사망이나 '고난의 행군' 같은 국난을 어떻게 예측할 수 있었겠는가. 그만큼 1990년대는 북한으로서는 역사상 가장 어려웠던 시대였음에도 그가 막연히 혁명만 강조하고 연극에 관한 한 대비가 전혀 없었던 것이다.

사실상 국난의 시기에 북한 정권, 특히 김정일 국방위원장이 별다른 연극 정책을 내기도 어려웠을 것임은 자명하다. 따라서 북한은 그동안 해 왔던 연극 방식에 어떤 변화를 기대하기는 어려웠다. 1990년대의 연극 행로는 김정일이 언급한 대로 〈성황당〉식 연극 형태를 일단 그대로 가져가는 길과 일부 새로움을 추구하는 정도로 보인다.

국립연극단과 피바다가극단의 1990년대 목표

실제로 연극 일선에서 공연을 담당하는 국립연극단 김병옥 단장은 김정일이 제시한 기본 방침에 화답이라도 하듯 1990년대의 목표에 대하여 '우리는 새해에도 5대 혁명연극을 가지고 중앙과 지방극장 무대에서 계속 공연하게 된다'면서 다음과 같이 설명했다.

새해에 우리 국립연극단에서는 현실 주제의 연극작품을 창작하는 데 힘을 넣게 된다. 우리는 당에 대한 끝없는 충성심을 안고 대형 산소분리기 생산에서 영웅적 위훈을 창조한 낙원의 노동계급을 주인공으로 하는 연극을 〈성황당〉식 연극으로 훌륭히 형상하여 곧 무대에 올리게 될 것이다.

그 밖에도 사회주의 현실을 반영한 중막극과 단막극들도 여러 편 새롭게 창조하게 된다. 그리고 우리는 사이극, 재담 등 수많은 화술소품들을 만들어 가지고 공장과 농촌, 건설 현장들에 찾아가 공연함으로써 근로자들의 노력 투쟁을 힘 있게 고무할 계획이다. 특히 올해 우리는 조국해방전쟁을 승리에로 조직 영도하신 경애하는 수령님의 불멸의 업적과 위대한 풍모를 형상한 혁명연극 〈승리의 기치 따라〉를 새롭게 창조하게 된다.[4]

국립연극단장의 선언은 〈성황당〉식 혁명연극 계통의 현실적인 작품을 계속 창작하겠다고 것이었다. 그중에서도 관심을 끌 만한 말은 중막극과 단막극을 많이 만들겠다는 것과 사이극, 재담, 그리고 화술소품들을 만들어 가지고 공장과 농촌 등 건설 현장들을 돌아다니겠다고 한 말이다.

피바다가극단 창작창조과장 김관식은 새해의 포부에 대해 "올해 우리는 혁명가극을 비롯하여 음악 무용 종합공연을 쉬임없이 진행할 계획"이라면서 "강선의 노동계급이 전투의 어려웠던 시기 고난과 시련을 꿋꿋이 이겨 내고 강철 증산으로 당을 받들어 나가던 것처럼 높은 충성심, 백두의 혁명정신, 천리마의 정신을 안고 가극 〈백양나무〉를 창조해 나가고 있다."[5]고 했다.

북한 연극을 이끌어 가는 쌍두마차라고 볼 수 있는 국립연극단 대표와 피바다가극단 과장 두 사람이 새해에 새롭게 선보일 작품들로서 밝힌 혁명연극 〈승리의 기치 따라〉와 혁명가극 〈백양나무〉는 모두 과거에 수없이 되풀이했던 주제, 즉 김일성 우상화와 시련을 이겨내고 강철 증산에 진력하는 노동자들의 충성심을 고취한 것이었다. 이는 시간이 지나도 변함없이 여전히 김일성 우상화와 노동자 예찬만을 꾀하고 있음을 확인할 수가 있다.

전국화술소품축전

그래도 새로운 면이라 할 국립연극단장이 밝힌 중·단막극 활성화와 화술소품들의 생산에 관하여 알아볼 필요가 있다. 결론부터 말하면 화술소품축전은 일종의 북한판 창작 활성화 방책으로 보아도 무방하다. 한국에서 연

---

4   김병옥, 「로동계급을 형상한 연극작품을 무대에」, 『조선예술』, 1991.1.
5   김관식, 「명작들이 쏟아질 것이다」, 『조선예술』, 1991.1.

극제를 열어 신진 작가를 비롯하여 연출가, 배우 등을 양성하는 방식과 유사하다. 실제로 그들은 이 축전과 관련하여 "전국화술소품축전은 5대 혁명 연극 창조 과정에 이룩한 성과를 더욱 공고히 하고 현실 주제의 연극 창작에서 새로운 전환을 가져오게 하는 데서 매우 중요한 의의를 거지는 계기"라고 했다. 이러한 화술소품축전에 전국적으로 상당히 많은 단체와 개인이 다양한 작품들을 들고 참여했음이 확인된다.

주제별로 살펴보면 우선 김일성과 김정일에 대한 우상화와 충성심을 고취한 작품으로 개성시예술단의 단막극 〈위대한 품〉을 꼽을 수 있다. 위대한 수령의 품은 북한 인민뿐만 아니라 세상 사람 모두를 안아 주는 한없이 넓고 자애로운 어버이 품이라는 것을 높은 사상예술적 경지에서 묘사한 작품이라고 한다. 그리고 김일성에 대한 김정일의 지극한 효성을 다룬 작품으로 평안북도예술단의 〈위대한 시간〉과 남포시예술단의 〈해빛〉이 있다.

그 외에도 노동계급을 형상화한 작품들이 많았다. 순천비날론연합기업소와 사리원카리비료연합기업소, 그리고 북부철길 건설 현장 등을 비롯하여 채취공업 부문 및 경공업 부문들에서 발휘되고 있는 '우리 시대 노동계급의 높은 정신세계를 진실하게 묘사한 작품들'로 함경남도예술단의 중막극 〈청춘대학〉과 평안남도예술단의 단막극 〈담보〉, 자강도예술단의 〈참된 주인〉, 황해남도예술단의 〈량심을 지켜라〉, 함경남도예술단의 〈억센 기둥〉, 황해북도예술단의 설화극 〈생명선〉, 양강도예술단의 경희극 〈청춘의 행복〉 등이 있다. '숨어 있는 영웅들의 고상한 정신세계와 우리 새 세대들의 공산주의적 소행을 진실하게 묘사한 작품들'로서 남포시예술단의 단막극 〈어머니와 딸〉 및 평안북도예술단의 단막극 〈우리 새 세대〉 등을 꼽을 수 있다.

그 외에도 혁명사적 발굴대원의 높은 충성심을 반영한 양강도예술단의 단막극 〈사적을 발굴하는 사람들〉을 비롯하여 인민과 인민군의 아름다운 군민일치의 전통적 미풍을 내용으로 한 자강도예술단의 〈구기자가 익을 무렵〉, 조국 통일을 주제로 한 함경남도예술단의 단막극 〈겨레의 지향〉 등 수십 편의 다양한 주제와 형태의 작품들이 경연을 벌였다.[6] 이따금 열리는 축전이지만 기존 극작가들과 극작가 희망자들은 엄격한 제한 속에서도 나름대로 다양한 작품들을 써냈던 것이다. 물론 모든 작품들이 김일성 부자에 대한 변함없는 충성심과 공산주의에 대한 찬양은 기본으로 하고 있지만 이야기 자체는 새롭게 써보려는 의지가 보이기도 한다. 그러니까 전국화술소품축전을 계기로 1990년대 초반에는 수십 편의 중·단막극들이 발표되어 외형적으로는 연극계가 활기를 띠는 듯이 보이기도 했다.

그 시기는 경제적으로 매우 어려운 시기로서 경제발전 3차 7개년 계획 기간(1987~1993)이기도 했다. 따라서 대체로 작품들의 시대 배경은 해방 직후와 그 후로 되어 있고, 작품 경향도 다양한 가운데 아무래도 급속한 시대 변화와 경제 문제 해결에 주안점이 두어진 것이 하나의 특징이었다. 가령 리장건이 쓴 단막극 〈섣달 그믐날〉(1990.1)은 해방 직후 건국 전야 서민들의 애환을 묘사한 작품인데, 김일성의 부인 김정숙이 서민들 틈에서 따사롭게 돌보아 주는 내용이다. 김정숙 여사가 직접 두부장수 집에까지 찾아와서 사사로운 일까지 해결해 주기도 한다.

금준   아주머니, 어서 가십시다. 김정숙 동지께서 지금 아주머니네 가족을
        기다리고 계십니다.
음전   네? 김정숙 여사께서요?
금준   네. 그이께서는 해방되어 처음 맞는 새해 명절인데 외롭게 살아온
        아주머니 마음속에 그늘도 있어서는 안 된다고 하시면서 머슴을 살
        던 아들도 찾아오게 하고 두부장사 할 때 진 빚도 갚아 주도록 모든
        조치를 취해 주시었습니다.

---

6   송학성, 「현실주제의 연극작품 창작에서 이룩한 빛나는 결실—전국화술소품전을
     보고」, 『조선예술』, 1990.2.

김정일이 국정에 참여하면서부터 이따금 그의 친모 김정숙이 인민을 보살피는 국모의 모습으로 묘사된 작품들이 여럿 등장했는데, 〈섣달 그믐날〉도 그러한 희곡의 한 가지였다.

세대간의 갈등을 묘사한 작품들

1990년도에 발표된 희곡 중 첫 번째로 리기초의 〈어머니와 딸〉을 살펴보겠다. 역시 하급 노동자들의 삶을 묘사한 이 희곡에서 흥미로운 점은 세대 차이, 더 나아가 세대 갈등을 다루었다는 점이다. 이 시기에 처음으로 남한처럼 젊은 세대가 등장하고 이들이 남한 젊은이들 못지않게 개성 강한 모습을 보여 줌으로써 기성세대 더 나아가 북한 당국을 당혹하게 하고 있음을 작품을 통해 알 수 있다. 〈어머니와 딸〉은 상하수도사업소 중에서도 오수를 다루는 노동자인 모친 경순과 그런 유형의 노동 행위를 기피하려는 딸 영애의 갈등이 주조를 이룬다. 딸은 그런 노동이 싫어서 학교로 도피하려고 발버둥치고 모친은 오로지 조국과 김일성을 위해서 더러운 일도 마다하지 않는다.

영애   그렇게 깨끗해서 집안에 오수 냄새만 풍기나요. 부끄러워요. 우리도 좀 남들처럼 살아보자요. 고상하게. 지금 어머니처럼 안 하고도 살아가는 사람들이 있지 않나요.

경순   네가 어쩌면 그런 말을 거리낌 없이 하니 엉? 너는 이 에미가 오수준첩공을 하는 게 그렇게도 못마땅하냐. 나는 오수작업도 우리 혁명의 한 초소이기에 내 스스로 기꺼이 맡아 나섰다. 그런데 너는 그 일이 그렇게 싫단 말이지. 언제부터 네 머리 속에 신성한 노동을 싫어하는 그런 사상이 싹텄냐 엉?

이상과 같이 〈어머니와 딸〉은 북한에서도 세대 간에 나라와 개인을 생각하는 것에 큰 차이가 있음을 간접적으로 보여 주고 있다. 기성세대는 나라가 우선이지만 신세대는 개인이 우선이라는 것이다. 그렇지만 폐쇄사회이고 사회주의 독재국가답게 결론은 나라가 우선이라고, 딸이 어머니에게 동조하는 것으로 매듭지어진다는 점이다.

경순　애들아, 우리는 언제 어디서나 어버이 수령님과 친애하는 지도자 동지의 전사라는 것을 잊지 말아야 한다.

자식들　예, 알겠습니다.

북한 연극에서 세대 차이를 우회적으로나마 보여 주는 작품은 그 외에도 여럿 있었는데, 라성덕이 쓴 희곡 〈우리 새 세대〉(1990.6)가 대표적이다. 제목에서부터 세대 차이가 느껴진다. 이 작품은 북한에 흔한 소위 명예군인 이야기다. 재일동포로서 어렸을 때 북송되었고, 성인이 되어 인민군으로서 분계선에서 남한 국군들과의 분쟁 과정에서 두 눈을 잃은 상이용사가 귀향하는 도중 평양역에서 정옥이라는 안내원과 특별한 인연을 맺는다. 차표를 미처 못 사고 기차를 타려다가 정옥의 제지를 받은 것이다. 특별한 명예군인을 몰라본 실수를 보상하려고 정옥은 그를 집으로 안내하여 하루를 유숙시키는 것으로 끝나지 않고 아예 그의 두 눈이 되어 주겠다는 결심까지 한다. 그러니까 그 명예군인과 결혼까지 한다는 것이다. 그러한 외동딸의 결심에 놀란 것은 그녀의 부모(학근과 연화)였다.

학근　그렇게 뜬 기분으로 다진 결심이면 사흘을 못 가. 애당초 걷어치워라. 전쟁 시기나 전쟁 직후라면 숱한 명예군인들이 있어서 그들에게 자신을 바친 여자들의 마음이 변치 않을 수 있지만 요새 행복만을 아는 너희들 또래들은 달라. 일시적 흥분이나 동정으로 한 결심 때문에 인생을 후회할 수 있다.

정옥　아버지, 우리 젊은 세대들을 너무 그렇게만 보지 마세요. 물론 우리 새 세대들이 이젠 행복해지니까 제 생각부터 하는 버릇도 생겼어요. 누구보다 내가 말이에요. (중략) 아버지! 나도 이젠 남들이 가꿔놓은 꽃밭에서 꿀만 빨아먹는 별나비가 되고 싶지 않아요.

학근　(뜨거운 눈물을 흘리며) 내 오늘 정말 기쁘구나. 낙동강에 피를 뿌리고 대동강반에 땀을 묻으며 전쟁을 이기구 사회주의를 건설하던 그때 조선의 정신이 너희, 새 세대들의 심장 속에 그대로 고동치고 있구나! 장하다. 장해!

　이러한 작품들 모두 결론은 한결같이 새 세대의 희망은 꺾이고 전 세대에 매몰되는 것으로 끝난다는 사실에 주목할 필요가 있다. 특히 북한에서의 젊은 세대를 가리켜 학근이 작품 마지막에 한 말, "암, 친애하는 지도자 김정일 동지의 의지로 자라난 우리의 새 세대들이지! 우리 새 세대!"라는 대사가 눈길을 끈다. 김정일이 조금씩 권력을 행사하기 시작한 것이 영화와 혁명가극을 중심으로 한 예술운동으로 김일성의 권력 강화를 위해 막후에서 노력하던 1960년대 말엽이라고 볼 때, 새 세대란 대체로 60년대 말엽에 출생한 당시 20대 초반의 청년들을 지칭한 것이다. 그렇기 때문에 그들을 가리켜서 "김정일 동지의 의지로 자라난 우리의 새 세대"라고 한 것이다.

　이들은 만주벌판을 누빈 빨치산 세대도 아니고 해방둥이도 아니기 때문에 일본 제국주의의 탄압도 모르고 6·25전쟁을 겪지 않아 미국의 막강한 위력도 알지 못한다. 외모나 가꾸고 아름다움과 즐거움을 찾아 유람에 흥미를 느낄 뿐 북한이 내세우고 있는 국가적 명분이라 할 반일반미라는 구호가 가슴에 와닿지 않는 세대인 것이다. 이는 사실 북한으로서는 간과할 수 없는 중대한 문제였다. 북한으로서는 반일반미야말로 국가적인 정체성이기 때문이다. 그렇기 때문에 북한은 새 세대가 사회주의 건설에 동참할 수 있도록 이들에 대한 세뇌가 시급한 문제라 보고 연극 등 공연예술을 통하여 집중적으로 홍보 활동을 벌여간 것이다.

　따라서 성격은 조금 다르지만 다음에 소개하는 희곡들도 크게 보면 동류의 작품들이다. 리기창이 쓴 〈억센 기둥〉(1990.3)은 광산의 막장에서 일하는 노동자들의 이야기로서, 기성세대라 할 동발소대장(성도)과 광산학교를 졸

업한 그의 아들(영남) 및 아들의 친구(광혁) 등 광산 노동자들의 삶을 묘사한
것이다. 주인공 광혁은 부친이 막장에서 사고로 죽은 뒤 동발소대장(성도)이
키웠기 때문에 그의 아들이나 다름없다. 그가 다른 곳으로 발령이 나서 직
장을 옮기게 되어, 동발소대장과 갱장과의 다음과 같은 대화가 진행된다.

성도   누가 뭐라든 말든 스스로 당을 받드는 진짜배기 영웅동발공으로 키
        우구 싶단 말이웨다.
갱장   정말 소대장동문 속이 깊구만요. 하여간 가뜩이나 불편한 몸에 광혁
        이까지 떠나면 소대 장동무의 어깨에 짐이 더 실릴 텐데 몸조릴 잘
        하오. 내 이제 광혁이 대신 끌끌한 신입공을 배치해 줄 테요.
성도   갱장 동무, 신입공에 대해선 걱정 마우다. 우리 영남이를 데려오겠
        수다.
갱장   아니 영남이를요?
성도   예, 저는 수령님께서 안겨 주신 믿음대로 영남이두 광혁이와 같이
        쇠돌산을 떠받들어갈 억센 기둥으로 키우겠수다.

이와 같이 쇠돌산의 동발소대장은 대를 이어서 막장의 노동자로 일하는
것이 애국하는 것으로 확신하고 아들 역시 아무런 고민 없이 부친의 뜻을
계승한다.

광혁   아버지, 저는 새 개발지에 가더라도 오늘 저의 가슴속에 안겨 준 그
        마음의 억센 기둥을 언제나 안고 일하겠습니다.
성도   오냐, 그게 바로 우리 당과 조국을 양심적으로 드림 없이 받드는 마
        음의 억센 기둥이라는 걸 잊지 말거라. 자 어서 떠나거라.

이 작품에서는 새 세대들이 아무런 고민이나 주저함이 없이 부친의 뜻에
따라 막장의 동발공으로 헌신한다. 그러나 윤태종이 쓴 〈내가 서야 할 초
소〉(1990.8)에서는 새 세대의 생각과 행동에서 상당한 차이가 보인다. 여기

서 고참(진성-제대군인) 탄광부와 젊은 탄광부(창호)가 나누는 재회 장면을 소
개해 보겠다.

진성   그럴까? 난 그래두 이 막장이야말로 우리 청년들의 희망을 꽃피워갈
        활무대라고 보는데.
창호   하하… 진성 동무, 시야를 좀 넓히라요. 공장과 농촌을 비롯하여 과
        학부문이 있는가 하면 예술계통, 체육계통, 그야말로 우리 청년들이
        희망을 꽃피워갈 일터는 무진장한데 꼭 이 막장에 서야 한다는 법이
        없지 않나요. 그러찮아요?

이상에서 확인할 수 있는 것은 그동안의 북한 작품에서는 찾아볼 수 없을
만큼 놀라운 일이 벌어지고 있다는 사실이다. 독재국가의 엄격한 상명하복
의 체제하에서 상관과 전혀 상이한 자기 의견을 서슴없이 실토하는 것도 대
단히 이례적인 것이다. 북한의 주류 산업은 군수산업과 광산업이므로 광산
노동자들의 애국적 활동을 미화하는 작품이 많다. 그러니까 북한 정부가 주
류 산업을 키우기 위한 방편으로서 노동자들로 하여금 광산으로 가도록 유
도하는 작품을 권장했다고 볼 수 있다.

이 작품에서는 막장을 떠나 다른 길로 가고 싶다는 젊은 탄부에게 고참
탄부(진성)가 "창호 동무, 진정하라구, 솔직히 말해서 지금은 탄광이 위대한
수령님의 역사적인 시정연설을 높이 받들고 석탄을 최대한으로 증산하자
구 채탄기 시운전에 달라붙어 부글부글 끓고 있는데 승차공인 동무가 자리
를 뜨면 일이 어떻게 되겠나 말이요"라고 말하면서 탄광이야말로 우리들이
지켜나가야 할 경제 건설의 돌파구를 열어갈 1호 초소라고까지 호소한다.
창호는 아랑곳하지 않고 예술가가 되기 위해서 탄광일 틈틈이 동분서주한
다. 특히 도청에서 선발하는 예술단원이 되려고 노력한다.

이러한 상황을 예의주시하고 있던 갱장(준섭)이 드디어 창호의 꿈을 이해
하고 그가 예술가가 되는 것을 허락한다. 그러자 갑자기 창호가 생각을 바

꾼다.

준성　(창호에게 다가가서) 동무의 희망대로 예술단에 보내 주기로 했네. 창호 동무가 어린 나이에 우리 탄광에 와서 일두 많이 하구 생활도 낙천적으로 잘 했지. 좋은 재간도 있다니까 꽃 피워야 할 게 아닌가.

창호　아니 난 가지 않겠소. 제대군인 진성 동무처럼 경제건설의 1선 초소에 깊숙이 뿌리 내리구 사랑도 청춘도 꽃피워 가자는 걸 맹세, 맹세해. (손을 잡는다)

결국은 새로운 생각을 갖고 새로운 세계에서 자신의 재능을 펼치고 싶어 하던 창호라는 청년도 결국은 조국의 경제발전이 그 어떤 개인의 꿈보다도 우선하기 때문에 스스로 포기하고 어두컴컴한 깊은 땅속 막장에서 자랑스럽게 석탄을 캐는 일에 자신을 바친다. 그러니까 북한에서는 전체주의 사회답게 누구나 개인보다는 국가가 우선함을 알 수 있다. 자신을 희생해서 조국에 이바지한다는 결말로 보면 모든 작품이 비슷하다고 해도 틀리지 않는다. 그래서 북한의 예술을 획일적이라고 하는 것이다.

리홍석의 〈기러기섬의 새 전설〉(1990.11)은 노동자들의 삶을 다뤘다는 점에서는 비슷하지만 농촌 배경이고 소재가 쌀농사라는 점에서 조금 다르다. 바다로 둘러싸인 섬은 어디나 철새들이 많이 날아든다. 이 작품에서는 철새, 그중에서도 갈매기들이 날아들어 벼를 쪼아 먹어서 농사를 망치곤 한다. 그렇기 때문에 이 섬 사람들은 해마다 초가을 들어서는 기러기 떼를 쫓아내는 일이 가장 큰 일이 되었다. 해마다 끈질기게 달라붙어 농사를 망치는 기러기 떼를 물리치는 묘안을 짜내지만 속수무책으로 고심할 때 과거에 한 번 이 섬에 방문했던 김정일이 기발한 아이디어를 내어 소리포와 그물포를 만들어 보내줌으로써 기러기섬의 오랜 숙원을 해결한다. 그러한 내용은 섬마을의 고참 농민(달호)의 다음과 같은 대화에 응축되어 있다.

달호   소리포에 그물포라. 아 정말 희한하구나. 친애하는 지도자 동지! 이
　　　　땅이 생겨 수천 수만 년 동서고금 그 어느 역사에도 새를 쫓기 위해
　　　　포를 만들었다는 일은 처음입니다. 친애하는 지도자 동지께서는 가
　　　　시는 곳마다 새 전설이 생겨나지만 자그만치 우리 섬 마을에까지 이
　　　　런 꿈같은 사랑을 베풀어 주실 줄은 정말… (두 눈에 눈물이 흐른다)
　　　　친애하는 지도자 동지, 이 하해 같은 고마운 은덕에 뭘루 보답한단
　　　　말입니까. 고맙습니다.
모두   친애하는 지도자 동지!

　당시 북한의 모든 작품에서는 소재가 어떤 것이든 김일성 주석과 김정일
지도자의 은덕과 그들에 대한 충성을 밑에 깔지 않은 경우는 없었다. 서기
오의 〈빛나는 자욱〉에서도 해방 직후 북한 정권이 수립되기 전의 어수선한
상황과 김일성의 초기 활동을 배경으로 한 작품으로, 특히 김정일의 생모인
김정숙이 인민들의 생활 속으로 들어가는 내용이다. 시기는 1945년 가을,
장소는 김정숙의 고향인 북변 땅(회령)인데, 농민들과 부두 노동자 청년들이
공산주의청년동맹(공청) 가입 문제로 갈등을 보인다. 무식한 농민은 가입 자
격이 없다는 도공청부위원장의 거드름에 청년들은 배 목사 아들이 조직했
다는 배의청년동맹이나 민주당이 조직한 해방청년동맹 등에 가입할 수도
있다고 설왕설래하는 중에, 그곳에 봉사 나왔던 김정숙이 대리인을 통해 마
을 청년들이 모두 공청에 가입할 수 있도록 하는 내용이다.

덕호   내가 여사께 너무 걱정을 끼쳐드린 것 같아. (중략) 김일성 장군께서
　　　　는 지금까지 정치적 무권리 속에 살아온 동무 같은 청년들이 가슴을
　　　　펴고 당당하게 들어가 청년운동의 주인이 되구 골간이 되어 정치적
　　　　자주권을 당당하게 행사하라고 민청 창립노선을 밝혀 주셨어요라고
　　　　말씀하셨습니다.
모두   아니 그럼 민청을 조직합니까?
상철   동무들, 김정숙 여사께서는 이 지방의 청년운동이 광범한 청년들 속

에 뿌리박지 못하고 장군님께서 제시하신 민청창립노선이 제대로 관철되지 않는 걸 보니 도의 책임적 지위에 있는 나쁜 놈들이 숨어 쏠라닥거리는 것 같다고 하시면서 극단적으로 나가는 우리 군안의 청년운동을 바로 잡아 주시기 위하여 이제 곧 여기로 나오시겠다고 말씀하셨습니다.

북한 정권이 수립되기 전에 김정일의 생모 김정숙이 인민 속으로 들어가 김일성이 무난하게 권력을 잡을 수 있도록 노력하는 모습을 리얼하게 묘사한 희곡이다. 이런 유형의 작품이 간간이 나온 것이 대체로 김정일이 김일성으로부터 내치(內治)를 이양받은 이후였다.

6 · 25전쟁을 소재로 한 작품들

그 시기에 극작가들이 관심을 갖고 소재를 찾은 분야가 6 · 25전쟁이 아닌가 싶다. 그래서 몇 편의 희곡이 나왔던바, 박정남의 〈특별명령〉과 박라섭의 〈섬마을의 호주〉를 소개하겠다.

〈특별명령〉은 전쟁이 한창 진행되던 1951년도가 시대 배경이고 장소는 어느 조그마한 도시이다. 따라서 등장인물들은 자연스럽게 소상인과 공산당의 지역 간부들이며 이들 간의 갈등이 작품의 줄기를 이룬다. 지방의 소도시에는 항상 장마당이 열려 있고 그 지역 사람들은 평소 살림살이를 위해서 생필품 거래를 하기 때문에 자연히 소상공인들을 재촉할 수밖에 없다. 그런데 엄혹한 전쟁 상황에서 평소와 다름없이 상거래를 하는 행위가 소위 치안을 담당하는 자위대원에게는 좋게 보이지 않는다. 전쟁통에 소소한 물건을 만들어 파는 소상공인(고민)은 자신을 매도하는 자위대원에게 변명한다. "글쎄 이 폭격 속에서 돈 몇 푼 벌자고 장사를 할 사람이 어디 있겠나, 식구들을 살리자니 부끄러워도 가게 방에 나 앉곤 하는 거지." 사실 미군 비행기들의 무차별 폭격으로 장마당 사람들이 자꾸 부상당하는 일이 발생하므로 자위대원이 장마당에서의 상거래를 걱정하는 것도 극히 자연스런 것이다. 이처럼 자위대원들과 소상인 간의 갈등이 지속되는 가운데 구세주가 나타난다. 그가 다름 아닌 김일성 장군임은 두말할 나위 없다.

김석　　장군님께서는 동무들의 생각대로 사정이 어렵다고 당장 장마당을 철폐하면 은덕면 할머니들은 사람들이 어디 가서 필요한 물건을 사 오겠는가고 하시면서 우리가 전쟁을 이기는 것도 인민을 위해서고 인민위원회를 세운 것도 바로 인민을 위해 세웠는데 장마당을 철폐 할 것이 아니라 시민들이 안전하도록 갱도들을 뚫어 지하시장이라 도 열어 주어야 한다고 하시었소.

준영　　예, 지하시장을요?

김석　　준영 동무, 장군님께서는 동무에게 직접 명령을 주신다고 하시었소. 오늘부터 창평구역 인민위원회는 창평산과 은덕지구에 굴을 뚫어 인민들의 지하시장을 열라는 과업입니다. 장군님께서는 동무들에게 전선으로 나가던 한 개 부대를 배속시켜 주시었소.

김일성 장군은 국사에 아무리 분주해도 인민들의 생활을 구석구석 살피 면서 인민들이 생활에 불편 없이 행복하게 살도록 보듬는다. 전시에도 일상 생활에 불편이 없도록 산을 뚫어 지하시장까지 만들어 주지 않는가.

박라섭의 〈섬마을의 호주〉(1991.9)는 1951년 여름 6 · 25전쟁이 한창 벌어 지고 있는 시기에 대동강 속의 작은 두루섬 사람들의 생존이 걸린 사건을 소재로 했다. 작은 섬을 위태롭게 하는 요인은 여러 가지 있을 수 있는데, 이 작품에서는 긴 장마에다가 일찍이 섬이 물에 잠길 수도 있는 강 위의 순 안저수지를 미군 비행기가 폭파하기까지 하여 두루섬 사람들이 수장될 수 있는 위급한 처지에 놓이게 된다. 그런 위기 속에서 몇 명은 희생될 수도 있 었지만 유년 시절 장마에 부모를 잃은 아픔을 가진 젊은 인민위원(인복)이 만난을 무릅쓰고 모두를 살리려고 분투한다. 그 와중에 김일성 장군의 손길 이 뻗어오는데, 그러니까 섬마을 사람들이 쪽배 위에서 생사의 갈림길에 방 황하는 중에 김 장군의 지시를 받은 군함이 들이닥쳐서 모두를 살리는 해피엔드에 이르게 된다.

> 설씨 　(울며) 세상에 이런 일도 있습니까!… 우리 같은 백성들을 구원해 주
> 시자구… 나라를 지키는 전쟁을 하는 군함의 배머리를 돌려 주시다
> 니… 이 세상에 우리 장군 같으신 분은 더는 없수다!
>
> 모두 감격의 눈물을 흘린다.

> 인복 　최고사령관 동지!…
> 함장 　리 위원장 동무, 섬사람들은 다 구원하였지만 동무가 가족들과 함
> 께 나루터에 떨어졌다는 무선보고서를 받으신 최고사령관 동지께서
> 는… 강인복 동무는 어려서 대동강 큰물에 부모를 잃고 고생스레 자
> 라나 섬마을 리 인민위원장이 된 사람입니다. 나는 대동강물이 불
> 어 두루섬 인민들이 걱정될 때마다 강인복 동무를 믿어 마음을 놓곤
> 하였습니다. 두루섬 리 위원장은 인간에 대한 뜨거운 사랑을 지니고
> 섬사람들의 생명 재산을 보호하기 위하여 희생적으로 투쟁한 마을
> 의 호주, 참된 인민의 충복이라고 치하하시면서 어떤 대가를 치르더
> 라도 리 위원장 동무와 그의 가족들을 꼭 살려 내야 한다고 하셨습
> 니다.
> 인복 　(격정에 목메어 떨며, 그러나 차렷 자세로) 인민을… 위하여… 복무
> 함! 어서 사랑의 군함에 오릅시다!

큰 강을 낀 섬에서 제방마저 미군의 폭격을 맞았고 홍수까지 겹침으로써
마을 사람들이 물에 휩쓸려 갈 판에 김일성 장군의 특별 배려로 구사일생
살아남는다는 이야기에는 미군에 대한 증오와 비판이 강하게 깔려있다. 그
러나 궁극적으로 이 작품이 노린 것은 아무래도 김일성 장군에 대한 충성심
고취에 있다고 보아야 할 것 같다.

제4회 전국연극축전
그런데 이러한 주제는 북한의 모든 예술작품들 밑바닥에 공통적으로 깔

려 있다. 1988년부터 시작된 제4차 전국연극축전에 출품된 다양한 작품들도 거의 모두 그러한 메시지를 지니고 있다. 연극축전에 대한 관전평을 쓴 송학성의 「현실주제 연극창작에서 거둔 풍만한 결실」은 김정일이 미리 제시한 '당과 수령의 혁명 업적을 담은 작품, 우리 민족 제일주의와 사회주의제도의 우월성을 주제로 한 작품, 노동계급을 형상한 작품 창작에 힘을 넣어야 합니다'라는 명제에서 별로 벗어나지 않는다,

필자는 여기서 북한이 남한에서 하고 있는 문화예술행사를 적잖게 의식하면서 본뜰 만한 행사는 따라 하는 것 같다는 흥미로운 생각이 들었다. 남한에서는 번역극이 주조를 이룸으로써 민족연극의 방향이 왜곡되어 가는 것을 바로잡기 위한 방편으로 창작극 진흥이 시급하다고 보고 1976년도부터 대한민국연극제를 실시했고, 1983년도부터는 지방연극의 부흥을 염두에 두고 전국지방연극제를 시행했었다. 그런데 북한에서는 1988년부터 전국연극축전을 시작한 것이다.

그리하여 제4회 전국연극축전에는 중앙과 지방의 전문 예술단들이 중·단막극 및 화술소품들 등 34편을 출품했다. 전체적으로 보면 김정일이 제시한 대로 위대한 수령님의 고매한 덕성을 주제로 한 작품을 비롯하여 민족제일주의를 주제로 한 작품, 인민대중 중심의 우리식 사회주의 우월성을 보여 준 작품, 노동계급을 주제로 한 작품, 군민일치를 반영한 작품, 등 다양한 현실 주제 작품들이다.[7]

이들 중에서 주요 작품들을 나열해 보면, 우선 수령과 항일의 여성영웅 김정숙 동지의 고매한 풍모를 보여 주는 작품으로 평북예술단이 출품한 〈감자바위〉가 있다. 월간 『조선예술』에 나와 있는 경개에 따르면, 지난날 산간 오지에서 감자로 끼니를 때우던 주인공 장바우는 경위대에 입대하여 장군님을 몸 가까이 모시고 일하는 크나큰 영광을 누리게 되었다. 그는 장가

---

7   송학성, 「제4차 전국연극축전을 보고」, 『조선예술』, 1991.12.

를 갔다고 하면 경위대에서 나가야 할 것 같아 그 사실을 숨겨왔었다.

그런데 고향에서 3년 세월 만나지 못했던 그의 아내와 아버지, 어머니가 찾아왔다. 김정숙이 그들의 사연을 알고 전보를 쳤던 것이다. 이러한 사정을 모르는 바우는 불현듯 나타난 남루한 차림새의 가족들을 못마땅해하고 부끄럽게 생각한다. 바로 이러한 때에 김정숙이 그들에게 저택을 내어주시고 거기에 불까지 지펴 주었으며 그들의 옷이 남루한 것을 헤아려 옷까지 보내준다는 내용이다.

우리민족제일주의를 주제로 삼은 작품으로는 자강도예술단이 가져온 단막극 〈아버지〉와 구연극 〈고향의 샘물〉 등이 있었다. 이 작품들은 위대한 수령과 친애하는 지도자 동지를 모시고 사는 민족의 큰 긍지와 자랑, 그리고 행복상을 묘사한 것이 특징이다.

다음으로 노동계급을 첫 자리에 내세우는 사회주의 제도의 우월성을 주체사상적 측면에서 묘사한 작품들이 있다. 강원도예술단이 보여 준 단막극 〈첫자리〉가 바로 그러한 유형이다. 그런데 노동계급의 우월성을 묘사하면서도 매우 투쟁적인 작품으로는 황해남도예술단의 단막극 〈다시 찾은 아들〉과 함경남도예술단의 〈세대의 발자취〉가 있다. 이 작품들은 노동계급의 대를 굳건히 이어나가야 한다는 것과 새 세대들의 발자취에는 자그마한 빈 구석도 없어야 한다는 주체사상을 투사하고 있다.

한편 당세포 비서들의 뜨거운 인간애와 그들의 사업 방법과 작품을 주제로 삼은 작품들로는 평안북도예술단의 〈우리 세포비서〉와 자강도예술단의 시극 〈우리 어머니〉 등이 있다. 군민일치를 주제로 한 작품들도 있는데, 아들을 아버지가 섰던 대오에 세우기 위하여 어머니가 뜨거운 마음을 다 바친다는 국립연극단의 〈어머니의 마음〉이 대표적이다. 주인공인 아들 철룡은 아버지의 뒤를 잇기 위해 군대에 입대하려고 의사들을 속여가며 시력검사에서 합격점을 맞는다. 그러나 구역 행정 및 경제지도위원회 위원장인 그의 어머니는 좋지 못한 시력으로는 조국의 초소를 잘 지킬 수 없다고 생각하여 병원을 찾아 의사에게 사실을 이야기한다. 어머니의 심정을 모르는 아들은 다 합격되었던 신체검사에서 불합격을 맞게 했다고 어머니를 원망한다. 초보생들을 데리러 왔던 철룡 아버지의 옛 전우인 상좌의 도움을 받아 어머니는 아들에게 자기의 각막을 떼내어 주어 그의 시력을 정상으로 만들어 군대에 내보낸다. 아들 철룡은 눈 수술을 받아 자기의 시력이 좋아졌다는 것은 알지만 어머니가 각막을 떼내어 자기에게 주었다는 것까지는 모르고 있었다. 상좌를 통하여 이 사실을 알게 된 아들은 어머니의 속 깊고 뜨거운 마음을 알게 되며 조국의 초소를 철벽으로 지키겠다는 결의를 다지면서 군대로 떠나간다는 내용이다.

이상과 같은 목적극들과 조금 성격이 다른 작품으로 국립연극단의 〈달뜨는 강변에서〉(전상식 작)를 꼽을 수 있다. 북한에서는 조금 이색적이라 할 만큼 청춘남녀의 사랑을 아름답게 묘사한 작품이다. 그래서 그랬는지는 몰라도 연출자인 국립연극단의 채창원도 연출의 변에서 "희곡 〈달뜨는 강변에서〉를 처음 받아 안았을 때 몹시 흥분했습니다. 그것은 희곡에 작가가 말하려는 새로운 문제들이 있었고 또 형상에서도 새로운 것을 요구하고 있었기 때문"[8]이라고 했다. 북한 연극을 대표하는 국립극단의 노련한 연출가가 이런 고충(?)을 말한 것은 이 작품을 수령이나 조국에 대한 충성이나 헌신보다는 새 세대 청춘남녀의 순박한 사랑에 포인트를 둔 작품으로 본 데 따른 것이 아닐까 싶다.

"갈등이 없이 현실 긍정의 열정으로 충만된 좋은 작품"이라고 그들이 극찬한 이 희곡의 경개를 보면, 주인공인 대학 졸업생 현옥과 제대군인 사관장 영수는 청년웅변대회 연단에서 청춘의 이상과 포부에 대하여 격조 높게 토론한다. 그때로부터 그들은 서로 편지를 하면서 사랑하게 된다. 현옥

---

8   채창원, 「새로운 형상 방법을 부단히 탐구하여—단막극 〈달뜨는 강변에서〉를 연출하고」, 『조선예술』, 1991.12.

은 성천강의 송어를 잡아 생물 표본을 만들어, 첫 교단에 서면 그것으로 학생들의 심장 속 깊이 조국에 대한 사랑을 심어 주려 한다. 그때 제대하여 대흥광산으로 갈 것을 탄원한 영수도 성천강 송어를 잡아 대흥 땅에 가져가서 번식시키려고 달뜨는 강변에 나온다. 그리하여 그들은 서로 뜻깊은 상봉을 하게 된다.

현옥은 영수가 대학에 가서 공부하여 과학 탐구의 길을 함께 갈 것을 기대하고 있었다. 그러나 영수는 평양에 사는 현옥에게 차마 대흥 땅으로 간다는 것을 이야기하지 못한다. 현옥은 자기를 믿지 못하는 영수를 나무라며 함께 가겠다고 이야기한다. 그리하여 그들은 새 생활을 펼칠 아름다운 꿈을 안고 대흥 땅으로 간다는 내용이다.

이 작품에 대하여 송학성은 "시대와 혁명의 요구에 심장으로 화답하며 당이 바란다면 모든 것을 다 바칠 각오가 되어 있는 90년대 우리 청춘들의 사상정신 세계를 갈등 없이 밝은 양상과 풍만한 정서로 펼쳐 보인 데 이 작품의 성과와 특성이 있다."[9]고 높게 평가한다. 이 작품이 두 청춘남녀의 사랑에 포인트를 두면서도 당의 무언의 요구대로 수령과 조국에 헌신을 전제로 하고 있음을 다음과 같은 두 사람의 대화에서 확인할 수가 있다.

영수　우리 조국을 찾아 주시고 우리 인민들에게 흰 쌀밥에 고기국, 생선 반찬을 먹이시려고 한평생 눈 오는 깊은 밤이나 이슬비 내리는 새벽 길을 걷고 걸으시는 우리 수령님!

현옥　고향은 조국, 조국은 수령님, 수령님 한평생 가꾸어 주신 고향 땅, 내가 공부하던 해빛 밝은 교실과 나의 책상, 나를 바래 주며 어머니서 계시던 동구 밖, 잊지 못할 버드나무, 어릴 적 몸을 잠그고 물장구치며 뛰놀던 성천강과 펄펄 뛰는 송어… 그래서 전 첫 교단에 서면 아이들에게 여기 성천강의 송어를 실물로 보여 주자면서 영수 동

9　송학성, 앞의 글.

무처럼 조국에 대한 사랑을 심어 주자구 여기로 왔어요.

두 청춘의 순수한 사랑도 궁극적으로는 수령과 조국에 헌신하는 것으로 귀결되는 것이다.

연극축전이 주목되는 이유는 적어도 1990년대 들어서 북한의 연극이 매우 다양해졌다는 사실 때문이다. 송학성은 "축전에서 거둔 사상 예술적 성과는 다음으로 여러 가지 형식의 연극작품들이 많이 창작된 것"이라면서 중·단막극, 연속 실화극, 풍자극, 구연극, 경희극, 짧은 극, 시극, 재담을 비롯해 우리 사회주의 현실을 다양한 여러 가지 형식의 작품에 담아 형상화했다. 그리하여 연극예술의 특성과 감화력을 잘 살렸으며 다양한 주제, "여러 가지 형식의 작품을 활발하게 창작할 수 있는 토대가 마련되었다."[10]고 했다.

북한 연극계가 1990년대 들어서 다양해진 것은 시대 변화에 따라 여러 가지 요인이 복합되어 나타난 현상이긴 하지만 아무래도 전국화술소품축전과 전국연극축전을 해마다 시행했던 것이 그 밑바탕이 된 듯하다. 1970년대의 대형 혁명가극과 1980년대의 〈성황당〉식 혁명연극 작품들이 반복해서 큰 무대를 장식하고 있었던 데다가 화술소품전과 연극축전에서 양산되는 중·단막극들이 가미됨으로써 공연장은 언제나 북적댔다.

다양해진 90년대 북한 연극

1992년도에 발표된 작품들은 대부분 퇴락해 가는 노동현장에 힘을 불어넣는다는 주제의 희곡들이었다. 윤태종의 〈그를 사랑하라〉가 대표적 작품이다. 이 작품의 무대는 탄광이고, 당연히 탄부들의 이야기다. 남한에서는 윤조병의 탄광 배경 희곡 한 편이 전할 뿐 탄광을 무대로 한 작품이 그다지

---

10 위의 글.

나오기 못했다. 북한에서 탄광 배경의 작품이 많은 것은 북한의 주된 산업이 광업이기 때문이다. 탄부들이 얼마나 열심히 작업을 하느냐에 따라 북한의 산업 진흥을 좌우될 수도 있다. 이 작품의 주인공인 굴진소대장(석진)이 동료와 나누는 대화 중에 "땅속에 스며드는 물은 잦아들어 보이지 않지만 그것이 있어서 곡식이 자라고 꽃이 피는 것처럼 끝이 없는 그 반장의 성실한 노동도 1차 5개년 계획을 수행하는 데 적지 않게 이바지하게 되었고 당과 수령님의 높은 뜻을 꽃피운 거름이 되었지요"라는 대목은 북한 경제에서 광업이 차지하는 비중을 단적으로 보여 준다.

이 작품도 외형적으로는 남녀 간의 사랑과 혼사 문제가 큰 흐름이기는 하다. 그러나 작품의 주제는 탄원들의 조국애와 수령에 대한 끝없는 충성이다. 즉 현대 어느 탄광에서 일하는 탄원들 사이의 인간애와 그로 인한 혼사 이야기가 〈그를 사랑하라〉의 주된 내용인 것이다. 작품에는 청년 굴진소대장(석진) 가족과 중년의 석탄공업총국 부국장(병준), 이렇게 두 가정의 사람들이 등장한다.

한평생 광산에서 채탄 일을 하다가 세상을 떠난 원삼이라는 작업반장은 자신에게 부여된 대학 진학의 기회를 젊은 후배(병준)에게 양보했고, 그 후배는 석탄공업 총국 부국장으로 승진하여 이 광산을 지도한다. 부국장의 딸(명희)은 현재 이 광산의 탐측설계사로 근무하고 있고, 원삼 반장의 아들(석진)은 굴진소대장을 맡아 일하고 그의 모친은 압축기 운전공이며 누이동생은 전차 운전공이다. 전 가족이 같은 곳에서 일하고 있는 것이다. 처음에는 병준 부국장은 물론 모든 사람들이 이 두 가족이 은혜로 얽혀 있는 관계를 몰랐기 때문에 오해도 없지 않았다. 그러다가 차츰 진실을 알게 되어 오해도 풀리고 석진과 명희가 결혼하게 되는 해피엔드로 마침표를 찍는다. 극중에서 병진 부국장은 자신에게 은혜를 베풀어 준 원삼 반장의 아들인지도 모르고, 과거에 자신이 권유받았던 것처럼 전도유망한 청년 석진에게 대학 진학을 권유했으나 현실에 충실하겠다는 그에게 거절당한다.

석진	부국장 동진 말끝마다 저한테 아무런 포부가 없다고 하는데 그래 저의 포부가 어떤 건지 알기나 합니까?
병준	글쎄, 난 모르겠소.
석진	우리 탄부들에게는 포부가 있어도 크나큰 포부가 있습니다.
병준	그게 어떤 거요?
석진	한생을 노동으로 당과 수령님을 받드는 게 우리의 포부란 말이오.
병준	뭐라고? 허허…
석진	1차 5개년 계획의 첫해 과업을 수행할 때 부국장 동무도 여기서 탄을 캤지요?
병준	동무가 그걸 어떻게 아오?
석진	좀 압니다. 준엄하던 그때 우리 수령님께서는 강철 1만 톤만 더 뽑아주면 나라가 허리가 펴겠다고 하셨지요. 그 1만 톤의 강재를 더 뽑자고 해도 사실상 여기서 고열탄을 제때에 캐서 보내 주지 않으면 전혀 불가능했지요.
병준	동무처럼 누구도 보지 않는 이 천길 땅속 깊은 막장에서 구슬땀을 흘리며 끝없는 노동으로 당을 받드는 탄부들이야말로 가장 아름다운 포부를 지닌 사람들이고 석탄의 신세를 지고 사는 이 땅의 사람이면 누구나 탄부들을 받들어 내게워 주어야 할 우리 시대 가장 성스러운 사람들이란 걸 난 여기 와서 다시 한번 똑똑히 깨달았소.

〈그를 사랑하라〉라는 제목에서 '그'는 한 인간이 아닌 북한의 경제를 떠받치고 있는 석탄을 가리키는 것이고, 석탄을 캐는 노동이야말로 무엇보다도 신성한 일이라는 것이 작품의 메시지이다.

이처럼 북한 작가들은 당의 명령에 따라 빨치산 세대나 6·25전쟁 세대와는 생각이 다른 신세대들을 세뇌하기 위하여 노동을 통한 애국을 강조하는 작품을 쓰곤 했다. 그러한 의도는 〈아버지와 아들〉(김영호 작)에서도 선명하게 나타나고 있다. 이 희곡 역시 노동현장이 무대고 건설노동자들의 삶을 미화한 작품이다. 인민군 소대장 출신의 건설노동자(복만)와 그가 입양한 전우의 아들이자(친구는 군인 전쟁 중 사망했다) 건설사업소 부기사장(승일) 사이에서 벌어지는 효도와 충성 문제를 다뤘다. 보온부재절단기를 창안하여 독창적으로 만들 만큼 노련한 건설노동자 복만은 병을 앓으면서도 노동현장을 떠나지 않으려는 열성파다. 그러한 아버지를 위하는 길은 군대 경력을 찾아서 영웅 칭호와 함께 연로 보장도 쉽게 받게 하는 것이었다. 따라서 그는 과거 함께 전쟁에 참전했던 아버지의 전우를 찾는 일을 하고 있었다. 그러나 양부는 절대 반대한다.

승일   제가 이러지 않으면 아버진 10년 가도… 지금까지 아버진 능히 받을 수 있는 영웅 칭호도 못 받아, 도대체 아버진 어떻게 하자는 겁니까, 예?

복만   누군 뭐 영웅 칭호나 받자고 싸운 줄 아니.

승일   아버지, 너무 그러지 마십시오. 까놓고 말해서 지금 아버지에게 명예 칭호가 있습니까, 아니면 훈장이 제대로 있습니까? 당장 연로 보장으로 넘겼는데 같은 값이면 공로 보장을 받아야지요.

복만   음… 그러니까 내 걱정은 마라. 내 죽을 때까지 네 신세는 안 질 테니.

승일   저에 대해선 아무렇게나 생각해도 좋습니다. 하지만 전 아버지가 피 흘린 것만큼 일한 것만큼 받을 건 받게 해야겠습니다.

복만   그만해라. 우린 그때 그 무엇을 바라고 피를 흘리거나 목숨을 바치진 않았다. 땅을 주고 일자리를 주고 나라의 주인으로 내세워 주신 어버이 수령님께 충성으로 보답하려 했을 뿐이다. 그런데 이제 와서 머리 허연 내가 영웅 칭호를 받겠다고 보증인을 찾아다닌다면 이름도 없이 땅속에 묻힌 너희 아버지나 나의 소대 전우들이 날 용서하지 않을 게다.

부자간의 대화에서 중요한 세대 차이가 나타난다. 그것은 곧 북한에서도 예외 없이 기성세대와 전후 세대와의 인생관 내지 세계관의 간극이 드러남을 보여 주는 것이다. 그러니까 북한에서도 신세대는 비교적 영특하고 이기적이었다. 그들에게는 절대로 맹목적이거나 일방적 충성은 있을 수 없었다. 이 지점에서 작품은 대전환점을 이루는 방창이 우렁차게 울려 퍼진다. "보모에게 효자 되고/나라에는 충신 돼라/애지중지 키워 왔더니/이리 될 줄 내 어이 알았으랴/아 당의 은덕에 보답할 줄 모른다면/그 무슨 충신이고 효자라 하겠는가". 이러한 방창이 울린 다음에는 작품이 급변한다.

> 승일   아버지! 절 용서해 주십시오. 전 지금까지 아버지들이 피 흘려 지켜 낸 이 땅에서 당의 배려만을 받으며 행복하게 살아오면서도 아버지들처럼 당에 충실하지 못하고 아버지들이 흘린 피의 덕만 보려고 했습니다.
>
> 복만   옳다. 그러니 너희들은 아버지들이 피로 지킨 조국을 땀으로 빛내 나가야 한다. 아버지들처럼 당과 조국을 받들 줄 아는 자식들만이 혁명하는 우리 시대의 참된 효자로 될 수 있는 거다.
>
> 승일   알겠습니다. 저도 이제부턴 아버지처럼 사심 없는 마음으로 당을 받들 줄 아는 참된 효자가 되겠습니다.

반짝이는 북한의 신세대도 개인의 꿈을 성취해 보려다가 결국은 기성세대에 발목이 잡혀 굴복하고 오로지 당과 조국을 위해 헌신하는 것으로 귀결한다. 이것이 바로 북한 사회이고 북한 예술의 한계이기도 하다.

그런데 김용완이 쓴 희곡 〈새 시간〉은 조금 색다르다. 그동안 노동자를 형상화해 온 작품과는 궤를 달리하고 해방 이후 북한의 전통문화 보존 문제를 주제로 삼은 것이기 때문이다. 이 작품은 해방되던 해 섣달그믐날 밤, 번다한 노동현장과는 다른 한 평범한 가정을 배경으로 시작된다. 해방 직후여서 모두가 조국의 장래에 대하여 희망이 부풀어 있었고, 각자 자기 자리에서 조국을 위하여 열심히 일한다는 흥분 상태였다. 그런데 세상이 완전히 바뀌었음에도 불구하고 변함없이 일제 시대부터 평양 시내 연광정에 매달려 있는 범종만을 닦고 매만지고 있는 가장(국보)의 고집스러움이 문제였다. 그 문제로 다투는 부부의 대화는 이러했다.

김씨   이젠 해방이 돼서 모두 기를 펴고 사는 세상인데 왜 지긋지긋한 그
        종을 놓지 못하시우. 그러다가 무슨 화를 입지 못해서 그러는가 말
        이외다, 거기서 쌀이 나오? 돈이 나오?

국보   여보. 김일성 장군께서 개선 연설을 하실 적에 힘 있는 사람은 힘을
        대고, 지식 있는 사람은 지식을 대고, 돈 있는 사람은 돈을 내어 내
        나라를 건설하자고 가르치시었소. 그런데 내게 무엇이 있소, 지식이
        있소? 돈이 있소?

김씨   (목이 메어) 여보 영감!

국보   장군님께서는 풀 한 포기, 나무 한 그루도 다 내 거라 내 것이라고
        가르치셨소. 그래서 난 저 대동문이랑 연광정이랑 돌보는 일이 나라
        를 위한 일이라고 생각했었는데 그게 봉건이란 말인가?

김씨   그래도 곡산공장 보위대에 있는 아들의 낯을 봐서라도 제발 손을 떼
        시라고요.

오래된 범종을 보존하는 일은 낡은 것에 집착하는 것이기 때문에 봉건사
상에 집착하는 것이어서 당장 타개해야 한다는 것이 당시 분위기였음을 확
인할 수 있다. 그렇게 가정에서 봉건으로 몰리고 있던 국보에게 갑자기 대
역전의 기회가 닥친다. 그믐날 밤 12시에 인경, 즉 범종을 치라는 김일성 장
군의 명이 떨어진 것이다. 그리하여 국보는 봉건주의자가 아니라 뜻밖에 나
라의 얼을 지켜온 의인으로 회생한다. 김일성의 말을 들은 경위대원(철호)은
국보에게 이렇게 전한다.

철호   저는 형편을 알아보려 나왔다가 놀랍게도 장국보 아버님의 아름답고
        고결한 소행을 알게 되었습니다. 저는 장군님께 그대로 보고 올렸습
        니다. 장군님께서는 아주 기뻐하시면서 나라와 인민을 위해서 좋은
        일을 해 주어서 고맙다는 나의 인사를 전해 주시오. 그 노인이야말로

나라를 사랑하고 반만년의 유구한 우리 민족의 얼을 지킬 줄 아는 고결한 민족적 양심을 지닌 애국자라고 말씀하셨습니다.

그동안 봉건 잔재로 몰리던 국보가 하루아침에 김일성 장군으로부터 전통을 지키고 보존하는 의인으로 높이 평가받자 국보는 환호작약하면서 "위대하신 장군님! 수난 많아 파란곡절 가득한 반만년 역사 위에 처음으로 맞이하고 높이 모신 김일성 장군님의 영명한 손길 따라 건국의 '새 시간'에 들어서는 우리 조선의 우렁찬 만세를 온 세상 만방에 울리겠습니다."라고 외치는 가운데 장엄한 종소리가 울리고 붉은 태양이 솟아오르면서 '빛나는 조국' 합창 소리와 함께 막이 내린다.

제목인 〈새 시간〉은 어두웠던 과거(일제 식민지 시대)를 청산하고 밝고 희망찬 새 나라로 진입한다는 순간을 의미한다고 볼 수 있다. 해방 후 북한 노동당에서는 전통을 무조건 부정하는 것이 아니고 비판적 계승을 원칙으로 삼았었다. 그 점을 부각한 작품이 바로 김용완의 〈새 시간〉인 것이다. 물론 이 작품에서도 마지막을 장식한 것은 김일성 장군에 대한 우상화였다.

김정일 우상화의 시작

이번에는 김정일을 우상화하는 희곡이 등장한다. 1993년 5월에 발표된 박찬원의 〈병사들의 고향〉이 그러한 작품이다. 현대의 한 농촌마을(온정마을 협동농장)을 배경으로 한 이 작품의 등장인물은 작업반장 부부와 그들의 딸, 그의 약혼자와 숙부, 그리고 군인들이다. 작업반장(형삼)의 딸과 정혼자 간의 어긋난 이야기가 전체 줄거리이지만 그것은 순전히 조그만 오해에서 비롯된 것으로 곧바로 풀려나간다.

작업반장은 평소 인민군대에 대한 물자 지원 사업으로 분주하고, 따라서 군인들의 존경을 많이 받고 있다. 어느 날 딸의 정혼자(경식)가 숙부와 함께 작업반장 집으로 상견례를 하러 온다. 마침 모두 일을 나가 집이 비어 있었고, 그사이에 아들이라고 하는 군인이 표창휴가를 받고 곧 귀가한다는 전보가 날아온다. 우연히 그 전보를 받아본 정혼자와 숙부는 깜짝 놀란다. 외동딸인 줄 알고 데릴사위가 되겠다고까지 마음먹고 있는 터에 아들이 있다는 사실을 알고 속았다고 생각했기 때문이다. 그러나 곧 군인이 작업반장을 평소 부친처럼 존경해서 고향 대신 이곳으로 휴가를 온다는 것이었음을 알게 되어 오해를 푼다. 바로 이 지점에서 김정일이 등장한다.

형삼	참 그런데 표창 휴가를 받았으면 고향으로 가야지 왜 여기로 왔나.
재호	반장 아바이, 어찌 우리가 나서 자라고 부모들이 있는 곳만이 고향이겠습니까, 여기야 우리의 최고사령관이신 김정일 원수님께서 꽃펴 주신 군민일치의 전통적 미풍으로 〈우리 농장-우리 초소〉의 관계를 맺은 고장이 아닙니까.
형삼	아니 뭐라고?
인철	정말 우리의 경애하는 최고사령관이신 김정일 원수님에 의하여 온 나라에 세차게 타오르는 〈우리 초소-우리 농장〉 운동, 이 운동의 미풍 속에 꽃펴난 여기 온정리의 〈우리 농장〉이야말로 우리 초소 병사들이 고향이랍니다.
모두	그렇습니다.
인철	정말 우리에게는 고향이 따로 없습니다. 친애하는 지도자 동지께서 계시는 우리 조국은 그 어디나 병사들의 고향이랍니다.
모두	병사들의 고향!!
	숭엄한 감정에 잠겨 있을 때 서서히 막

이상과 같이 1993년 여름부터는 김일성 대신 김정일을 우상화하는 희곡이 등장하기 시작한다. 김정일도 인민군대를 지휘하고, 특별히 아끼는 내용을 작품화하는 데 있어 그를 원수 계급의 최고사령관으로 묘사함으로써 실질적으로 그가 군 통수권자라는 것을 내외에 알리고 있음에 주목할 필요가 있다. 와다 하루키도 "그럼에도 아버지의 죽음 이후 후계 체제 구축을 위해

고민하던 김정일이 자신이 조선인민군 최고사령관이라는 사실로부터 출발할 수밖에 없었다."면서 "군인들의 마음을 사로잡고, 군대를 장악하기 위해 김정일이 수행한 것은 전국의 부대와 주둔지를 순방하는 것이었다. 그의 부대방문은 1995년 정초부터 시작되었다."[11]고 하여 김일성 사후로부터 군대 장악 프로젝트를 시작했다고 했지만, 실제로는 연극 등 공연예술을 통하여 1993년부터 홍보 기능을 이용하여 군대 장악 사업을 펼친 것이다.

그해 7월에 발표된 박호일의 희곡 〈한 마음 한 모습으로〉도 순전히 김정일에 대한 우상화 작품이었다. 비슷한 시기에 그런 작품이 나왔다는 점이 주목되는데, 아무래도 북한 내부에서는 외부에서 모르는 권력 변화가 일어나고 있었던 것이 아닌가 싶다. 가령 김일성의 건강에 심각한 문제가 있어서 김정일이 실질적으로 북한을 통치하기 시작한 듯싶다는 생각이다.

조국해방전쟁승리기념탑 건설 현장을 무대로 삼은 〈한 마음 한 모습으로〉은 줄거리가 매우 단조롭고 우연성의 연속일 정도로 진부하고 작위적인 것이 특징이다. 순전히 김정일을 우상화하기 위해서 만들어진 희곡으로 보일 정도이다. 등장인물도 모두가 전승탑 건설의 노동자와 조력자들이고, 주역은 고령의 참전용사와 그들의 손주들인 신세대이다. 수십 년 전 6·25전쟁기에 돌박산 전투에서 병사와 간호병으로 만났던 두 노병(박두칠과 김보비)이 전승기념탑 건설 현장에서 우연히 만나서 그 일을 완성할 때까지 일하기 위하여 가짜 부부 행세를 한다는 이야기인 것이다.

그런데 거기에 박두칠의 손자(철남)와 보비의 손녀(옥란)가 일하러 왔다가 자신들의 조부 조모가 부부로 행세하고 있음에 놀라고 곧바로 그 이유를 알고서야 마음을 놓고 일을 한다. 기념탑 건설 현장에 두 젊은이를 등장시킨 것은 신세대도 당에서 하는 일에 전적으로 공감하고 열심히 일한다는 것을 보여 주기 위한 설정이 아닌가 싶다. 가령 인민군대장 출신의 항일투사가

---

11   와다 하루키, 『북한현대사』, 남기정 역, 창비, 2014, 244쪽.

대화 중에 "여기에 나와 우리 새 세대들이 일하는 모습을 보면 마음이 든든해진단 말이요"라는 대사가 있는데, 이와 같은 신세대 달래기는 그 시절의 작품들에서 자주 등장하는 것이다. 다음의 대사를 보자.

여 기자   전국의 시청자 여러분! 이 모습을 보십니까! 앞선 세대는 뒤 세대에 충성의 대를 변함없이 넘겨 주고, 새 세대는 앞선 세대가 넘겨준 혁명의 계주봉을 끄떡없이 틀어잡고 나아가는 이 모습!… 바로 이것이 친애하는 지도자 동지의 두리에 일심 단결되여 사회주의를 끝까지 지키려는 우리 인민의 모습이고 위대한 김정일시대의 모습이 아니겠습니까!

투사   여러분! 시대와 역사의 진두에 서시여 사회주의 방향타를 억세게 이끌어 가시는 경애하는 최고사령관 김정일 장군님을 높이 모시고 조국해방전쟁승리기념탑 제막식을 진행하게 된 영광의 그날은 멀지 않았습니다!

허남   진정 이 탑이야말로 김정일식 사회주의의 성공탑이고 김정일 장군님의 신념과 의지의 승리탑입니다.

보비   김정일 장군님은 우리의 사회주의/장군님이 없으면 우리도 없습니다/장군님이 없으면 조국도 없습니다.

두칠   일심단결의 한 모습으로 대가정을 이룬 혁명의 1세대, 2세들과 3세, 4세들은 우리 대가정의 어버이이신 김정일 장군님을 높이 모시고 사회주의를 끝까지

전체   끝까지 지키겠습니다!

전체가 붉은 수기를 흔들며 〈당신이 없으면 조국도 없다〉 노래를 합창한다. 음악이 고조되는 속에 〈경애하는 최고사령관 김정일 장군님 만세!〉의 환호가 터진다.

이상과 같이 경희극 〈한마음 한 모습으로〉의 끝 장면을 소개해 보았다. 참전용사 두칠의 대사 중에 1세대부터 4세대까지 다 함께 김정일 장군을

어버이로서 높이 모시자는 말이 있다. 실제로 이 작품에는 1세대라 할 항일투사인 인민군대장으로부터 2세대인 참전용사(두칠과 보비), 3세대인 돌격대 지도원(영달)과 지휘관(려단장), 그리고 4세대인 두필과 보비의 손주인 철남과 목란(인민군 중사) 등이 모두 등장한다. 북한의 모든 세대가 김정일 장군을 어버이로서 받들어 모시자는 의도이다.

바로 여기에 북한이 추구하는 가족국가의 모습이 드러나고 있다. 인류학자 이문웅은 그의 논문 「북한정치문화의 형성과 그 특징」이라는 글에서 "민중과 최고지도자의 관계는 꼭 친족 간의 관계 같아서, 현대 공산주의 체제의 북한을 가족국가로 부르는 것이 적절할 것 같다."[12]고 규정한 바 있다. 실제로 북한 매체도 이따금 그런 표현을 쓰고 있고 이 희곡에서도 그런 표현을 한 것이다.

여기서 주목되는 점은 그동안 김일성을 정점에 놓고 가족 구성원을 이야기하다가 1993년 여름부터는 김일성을 완전히 빼고 김정일을 정점에 놓고 있다는 사실이다. 무엇보다도 이 시기의 작품들에서 공통적으로 느껴지는 점은 혁명으로 무장된 항일투쟁세대나 6·25 한국전쟁 세대와 달리 신세대는 대체로 자유분방하고 개인의 행복을 중요하게 여기고 사회주의 사상 무장이 제대로 안 되어 있어서 기성세대가 우려를 갖고 있다는 사실이라 하겠다.

박광성은 공연평에서 "행복과 사랑에 취한 우리 3세, 4세대들은 혁명의 1세, 2세대들처럼 적탄을 맞받아 달려간 적도 없고 허리띠를 조이며 전후 사회주의 건설 시기 벽돌 한 장 쌓은 적이 없다. 그리고도 생활에서 자그마한 난관이 조성되면 타발을 하고 응석을 부리며 살고 있지 않은가. 이 시각도 미제와 그 앞잡이들은 우리 사회주의 제도를 눈에 띈 가시처럼 여기며 고립말살하려고 피 눈이 되어 날뛰고 있는데 오늘의 이 행복이 어떻게 지켜

---

12   이문웅, 「북한정치문화의 형성과 그 특징」, 『북한연구』, 1976.

지고 마련되고 있는지 그 진가를 알기나 했는가. 혁명의 1세, 2세들은 우리 새 세대들을 그토록 믿고 있다. 그런데 우리가 앞으로 자기 몫을 훌륭히 수행할 수 있도록 준비되었다고 떳떳이 말할 수가 있는가"[13]라고 신세대에 대하여 비교적 부정적으로 보고 있음을 은연중에 알려 주고 있다.

세대 갈등과 화합을 표현한 작품들

이 시기에 신세대들을 등장시키는 작품들이 많이 나온 이유도 바로 그처럼 신세대를 부정적으로 보는 기성세대들이 그 신세대들을 혁명으로 무장시키고자 하는 의도에서 비롯된 것이었다. 김재준의 〈기발〉 역시 한 군인 가족을 중심으로 한 신세대 이야기라는 점에서 비슷한 계열의 희곡이다. 3대에 걸친 군인 가족이 3세대의 미래를 놓고 갈등을 빚다가 종국에 가서는 김정일 장군을 위해서는 마땅히 직업군인의 길을 걸어야 한다고 결정한다는 내용이다.

제1세대인 조부는 낙동강 전투에서 전사했고, 2세대인 부친은 육군대좌로서 현역부사단장(문혁)이다. 그리고 그의 아들인 신세대(진국)는 병사로 근무 중이다. 그런데 그 아들이 외모도 출중하고 개방적이며 예능에도 소질을 지니고 있어서 당국으로부터 당장 대학에 진학할 수 있는 특전을 받는다. 그러자 대학 진학처 직원인 외숙부(영호)는 조카를 연극영화대학에 진학시켜 명배우로 키우자고 한다. 신세대는 대학을 나와서 각계각층에서 일하는 것이 조국에 이바지하는 길이라는 것이 그의 주장이다. 이러한 처남의 권유에 질색할 정도로 반대하는 부친은 군인 가족으로서 대를 이어야 한다고 고집한다.

문혁   외아들이기 때문에 그러는 거요. 아들이 두셋이 되어 사회대학에 가

---

13 박광성, 「반향―조국과 사랑」, 『조선예술』, 1993.7~8.

있는 녀석도 있고 군대에 있는 녀석도 있으면야 좀 좋겠소. 그러나 하나밖에 없는 아들마저 군대에서 나가면 우리 집안에는 대가 끊어져! 군인가정의 대가!!

이상과 같은 부친의 완고한 생각을 인지한 아들은 결국 꿈을 접고 군인 집안의 대를 잇기 위하여 곧바로 장교가 되기 위한 군관학교로 방향을 튼다.

진국   아버지, 그렇습니다. 전 아버지가 일생 군대에서 우대한 수령님과 친애하는 지도자 동지를 위하여 복무하신 것처럼 우리의 최고사령관 동지를 무장으로 받들겠습니다.
문혁   역시 우리 집 가풍은 바로 섰다!… 처남, 이만하면 군인정신이 바로 배긴 기둥이 든든히 섰지? 총대로 최고사령관 동지를 받드는 군인정신!
영호   매부! 그 마음을 몰랐댔수다.
문혁   혁명의 1세, 2세들의 뒤를 이을 너희들 3세, 4세들이 있으니 나도 든든하다. (중략) 암! 내 아들이야 영원한 최고사령관 동지의 전사지!

작품에서는 이 가정에서 보물처럼 간직하고 있는 공화국 깃발이 낙동강 전투에서 전사한 조부로부터 부친으로 이어지고 다시 군사학교로 진학하는 아들로 이어지게 된다.

리정후가 쓴 〈평양에서 온 처녀〉는 처음부터 신세대를 등장시켰기 때문에 기성세대가 설득하고 뭐고가 없는 내용이다. 이 작품에서는 기성세대는 장년의 모친 한 사람뿐이고 모두가 신세대인 것이다. 평양의 양갓집 처녀 (희경)가 부모의 반대를 무릅쓰고 연인의 고향으로 내려가서 벼의 품종 개량 연구에 일생을 바치겠다는 결심을 하고 처음으로 시골에 간다. 그런데 평양에서 농업대학을 우수한 성적으로 졸업한 동기이며 연인(창섭)이 뜻밖에 도시 출신의 애인을 배려하여 도시의 농업 관련 연구사로 가게 되었다는 것이 아닌가. 그 이야기를 들은 희경은 기겁한다.

희경	난 평양을 떠나올 때 아버지와 어머니, 그리고 동지들과 조직 앞에 일생을 여기 쌍개울에서 살겠다고 했는데…
창섭	일생을 여기서 살겠다?! 하하하… 희경이, 여긴 아직 희경이가 낭만적으로 생각하는 그런 곳이 못 돼.

이상의 대화는 이상주의적인 희경과 현실적인 창섭이 처음으로 상충하는 장면이다. 창섭이 한동안 고집을 꺾지 않자 철저한 사회주의자인 희경이 창섭을 정면으로 비판하고 나선다.

희경	사랑을 위해서 어머니와 동생을 속이고 자기 행복을 위해서 시대를 외면하고… 우리야 그렇게 살 수 없잖아요? 친애하는 지도자 동지께선 우리의 농촌은 사회주의를 지키는 최전선이라고 하셨대요, 쌀만 있으면 사회주의를 지킬 수 있다는데 우리가 어떻게… 사회주의가 있어야 사랑도 있지 않나요?! 난 일이 힘들고 도시 생각이 나도 참고 견디겠어요. 쌀이 우리의 사랑이고 운명인데 뭘 가리겠어요!

밖에서 그들의 대화를 듣고 있던 모친(순선)이 끼어들어 아들을 매도한다.

순선	너 이 녀석! 널 믿어온 게 분하다. 내 지금껏 널 키워 오면서 바란 건 이 쌍개울의 아들이 돼서 친애하는 지도자 동지를 잘 받드는 효자로 일하는 거였다. 그런데 이 에미까지 속이면서 뭐이 어떻게 됐다구? 이 배은망덕한 녀석아, 말해라 말해봐.

사면초가가 된 창섭은 그동안 쌍개울의 벼 종자 개량은 가망이 없다던 소신을 굽히고 곧바로 회개(?)한다.

창섭	이제부터 이 쌍개울의 새 벼 종자 연구를 다시 시작하겠소!
희경	동무들! 우리 함께 쌀로써 친애하는 지도자 동지를 보위하고 쌀로써

사회주의를 지키는 업 전선의 총포탄이 되자요!

　이상에서 확인할 수 있는 바와 같이 평양에서 농업대학을 졸업한 가장 도시적인 처녀가 농촌으로 들어가서 새로운 벼 종자를 만들어 내는 것이야말로 김정일과 사회주의를 지키는 최선의 길이라며 연인의 고향(쌍개울마을)으로 들어가 자신의 생을 바친다는 내용이다. 전에 소개한 작품들이 모두 기성세대가 신세대를 혁명세대로 만들기 위해서 가르치고 설득하는 내용이었다고 한다면, 〈평양에서 온 처녀〉는 새 세대가 먼저 적극적으로 나서서 오히려 기성세대를 감동시킨다는 내용이어서 색다르다고 하겠다.
　박찬원의 〈뻐꾸기〉도 농촌의 부흥을 주제로 한 희곡인데, 여기서도 신세대가 주도적으로 이야기를 끌고 간다는 점에서 〈평양에서 온 처녀〉와 동궤의 계열에 들 만하다. 어느 한적한 농촌 마을이 무대가 되는 이 작품의 주인공은 트럭 운전사와 그의 연인이다. '뜨락또르 운전기술'이라는 책까지 펴낸 전문가인 청년은 그림까지 잘 그리기 때문에 도의 미술창작소로 불려갈 거라는 소문이 나서 트럭 운전사가 꿈인 동네 처녀(옥실)가 오해한다. 처녀의 부모 역시 오해를 해서 그 청년과의 사랑을 단념토록 한다.

　춘보　　옥실아, 네가 아직 몰라서 그러는 것 같은데 그 사람은 인차도 미술
　　　　　창작소로 올라갈 사람이다. 오늘 관리위원회로 전화가 왔다더라.

그러나 청년은 오해라면서 펄쩍 뛴다.

　철수　　어머님, 아버님, 저야 엎어 놓으나 제껴 놓으나 농촌 기계화 초병인
　　　　　데 가긴 어데로 가겠습니까. 뜨락또르와 함께 한생을 이 고향땅을
　　　　　가꾸어 가는 게 저의 희망이고 꿈이지요.
　미순　　이 사람, 그게 정말인가?
　철수　　어머님, 우린 농촌에서 수리화와 전기화의 성과를 공고히 하고 기계

화, 화학화를 높은 수준에서 실현하여 공산주의 농촌을 건설할 데 대한 위대한 수령님과 친애하는 지도자 동지의 그 원대한 뜻을 받들어나갈 농촌의 새 세대들입니다.

춘보   오냐! 허허, 애들아, 우리 농촌근로자의 본분을 잊지 말고 대를 이어가면서 이 고향 땅을 더 잘 가꾸어 농촌테제 발표 서른 돐이 되는 올해를 만풍년으로 더욱 빛내이자. 그래서 쌀로써 우리 식 사회주의를 높이 받들고 우리 수령님과 친애하는 지도자 동지께 기쁨과 만족을 드리자꾸나!

김일성이 1964년도에 소위 농촌 현대화에 대한 테제라는 것을 발표하고 30주년을 맞아 당초 그 취지를 새롭게 하는 운동을 벌이면서 이러한 희곡이 등장한 것이다. 〈뻐꾸기〉는 전작인 〈평양에서 온 처녀〉와도 연결되는 작품으로서 북한이 농업 근로자들을 고무함으로써 식량난을 극복하기 위한 농촌 살리기에 매진하는 모습을 보여 준다.

제5차 전국연극축전

1994년, 제5차 전국연극축전이 개최된다. 평론가 김기욱은 당초 김정일이 미리 제시한 '우리 문학예술은 격동하는 시대의 역사적 흐름을 힘 있게 선도함으로써 혁명 앞에 지닌 자기의 사명을 다 하여야 한다'는 교시에 맞춰서 "장막, 중막, 단막, 소품 등 여러 가지 극작품들과 시대가 제기하는 절실하고 의의 있는 사회적 문제를 취급한 다양한 주제의 작품들이 많이 나왔을 뿐만 아니라 그것들은 거의가 다 인식 교양적 가치가 있는 작품들이었다는 성과를 올린 축전"[14]이었다고 했다.

주요 출품작들을 보면 당의 인덕 정치의 위대성을 반영한 평안북도예술

---

14   김기욱, 「풍성한 결실, 빛나는 예술적 화폭―제5차 전국연극축전 작품을 보고」, 『조선예술』, 1994.1.

단의 단막극 〈열세 번째〉, 자강도예술단의 단막극 〈우리 어버이〉, 우리식 사회주의의 우월성을 보여 주는 남포시예술단의 중막극 〈돈과 생명〉, 인민 군 군인들의 고상한 정신사상성 풍모를 묘사한 국립연극단의 단막극 〈떠날 수 없는 대오〉, 건설 부문 노동계급을 형상한 국립연극단의 단막극 〈밤하늘 에 울리는 나팔소리〉, 조국 통일을 주제로 한 개성시예술단의 장막극 〈고 발〉, 인민의 고상한 정신도덕적 풍모와 공산주의 미풍을 보여 주는 국립연 극단의 단막극 〈우리 가정〉, 중막극 〈포구로 찾아온 청년〉, 함남도예술단의 단막극 〈해당화〉와 〈한 가정〉, 황해북도예술단의 단막극 〈새 가정〉 등으로 서 전 해 보다 출품작들이 풍성해 보인다.

주목할 만한 작품이라면 먼저 류인혁이 쓴 자강도예술단의 〈우리 어버 이〉를 들 수 있다. 어느 한 재일 상공인 교포가 조국을 방문하면서 자기 딸 을 만나는 이야기로서, 북한에서는 우리 당의 고마운 은덕을 격조 높게 노 래한 것으로 평가받는 작품이다. 주인공인 교포 상공인은 당과 수령의 따사 로운 손길 아래 공훈의사의 영예를 지닌 딸과 그의 양부모들 앞에서 이렇게 말한다. "아, 낯설은 이국땅 깊은 밤에도 금녀 때문에 잠 못 들 때면 믿지도 않는 하느님께 딸을 보호해 주십사하고 빌었습니다. 그러나 위대하신 주석 님과 친애하는 지도자 선생님께서는 병원에서 딸의 다리를 고쳐 주시고 대 학 기숙사 온돌방에서 잠자게 해 주시고 오늘은 훌륭한 의사로 키워 주시었 으니 금녀야 내 딸아, 진정 너의 친아버지는 어버이 주석님과 지도자 선생 님이시다!" 주인공은 그 고마운 은정에 눈물을 걷잡지 못하여 평양 하늘을 우러러 위대한 수령님과 친애하는 지도자 동지께 삼가 큰절을 올린다. 작품 은 이러한 이야기를 통하여 위대한 수령님과 친애하는 지도자 동지는 우리 모두의 친어버이라는 것을 예술적으로 일반화하였다고 한다. 평론가 박학 춘도 관극기에서 "연극 〈우리 어버이〉는 작품의 소재와 종자의 요구에 맞게 극 조직을 새롭게 탐구함으로써 사람들에게 위대한 수령님과 친애하는 지 도자 동지를 친어버이로 높이 모시고 사는 한없는 민족적 긍지와 자부심을 가지도록 하는 데 일정한 기여를 한 것으로 하여 인식 교양적 의의가 매우 크다."[15]고 평가한다.

그 외에도 주목을 끌 만한 작품들로서 해외를 배경으로 한 남포시예술단의 〈돈과 생명〉, 개성시예술단의 〈고발〉 등이 있는데, 이들도 모두가 노동당의 고매한 영도업적과 고매한 덕성을 묘사한 작품들이다.

제5회 전국연극축전의 성과에 대해 박학춘은 주체적 문예이론의 요구를 구현하여 부정과 갈등이 없이도 우리 시대 인간과 사회주의 현실을 견인력 있는 무대 화폭으로 빛나게 형상화한 것이라고 정리했다.[16]

전국연극축전이 관 주도 페스티벌인 만큼 김정일이 1년 전에 전국의 주요연극인들을 불러놓고 철저하게 사전조치를 했다는 점이 흥미롭다. 그와 관련하여 월간 『조선예술』은 "친애하는 지도자 동지께서는 지난해 정초에 전국의 연극창작가, 예술인들을 모두 평양에 부르시어 연극창작가, 예술인 강습에 참가하도록 배려하여 주시었으며 그들의 정치적 식견과 예술적 자질을 높이는 데 필요한 온갖 조치들을 해 주시었다."[17]고 쓴 것이다.

북한에서는 제5차 전국연극축전에 대해 제4차의 도식성을 벗어나 작품 주인공들의 개성적 면모가 뚜렷하면서도 자연스러웠다면서 1990년대에 새로운 5대 연극을 창조하여야 하며 여러 가지 주제와 형식의 연극작품을 높은 사상예술적 수준에서 더 많이 창조하여야 할 무겁고도 영예로운 과업이 앞에 놓여 있다고 했다. 그러니까 연극 축전이 사회주의적 현실 반영이라는 테두리는 못 벗어나도 기술적 측면에서는 진전이 있음을 보여 준다 하겠다.

변화 없는 북한 연극계에서 전국연극축전은 그런대로 미세하나마 변화를 불러일으키는 연극 행사였다. 물론 그 변화라는 것도 근본적으로 창작의 자

---

15 박학춘, 「종자를 명중한 재치 있는 극조직—단막극 〈우리 어버이〉를 보고」, 『예술조선』, 1994.5.
16 위의 글.
17 위의 글.

유는 제외하고 오로지 연극 행태의 다양성과 미세한 기술적인 면에서만 다소의 진전이 가능한 정도였다.

김일성의 죽음과 김정일의 권력계승

그러던 차 1994년 여름에 접어들어 북한의 역사를 근본적으로 바꿀 수도 있는 큰 사태가 벌어진다. 다름 아닌 김일성의 죽음이었다. 그의 죽음과 관련하여 이종석은 "그가 사망한 시점의 북한은 경제적으로 심각한 침체에 빠지고, 외교적으로 고립이 심화되었으며 사회적으로는 체제가 이완되는 시기였다. 한마디로 위기의 시기였다. (중략) 후계자 김정일이 김일성의 죽음을 애도하여 그의 공식 직책을 승계하지 않은 채 김일성의 생전 교시를 그대로 받들어 정치를 해 나간다는 뜻의 '유훈통치'를 언급하지 않더라도, 김정일이 김일성 사상을 체계화하고 김일성 개인숭배를 규범해 온 후계자라는 점에서 김정일 시대는 김일성 시대의 연속 선상에 존재한다고 말할 수 있다."[18]고 하여 김정일이 사상 정신적으로는 김일성을 그대로 계승하면서 유훈통치를 바탕으로 하여 김정일 권력을 공고히 해 나가는 쪽으로 방향을 잡았던 것은 너무나 자연스런 것이 아니었나 싶다.

그렇게 되자 당대 최고의 선전 수단 중의 으뜸이었던 연극에서는 한동안 유훈통치를 주제로 삼으면서도 김정일 개인숭배를 고취하는 작품들이 주조를 이루게 된다. 북한 연극의 중추라 할 국립연극단의 차형식 단장은 김일성이 작고한 이듬해 초에 이루어진 인터뷰에서 "돌이켜보면 지난해 위대한 수령님을 잃은 크나큰 슬픔으로 우리는 얼마나 가슴 치며 피눈물을 흘렸던가. 위대한 영도자 김정일 동지께서 5대 연극을 창조한 데 대한 가르치심을 높이 받들고 시간을 주름잡으며 달려온 연극예술인들, 우리의 심장은 지금 당의 숨결로 억세게 고동치고 있습니다. 또한 우리 당의 혁명적 경제전

---

18 이종석, 앞의 책, 166쪽.

략 관철에로 힘 있게 불러일으킬 수 있는 단막극들과 예술 소품들을 더 많이 창조하겠다. 하여 위대한 수령님의 유훈 관철에 떨쳐나선 전체 근로자들을 힘 있게 고무 추동하겠다."[19]고 선언했다.

한편 김일성 사후 반년 만에 발표된 리창건의 단막극 〈주인의 마음〉 (1995.1)이야말로 김일성의 유훈과 김정일의 새로운 영도력을 묘사한 작품으로 첫손에 꼽힐 만하다. 일찍이 김일성이 농촌 개량을 제창한 바 있었고, 그것을 어느 한촌에서 이루어 내는 이야기가 바로 〈주인의 마음〉이라고 말할 수 있을 것 같다. 그러니까 이 작품은 평양에서 활동해야 할 청년이 자신의 성장과 아무런 관련이 없는 한촌에서 평양에서 신식교육을 받은 아내의 전적인 도움을 받아 농촌진흥을 위하여 만능보이라를 제작함과 동시에 흙보산비료를 양산함으로써 농촌부흥에 이바지한다는 내용이다. 주인공 농혁과 아내 련미 그리고 모친 성녀 등이 김일성의 유훈대로 농촌 과학화의 일부를 완성하고 나누는 대화의 일부를 소개하면 다음과 같다.

농혁 어버이 수령님의 유훈을 받드는 길에는 주인과 손님이 따로 없습니다. 맡은 초소는 달라도 우리에겐 내 나라, 내 조국을 받드는 일이 아닙니까.

준덕 암 그렇구 말구!

동철 어머니, 흙보산비료입니다.

성녀 어디… 어디 보자구…(떨리는 손으로 받아 안고) 어버이 수령님! 수령님께서 생전에 바라시던 흙보산비료를 이렇게 우리 손으로 만들어 냈습니다.

농혁 수령님의 유훈을 받들고 만들어낸 이 흙보산비료처럼 위대한 영도자 김정일 동지의 위업을 이 땅 위에 꽃피우는 길에서 우리 모두가 밑거름이 되겠습니다!

모두 그렇습니다. 위대한 영도자 김정일 동지!

---

19 차형식, 「더 많은 연극작품을 창조하겠다」, 『조선예술』, 1995.1.

방창이 울린다.

김동욱의 〈가풍〉(1995.3)도 비슷한 계열의 작품이다. 평양에서 연구직으로 일해야 할 젊은이들이 농촌 부흥을 위하여 한촌의 광산에서 열심히 일한다는 점에서 〈주인의 마음〉과 비슷하다. 2남 1녀를 둔 고집스런 부친은 군 행정경제위원장으로 평생 근무하고 퇴직까지 앞두고 있으면서도 중앙의 전력공업부에서 근무하고 있던 차남과 역시 준박사 학위논문을 쓰고 있는 장남까지 그 고장에서 탄광일을 하도록 붙잡아두고 있으며 딸은 앞을 못 보는 명예군인한테 출가시키기도 한다. 그만큼 부친의 애국심은 하늘을 찌를 정도이다. 그렇기 때문에 개인의 성취를 중시하는 신세대 아들과 갈등이 생길 수밖에 없다.

현길   전 내려와서 제가 할 일은 다 했어요.! 앞으로 탄광을 운영할 수 있는 기술적 기초를 다 꾸려놨어요. 그러니 이젠 연구소로 올라가서 제 할 일을 하겠어요.
석준   ?!
현길   아버진 언제 한번 우리 자식들의 발전문제를 가지고 마음 쓰신 적이 있었어요?
석준   이 녀석, 뭐 자식 구실을 하겠다구? 너 같은 게 무슨 자식이냐?

그동안 중앙의 전력공업부에서 실력을 인정받고 있던 차남(현길)이 중앙으로부터 노동당에 가입할 수 있게 되었다는 전갈을 받았으나 아직 자격이 부족하다는 부친의 반대로 일단 무산된다. 그에 관해서는 부친과 모친 간에도 격렬한 의견 대립이 있다.

봉순   그래도 제 자식 입당하는 걸 반대한 아버지 얘길 내 이래 못 들었수다. 다른 사람들은 제 자식을 하루빨리 입당을 시키지 못해 그러는데 당신은 어쩌면… 정말 너무하웨다.

석준   현길인 제가 무엇을 위해 어떻게 살아가야 한다는 걸 아직 모른단
        말이요. 그래 애들을 우리가 키웠소? 우리야 낳았을 뿐이지, 키운 거
        야 당이지, 조선노동당 말이요. 그러니 애들이 하루를 살고 한생을
        살면서 순간도 잊어서는 안 되는 것이 바로 우리 인민의 자애로운
        어버이이신 위대한 영도자 김정일 동지의 자식 구실을 바로 해야 한
        다는 말이요.

결국 차남은 당으로부터 입당이 결정되어 평양으로 가는데, 이때 모친(봉
순)이 그에게 부모의 당원증을 싼 붉은 주머니를 건네주며 축하의 뜻을 전
한다. 더하여 부친의 충성심과 애국심을 인정한 김정일 동지로부터 군 행
정경제위원장직을 계속하라는 희소식을 전달받음과 동시에 김정일이 직접
그곳을 방문한다는 전갈까지 받는다.

석준   예?! 위대한 영도자 김정일 동지께서 우리 군을 찾아 주신단 말입니
            까?
중앙당 일군   그렇습니다! 자신의 말씀을 꼭 전하라고 거듭 강조하시었습니
            다.
석준   애들아, 우리 모두 명심하자. 위대한 영도자 김정일 동지를 모실 그
            날을 위해, 그날만을 기다리며 사는 것이 우리의 간절한 소원이구
            언제 어디서나 위대한 수령님의 유훈교시를 높이 받들고 그이를 더
            잘 받들어 모시는 것이 우리 집안의 가풍이다.

이상과 같이 김동욱의 〈가풍〉은 대를 이어 김일성 수령의 유훈과 김정일
동지가 추구하는 사회주의를 높이 받들고 충성해야 한다는 내용인 것이다.
김장건의 〈우리 아버지〉를 보면 시간이 흐르면서 김일성의 유훈보다는
김정일의 권력 강화 쪽으로 급격히 이동하는 분위기를 반영하고 있다는 점
이 흥미롭다. 물론 김일성의 유훈을 완전히 제거한 것은 아니고 그것은 양
념처럼 슬쩍 스치면서 김정일 우상화에 강점을 두었다는 이야기다.

〈우리 아버지〉의 시대 배경을 "어버이 수령님을 천만 뜻밖에 잃은 애도 기간"이라고 적은 것만 보아도 유훈에 초점을 맞췄을 것 같지만, 사실 김정일의 우상화에 중점을 두고 있다. 이 작품은 당시의 군대 상황을 묘사한 것인데, 열정적인 중대장 김진국이 주인공이다. 한창 훈련 중에 그의 처가 세 쌍둥이를 해산하여, 산모는 혈액 부족에 아기들은 호흡 중단이 일어나는 등 위급한 상황이 벌어진다. 따라서 상부에 보고하여 생명 구제를 해야 함에도, 중대장은 수령의 작고로 온 세상이 슬픔에 잠겼는데 자신의 어린 자식들이 비행기를 타고 평양을 가는 것은 말이 안 된다고 보고를 거부한 것이다. 그러자 파견 나와 있던 정치위원(박동수)이 김정일 동지께 보고함으로써 즉각 헬리콥터를 보내 평양의 병원으로 가게 된다. 정치위원의 보고를 받은 김정일은 "제 자식이 죽어 가는데도 수령과 영도자를 생각하여 도리를 지키는 이런 전사가 세상이 또 어디에 있겠습니까. 우리 인민들이 수령복을 타고났다고 하는데 우리는 인민복을 타고났습니다. 정치위원 동무, 어서 비행기를 띄웁시다. 우리 수령님께서는 생전에 세 쌍둥이가 많이 태어나는 것은 나라가 흥할 징조라고 하시면서 얼마나 기뻐하시었습니까. 나는 이 애들이 밝게 웃는 모습을 본다면 수령님을 잃은 슬픔이 조금이라도 덜어질 것 같습니다."라고 감격적인 지시를 한다.

진국	선생님, 이게 도대체 어떻게 된 일입니까? 온 나라 인민들이 상제가 되어 어버이 수령님의 영전을 찾아가고 있는데, 우리 애들이 비행기를 타고 평양으로 간다니 이게 도대체 어떻게 된 일인가 말입니다.
명숙	중대장 동무, 우리들은 최고사령관 동지의 지시를 받고 왔습니다.
진국	최고사령관 동지! 전연초소의 이름 없는 중대장인 저의 자식들이 뭐라고… 흑흑….

세 쌍둥이는 병원에 가서 치료를 받고 건강을 회복하여 병원이 새로 제공한 보육기에까지 오르게 된다. 모두들 감격에 겨워서 흐느낀다. 당사자이고

아이들의 아버지인 김진국 중대장은 건강을 되찾은 아기들을 바라보며 "얘들아, 걱정을 말아, 너희들의 포근한 요람을 지켜 주는 아버지가 계신다. 그분은 경애하는 김정일 장군님이시다, 애들아"라고 속삭인다. 그의 처인 산모는 어쩔 줄 모르고 울기만 한다. 곧바로 비행기가 뜬다.

> 진국   (비행기를 바라보며) 애들아, 우리 모두 김정일 장군님을 옹호보위하는 총폭탄이 되자, 너희들의 이름은 총일이, 폭일이, 탄일이다. 애들아.

북한의 연극, 더 나아가 예술은 국가가 지향하는 정신 사상을 바르게 선전하는 도구를 넘어설 수는 없는 것이었다. 그렇기 때문에 열정 없는 북한 연극을 그나마 지탱하는 제6회 전국연극축전도 갑작스런 김일성 사망의 해의 연말에 치러졌던 만큼 당연히 새 권력을 칭송하고 우상화하는 주제의 작품들만의 잔치가 될 수밖에 없었다.

제6차 전국연극축전

리성덕도 "지난해 말에 진행된 제6차 전국연극축전은 우리 연극예술 부문의 창작가, 예술인들이 위대한 영도자 김정일 동지의 영도를 충성으로 높이 받들고 분발하여 연극예술 작품 창작과 창조에서 새로운 전환을 일으키고 있다는 것을 충분히 보여 주었다."면서 축전은 "무엇보다도 우리의 문학예술이 시대와 함께 전진하는 혁명적 문학예술로 되어야 하며 현실보다 앞서 나가면서 대중을 혁명과 건설에로 힘 있게 불러일으키는 당의 위력한 사상적 무기로 되어야 한다고 하신 위대한 영도자 김정일 동지의 말씀을 관철하는 데서 새로운 성과들을 보여 주고 있었다."[20]고 연극축전의 총평을

---

20   리성덕, 「시대와 함께 개화 발전하는 주체적연극예술-제6차 전국연극축전」, 『조선예술』, 1995.2.

썼다.

이 리성덕의 총평으로 연극축전의 방향과 성과를 제대로 알 수 있을 것 같다. 황해북도예술단이 공연하여 3등을 수상한 김학철의 〈세 처녀의 약속〉(리재구 연출)에 대해, 총평에서는 고등중학을 졸업한 세 처녀가 추천받은 대학이 아니라 조국을 보위하는 영예로운 초소로 떠나게 되기까지의 생활을 반영하여 위대한 영도자 김정일 동지를 잘 받들어야 한다고 하신 경애하는 수령님의 유훈을 드팀 없이 관철해 나가려는 우리 시대 청년들의 아름다운 지향세계를 극적 형상으로 펼쳐 보였다고 평가했다. 인민군대에 나가려는 모든 청년들의 요구를 다 받아줄 수 없다면서 세 처녀의 입대를 허락하지 않은 지도원 기철과의 관계 속에서 발현되는 세 처녀의 아름다운 정신세계, 강렬한 전화의 그날 목숨으로 월미도를 지켜냄으로써 경애하는 수령님께 충성을 다한 영웅처럼 위대한 영도자 김정일 동지를 결사 옹호보위하는 데서 세 영웅이가 되겠다는 주인공들의 지향 세계는 최고사령관 김정일 동지를 옹위하는 총폭탄이 될 것을 다짐하고 나선 우리 시대 청년들의 숭고한 사상정신 풍모를 여실히 대변하고 있다는 것이다.

함경남도예술단이 출품한 리기창의 〈축복〉(강내철 연출)은 단막극 부문 2등상을 받은 작품으로서, 적들이 대규모의 군사연습을 벌이면서 핵전쟁의 검은 구름을 몰아오는 준엄함 정세 속에서 첫 해산을 하는 여성 영예군인의 안전을 위하여 예견하였던 군사연습을 뒤로 미루고 태어나는 어린애의 첫 고고성이 울릴 때 해안포의 일제사격으로 축복해 줄 것을 명령하시는 경애하는 최고사령관 김정일 동지의 숭고한 사랑에 대한 이야기를 특색 있게 형상화함으로써 커다란 감동을 주는 내용이라고 한다.

역시 단막극 부문 2등상을 받은 자강도예술단의 류린혁 작 〈여기자의 증언〉(변경환 연출)은 평양에서 진행된 범민족통일음악회에 참가하였던 남조선의 한 여기자가 생명의 위험에 처한 삼태자를 구원하기 위하여 비행기를 띄우는 전설 같은 현실과 공화국 북반구의 참모습을 보면서 영도자의 위대성을 절감하는 과정과 안기부의 모략으로 하여 죽은 줄로만 알았던 언니(여기자)를 뜨겁게 만나면서도 자기가 동생이라는 것을 밝히지 못하고 남조선으로 돌아가게 되는 쓰라린 체험을 통하여 생의 진리를 터득하고 영도자의 위대성을 법정에서 소리 높이 증언하는 감명 깊은 형상을 창조한 것이다.

수상은 못 했지만 주목을 받았던 함경북도예술단의 리성원 작 〈눈보라 치는 밤〉(김성룡 연출)은 단막극으로서 발전소의 조업을 앞당기기 위하여 위대한 수령님께서 현지 지도에 이용하시던 열차의 기관차를 떼주시어 발전 설비를 운반하게 하시는 뜨거운 덕성 이야기이고, 강원도예술단의 리창일 작 〈포성은 벌써 울렸다〉는 조국해방전쟁 시기 인민군대에게 군수물자를 실어 보내야 할 첫 군수 열차에 영농사업에 절실히 필요한 부림소를 실어 보내게 하시는 위대한 수령님의 숭고한 사랑과 온정에 대한 이야기다.

단막극 부문 1등상을 받은 함경남도연극단의 신동식 작 〈믿음〉(배동익 연출)은 약혼식을 하고 결혼을 하지 못한 채 영웅적으로 희생된 인민군 용사의 고귀한 넋을 지켜 그의 영원한 아내가 되고 홀로된 그의 어머니를 친딸의 심정으로 모시려는 한 처녀의 기특한 정신적 풍모와 아름다운 지향 세계 이야기이고, 중막극 3등상을 받은 남포시예술단의 강정남 작 〈사랑의 의리〉(암태언 연출)는 해외에서 사는 한 동포 일가가 남조선의 안기부 밀정들의 모략을 물리치고 위대한 수령님과 경애하는 최고사령관 동지의 위대성을 심장으로 체득하고 마침내 진정한 조국의 품에 자신들의 운명을 맡길 결심을 다지기까지의 사상 정신적 과정을 극성 있게 형상화한 희곡이다.

중막극 부문 2등상을 수상한 평안남도예술단의 〈포전길에 다진 약속〉은, 일찍이 수령께서도 다녀간 적이 있는 농장의 모든 포전을 언제나 만풍년이 든 풍요한 대지로 만들 것을 결의한 학창 시절의 맹세를 지켜 고향에 뿌리를 내리고 자신이 영예군인이라는 것을 숨기고 헌신적으로 일하는 제대군인 처녀의 생활과 투쟁을 형상화한 작품이고, 화술소품 부문에서 2등상을 받은 국립연극단의 강문호 작 〈중간역에서〉(차진삼, 오정남 연출)는 철도의 한 중간역에서 벌어지는 일들을 통하여 당정책 관철에서 앞장서야 할 일꾼들이 제도와 질서를 마음대로 어기고 기관 본위주의와 개인 이기주의에 매달린다면 당정책을 철저히 관철하지 못하고 일대 혼란을 줄 수 있다는 심각한 교훈을 안겨 준다는 내용이다.

수상권에는 들지 못했지만 장막극으로서 주목을 끌었던 함경남도연극단의 집체작 〈맏아들〉(리용완 연출)은 '탄부는 나라의 맏아들'이라고 한 수령의 교시를 심장 깊이 새기고 맏아들 구실을 다하기 위하여 아글타글 애쓰는 탄부들의 생활을 형상화한 작품이다.

이상과 같이 연극축전 출품작들은 줄거리는 모두 다르지만 김일성 부자와 사회주의 인민공화국에 대한 지극한 사랑과 충성, 더 나아가 희생적 헌신을 주제로 삼았다는 점에서는 공통점을 지녔다. 그럼에도 불구하고 저들은 전보다 진일보했다고 높이 평가하고 있다. 총평을 한 리성덕은 "제6차 전국연극축전에 출연한 작품들은 주제가 다양할 뿐만 아니라 형상수준이 제5차 전국연극축전에 비하여 한 걸음 더 높이 올라감으로써 주체의 우리 연극예술이 위대한 영도자 김정일 동지께서 밝혀 주신 〈성황당〉식 연극예술의 독창적인 창작 원칙에 기초하여 주체적인 발전의 길을 걷고 있다는 것을 보여 주었으며 우리식 창작 원칙의 정당성, 진리성, 그 위대한 생활력을 남김없이 제시하였다."[21]고 북한식으로 찬양한 바 있다.

그러면서 그는 〈세 처녀의 약속〉을 비롯하여 〈축복〉, 〈우리 아버지〉, 〈포성은 벌써 울렸다〉, 〈눈보라 치는 밤〉 그리고 〈사랑의 의리〉 등은 일찍이 김정일이 주창한 부정인물 부재의 원리에 입각하여 극성을 제대로 살려서 충만된 시대의 송가를 창조해 냈다고 평가하면서 제6차 연극축전은 연기 형상과 함께 연출, 미술, 연극음악을 비롯한 모든 형상 요소들에서 당이 이룩한 〈성황당〉식 연극의 창조적 성과를 옹호 고수하고 발전시키는 데서 계속

---

21 위의 글.

새로운 경지들이 개척되고 있음을 보여 주었다고 했다.

그런데 소위 〈성황당〉식 연극이란 결국 사회주의 리얼리즘 연극 방식을 의미하는 것이라 볼 때, 저들은 1990년대 중반까지도 구태스러운 연극 방식에서 한 발짝도 앞으로 나가지 못하고 여전히 정체 상태에 있다는 것을 말하는 것이다.

1995년도 가을 무대만 보더라도 연극계의 변화 진전이 전혀 보이지 않는다. 막강한 권력의 주체라 할 노동당 주체로 벌였던 소위 '당 창건 50돐을 기념한 공연축제'만 해도 새로운 형태의 연극 공연이 없는 진부하기 이를 데 없는 종합예술 잔치에 불과했다. 그러니까 북한의 최고 극장들인 평양대극장을 비롯하여 동평양대극장, 4·25문화회관, 국립연극극장, 봉화예술극장, 모란봉극장, 평양웃음극장, 평양교예극장, 인민군교예극장, 청년중앙회관, 철도부회관, 중앙노동자회관 등 열 개가 넘는 대소 극장들에서 화려하게 펼쳐진 공연은 대부분 노래 합창, 무용극, 그리고 만담형이 주를 이룬 것이었다.

그런 가운데 눈에 띄는 공연이 피바다가극단이 평양대극장에서 막을 올린 혁명가극 〈사랑의 바다〉였다. 주인공 강태관 일가와 진웅산 등 각이한 운명의 길을 걷고 있던 사람들이 다 위대한 수령님의 품에 안겨 '하나의 식솔' '장군의 식솔'이 되어 가는 과정을 내용으로 하는 이 작품은 김정일의 지도로 완성된 영화 〈민족과 운명〉(노동계급편)을 각색한 것이라 한다.[22]

국립연극단이 국립연극극장에서 공연한 작품도 역시 혁명연극 〈소원〉이었다. 피바다가극단이 인재들을 모아 1970년대 5대 혁명가극을 창조하던 기세 및 기백으로 집체 창작했다는 〈사랑의 바다〉는 심오하고 철학성 있는 원작의 종자와 내용에 맞게 가극적인 구성의 대를 세우고 인물들의 인정 심리 세계를 잘 살려 나감으로써 관중들의 심금을 울려 주었다고 했다. 〈소

---

22 렴광식, 「당창건 50돐을 뜻깊게 장식한 10월의 공연무대」, 『조선예술』, 1995.11.

원)은 어버이 수령의 인민을 위하는 높은 뜻을 받들어 경애하는 장군님께서 만은 농사일 때문에 논두렁길을 걷지 않으시게 하려는 티 없이 맑고 순결한 충성심을 지닌 새 세대 청년들의 정신세계를 깊은 감동 속에 보여 준다는 작품이다.

국립민족예술단이 내놓은 민족가극 〈박씨부인전〉은 고전소설을 각색한 작품이다. 주인공 박씨 부인은 너무 추녀여서 시집온 첫날부터 남편의 구박과 천대를 받는다. 그러나 그녀는 그것을 참고 견디며 애오라지 남편이 나라를 지키는 기둥이 될 수 있도록 온갖 열정과 사랑을 붓는다. 그러다 나라에 외적이 침입했을 때, 사랑하는 남편을 도와 의병이 되어 적장의 목을 치고 나라를 지키는 일에 큰 공을 세운다는 이야기다.

그 외에 '노동당 창당 50돐 잔치'에서 공연된 작품들은 대부분 혁명가극이었다. 이로 볼 때 북한 연극의 주류는 여전히 지난 시절의 혁명가극이 아니었나 싶다. 그러니까 아무리 〈성황당〉식 연극을 부르짖어도 1990년대 현장을 주도하고 있는 연극 형태는 변함없이 혁명가극인 듯싶다는 이야기다.

고난의 시기를 외면하는 북한 연극

1995년 당시 북한의 정치·경제적 상황은 최악으로 흐르고 있었다. 김일성 주석의 작고 1주년이 지난 7월 말부터 8월 18일까지 평균 300mm의 폭우가 북한 전역에 쏟아져 농업 생산에 막대한 타격을 주었기 때문이었다. 북한은 국제적으로 수해 사실을 알리고 쌀을 원조해 줄 것을 호소하여 한국 등 여러 나라로부터 원조를 받았다.[23] 그러나 북한의 식량난이 근본적으로 해결되는 것은 아니었다.

와다 하루키는 그와 관련하여 "드디어 기아로 인한 사망자가 발생하기 시작했다. 약한 어린이들이 영양실조로 많이 희생되었다. 피해는 함경북도가

---

23 와다 하루키, 앞의 책, 247쪽.

가장 심각했다고 한다. 사망자의 규모에 대해서는 여러 추측이 나오고 있는데, 미국의 연구자 놀런드 등은 60만에서 100만 명 사이일 것으로 분석하고 있다. 너무나도 심각한 사태였다. 피해가 큰 지역에서는 탈북자가 강을 건너 중국 영내로 탈출했다."면서 "1996년 가을부터는 '백두밀림에서 창조된 고난의 행군' '정신으로 살며 투쟁해 나가자'라는 구호가 매주 반복되었다. 10월 후반부터는 '모두가 혁명적 군인정신으로 살며 투쟁하자'라는 새로운 구호가 등장했다. 특히 11월이 되자 구호는 노동신문의 제1면에 거의 매일 장식했다. 논설에는 '혁명적 군인정신이 바로 오늘날의 적기정신'이며 '고난의 행군 정신'이라거나, 이러한 정신이 사회주의 건설의 원동력이라는 등의 주장이 담겼다. '고난의 행군' 정신의 구호가 '혁명적 군인정신'의 구호와 교착되는 지점에서 유격대 국가로부터 새로운 국가상으로의 전환이 일어나고 있었다."[24]고 했다.

이러한 분위기 속에서 그동안 북한의 모든 정책 분야의 선전도구로서 충실하게 역할을 해 온 연극계가 조용히 앉아만 있을 수가 없었다. 북한 연극의 얼굴이라 할 국립연극단과 피바다가극단의 대표자가 분기탱천하겠다는 의사를 가장 먼저 표명하고 나선 것이다. 차형식 국립연극단장은 '고난의 행군 정신을 발휘하겠다'면서 "새해 공동사설을 높뛰는 심장으로 접한 우리 국립연극단 전체 창작가, 예술인들의 가슴은 지금 충성의 맹세로 세차게 끓어 번지고 있습니다. 드높은 창작 열의가 온 창조집단 안에 차 넘치는 속에 우리는 지난해 12월 25일 경애하는 장군님께서 발표하신 고전적 로작 〈혁명선배를 존대하는 것은 혁명가들의 숭고한 도덕의리이다〉의 사상을 그대로 반영한 장막경희극 창작에 활력을 집중하고 있으며 한편으로는 공동사설에서 제시된 혁명적 경제전략 관철에 이바지하는 극소품 창작을 위해 창작가, 예술인들이 석탄, 금속, 전력 부문의 전투장들에 직접 들어가 창작 활

24 위의 책, 253쪽.

동을 힘 있게 벌이고 있습니다. 그런가 하면 극장 안에서도 공동사설 관철을 위한 소품 창작이 맹렬히 진행되고 있으며 잠시도 극장무대를 비우지 말자는 데에 대한 경애하는 장군님의 말씀을 철저히 관철하여 매일 공연을 관람하러 온 사람들로 극장을 흥성거리게 하고 있습니다. (중략) 공동사설에서 무엇보다 중요한 것은 우선 사설에 제시된 사상을 자신들의 뼈와 살로 만들고 자신들로부터가 그 관철에서 위훈의 창조자가 되는 것입니다. 나 역시 공동사설을 접한 당원의 한 사람으로서 연극단의 창조사업을 책임진 일군이라는 높은 자각을 가지고 창작가, 예술인들의 앞장에 서겠습니다."[25]라고 치고 나왔다.

그러자 질세라 하고 피바다가극단 부총장 배인상은 결의에 찬 자세로 "승리와 영광으로 자랑 넘친 1995년을 보내고 희망찬 새해 1996년을 맞는 피바다가극단의 전체 창작가, 예술인들은 지금 혁명가극의 이름으로 불리우는 예술단체로서의 자랑을 더욱 높이 떨칠 결의에 충만되어 있습니다. (중략) 우리 피바다가극단 전체 예술인들은 혁명가극 〈사랑의 바다〉를 사상예술적으로 보다 높은 명작으로 세련시켜 경애하는 김정일 장군님께 꼭 크나큰 기쁨을 드리겠습니다. 이 영광의 시각을 위하여 우리 집단의 모든 동무들은 〈고난의 행군〉 정신으로 예술적 기량을 더한층 높이며 그 과정을 통하여 혁명화, 노동계급화를 더욱 다그쳐 나갈 것입니다. 하여 우리 당의 혁명적 예술인으로서의 자기의 사명과 본분을 다해 나갈 뿐 아니라 주체예술의 대화원을 더욱 화려하고 풍만하게 꽃 피워 경애하는 김정일 장군님께 오직 기쁨만을 드리는 충신, 효자가 되겠습니다."[26]라고 하여 국립연극단과는 달리 극히 의례적이고 추상적이며 아첨성의 글을 발표한다.

그렇다면 그 시기의 작품들은 어떠했을까? 결론부터 말하면 연극 현장에

---

25 차형식, 「〈고난의 행군〉 정신을 발휘하겠다」, 『조선예술』, 1996.1.
26 배인상, 「우리 당의 참된 충신이 되겠습니다」, 『조선예술』, 1996.1.

서는 고난의 행군이란 말 자체도 나오지 않은 채 오로지 김일성 수령과 김정일 후계자에 대한 숭배와 아첨, 그리고 막연히 조국애 대한 사랑만을 주제로 삼은 작품들만 양산되고 있었다. 그러니까 북한이 사회주의 리얼리즘을 연극의 기본 바탕으로 삼으면서도 어려운 사회현실은 완전히 배제한 선전극만을 공연하고 있었다는 이야기가 되는 것이다. 차형식 국립연극단장과 배인상 피바다가극단 부총장의 아첨성 글 그대로 애국심과 충성심만을 충동하는 극들만이 존재했다.

김근엽이 쓴 희곡 〈메아리〉(1996.1)만 보더라도 여군들로 구성된 해안포 진지를 모녀가 대를 이어 조국을 지키는 것으로 이야기가 짜여져 있다.

> 장령　　(정실과 함께 포좌지를 돌아본다) 중대장 동무, 지금부터 23년 전…
> 　　　　동무의 어머니 박순애 포장두 바로 이 포좌지에서 군사복무를 했지,
> 　　　　그 나날에 어머니도 동무처럼 이 포를 찾아 주신 어버이 수령님께
> 　　　　조국의 관문은 자기들이 지킬 테니 마음 놓고 휴식하여 주실 것을
> 　　　　신신부탁했었지.
> 정실　　예?… 그럼 장령 동진?…
> 장령　　음, 그 어머니의 그 딸이 어디 가겠소. 장해, 정말 장하오.

이러한 이야기가 오가는 중에 느닷없이 중대장의 모친(순애)이 그 먼 데서 시루떡까지 만들어 가지고 등장한다. 더욱 우스운 것은 그녀가 등장하자마자 한 말이다. 자식의 군 생활이나 그 부하들의 안위에 대한 이야기는 한마디도 없이 수령과 그 후계자에 대한 이야기뿐이다.

> 순애　　동무들! 어버이 수령님께서 다녀가신 이 포좌지에서 최고사령관 동
> 　　　　지를 모신 동무들의 영광을 축하해요.
> 모두　　최고사령관 동지를 위하여 복무함!
> 순애　　정실아, 최고사령관께서 휘하의 일군들을 그처럼 책망하신 예는 어

느 나라, 그 어느 군대에도 없었다. 이 어머니도 자식을 찾아오면서 극상 음식구레미나 생각했구… 또 네가 탄 그 얼굴을 보고도 건강하다고만 마음속 기쁨을 가졌댔는데… 장군님께서는 네 얼굴이 튼 것까지 헤아리시며… 처녀의 얼굴이라고까지 보살피시니… 이 어머니도 줄 수 없던 사랑을 너는 받았었구나.

정실   어머니!…(흐느끼다가 울고 있는 옥선을 보고 달려가서 껴안는다) 옥선아!- 신병인 옥선이도 이 중대장보다는 나아! 넌 그래두 구대원들의 얼굴 피부를 보면서 살결물까지 들고 왔는데…난 너를 추궁했었지, 욕을… 중대의 맏언니라는 내가…흐-흑…

이상과 같이 사랑이 넘치는 후계자 김정일은 어느 중요한 해안기지에서 근무하고 있는 여군들의 피부가 검게 탄 것을 가엾게 생각하여 크림까지 하사하는 것이다. 중대장 등 여군들이 감격하여 눈물을 흘리는 장면은 북한에 신파극의 잔재가 여전히 엄존함을 보여 주어서 흥미롭기도 하다.

현룡학이 쓴 〈조국을 멀리 떠나 있어도〉 역시 무한한 애국심을 주제로 한 것이다. 어느 농업기술자 가족이 선진 타국에서 근무하고 귀국하기 직전의 풍경을 묘사한 이 작품의 주인공이라 할 기술자(정국)가 아내에게 "여보! 조국에 돌아가면서 어떻게 빈손으로 가겠소. 집 떠났던 자식이 어머니한테 가는 심정이라고 할까. 그래서 채굴공업이 발전했다는 이 나라에서 기계나 한 대 사 가지고 가면 우리나라에서 그 기계를 보구 더 창조적으로 발전시킬 수 있지 않소"라고 말하는 대사에 이 희곡의 주제가 고스란히 드러난다. 그런데 채굴 기계를 들여오는 데 문제가 생긴다. 왜냐하면 그쪽에서 어린 딸이 애용하고 있는 조국 제작의 피아노를 달라는 요구 조건을 내걸었기 때문이다. 아내와 딸이 응할 리 만무했다.

순임   여보! 당신은 너무하군요. 난 지금껏 당신이 하는 일을 놓고 다 양보해 왔어요. 또 이해했어요. 그러나 저 피아노만큼은 안돼요. 딸애가 제 몸처럼 생각하는 피아노를….

정국	뭐라고?! 당신의 본심이 이제야… 여보, 지금 조국에선 위대한 수령님의 유훈교시를 받들고 당의 혁명적 경제전략을 관철하기 위하여 한 사람같이 떨쳐나섰소, 특히 지금 채굴공업을 발전시키는 것은 얼마나 중요하오. 당신도 이 나라에 와서 느꼈겠지만 지금 제국주의자들이 우리식 사회주의를 고립 압살하려고 얼마나 악랄하게 책동하고 있소. 그런데 당신은 조국보다도 나란 말이지, 나… 당의 은혜를 삶의 매 순간마다 받으며 자란 당신이 이렇게까지 자기만 아는 사람이 된 줄은 정말 몰랐소, 몰랐단 말이요!
순임	매 순간 어쩜 그렇게까지 말할 수 있어요. 정말 섭섭해요. (흐느껴 운다)
달래	어머니!
정국	조국이 있어야 가정도 있고 우리 집 재산도 있을 게 아닌가?

결국 딸 달래가 자기 몸처럼 아끼면서 수년 동안 쳐왔던 피아노를 흔쾌하게 내놓음으로써 문제가 풀린다. 정국의 지극한 애국심을 전해 들은 김정일 동지가 그 나라 주재대사를 통하여 칭찬의 말까지 전한다. 감격한 정국은 가족과 주변 사람들 앞에서 "동무들! 우리에게 있어 재산이라는 것이 무엇이겠습니까. 온 인류가 그토록 부러워하는 주체의 우리 조국, 위대한 수령님께서 세워 주시고 경애하는 장군님께서 빛내어 가시는 우리식 사회주의 조국, 우리 조국이 가장 큰 우리의 재산입니다."라고 외치면 이어서 우렁찬 방창이 울리는데 내용은 농업기술자의 말과 대동소이하다.

비슷한 시기에 발표된 리기창의 희곡 〈고귀한 사랑〉(1996.3) 역시 장소와 등장인물, 서사는 달라도 주제는 대동소이하다. 이 작품은 현대 어느 지방 탄광촌에서 일어난 조국애와 인간애를 훨씬 넘어선 희생적 사랑 이야기이다. 등장인물 중에서 핵심은 젊은 여의사(은향), 늙은 간병인(춘금), 그리고 상이용사인 채탄소대장(광진) 등인데 이 세 사람이 벌이는 조국과 인간에 대한 초월적 사랑과 희생정신이 작품의 저변에 흐른다.

간병인 춘금은 전신불구의 영예군인과 결혼하여 자식조차 없이 평생 헌신하다가 남편을 잃은 뒤에도 변함없이 탄광촌에서 간호사로 일하고 있으며, 평양에서 의과대학을 다닌 여의사 은향은 춘금의 수양딸로 들어가 그곳에서 무보수로 환자들을 돌보고 있다. 그리고 은향이 자신의 무릎뼈까지 떼어 내 심한 부상자에게 제공할 정도로 집중 치료해 준 채탄소대장 광진과 결국 사랑의 가연을 맺는다. 그런데 이들 세 사람은 너무나 아름다운 심성을 지니고 있었기 때문에 쉽게 결합을 못 한다, 남에게 부담을 지우기 싫어하기 때문이다. 가령 여의사와 결혼하라는 탄광촌의 당비서에게 광진은 "비서 동지, 지난날 저보다 더한 영예군인 노병을 위해 청춘 시절을 깡그리 바쳐 온 그들인데 저까지 어떻게 또다시 짐이 된단 말입니까. 전 혼자서도 내 발로 걸어갈 수 있습니다."라고 외친다. 그걸 지켜보고 있던 은향과 춘금은 비틀거리는 그에게 다가간다.

춘금   지팡이 대신 우리 손을 잡아요!
광진   예?!
은향   앞으로 혼자서 늘 지팡이에 의지해서 걷다가 비청거리겠나요? (중략) 저는 소대장 동무의 안해가 못 돼도 좋아요. 하지만 동무의 치료를 담당했던 의사로서 당이, 맡겨 준 의무를 다하며 동무곁에 영원히 같이 있을 거예요.
병섭   광진이, 경애하는 장군님의 품에 안겨 사는 우리 인민들이 아니고서야 그 누가 이처럼 뜨거운 사랑의 손길을 내밀겠나.
광진   (눈물을 삼키다가 그들의 손을 덥석 잡으며) 어머니, 은향 동무….

이렇게 광진이 중상을 치료해 주던 여의사와 사랑의 골인을 하고 이 사실을 보고받은 김정일 장군이 직접 전화를 걸어서 광진이 평양의 중앙병원에 와서 치료를 받도록 배려해 주는 것으로 일이 순탄하게 진행된다. 이에 탄광촌 사람들은 감격한다.

모두들	경애하는 장군님!
은향	(흐느껴 울며 목멘 소리로) 참으로 경애하는 김정일 동지께서는 우리 인민 모두를 한 품에 안아 주시는 온 나라 대가정의 친아버지이십니다.
광진	정말 장군님을 어버이 높이 모시고 한 가정이 되어 사는 저희들이기에 어버이 수령님의 유훈을 관철하는 길에서 나처럼 부상을 입는다 해도 순간도 외로움과 불행을 모르며 충성의 장군 길을 억세게 걸어가는 것이 아니겠습니까!
은향	그래요, 우리 모두 경애하는 장군님께서 안겨 주신 이 만리향꽃처럼 영원히 대를 이어 충성의 꽃을 계속 피워 가자요.

이와 같이 '고난의 행군' 시절이었지만 그러한 현실은 작품들에서 전혀 보이지 않고 오로지 김일성의 유훈 계승과 김정일 장군에 대한 대를 이은 영원한 충성만을 강조하고 있는 작품들이 줄을 이었을 뿐이었다.

김준영의 희곡 〈꽃다발〉(1996.6)만 하더라도 '고난의 행군'이란 말은 어디에도 없다. 이 작품은 현실에서는 개연성이 전혀 없을 현대판 「심청전」이라고나 할까. 그것도 피가 하나도 섞이지 않은 남들끼리의 지극한 의리와 희생 이야기라서 허무맹랑하다고 느낄 수밖에 없다. 북한에서는 연구소까지 운영하는 수예가(영옥)라면 비교적 중산층 이상이라 할 만하다. 남편은 무역선 부선장이었고, 아들은 소대장으로 근무하는 동안 무장간첩이 던진 수류탄을 몸을 던져 막은 용감한 군인이었다. 그런데 영옥은 과거 아들의 부하였던 하사관(태훈)의 그늘진 모습의 이면에 그의 모친(숙경)이 6·25전쟁기에 미군에 의해 장님이 되었다는 것을 알게 된다. 이에 주변의 강력한 만류에도 불구하고 영옥은 자신의 눈 하나를 숙경도 모르게 기증하면 그 전사에게 기쁨도 주는 동시에 김정일 장군에게도 충성심을 바치는 것인 만큼 즉각 행동에 나서게 된다.

영옥	난 그저 조국의 초소를 지켜선 전사의 얼굴에 그늘을 없애주자고 한
	일인데… 태훈이가 그걸 알면 또 얼굴에 그늘이 질게 아닌가. 한 인
	민군 전사의 얼굴에 그늘이 지면 한 초소에 그늘이 가고 장군님의
	명령 수행에 지장을 줘요.
간호원	(영옥의 손을 잡으며 감격해서) 야 어머닌 어쩌면…
영옥	난 그저 장군님의 전사들에게 기쁨을 주자는 마음에서 그랬을 뿐인
	데… 그야 어머니의 마음에서 응당 해야 할 일을 했을 뿐이지. 그래
	서 언제나 그들이 기쁨 속에 초소를 지켜 가게 말이야.

이러한 살신성인의 큰 일이 널리 알려지고 최상층부까지 보고되면서 김
정일 장군이 치하에 나서게 됨은 극히 자연스런 일일 것이다.

당비서	여러분, 기뻐하십시오. 40년간 앞 못 보던 한 인민군 전사의 어머니
	를 위해 자기의 온갖 정신과 귀중한 모든 것을 바쳐 끝내 눈 띄워 오
	늘 드디어 광명을 안겨 준 김영옥 동무의 아름다운 수행을 당조직을
	통해 보고받으신 경애하는 최고사령관 김정일 동지께서는 김영옥
	동무는 우리 시대의 심청이라고 김영옥 동무의 수행을 널리 소개하
	라는 귀중한 친필 서한을 보내 주시었습니다.
숙경	경애하는 징군님! 정말… 정말 고맙습니다.

김정일 장군이 멀리서 치하의 말씀만 전해 온 것에 그치지 않고 부대에
있는 숙경의 아들(태훈)을 직접 불러올려서 모친과 상봉시키는 동시에 모친
에게 눈 한쪽을 준 옛 상사의 모친까지도 만나 감사를 표하도록 해 준다.

숙경	(태훈이를 쓸어안고 흐느끼며) 이게 진정 내 아들이란 말이냐. 키도
	크고 몸도 튼튼하고 잘생겼구나. 경애하는 장군님께서 이렇게 훌륭
	한 군인으로 키워 주셨구나.
태훈	어머니를 위해 온갖 지성을 다 바친 영옥이 어머니와 여러분! 감사
	합니다. 저는 이 고마운 우리나라 사회주의 제도를 마련하여 주신

최고사령관 동지께 충성 다하기 위하여 군사복무를 더 잘하겠습니다. 초소 군인들이 보내는 경례를 받아 주십시오.

이러한 현대판 「심청전」 같은 황당한 서사를 거리낌 없이 전개시키는 것은 오로지 사회주의 제도에 따른 것이고, 그런 제도를 도입 정착시켜 준 김정일 장군께는 당연히 충성을 바쳐야 한다는 내용이다.

북한의 희극

『북한 연극사』를 쓰면서 필자는 이따금 누가 이러한 작품들을 보려고 돈을 지불하고 바쁜 시간을 내어 극장을 찾을 것인가 의아하게 생각하곤 했다. 그러다가 월간 『조선예술』 1996년도 3월호에 전성일이 쓴 글을 보니 "'웃음이 있다', '참 재미가 있다', '아주 인상 깊다', 관중들의 찬탄의 목소리가 연일 높아가는 가운데 그 수요가 높아만 가는 극장으로는 공연을 관람하러 온 사람들로 초만원을 이루고 있다."[27]고 씌어 있었다. 그리고 이어지는 글을 보면서 필자의 의문이 해소되었다.

인민의 속내를 꿰뚫고 있을 김정일과 정부당국의 문화부서에서 일종의 타개책으로 전문적인 코미디 단체, 즉 희극단을 만들어서 인민들을 즐겁게 하고 웃길 수 있는 1인극을 비롯하여 막간극, 그리고 재담 등을 개발한 것이었다. 전성일은 이어지는 글에서 "우리 인민이 좋아하는 것이라면 이 세상 무엇도 아끼시지 않으시는 경애하는 장군님의 각별한 관심과 세심한 사랑 속에서 지난해 우리나라에는 희극 공연을 전문으로 하는 희극극단이 새롭게 생겨났고 사상예술성이 높은 희곡 공연이 완성되게 되었다."고 했다.

물론 희극단에서 공연하는 작품들에도 이념의 색칠을 안 한 것은 아니지만 관중을 마음껏 웃기기 위하여 이념 덧칠을 가급적 배제하려 애쓰기도 했

---

27 전성일, 「웃음속에 교훈을 주는 다양한 무대극 공연」, 『조선예술』, 1996.3.

던 것이다. "지난 시기 희극적 웃음을 전제로 한 극소품 공연들에서는 많은 경우 관중의 웃음을 자아낸다고 하면서 사상적 내용에 대해서는 소홀히 대하는 편향이 보편적이다."라는 전성일의 언급에 그 점이 여실히 드러난다.

물론 북한 사회에서는 아무리 코미디라고 하더라도 사상적 내용을 소홀히 할 수는 없다. 재담 〈그때처럼 살자〉와 〈제정신을 갖고 살자〉 등이 바로 그러한 점을 극적으로 보여 준다. 이러한 레퍼토리에는 사회주의 사상으로 철저히 무장시키고 혁명적으로 각성시키는 데 이바지하는 메시지가 담겨 있기 때문이다. 〈그때처럼 살자〉의 주인공은 지난날 조국과 인민을 위해 위훈을 세운 전쟁 노병과 전시 공로자 부부이다. 인기 있는 두 배우가 이들의 역을 맡아 경쾌한 웃음 속에 충성과 위훈으로 빛나는 전 세대들의 방불한 형상은 그대로 우리식 사회주의를 튼튼히 고수하고 빛내어 나가기 위해서는 충성과 위훈의 꽃을 변함없이 꽃피워 나가야 한다는 사상을 잘 보여주고 있다고 한다. 〈제정신을 갖고 살자〉도 순간이나마 제정신을 잃고 남의 풍에 놀아나는 한 청년에 대한 이야기를 각이한 극중 생활로 생동하게 보여줌으로써 조선민족 제일주의 정신을 격조 높이 구가하고 있다고 한다.

이러한 희극에서 관중의 웃음을 유발하는 요인은 무엇이었을까. 그에 대하여 전성일은 "사실과 맞지 않는 생활의 지나친 과장, 진실치 못한 배우들의 엽기적인 연기, 풍자와 조소를 동반한 희극적인 분장과 의상 소도구의 활용, 이것이 관중의 웃음을 야기시킨 점들이었다."[28]고 했다. 일상생활에서 흔히 일어날 수 있는 사건과 소소한 일들에 대한 과장적 표현과 폄훼, 뒤집기, 어릿광대들의 엽기적이기까지 한 기괴한 연기, 그리고 풍자와 비웃음을 바탕에 깐 독특한 분장과 맞지 않는 의상 및 소도구들의 활용 등은 어느 나라에서든 흔히 쓰는 희극 방식이었다는 점에서 보편적이었다.

그들이 많이 웃었다는 몇 가지 작품이 예시되어 있다. 1인극 〈잡귀신〉은

---

28 위의 글.

사회주의 사회의 일부 사람들 속에 아직 남아 있는 온갖 불건전한 사상 조류들을 건전한 사회주의 사상을 마비시키는 잡귀신으로 신랄히 풍자 조소한다. 그리고 막간극 〈환갑날〉은 아버지 환갑상에 놓을 잉어를 잡으러 온 아들과 사돈아버지의 환갑상에 놓을 잉어를 사러 나온 사람과의 극적인 장사 흥정을 통하여 사람이 외화에 눈독을 들이면 종국에는 머저리가 된다는 것을 통쾌하게 보여 주는 작품이라고 한다. 별로 우스운 이야기도 아닌데 관중이 많이 웃었다는 게 이해가 가지 않는 것도 필자의 솔직한 심경이다.

그리고 소위 사이극(막간극?)이라는 〈인심 좋은 작업반장〉과 촌극 〈다 같이 충고할 때〉는 사람들 속에서 혁명적 제도와 질서를 바로 세우지 못하고 있는 현상을 폭로 비판하면서 그것이 오늘날 우리 사회에서 얼마나 백해무익한 것들인가를 여실히 보여 주는 작품이다. 이런 내용이 무슨 희극인지 알 수 없으나 북한에서는 관중을 웃기는 코미디라고 했다.

더욱 우스운 것은 남한 정치인들에 대한 비판을 희극화한 것이다. 1인극 〈특수방탄복〉은 온갖 사기협잡, 권모술수, 패륜패덕, 부정부패로 가득 찬 김영삼에게 이 세상 제아무리 든든한 방탄복을 해 입혀도 그 더러운 운명을 지켜내지 못하므로 오직 죽음만이 가장 적합한 특수방탄복이라는 것을 외국의 어느 방탄복 회사에서 벌여놓은 '특수방탄복' 전시회를 배경으로 재치 있게 보여 주고 있는 작품이라고 한다.[29] 정치인들의 방탄복 이야기는 최근 우리 사회 야당에 대한 야유와 비판의 주요 쟁점인데, 이미 1996년도 북한 희곡에서 쓰였다는 점이 매우 흥미롭다. 솔직히 북한이나 남한에서나 정치인들에게는 경우에 따라 방탄복이 필수일지도 모른다.

전성일은 희극이 성공할 수 있었던 궁극적인 요인으로 배우들의 탁월한 연기력을 꼽으면서 '남배우가 할머니의 말 흉내를 낸 것과 평안북도 사투리를 능숙하게 활용하고 있다는 것' 등을 예로 들었다. 그러면서도 결론은 다

---

29 위의 글.

분히 정치 이념적이었음을 아래의 글이 잘 보여 주고 있다.

> 이와 같이 희극들은 사상적 내용에 있어서나 예술적 형식에 있어서 높은 경지에 이른 우리식의 독특한 희극공연으로서의 체모를 원만히 갖추었다. 하기에 오늘 공연은 제국주의자들의 악랄한 반사회주의 책동에도 끄떡없이 오직 사회주의 길로만 억세게 걸어나가는 우리 인민들에게 공동사설을 높이 받들고 내 나라, 내 조국을 더욱 부강하게 하는 힘 있는 사상적 무기로, 참다운 생활의 길동무로 되고 있다.[30]

경직된 사회에서 하나의 숨통으로 희극을 권장했지만 실제로 주제 면에서는 변함없이 사회주의의 길이야말로 가장 이상적인 방도라는 점을 저변에 깔고 억지웃음을 유발시켰다고 말할 수 있을 것 같다. 몇 달 동안 인민에게 웃음을 선사한 이후에는 한결같이 체제 선전과 우상화에 포커스를 맞춘 작품들이 계속 생산되었다.

더욱 공고해지는 김씨 부자의 우상화

박정남의 〈없어도 될 사람〉(1996.9)은 군 비료공장이 주무대이고 등장인물은 그곳에서 일하는 노동자들이다. 압축기 직장장(박규)이 밤을 새워 가면서 기계 개량을 위해 분투하다가 결국 소원 성취를 한다는 것이 주된 내용이다. 끝 장면을 여기에 소개해 보겠다.

박규 내가 확실히 자력갱생의 정신을 다 잃고 산 것 같소… 명호, 갓 계선이를 다시 데려오게.

명호 알았습니다, 직장장 동지 (사가 나서 뛰어나간다).

복녀 에이구, 좋아는 한다. 그런데 영감, 계선일 데려다 또 삼촌한테나 보낼려구요?

---

30 위의 글.

박규   (눈을 부라리며)이건 짐승도 한 번 빠졌던 웅덩이에는 다시 안 빠져!

성기   그 말 한마디는 아주 잘 했습니다. 지금 당에서는 우리에게 무엇을 기대하고 있습니까. 지금이야말로 우리 모두가 힘으로, 실력으로 내 나라, 내 조국을 빛내이는 데 한몫해야 할 거 아닌가 말입니다.

박규   (성기의 손을 잡으며) 판매과장 동무, 나를 믿어 보우, 이제부턴 자력 갱생! 이것이 허박규의 구호요.

    일동 유쾌히 웃는다. 모두 새 결의들에 넘친다. 음악이 흐른다. −막−

북한에서는 광공업 발전만이 살길이었기 때문에 1990년대에는 거의 광산이나 공장 노동자들의 삶에 포커스를 맞춘 희곡이 주류를 이루고 있었다. 그 외에는 군대 이야기가 간간이 나타나 충성을 강조하는 경우가 대부분이다. 1996년도 말에 발표된 김웅철의 〈영원한 노래의 메아리〉는 그러한 충성의 극치를 보여 주는 희곡이다. 왜냐하면 김일성이 아직 완벽한 권력을 굳히기 전인 해방 직후를 시대 배경으로 하여 실존 인물을 등장시켜 〈김일성 장군의 노래〉가 등장하게 되는 과정을 생생하게 묘사한 작품이기 때문이다.

이 희곡의 작가는 리얼리티를 극대화하기 위하여 북한 건국의 주요 인물인 김책을 등장시킨다. 김책은 1903년 함흥에서 태어나 만주로 이주해 살았고, 1925년 중국공산당에 가입하여 반일지하청년단을 조직한 바 있으며 항일유격대 활동을 하다가 일경에 체포되어 옥살이를 했다. 해방이 되자 평양군사학원 원장, 북노당(北勞黨) 중앙위원, 최고인민회의 대의원, 북조선인민위원회 부위원장, 노동당 중앙위 군사위원 등을 역임하고 전쟁 중이던 1951년 정월 전선사령관으로 복무하다가 전사한 북한의 핵심인물이다.[31] 〈영원한 노래의 메아리〉에서는 이 인물이 〈김일성 장군의 노래〉의 탄생에 주요 역할을 하는 것이다. 작품의 시대 배경은 1946년 5월인데, 이 시기는

---

31   중앙일보사 부설 동서문제연구소, 『북한인명사전』, 중앙일보사, 1990, 122쪽 참조.

김책이 평양군사학원 원장으로 있던 때이다. 실제로 작품에 등장하지는 않지만 김일성의 부인 김정숙 역시 김책처럼 노래 탄생에 절대적인 역할을 한다. 실제로 김일성 못잖게 항일운동에 온몸을 바친 김정숙은 해방 직후 김일성이 권력을 다지는 과정에서 인민 속으로 들어가 부군의 이미지 구축에 많은 기여를 한 바 있었다. 이 희곡에서도 그녀의 역할이 절대적임을 확인할 수가 있다.

막이 열리면 TV에 푸른 물결이 일렁이고 해가 솟아나는 멋진 동해바다가 펼쳐지면서 〈김일성 장군의 노래〉가 잔잔히 울린다. 그리고 "이 노래로 이 땅은 새벽을 맞으며 우주는 장엄한 해돋이를 맞이하거나 승리와 영광의 상징으로 수억만 사람들의 심장 속에서 울려 나오는 불멸의 송가, 과연 이 노래는 그 누구에 의하여 어떻게 이 땅에 태어나게 되었는가?"라는 이야기로 서경이 시작된다.

서경과 2경으로 짜인 이 작품의 무대는 평양의 중심가, 계관시인에 해당하는 리암의 큰 저택이다. 제1경이 열리면 주인공 리암이 방에 들어앉아 작곡에 심혈을 기울이고 있고 어린 딸은 피아노를 연습하는데, 리암의 처(서분녀)는 긴장 속에서 딸이 조용하기만을 바란다.

서분녀   쉿! 아버지가 지금 어떤 노래를 짓고 계시느냐. 김정숙 여사님께서
         맡기신 〈김일성 장군의 노래〉를 지으시고 있지 않느냐.

이때 방문이 열리면서 리암이 나온다.

리암   달서주 불문급이라! 나를 두고 이르는 말이다.
서분녀   예?!
리암   밤새도록 가도 성문에 닿지 못함이라 아무리 애를 써도 소득이 없
         다는 말이요. 나의 이 정신력과 보잘것없는 재능을 가지고는 도저히
         김일성 장군님의 가사를 지을 수 없다는 거요.

이처럼 리암 시인은 자신의 경험치나 재능을 가지고는 위대한 김일성 장군의 드높고 원대한 세계를 시로 엮어낼 역량이 부족하다면서 고민에 빠진다. 그런 때에 작곡을 맡은 김원학이 오고 시인의 성장기에 큰 영향을 준 백부까지 합세한다. 김원학 작곡가는 제3안까지 써놓은 시인의 가사가 충분하다고 말한다. 한편 백부는 김일성의 토지개혁으로 3천 평의 땅을 받았다면서 김 장군의 노래 가사를 잘 지으라고 강권한다. 그런 때에 유명한 항일투사 김책이 들이닥친다.

　　　김원학　　아니?! 부위원장 동지가?

　　　　　　　김원학과 서분녀 급히 달려가 쌀가마니를 받아 내리운다.

　　　김책　　　다들 계셨구만요. 아이구, 우리 은향이두 있었구나.
　　　리은향　　부위원장 선생님.
　　　리암　　　김책 동지.
　　　김책　　　리암 선생, 선생이 감옥에서 생긴 위탈 때문에 고생을 하면서도 글을 쓴다고 김정숙 여사께서 이 흰쌀을 보내 주셨습니다.
　　　리암　　　김책 동지, 그래선 안 됩니다. 지금 나라 사정이 어려워 장군님께서도 잡곡밥을 드시는데 제가 뭐라고… 안 됩니다. 절대로 안 됩니다.
　　　김책　　　김정숙 동지께서는 선생이 위탈이 심한데 잡곡밥을 먹으면 병이 더해진다고 심히 근심하고 계십니다. (중략) 리암 선생, 한 가지 물읍시다. 김일성 장군님에 대한 가사를 다른 시인들에게 맡겨 달라는 전화를 했다는 게 사실입니까?
　　　리암　　　그 노래를 지을 만한 높이에 서 있지 못합니다.

　　그러는 사이에 김책은 떠나고 제2장으로 바뀌면서 리암이 김정숙 여사의 부름을 받고 그를 만나러 간다. 리암은 김정숙을 만나자마자 태도가 급변한다. 그에게는 김정숙 여사의 경험담이 최고의 자양이었다. 김정숙은 자신을 찾아온 리암에게 수첩에 적어 놓은 내용을 설명한 것이다. "오로지 나라의 독립과 인민의 행복을 위하여 한평생을 바쳐오시는 장군님의 거룩하신 발자취는 우리나라 그 어디에도 깃들지 않은 곳이 없습니다. 그 발자취는 백두산의 험한 줄기와 압록강과 두만강 굽이굽이에도 얼여 있습니다. 또 해방을 맞은 이 나라 꽃동산에도 깃들어 있습니다. 우리는 만주광야의 찬바람 헤치면서도 그리고 밀영의 우등불가에서 긴긴 밤을 지새우면서도 조국과 인민 앞에 바치시는 장군님의 위대한 사상을 꼭 옛말 삼아 이야기할 때가 올 것이라고 굳게 믿습니다. 정말 장군님의 존귀하신 성함은 영원히 우리 인민의 마음속에서 빛을 뿌릴 것입니다." 이런 이야기를 전한 리암은 마치 무엇에 취한 듯한 태도로 주변에 보자기를 내놓으면서 이렇게 말한다.

리암   오늘 난 또 한 분의 위인을 보았네. 김정숙 여사님이라고 하면 우린 그저 총 잘 쏘는 용맹무쌍한 여장수로, 인정이 많은 그런 여인으로만 생각지 않았나, 아닐세. 그것만이 아닐세. 그분이시야말로 예리한 안목, 문무재덕을 다 겸비하신 그런 위인일세.

김원학   (보자기를 가리키며) 아니, 그런데 이건 뭔가?

리암   백두산의 넋일세. (보자기를 풀며) 우리 장군님께서 나라를 찾자고 풍찬로숙하실 때 총알 한 방 쏴보지 못한 내가 아닌가? 그래서 장군님이 입고 싸우시던 군복을 하루 밤만이라도 내가 안고 싶어서 여사님께 청했더니…

이러는 와중에 당대의 실력자 김책이 또 다시 찾아온다.

서분녀   어서 오십시오. 부위원장 선생님.

김책   그래 리암 선생은 돌아오셨는가요?

김원학   네, 지금 방 안에서 흥분된 마음으로…

김책   그럼 우린 방해가 되지 않도록 조용히 이야기나 합시다. 아주머니, 오늘은 한상 차려야겠습니다. 오늘은 좋은 노래가 나오구… (김책 보자기에 싼 큰 술병을 서분녀에게 준다. 이때 방 안에서 '되었다' '되었다' 하면서 리암이 등장한다.)

리암   김책 동지, 됐습니다. 됐습니다.

김책   리암 선생.

리암   (시지를 들고 읊는다)

　　　　장백산 줄기줄기 피어린 자욱

　　　　압록강 굽이굽이 피어린 자욱

　　　　오늘도 자유조선 꽃다발 위에

　　　　력력히 비쳐 주는 거룩한 자욱

　　　　아 그 이름도 그리운 우리의 장군

　　　　아 그 이름도 빛나는 김일성 장군

　　　　만주벌 눈바람아 이야기하라

　　　　밀림의 긴긴 밤아 이야기하라

　　　　만고의 눈바람아 빨치산이 누구인가를

　　　　　　절세의 애국자가 누구인가를

　　　　　　아 그 이름도 그리운 우리의 장군

　　　　　　아 그 이름도 빛나는 김일성 장군

이런 시를 낭독하자 모두들 감동하여 환호작약한다. 당대의 권력자 김책이 나선다.

김책   리암 선생, 축하합니다. 축하합니다. (리암을 뜨겁게 포옹하며) 명작입니다. 명작, 어떻습니까? 작곡가 선생.

김원학 (눈급을 적시며) 내 평생 이런 가사는 처음입니다.

리암   은향아, 이 시는 내가 지은 것이 아니다. 이 시를 지으신 분은 다름 아닌 우리의 김정숙 여사님이시다.

김책   옳습니다. 우리 인민의 간절한 소원을 담아 김정숙 여사께서 올리시는 영원한 노래입니다.

김원학 뜹니다. 뜹니다. 노래의 곡성이 파도 세찬 격랑처럼 물결칩니다.

　　　　김원학 피아노 앞에 앉아 격조 높이 건반을 두드린다. 반주음악 속에

〈김일성 장군의 노래〉 선율이 흐른다.

이때 설화(說話)가 울린다.

설화   아 이날부터 울린 〈김일성 장군의 노래〉, 그것은 김정숙 여사께서 충
       성심으로 받들어 올린 불멸의 송가이거니, 그날부터 울린 태양의 이
       노래는 이 나라 인민의 위대한 영도자 김정일 장군님의 손길 따라
       영원히 사람들의 가슴속에서 세세연년 세월과 더불어 투쟁의 노래,
       혁명의 노래로 더욱 높이 울리고 있어라.

       무대가 흐르면서 금수산기념궁전에 모셔진 위대한 수령님의 영상이
       안겨온다. 군중들이 쏟아져 나와 금수산기념궁전을 우러른다. 〈김일
       성 장군의 노래〉 속에 막이 서서히 내린다.

이상과 같이 〈영원한 노래의 메아리〉는 2년 전에 사망한 김일성 수령에
대한 변함없는 숭배와 후계자 김정일에 대한 충성심을 극대화한 작품이
다. 이 작품이 여타 작품들과의 차이점과 특징이라면 실제 인물들을 등장
시켜서 리얼리티를 극대화한 점이며, 시간이 흐를수록 희미해져갈 수밖에
없는 인간 기억의 한계를 인식하고 김일성을 신격화하려는 의도를 더욱
노골화한 위에 후계자에 대한 우상화도 동시에 시도하려 한 점이 특별하
다고 보인다.

국립연극단과 월북 배우 황철

북한의 연극계에서 1996년도가 중요한 이유가 한 가지 있다. 대표적인
관립극단이라 할 국립연극단 창립 50주년을 회고하는 분위기 속에서 초기
에 극단과 극장의 기반을 다지는 데 절대적인 역할을 했던 월북 배우 황철
을 높게 재평가한 것이다. 그러면서 국립연극단의 단장 및 주요 간부들을
등장시켜 극단이 걸어온 길을 긍정적으로 자화자찬한다.

국립연극단은 해방 직후 9개월여 만인 1946년 5월 23일에 중앙예술공작

단으로 출범하여 나중에 국립연극단으로 개명했다. 극단장인 김완중은 북한 연극이 존재하게 되는 데는 김일성의 관심과 역할이 절대적이었다면서 "위대한 수령님께서는 건당, 건국, 건군의 그 바쁘신 가운데서도 해방 후 첫 번째로 창조한 연극 〈뢰성〉을 몸소 보아 주시고 주체적 연극예술이 나아갈 방황과 방도를 환히 밝혀 주셨습니다. 우리 연극 예술인들은 신심과 낙관에 넘쳐 연이어 연극 〈백두산〉, 〈봉화〉를 비롯한 수많은 작품들을 창조하였으며 어버이 수령님과 존경하는 김정숙 동지와 경애하는 장군님을 모시고 공연하는 최상의 영광을 지닐 수 있었습니다."[32]라고 회고했다. 여기서 장군님, 즉 김정일도 연극을 관극했다고 했는데 김정일이 1942년생이므로 사실 그 당시에는 대여섯 살밖에 되지 않았던 어린아이였다.

어쨌든 국립연극단이 초창기에 무대에 올려 김일성 부부와 김정일이 관람했다는 〈뢰성〉을 비롯하여 〈백두산〉, 〈봉화〉, 그리고 6 · 25 한국전쟁 중에 공연했다는 〈전선〉, 〈탄광 사람들〉 등은 연극사 속에서 크게 부각되지 않은 작품들이라는 점이 주목된다. 그보다도 더욱 흥미로운 점은 국사에 대단히 바빴을 김일성이 조국 건설 시기부터 1990년대까지 연극단 지도를 59차례, 작품 지도를 44차례나 했다는 사실이다. 그만큼 북한에서는 연극이 나라의 선전 수단으로서 중요하게 취급되고 있음을 보여 주는 것이다.

게다가 김일성이 체코의 전직 대통령 바츨라프 하벨처럼 극작가 출신도 아닌데도 연극단체를 직접 지도하고 작품에 대해서도 수십 회에 걸쳐서 자신의 의견을 이야기해서 작품의 질을 향상시키는 데 역할을 했다는 것은 매우 특이한 현상이다. 물론 그가 10대 때부터 만주벌판과 러시아를 오가며 항일독립투쟁을 할 때도 문예작품을 썼다는 것은 익히 알려져 있지만 독립 후에도 꾸준히 연극 등 예술 분야에 관심을 갖고 직접 지도에 나선 것은 특

---

32 「위대한 사랑 속에 꽃펴난 연극예술의 자랑찬 50년—국립연극단 창작가, 예술인들과 나눈 이야기」, 『조선예술』, 1996.8.

제4부 급변하는 정세 속 북한 연극의 과제

이하다고 말할 수밖에 없다. 연극 등 예술이 사회주의 국가들에서는 훌륭한 선전 수단으로서 활용되고는 있다고 하더라도 북한처럼 지도자가 그렇게 열정적으로 간여하는 경우는 많지 않다. 이는 김일성이 예술, 그중에서도 연극을 매우 좋아했기 때문이 아닌가 싶다. 일찍이 김일성이 항일투쟁 당시 썼다는 5대 혁명연극이 〈성황당〉, 〈혈분만국회〉, 〈딸에게서 온 편지〉, 〈3인 1당〉 그리고 〈경축대회〉이다. 그 외에도 김일성은 〈안중근 이등박문을 쏘다〉와 〈딸을 빼앗긴 머슴〉 등도 썼다고 한다.

그 DNA를 이어받기라도 한 듯 1960년대에 등장한 김정일은 영화 전문가로서 연극 영화에 관한 저서들을 펴냈고, 1970년대 들어서는 연극혁명까지 주도하면서 국립연극단에 24번의 현지 지도와, 10차례의 작품 지도를 했다. 관립연극은 물론이고 북한예술 전반을 주도한 김정일은 1980년대 들어서 "우리는 영화혁명과 가극혁명에서 이룩한 성과와 경험에 기초하여 연극예술 분야에서도 전환을 가져와야 하겠다고 결심하고 1970년대 초에 연극혁명을 할 데 대한 방침을 내놓고 연극혁명을 본격적으로 벌였다."[33]고 주창한다. 이러한 김정일의 연극철학을 앞장서 실천한 극단이 바로 국립연극단인 것이다. 북한 연극의 주류를 형성해 온 국립연극단은 50년 동안 장막극 100여 편과 중·단막극 등을 260여 편의 공연을 올렸다.[34]

또 하나 주목되는 것은 연극인의 입으로 처음 소위 '고난의 행군'이란 말이 나왔다는 사실이다. 국립연극단장 김완중이 좌담회 말미에서 "'고난의 행군' 정신을 높이 발휘하여 모든 사업에서 자력갱생의 혁명적 원칙을 철저히 지켜나가겠습니다."라고 한 것이다. 추측건대 당시 적어도 예술 분야에서는 '고난의 행군'이라는 말을 스스로 알아서 쓰지 않았던 것 같은데도 불구하고 극단장은 자력갱생이라는 긍정적인 자세를 강조하려고 그런 용어

---

33 『조선예술』, 1996.8.
34 위의 글.

를 무심결에 쓴 것 같다.

그리고 국립연극단 50주년을 맞아 지나칠 수 없는 인물로서 북한 연극 초
창기에 절대적인 역할을 했을 뿐만 아니라 국립극장 초대총장으로서 연극
단의 기초를 다졌다고 보는 연극배우 황철(黃澈)을 기렸다. 월간『조선예술』
은「연극배우 황철의 예술활동과 받아안은 크나큰 사랑」이라는 제목으로 3
회에 걸쳐서 황철의 일생과 북한 연극에 남긴 업적을 소개했다.『조선예술』
은 황철 특집 마련과 관련하여 "오늘 우리 연극 예술인들은 주체적인 연극
예술의 개화기를 마련해 주신 위대한 수령님과 경애하는 장군님의 따사로
운 사랑 속에 국립연극단 50돐을 뜻깊게 마련하였다. 그러노라니 국립연극
극장 총장이었던 연극배우 황철 동무가 어떤 길을 걸어왔으며 어떤 위대한
사랑 속에 재능 있는 연극예술인으로, 연출가로 자라났는가를 감명 깊게 돌
이켜보게 된다."[35]고 쓴 것이다.

그런데 북한에서의 황철 조명이 아전인수격으로 자신들의 입맛에 맞도록
기술한 부분이 적지 않다. 물론 그동안 밝혀지지 않았던 부분을 서술한 부
분도 있긴 하다. 특히 애매했던 그의 성장기를『조선예술』이 밝혀 주었다.
황철은 충청도 청양에서 태어나 강원도 춘천에서 자랐는데, 그와 관련하여
『조선예술』은 그가 양반 가문에서 태어났다고는 하면서도 부친과 숙부가
청양군수와 천안군수를 지냈다는 기록은 빼고 어린 시절 "그가 5살 때 어머
니가 앓다가 사망하고 그 후 아버지마저 세상을 떠났다. 할 수 없이 누이와
형님과 함께 큰아버지 집에서 생활을 하다가 누이는 출가를 가고 하나밖에
없는 형님마저 세상을 떠났다. 큰아버지 집에 홀로 의탁하여 학교를 다니던
그는 일제의 통치 아래서 살 수 없어 큰아버지를 따라 서울에 올라왔다."[36]
고 했다. 바로 여기에 어린 시절 그가 춘천으로 옮겨가서 산 이유가 나타난

---

35 「연극배우 황철의 예술활동과 받아안은 크나큰 사랑(1)」,『조선예술』, 1996.8.
36 위의 글.

다고 볼 수 있을 것 같다. 그러니까 그는 조실부모하고 강원도에 사는 백부 집에 의탁하여 유소년 시절을 보내며 춘천에서 학교를 다닌 것 같다.

그는 자동차 조수로 일하던 중 우연히 유랑극단의 공연 한 편을 보고 연극배우가 되고 싶어 이름 없는 유랑극단에 입단하여 허드렛일을 하다가 상경한다. 1931년에 당시 최고 상업극단이었던 조선연극사에 입사하여 급속히 두각을 나타내고 동양극장 시절 스타배우로 발돋움한다. 그런데 여기서 처음 밝혀진 사실이 그가 가수가 돼 보려고 일본으로 건너갔다는 대목이다. 『조선예술』은 그와 관련하여 "연극 도중에 노래를 해 볼까 하는 욕망에 현해탄을 건너 일본으로 떠나간 그에게 차려진 것은 한갓 꿈에 불과한 치욕의 무대였다. 독창 가수는커녕 천대와 멸시가 뒤따랐으며 나라 없는 설움만이 마음속에 가득 찬 그는 다시 서울로 돌아오지 않으면 안 되었다."[37]고 썼다.

여하튼 황철은 동양극장에서 최고의 스타로 떠오른 후 연극과 영화를 오가면서 꾸준히 진가를 보여 준다. 그러다가 민족해방을 맞으면서 생애에서 가장 큰 변화를 꾀하게 된다. 해방 직후에 이해랑, 함세덕 등과 함께 낙랑극회를 만들어 〈산적〉(함세덕 작)으로 또다시 명배우로서 진가를 보여 주는 등 여전한 인기를 한 몸에 받는다.

그러다 해방공간의 좌우 이데올로기 갈등 상황에서 박헌영의 특청을 받고 1946년 11월 23일에 인사동 천도교회관에서 개최된 남조선노동당 결성대회에서 대표 내빈으로 축사를 한 것이 빌미가 되어 좌익연극인으로 낙인찍힌다. 솔직히 그는 성향상 공산주의에 맞는 인물은 아니었다. 그래서 친구 고설봉은 황철이 인기가 많아 박헌영이 남노당 결성대회를 빛나게 하려고 연사로 끌어들이면서 멋모르고 입당했던 것이라고 보았다. 그가 1947년 7월 27일에 열린 서울시 남산공원군중대회에서 신탁통치 반대연설을 했던 것도 우파 성향을 지니고 있었음을 보여 주는 것이 아닐까 싶다. 그럼에도

---

37   위의 글.

불구하고 그는 좌익 연극인으로 몰려 체포령까지 내려진 바 있었다.

결국 그는 김일성이 직접 사인한 '남북조선제정당사회단체 대표자 연석회의'에 초청되어 1948년 4월에 곧 돌아올 생각으로 가족을 서울에 둔 채 평양으로 떠나게 된다. 이때 『노동신문』은 "투쟁 속에서 단련된 혁명가도 아니고 정치인도 아니며 더욱이 공산주의를 이념으로 하여 살아온 사람도 아닌 자기와 같은 하나의 예술인을 그처럼 중요한 회의에 불러주시리라고는 꿈에도 생각하지 못했던 황철 동무로서는 벅차오르는 감격과 흥분을 억제할 수 없었고, 마음은 벌써 위대한 수령님께서 계시는 평양으로 줄달음쳤다."[38]고 쓴 바 있다.

이처럼 북한에서도 그가 공산주의자가 아님을 알았지만 김일성이 일찍부터 그가 명배우라는 것을 알고 연극 기반이 없었던 평양에 연극을 부흥시키려 의도적으로 그를 데려간 것이다. 그래서 그는 월북 후에 황해도 어느 비밀 장소에서 몇 달 동안 특별히 사상 교육을 받고서야 무대 활동을 할 수가 있었으며 서울에 두고 온 그의 가족도 김일성의 특별 배려로 불러가게 된 것이다.[39] 그가 평양에 정착하자 대표적인 배우로서 월북 여배우 박영신 등과 함께 눈부신 활동을 펼쳐나갔으며 국립극장이 설립되면서 초대총장과 최고인민회의 대의원까지 지내는 행운을 누릴 수가 있었다.

여기서 간과할 수 없는 부분은 최고 권력자 김일성의 그에 대한 애정과 집착 같은 것이다. 세계 배우 역사에서도 매우 특이한 현상이 아니었을까 싶다. 우선 젊은 시절 만주와 러시아에서 항일운동을 한 김일성이 서울에서 활동한 황철을 어떻게 알고 좋아하게 되었는지는 미지수다. 물론 신문 등의 언론 매체와 소문으로 어느 정도의 정보를 얻을 수는 있었을 것이다. 그러나 그것만으로는 배우를 좋아하는 충분 조건은 될 수가 없다. 아마도 동

---

38 『노동신문』, 1991.9.20.

39 유민영, 『한국인물연극사 1』, 태학사, 2006, 641쪽.

양극장 소속 연극단체들이 만주 순회공연을 간 적이 있으니 거기서 김일성이 몇 번 관극 기회를 가졌던 것이 아닌가 싶다. 여하튼 김일성의 황철에 대한 사랑과 배려가 매우 대단했음을 『노동신문』이나 월간 『조선예술』의 기사에서 쉽게 찾을 수 있다. 가령 황철이 병원에 입원했다는 첫 번째 보고를 받고는 "황철 동무는 지난 조국해방 전쟁 시기 원쑤들의 폭격에 한 팔을 잃고도 굴함 없이 무대예술 창조 활동을 계속하여온 고로 있는 일군입니다. 그는 우리가 사랑하는 동무입니다."라면서 병원 집단이 모든 힘을 다하여 반드시 그를 살려 내야 한다고 지시했다. 얼마 후 황철이 숨을 거두었다는 보고를 받은 김일성은 직접 병원에 전화를 걸어 "황철 동무가 잘못되었다는 것이 믿어지지 않습니다. 그는 그렇게 죽을 수 없습니다. 황철 동무는 한시도 무대를 떠날 수 없다던 사람인데 이제는 무대에서 그를 볼 수 없단 말입니까?"라면서 애석함을 표한다.

특히 김일성은 그의 후사까지도 걱정하고 구체적 지시를 내린 바 있다. "당에서 황철 동무의 아들딸 등을 맡아 키워야 하겠습니다. 인민군대에 복무한다는 황철 동무의 맏아들은 데려다 평양연극영화대학에 보내어 그가 자기 아버지의 뒤를 잇도록 하여야 하겠습니다. 그 밖의 학교에 다니는 두 아들은 황철 동무의 부인과 토론을 하고 만경대학원에 보내어 공부시키도록 하는 것이 좋겠습니다."[40] 이는 보통 인민은 상상도 할 수 없는 극진한 사랑과 배려이다. 참으로 놀라운 권력자의 배우 사랑이라고 아니 할 수 없다.

물론 이러한 이야기는 현재형으로 표현되긴 했어도 김일성, 황철 두 사람이 세상을 떠난 뒤에 회고로 밝힌 것이다. 황철은 1961년에, 김일성은 1994년도에 작고하지 않았는가. 그러나 워낙 특이한 경우라서 특별히 짚고 넘어가는 것이다.

이처럼 1996년도는 국립연극단 50주년이어서 그들이 그동안 걸어온 길

---

40 「연극배우 황철의 예술활동과 받아안은 크나큰 사랑(3)」, 『조선예술』, 1996.10.

을 되돌아보면서 뒷받침해 준 김일성 수령과 초대총장 황철을 기린 것이다.

단막극 전성시대

한편 전권을 손에 쥔 북한의 실질적인 최고지도자 김정일은 방대한 국정의 일로 바쁘기도 했지만 실제로 연극의 새로운 방향을 제시할 철학이랄까 비전 같은 것은 고갈된 듯싶다. 그동안 혁명 대작을 시작으로 하여 혁명가극, 그리고 〈성황당〉식 연극론을 편 이후에는 김정일에게는 더 이상 새로운 연극론을 전개할 시간과 밑천이 없었다고 보이기 때문이다. 따라서 제자리 뛰기 같은 천편일률적인 주제와 형식의 희곡들만 생산될 뿐이었다.

기껏 그가 내린 지시사항이 "사상성이 높고 호소성이 강한 전투적인 소품을 많이 창작하면 근로자들과 청소년들을 당의 사상으로 교양하는 데도 좋고 그들의 문화적 소양을 높여 주는 데도 좋습니다."[41]라는 것이다. 이로 인해 단막극을 중심으로 하여 경희극, 풍자극, 사이극, 시극, 구연극, 실화극, 재담극 등이 많이 발표되는 가운데 단연 단막극이 주류를 이루어 가는 추세가 된다. 왜냐하면 단막극이야말로 당에서 추진하는 정책을 충실히 반영하는 짜임새 있는 연극 형식이었기 때문이다.

가령 1997년도에 들어서서도 단막극이 주종을 이루었는데, 대표적인 작품으로 김영의 〈딸의 심정〉을 비롯하여 〈위대한 자욱〉, 〈대지에 새겨가는 약속〉, 그리고 〈영원한 불길〉 등이 주목을 끈 바 있다. 이들 중에서 〈딸의 심정〉은 식료품 생산 공장을 중심으로 하여 일생에 걸쳐서 부녀가 저열탄 보일러를 발명해 가는 이야기이다. 일찍이 김일성 수령이 한 지역에 저열탄 보일러가 적합하다는 유훈을 남겼던 일이 있어 부녀가 평생에 걸쳐 그 과업을 이룩하는 내용인 것이다.

---

41 「전투적인 극문학창조의 다양한 발전」, 『조선예술』, 1996.11.

근섭 　현희 아버지는 고열탄 매장지가 없는 우리 도에서는 이 고장에 흔한
　　　저열탄을 땔 연구를 해 보아야 한다고 하신 어버이 수령님의 교시를
　　　받들고 누가 알아주건 말건 숨이 지는 날까지 그 연구를 위해 한생
　　　을 고스란히 바쳤네. 때로는 콩밥을 먹는다는 뒤집이질을 듣기도 하
　　　고 함께 연구를 시작했던 사람들이 먹을 알이 없다고 떨어져나가도
　　　변심을 모르고 말이네, 그야말로 하늘소처럼 꾸준하고 완강한 사람
　　　이었네. 아마 그 사람이 불치의 병에 걸리지만 않았어도 저 보이라
　　　는 벌써 성공을 봤을 거네.
석봉 　그런데 현희 동무가 저에겐 왜 그런 이야기를 한마디도…
근섭 　자네한테만 이야기를 하지 않은 게 아니라 우리한테도 부탁을 했지.
　　　그 누구의 성과로 되든 어버이 수령님의 교시대로 이 고장에 흔한
　　　저열탄으로 공장도 돌리고 주민용 연료로도 쓸 수만 있게 된다면 나
　　　라에 얼마나 큰 보탬이 되겠느냐고 하면서 아버지도 그걸 바랬고 자
　　　기도 그 이상 바랄 게 없다고 말이네.

　현희는 부친이 거의 완성해 놓은 저열탄보일러가 작동이 제대로 안 되는
이유를 밝히기 위해 몸을 사리지 않고 그 안으로 들어간다. 원인을 밝히기
는 했으나 결국 그녀가 중화상을 입고 병원에 실려 가는 것으로 막이 내린
다. 〈딸의 심정〉도 산업 현장을 무대로 하여 시간이 지날수록 기억이 흐려
질 수밖에 없는 김일성 수령에 대한 유훈을 더욱 깊이 새기도록 하기 위한
작품 중의 하나가 된다고 하겠다.
　같은 해 4월에 발표된 박정남의 〈위대한 자욱〉은 광업소나 공장이 아닌
농촌을 무대로 삼은 작품이다. 젊은 농촌 개혁 전사가 중심이 되어 궁극적
으로는 수령이나 새 지도자에 대한 숭배가 주제라는 점에서는 획일적인 내
용이다. 작품 배경은 궁벽한 산간마을이어서 외지 사람들의 출입이 어려운
지역이다. 그런 곳에서 대학을 나온 평양의 젊은 처녀가 수년째 머물면서
관개사업을 추진하고 있는 것이다. 마을 이름도 워낙 험준한 곳이어서 그곳
을 가려면 눈물을 동이로 쏟는다는 뜻에서 따온 동이리일 정도라, 중앙의

농업위원회 국장인 부친이나 결혼을 약속한 건장한 청년 농업연구사조차 가기를 꺼려 하고 있었다 그런 때 마침 그 지역의 노인(서길)이 등장하여 뜻밖의 이야기를 하는 것이다.

서길　미영아, 기뻐해라. 우리 도를 현지 지도하시던 어버이 수령님께서 글쎄 우리 도이리가 험한 곳이라는 것을 들으시고 오죽이나 외질고 험한 곳이면 친자식을 보낸 아버지들까지 지금도 찾아가기 저어하고 군이나 도의 일군들도 들어가기 힘들어하는 곳이겠는가고 하시며 그럼 자신이 가셔야겠다고, 그곳에 자식을 둔 우리 아버지들을 대신하고 우리 일군들을 대신해서 자신께서 꼭 넘어가야 한다시며 글쎄 친히 우리 농장을 다녀가셨다.

미영　네?

춘선　아니 어버이 수령님께서 동이리를요?

김일성 수령이 농업 분야 간부들조차 가기를 두려워하는 그 험준한 곳을 가는 것으로 그치지 않고 소위 짝지발식 분수라는 새로운 기계를 발명해 줌으로써 처녀 전사 미영이가 소원 성취 환호를 지를 만큼 물이 좔좔 뿜어져 나오도록 해 준다.

여자 2　자 보세요, 어버이 수령님께서 친히 한 시간이나 시간을 바치시어 완성해 주신 새로운 짝지발식 분수예요.

봉수　짝지발식 분수, 이 얼마나 기발하고 인민적인 착상인가.

서길　(머리를 끄덕이며) 우리 수령님은 하늘이 낸 위인이시지, 그래서 이런 산골에 오셔서 평범한 것 속에서도 위대한 것을 발견해 주시지, 하지만 우리 수령님은 위인이시기 전에 뜨거운 인간이시네, 인민들을 뜨거이 사랑해 주시기에 누구도 못 가는 험한 곳도 걸으시는 것이고 누구도 못 보는 새것도 발견해 주시네.

일동　어버이 수령님!

김일성 수령에 대한 찬양 속에 노래가 이어지는 가운데 조용히 다음과 같은 설화가 은은하게 울려 퍼진다.

이 사실은 1994년 우리 수령님의 위대한 생애의 마지막 나날에 있은 일이었다. 인민들이 사는 곳이면 깊은 산골에도 외진 포구에도 사랑의 자욱을 남기신 우리 수령님, 생의 마지막 그 순간까지도 인민을 위해 헌신하시고 인민을 위해 튼 위업을 쌓아 주셨으니, 사람들이여! 천만년 세월이 흘러도 이 땅에 별처럼 남기신 수억의 위대한 그 자욱들을 부디 잊지 말자!

이상과 같은 설화가 끝나면 등장인물들이 새 결의를 다지고 이어서 음악이 고조되면서 막이 내린다. 실제로 김일성이 건강이 극도로 좋지 않던 1994년도에 그 험준한 산간벽지를 현지 지도한 것 같지는 않다. 그럼에도 불구하고 그가 그곳을 방문한 것으로 설정했기 때문에 작품의 리얼리티가 훨씬 강화된 것은 사실이다. 따라서 김일성의 유훈 계승도 인민들에게는 깊이 각인되었을 것 같기도 하다.

〈대지에 새겨지는 약속〉(박정남 작)은 농촌을 무대로 하여 민군(民軍) 협동 영농활동을 묘사한 작품이다. 북한에서는 백만의 군대가 농업과 산업 분야에 자주 동원되어 일손 부족을 메꾸는 것이 거의 상례로 되어 있는 것 같다. 이 작품도 바로 그러한 현실을 묘사한 것으로, 어느 한촌에 모내기철이 되자 현역장병 몇 명이 동원되어 모내기를 돕는다는 이야기다.

인철   유치원 애들 흉내도 낼 수 있습니다. (애들 목소리로) 인민군대 아저씨, 정말 고맙습니다. 나도 크면 인민군대 아저씨처럼 나라도 지키고 농사도 지을래요.
정수   여 됐어. 됐단 말이야.

그런데 군대의 그러한 역할이 순전히 김정일의 명령에 따른 것임을 아래의 대사가 명료하게 보여 주고 있다.

> 영준   반장 동지, 해마다 온 나라가 동원되어 빈 땅이 없게 모를 찾고 제철에 강냉이를 심었어도 비료를 못 치고 넉넉한 거름을 못 준 탓에 수확을 못 거두군 했지요. 우리 군인들이 짓는 올해 농사야 어떻게 그렇게 짓겠습니까. 반장 동지, 최고사령관 동지 명령에 대한 우리 군인들의 무조건성은 최상의 진도 확고히 담보된 무조건성입니다.
>
> 봉삼   중대장, 사판장, 정말 최고사령관 동지께서는 우리 농민들의 정신을 일변시키고 새로운 열정과 일본새를 안겨 주시고 임자네들을 보내 주셨구먼.
>
> 음악이 흐른다.
>
> 봉삼   최고사령관 동지, 이제는 마음을 놓으십시오, 군대와 인민이 쌍기둥이 되어 농업전성을 받들고선 올해는 거짓말을 모르고 땅에다 진정만을 쏟아부어.
>
> 일동   우리 기어이 만풍년을 이룩하겠습니다. 군민의 맹세, 군민의 약속, 대지에 새기는 약속입니다.
>
> 새 결의에 넘친다. 음악이 고조될 때 막.

이와 같이 이 작품은 농업 진흥을 주제로 삼은 것이지만 거기에 인민과 군대는 운명공동체라는 것을 가미한 것이다.

김형진의 〈영원한 불길〉(1997.12)은 공장지대를 무대로 한 작품이다. 카바이드 전기로(電機爐) 생산 공장에서 일어나는 사건을 통해 김일성 수령의 유훈 계승과 김정일 최고사령관에 대한 충성심을 고취하는 것이 주제이다. 숙련된 기술자들인 등장인물 사이에 고참과 신진의 갈등을 양념으로 삽입한 것이 특징이라고 하겠다. 무대에는 "고난의 행군 정신으로 카바이드 생산에서 혁신을 일으키자"라고 쓴 구호가 걸려 있다. 당시 연극 작품에는 고난의 행군이라는 말을 좀처럼 쓰지 않았으나 이 작품에서는 그

말을 걸기로 삼고 있는 것이다. 그만큼 절박한 마음과 자세로 카바이드 생산에 매진하자는 것이었다. 공장에서는 구세대와 신세대 간에 노(爐)를 다루는 방식을 놓고 다툼이 일어나는데, 궁극적으로는 노련한 구세대의 승리로 끝난다. 그러나 이 작품도 공업 발전보다는 김일성 수령의 유훈 계승과 후계자인 김정일 장군에 대한 신뢰와 충성에 초점이 맞추어져 있다.

성룡   부직장장 동무, 우리 장군님께선 오늘을 위한 오늘에 살지 말고 내일을 위한 오늘에 살라고 가르치시었소. 오늘은 비록 좀 힘에 겹고 어렵더라도 내일을 위해 일을 바로 해야지, 구래자면 우리 모두가 어버이 수령님의 생전의 뜻을 철칙으로 여기고 잘 받들어나가야 하는 거요. 안 그렇소?
준도   아바이!
성룡   현철아! 우리 명심하자구! 어버이 수령님의 영생은 바로 우리가 김정일 장군님을 받들어 어떻게 살며 일하는가에 달려 있네!
현철   아바이! 알겠어요!

이 시기에 단막극이 성한 것은 김정일의 특별 지시 때문이었음이 최상훈의 글에 나타나 있다. 그는 "위대한 영도자 김정일 동지께서는 극작 사변으로 충만된 우리 현실의 요구에 비추어볼 때 극문학을 다양하게 발전시키는 것이 절실히 필요하다고 하시면서 중장막극과 함께 단막극을 많이 창작하여 근로자들을 교양할 데 대하여 밝혀 주고 여기에 언제나 깊은 관심을 돌리고 계신다."고 하였다. 그리고 "단막극은 중막이나 장막극에 비하여 당정책적 요구를 제때에 민감하고 예리하게 포착하여 집약적으로 선명하게 반영함으로써 근로자들을 당정책 관철에로 힘있게 추동하는 연극의 기본 형식의 하나로서 매우 전투적인 종류"[42]라면서 다음과 같이 결론지은 바 있다.

---

42   최상훈, 「우리식 단막극에 관한 주체적 견해」, 『조선예술』, 1997.9.

오늘 무대예술 부문에서는 경애하는 장군님의 가르치심을 높이 받들고 당의 노선과 정책을 제때에 민감하게 반영한 기동적이며 전투적인 단막극들이 수많이 창작되고 있다. 우리 시대에 창작된 단막극들은 일군들과 근로자들 속에 남아 있는 낡은 사상 잔재를 예리하게 비판하고 그것을 극복하는 방도를 밝혀 줌으로써 단막극의 인식 교양적 기능을 더욱 높이었다. 단막극은 근로자들의 생활과 투쟁에서 친근한 길동무로 되고 있으며 그들을 새로운 혁신과 위훈에로 고무추동하며 온 사회를 주체사상화하는 데 적극 이바지하고 있다.[43]

단막극은 어느 장르보다도 대중의 사상교육에 적합한 형태라는 것을 인식한 김정일의 특별 지시에 따라 다수 창작되어 1990년대를 풍미했다. 제작 비용이 절감됨은 물론이고 동원 인원 역시 간편하다는 것도 단막극의 장점이었다. 그렇다고 해서 저들이 장막극을 배제한 것은 결코 아니다. 그런대로 장막극도 이따금 무대 위에 올려지곤 했다.

군대를 중시한 연극들

1998년도 여름에는 국가에 중대한 변화가 온다. 김일성 사망과 식량 위기 등으로 1990년도에 선출된 최고인민위원회가 임기종료(1994) 시한을 넘겼다가 1998년도에 새로 선거를 통해 구성되고 신헌법도 나오게 되었다. 여기서 채택된 것은 김일성의 주석직을 영원한 것으로 정착시키자는 방안이고, 그로 인해 새로운 권력기구인 국방위원회가 생겨난다. 당연히 위원장은 김정일이 맡았다. 이미 군대를 장악한 김정일은 새 헌법을 통하여 권력 구조를 다시 짰으며 이따금 예술단체들을 동원하여 군 위문을 게을리하지 않았다. 그가 강성대국이라는 새로운 국가목표를 내세우고 선군정치란 것을 펼치기 이전부터 군부를 장악하고 있었기 때문에 군대를 특별히 관리하는 데 맞춰서 연예 단체들로 하여금 수시로 군부대를 찾아가 위문과 함께

---

43 위의 글.

사상 교양에 게을리하지 않도록 다지곤 한 것이다.

1998년도만 하더라도 봄부터 계속하여 대표적인 공연단체라 할 국립연극단으로 하여금 전 군부대 순회공연을 하게 했다. 레퍼토리는 가벼운 재담에서부터 촌극, 단막극 등 다양했다. 월간 『조선예술』의 기사에 따르면 "국립연극단에서는 지난 4월부터 인민군부대들에 대한 원호사업을 활발히 진행하는 것과 함께 최전연지대 군부대들에 대한 순회공연을 수십 차례나 진행하여 군인들로부터 아낌없는 절찬을 받고 있다."면서 "이들은 낮과 밤이 따로 없는 공연 활동을 맹렬히 진행하였다. 하여 서로 자기들한테 와서 공연을 해 달라는 군인들의 요구를 어떻게든 풀어 주기 위하여 공연조직을 잘 짜고 들어 진행하는 것과 함께 군인 가족들의 일손도 도와주는 아름다운 미풍을 남김없이 발휘하였다."[44]

레퍼토리를 살펴보면 3인 재담이라는 〈만세 만만세〉를 비롯하여 촌극 〈앞채를 메자〉, 그리고 연전에 공연되어 인기를 끌었던 단막극 〈감나무집〉 등으로서 예술성 있는 작품은 없었다. 그럼에도 불구하고 공연을 본 군인들의 반응에 대해 그들은 "제국주의자들과 반동들의 그 어떤 도전과 책동도 우리 앞에 가로놓인 그 어떤 시련과 난관도 위대한 영장을 높이 모시고 필승의 신심과 낙관에 넘쳐 용기 백배 기세충천하여 전진하는 우리 군대와 인민의 혁명적 신념과 의지를 꺾을 수 없으며 경애하는 최고사령관 동지의 영도 따라 나아가는 우리의 앞길에는 언제나 승리와 영광만이 있을 것이라고 한결같이 말하였다."라고 평가하면서, 오늘도 국립연극단의 전체 창작가, 예술인들은 경애하는 장군님의 군사 중시 사상을 높이 받들고 인민군대를 형상한 작품을 더 많이 창작하여 무대에 올리는 것과 함께 그들에 대한 원호사업을 어떻게 하면 더 잘 하겠는가를 모색하고 그것을 실천에 옮기기 위하여 적극 노력하고 있다고 한다.

---

44 「군사중시사상을 높이 받들고—국립연극단에서」, 『조선예술』, 1998.9.

1990년대의 끝자락을 장식할 만한 작품은 장막극 〈동지〉와 〈편지〉라고 할 수 있다. 이 두 작품의 주역은 군인들이다. 6·25 전쟁기와 휴전 이후 발표된 작품들 상당수도 군인들이 주인공이었지만, 1990년대 후반 들어 선군정치를 펼치고 국방위원회가 북한 정치체제의 중심이 되면서 또다시 군인들이 주인공인 작품이 적잖게 발표되었다. 특히 〈동지〉는 김정일이 권력을 틀어쥔 후 처음으로 관극했다는 작품이다. 대강의 줄거리를 요약하면 다음과 같다.

> 인민군대 안에서 관병 일치의 미풍을 더욱 활짝 피워 나갈 데 대한 경애하는 장군님의 의도를 받들고 주인공이 자기의 첫 사단장 사업을 설봉 초소의 병사들 속에 들어가 전사생활을 하는 것으로부터 시작된다. 그는 각이한 성격의 병사들과 함께 병사생활을 하면서 지휘관들이 병사들을 어떻게 대하고 사랑해야 하는가를 실천적 모범으로 보여 준다. 그는 부모 없이 남의 집에 홀로 두고 온 누이동생 생각을 하면서 남몰래 속을 쓰고 있는 신입 병사의 마음속 고충과 어릴 적부터 영예군인인 아버지의 삼륜차를 밀어 주며 한생 군복을 입고 아버지가 못다 한 일을 다 하리라고 맹세도 컸던 상급병사의 속마음도 다 헤아려 보며 혁명동지에 대한 뜨거운 사랑과 믿음으로 그들을 따듯이 돌보아 준다. 그의 모습에서 요구성만을 높이면서 병사들을 진정으로 사랑하지 못한 탓에 병사들과 어울리지 못하고 그들의 마음속 문을 열지 못했던 소대장, 분대장도 자신들을 심각히 뉘우치게 된다. 서로 혁명동지로 대해 주며 뜨거운 사랑을 부어 주는 동지애는 결국 전사들이 적탄이 날라오는 순간 자기의 몸을 내어 지휘관을 구원하는 희생정신을 낳게 하였고 지휘관은 전사를 살려 내기 위하여 자기의 피를 바치게 한다.[45]

이런 작품을 지나칠 리 없는 김정일이 막료들을 대동하고 1999년 7월 뜨거운 여름철에 극장을 찾은 것이다. 그 광경이 다음과 같이 묘사된다.

---

45 『조선중앙년감』, 조선중앙통신사, 1999, 참조.

조선인민군 최고사령관 김정일 동지께서 극장관람석에 나오시었다. 순간 장내가 떠나갈 듯한 우렁찬 〈만세!〉의 환호성이 터져 오르고 흠모의 열풍이 휘몰아쳤다. 뜨거운 격정을 터치며 폭풍 같은 환호를 올리는 관람자들은 정력적인 선군혁명 영도로 영웅적 조선인민군을 백전백승의 무적강군으로, 강성대국 건설의 제일기둥, 수령옹위의 제일결사대로 억세게 키우시어 주체혁명 위업의 빛나는 승리를 이룩해 가시는 경애하는 최고사령관 김정일 동지께 최대의 영예와 가장 뜨거운 감사를 드리었다. 조선인민군, 4·25예술영화촬영소 창작가, 예술인들이 창조한 경희극 〈동지〉는 언제나 병사대중 속에 들어가 그들과 고락을 같이하며 전사들을 육친의 정으로 따뜻이 보살펴 주는 인민군 지휘관들의 고상한 혁명적 동지애를 기본내용으로 하고 있다.

예술인들은 웃음도 있고, 눈물도 있고, 격동도 있는 특색 있는 경희극을 통하여 인민군대가 지니고 있는 고유한 정신적 특질인 혁명적 동지애의 세계를 생동한 예술적 화폭으로 펼쳐 보여 주면서 최고사령관 동지를 중심으로 하는 관병 일치는 전군을 하나의 생명체로, 한 식솔로 만들고 조선인민군을 사상의 강군, 신념의 강군으로 위용 떨치게 하는 위력의 원천으로 된다는 것을 철학적으로 깊이 있게 보여 주었다. 출연자들은 공연을 통하여 상하 일치, 관병 일치의 전통적 미풍을 더욱 활짝 꽃피워 우리 혁명무력의 위력을 백방으로 강화하며 총대로 혁명의 수뇌부를 결사옹위하고 동지애로 시작되고 동지애로 승리하여온 우리 혁명을 끝까지 완성하고야 말 우리 군대의 철석같은 신념과 의지, 전투적 기상을 잘 보여 주었다.[46]

북한은 선군정치를 내걸면서 군대에 대한 특별한 관심과 배려를 하지 않을 수 없는 상황에 놓여 있었고, 인민의 먹는 문제 해결, 즉 농업 진흥으로 새 지도자 김정일을 결사옹위하자는 캠페인을 벌이는 예술작품을 다각적으로 양산하고 있었다. 이어 발표된 〈편지〉(1999.9) 역시 "농업전선을 힘 있게 지원할 데 대한 당의 호소를 높이 받들고 지난해 영농전투에 떨쳐나섰던

---

46 「조선인민군 최고사령관 김정일 동지께서 인민군 장병들과 함께 경희곡 〈동지〉를 관람하시었다」, 『조선예술』, 1999.7.

인민군군인들의 영웅적 투쟁 이야기를 감동적으로 펼쳐 보여 주고 있다."[47] 평론가 안광일의 말대로 그들에게 있어 모든 예술은 당 정책 관철의 제일선에서 대중을 새로운 대고조에로 힘있게 불러일으켜 나감으로써 우리 인민의 사회주의 강행군을 고무 추동하는 데서 커다란 역할을 하는 것이다.

〈편지〉의 무대는 서해안의 한 협동농장이고, 등장인물은 농촌지도자와 농민들 그리고 연대장(리철석)을 리더로 하는 인민군들 여럿이다. 어느 봄날 이 마을에 군인들이 들이닥치면서 처녀들이 꽃다발을 안겨 줄 때 〈군민일치 노래 부르자〉라는 음악에 맞춰서 처녀들이 춤바다를 이룬다. 서장과 종장, 그리고 제4장으로 구성된 이 작품은 그곳에 파견된 연대장의 일장의 연설로부터 시작되는데, 연설의 요지는 "최고사령관 김정일 장군께서는 올해 농사를 잘 짓는가 못 짓는가 함에 있어 적들의 악랄한 반사회주의 고립 압살책동을 짓부시고 '고난의 행군'을 승리적으로 결속하기 위한 돌파구가 있다면서 전군을 사회주의 농촌지원 전투에로 총동원한 데 대한 명령을 하달하시었다."는 것이었다. 바로 여기서 당시 북한이 '고난의 행군'이 얼마나 심각했었는가를 짐작하고도 남음이 있다.

철석   지금 우리 장군님께서는 나라의 어려운 식량 문제 때문에 밤잠도 잊으시고 때식마저 건느시면서 '고난의 행군'을 진두지휘하고 계십니다.

연대장은 김정일 위원장의 고충을 설명하면서 농민과 군대가 단합하여 나라가 겪고 있는 식량 문제를 해결하자고 열변을 통한다. 실제로 당시 북한은 식량 부족으로 수백만 명이 아사하고 있었는데, 엎친 데 덮친 격으로 가뭄까지 겹쳐 치산치수가 제대로 되어 있지 못한 그들로서는 여간 어려운 것이 아니었다. 그러한 현실에 대해 결혼까지 미루면서 농민들을 이끌고 있

---

47   안광일, 「우리의 위대한 현실을 격조 높이 구가한 만점짜리 명작─경희극 〈편지〉에 대하여」, 『조선예술』, 1998.6.

는 젊은 처녀 관리위원장(조옥심)이 다음과 같이 역설한다.

> 옥심   그런데 글쎄 해마다 자연재해는 겹치지, 원수들은 사면팔방으로 봉
> 쇄를 들이대지, 게다가 저희들이 일을 쓰게 못 하다느니 야… 열 톤
> 이 어디 나옵니까. 그런데 또 어버이 수령님께서 그렇게 갑자기 떠
> 나실 줄이야 어찌 알았겠습니까… (흐느낀다)
>
> 철석   (입술을 깨문다)
>
> 옥심   결국 전… 수령님께 죄를 겼습니다. 하지만 수령님께 올리려던 그 편
> 지를 우리 장군님께 올리기 전에는 전… 안 갑니다. 아니 못 갑니다.

관리위원장 옥심은 농사를 잘 지어서 김일성 수령께 성공 편지를 보내자
고 다짐하면서, 성공하기 전까지는 절대 결혼하지 않겠다는 다짐을 굳게 하
고 있다. 61년 만에 겪는 가뭄으로 도저히 출구를 찾을 수 없을 때, 궁즉통
이라고 근거리에 일제 시대에 광석을 캐내던 폐광이 있는데 그곳이 물로 가
득 차 있었다. 다만 붕락될 가능성이 있어 위험한 것이 문제였다. 그때 연대
장이 앞장서서 결사대를 조직하기로 하고 준비에 들어간다. 그 소식을 들은
김정일 위원장이 직접 그곳에 와서 폐갱전투장을 둘러보고 가기도 한다.

그런데 뜻밖에 거대한 태풍이 올라온다는 통신 군관의 연락이 온다. 이
번에는 가뭄 대신 태풍이 몰고 오는 홍수를 대비해야 하는 처지로, 상황이
180도 바뀐 것이다. 협동농장에서는 당장 어떻게 해안방파제를 막느냐 하
는 난제에 직면하였다. 방파제가 무너지면 모든 것이 허사가 되기 때문이
다. 그런 때, 연대장이 묘안을 낸다. 그러니까 방파제에 10미터 간격으로 철
근 기둥을 박고 군인 서로가 밧줄로 연결함으로써 인간 방패를 만든다는 것
이다. 이는 곧 죽음을 각오하는 결사대인 것이다.

> 철석   지휘관 동무들! 우리는 철수가 아니라 방파제를 향하여 나아가야 하
> 오. 터지는 방파제를 연대 전체의 몸으로 막자는 거요. 누구도 살 수

있다는 담보는 없소! 때문에 난… 명령을 내리기 전에 동무들의 의
견을 묻겠소.

군관1   우린 연대장 동지의 결심을 지지합니다.

군관들   지지합니다! (주먹을 쳐든다)

연대 전체가 결심을 하자, 군관 가족들도 모두 따라나서겠다고 한다. 그
러자 이번에는 농장원들이 모두 나선다.

옥심   연대장 동지! 농사의 주인은 우립니다. 장군님의 전사들은 목숨을 바
         치는데… 우리만 살아서는 뭘 합니까?… 예?…

농장원들 연대장 동지!

철석   고맙습니다. 자! 군민이 힘을 합쳐 싸웁시다!

모두   결사전에로 나아간다. 김정일 장군님의 조국을 목숨으로 사수하자!

         철석이와 옥심이를 선두로 하나로 굳게 뭉쳐진 군대와 인민의 대집
         단이 붉음 화광 속에 진격하는 모습의 군상으로 굳어진다.

그들은 잘못되면 협동농장에 있는 농민들과 군인 및 그 가족들까지 몰살
할지도 모를 극단적인 처방을 제시한 것이다. 물론 그들은 결코 죽지 않는
다. 연극은 언제나 사회주의 낙관주의에 입각하여 해피엔드로 마감하기 때
문이다.

그들은 결국 태풍을 거뜬히 이겨내고 군민은 풍년과 함께 연대장과 옥심
의 꿈이었던 농사 성공의 편지를 김정일 장군께 올린다. 안광일은 결론적으
로 "심오한 철학성을 띠는 것은 한마음 한뜻으로 경애하는 장군님의 영도
밑에 우리 군대와 인민이 더욱 활짝 꽃피워 가고 있는 위대한 군민 일치 사
상은 필승불패라는 것을 깊이 있게 확증했다."[48]고 말한다.

---

48   위의 글.

월북 배우 태을민의 경우

여기까지 필자는 작품들 위주로 서술해 왔다. 그러다 1999년 초두에 해방공간에서 월북하여 꾸준히 활동한 배우 태을민(太乙民)을 기리는 글이 나타나, 저들이 월북 연극인 중에 충실하게 활동해 온 인물에 대하여는 특별하게 예우하고 있음을 발견하였다.

태을민은 대단한 연극인이 아니었다. 그들도 그 점을 잘 알고 있었고 그렇게 기술하기도 했다. 서울에서 태어난 그가 연극계에 발을 들여놓은 것은 1935년 말의 일로, 동양극장이 문을 열면서 생겨난 두 개의 전속극단 중 호화선의 멤버로 데뷔했다. 1936년 6월에 희극좌가 공연한 김건 각색의 〈신판 장화홍련전〉(5막5장)에 첫 무대를 밟았고, 이듬해 7월에 청춘좌가 공연한 남궁춘 작 〈홈 스윗트 홈〉(1막)에 처음 출연했으며 3년 건너뛰어 1940년에 호화선이 공연한 〈춘향전〉에서는 집장사령 역으로 출연한 바 있다. 아마도 동양극장은 한동안 연중무휴 공연을 했으므로 다른 작품에도 조·단역으로 여러 번 출연했을 개연성이 있다. 그러나 그가 배우로서 두각을 나타내지 못한 것만은 분명하고 겨우 조역이나 단역으로 입에 풀칠을 했던 것 같다. 그러다가 해방을 맞으면서 프로 극단에서 공연 활동을 하다가 1948년도에 제3차로 월북한 것이었다. 북한에서도 그에 대하여 "주체 37년(1948), 그러니까 결연히 북으로 발걸음을 옮긴 그는 백두산의 전설을 들으며 민족의 태양으로 우러르던 위대한 수령님의 품을 찾아 사선을 헤쳐 공화국 북반부로 들어왔다."[49]고 썼다.

이어서 "그는 위대한 수령님을 우러러 충성을 맹세 다지며 예술 창조의 보람찬 나날을 불타는 열정과 성실한 노력으로 이어 갔다. 조국해방전쟁이 일어나자 그는 위대한 수령님을 위하여, 조국을 위하여 한목숨 바쳐 싸울 결사의 각오를 안고 용약 전선으로, 남으로 달려나갔다. (중략) 태을민 동

---

49 「인민배우 태을민의 한생에 깃든 어버이사랑」, 『조선예술』, 1999.1.

지는 그 숭고한 믿음과 사랑에 보답하기 위해 위대한 수령님의 교시와 당의 문예정책을 높이 받들고 연극예술의 발전에 자기의 지혜와 재능을 다 바쳐 갔다. 그런데 그는 정극이 기본으로 된 시대적 요구에 맞게 연기형상을 따라 세우지 못하여 더는 무대에 나서기가 어렵게 되었다. 무대를 떠난다는 것은 그에게 있어서 예술인으로서의 죽음이나 같았다. 그는 절망과 고민의 심연 속에 빠져들어 갔다. 이러한 때, 그의 운명을 두고 누구보다도 가슴 아파하시며 그의 정치적 생명을 지켜 주시고 예술가의 생명도 살려 주신 분은 바로 경애하는 장군님이셨다."고 했다.

김정일은 특별난 재주도 없었던 그를 왜 구해 주었을까. 그에 대하여는 "경애하는 장군님께서는 새 조국건설 시기에 민족의 위대한 태양의 품을 찾아왔으며 준엄한 조국해방전쟁의 전략적인 일시 후퇴 시기에 고향을 지척에 두고도 당을 따라온 태을민 동지의 신념과 지조를 무엇보다 귀중히 여기시었다."는 데서 그 일차적 원인을 찾을 수 있겠다. 서울 사람인 그가 인민군이 진격 당시 서울로 돌아갔다가, 후퇴 당시 고향에 남지 않고 다시 평양으로 돌아온 것이 북한 지도부를 감동시킨 듯하다. 그러니까 그를 철저한 공산주의자로 확인하게 됐다는 것이다.

해방공간에서 수십 명의 주요 연극인들이 3차에 걸쳐서 월북했었다. 그들 중 황철을 비롯하여 박영신, 송영, 신고송 등이 북한 연극 발전에 크게 공헌하여 장관을 비롯하여 대의원 국립극장장 등의 요직에 오른 바 있으나 여러 명은 숙청을 당하기도 했다. 그런 가운데 특별한 재능은 없었어도 변함없이 조국에 충성하고 꾸준히 노력하여 연극과 영화에 끝까지 기여한 인물이 바로 태을민이었기 때문에 그를 특별히 기린 것이었다고 본다.

1990년대 연극의 종합적 양상

이상에서 살펴본 바와 같이 1990년대 북한 연극은 남한과 비슷하게 스펙터클한 음악무용극이 대중을 휘어잡은 가운데 소위 정극이란 언어 위주의 무대극이 또 다른 흐름을 가지는 양상이라고 말할 수가 있다. 그런데 두 나라에서의 근본적인 차이점이라고 한다면 북한에서는 사회주의 혁명을 바탕으로 한 혁명가극과 그것을 조금 사실화한 소위 성황당식 혁명연극이 모두 창작음악극이었다고 한다면 남한에서는 순전히 미국 브로드웨이식 뮤지컬을 거의 그대로 모방하고 있었다는 점이라고 하겠다.

바로 그 점에서 박영정은 "북한 사회가 그러하듯 북한의 희곡 또한 밖에서 볼 때는 큰 변화가 없는 것처럼 느껴진다."면서 "특히 1970년대 말 '연극혁명'의 성과가 1990년대에도 그대로 지배하고 있는 사정을 보면 더욱 그렇다."[50]고 말한다. 그러면서 그는 그런 현상을 김일성으로부터 김정일에게로 권력 교체가 이루어졌어도 불구하고 북한 사회에 별다른 변화가 나타나지 않은 것과 같다고 본 것이다. 비교적 정곡을 찌른 지적이긴 한데 세부적으로 들어가면 색다른 점도 많이 나타난다.

한편 젊은 연구자 김정수는 "1970년대 일었던 연극혁명을 제2차로 1990년대에 실현하고자 한 연극계의 의지는 연극의 형식과 내용을 '장엄함'에서 '스펙타클/서정성/인간미'로 그 초점을 이동시킨 것"[51]이라면서 "1990년 초반의 냉전체제와 변화의 분위기가 연극계에도 영향을 준 듯, 작품에서 '서정성'이 한층 강화되었다."고 매우 이색적인 주장을 편다. 이는 그가 젊은 연구가답게 연극의 흐름을 정서적으로 접근한 것에 따른 것이라 하겠다.

그러나 1990년대 연극의 흐름을 자세히 들여다보면 초두에 언급한 대로 혁명가극과 성황당식 연극의 대세 속에서 언어극도 크게 신장된 것이 특징이었다. 가령 그들이 크게 관심을 쏟았던 소위 전국화술소품축전이라든가 1988년부터 시행한 전국연극축전 등과 같은 정부 주관의 연극 행사는 그들이 남한을 많이 의식하고 있구나 하는 생각마저 들게 한다. 그렇게 보는

50   박영정, 『북한 연극/희곡의 분석과 전망』, 연극과인간, 2007, 49~50쪽.
51   김정수, 「〈조선예술〉로 본 1990년대 북한 연극의 핵심코드」, 『북한연극학회보』 제 15권 제1호, 2011.

이유는 남한에서 1976년부터 전국연극제를 실시했고, 지역 연극의 진흥을 위해서도 1983년부터 전국지방연극제를 대대적으로 시행하고 있었기 때문이다.

여하튼 북한에서 화술소품축전과 전국연극축전을 실시함으로써 공연의 폭이 비교적 많이 넓어졌다. 장막희곡을 비롯하여 중막극, 단막극 등이 많이 생산되고 사이극, 재담극, 혁명가극과는 다른 음악무용극 등 북한 연극사에서 처음으로 무대극의 다양성을 보여 주었다고 말할 수 있다. 북한에서는 예술을 정부정책의 선전도구로 삼고 있으며 그에 따라 모든 작품이 북한 정부가 추구하는 방향을 제재로 삼고 있다. 특히 1990년대에는 김일성 사망에 따라 권력 교체가 이루어지고 가뭄과 홍수 등의 자연재해로 고난의 행군이라는 시련을 겪기도 했을 뿐만 아니라 일본의 식민지배와 6·25 전쟁을 겪어 보지 못한 신세대마저 대폭 등장하였으니 연극 주제의 변화가 심했다고 볼 수 있다.

김일성의 급서로 인하여 그동안 내치만 책임지면서 군대 경험이 없었던 김정일이 항일투사들을 제치고 전권을 장악하기 위해서는 군부 장악이 시급했다. 따라서 그는 유훈통치를 앞세우고 항일투쟁 경력을 지닌 모친 김정숙을 우상화하는 연극 공연 활동도 강화했다. 더욱이 1990년대에는 일제 식민통치와 6·25전쟁을 겪어 보지 못한 신세대가 대거 등장한 시대였기 때문에 이들을 계몽하는 것이 시급한 과제였다. 특히 신세대는 공장 노동자나 군인이 되기보다는 문화예술에 관심이 많았다. 이 같은 현상은 북한 당국자들로서는 솔직히 놀라운 것이었다. 기성세대는 뼛속까지 김일성과 김정일에 대한 무조건적 충성심으로 가득 차 있었지만 신세대는 그렇지 않았던 것이다. 따라서 당국자들로서는 이들을 시급히 세뇌해야 했다. 그들은 젊은 주인공을 내세워서 오직 조국과 김일성 부자를 위하여 탄광 노동자나 공장 노동자가 되는 데 일생을 바치는 내용의 획일적인 작품을 쓰도록 했다. 그리고 1994년에 김일성이 급서하자 유훈통치야말로 가장 적합한 것이라고 하면서 동시에 김정일을 우상화하는 주제의 작품을 쓰도록 한 것이다.

그런데 엎친 데 덮친 격으로 김일성 사후에 대홍수와 가뭄이 이어져 인민은 기아선상에 놓이게 된다. 소위 고난의 행군이라는 절망적인 상황 속에서 수많은 사람들이 죽어 나가는 참상이 벌어진 것이다. 그럼에도 불구하고 연극계에서는 그러한 참상을 모르는 척하고 김정일의 모친 김정숙을 국모로서 떠받드는 주제의 작품이라든가 기껏 장마당 키우기 같은 내용의 작품을 생산하고 있었다. 그리고 이따금 식량난 극복의 농촌 살리기 같은 구름 잡는 내용의 작품이 나오고 혁명적 군인정신으로 어려운 현실을 극복하자는 작품이 등장하기도 했다.

사실 〈성황당〉식 혁명연극이란 사회주의 리얼리즘에 가까운 연극 형태를 말하는 것인데, 실제로 엄혹한 현실은 철저하게 외면했던 것이다. 또 하나 우스운 것은 당국에서 강제적으로 작가들에게 참혹한 빈곤현장을 직접 보도록 했음에도 작가들은 자신들이 목격한 현실을 있는 그대로 쓸 수가 없었다는 점이라 하겠다.

1990년대 중반에 일어났던 고난의 행군을 세계인들이 알고 있었지만 북한의 지도층은 모르는 것으로 되어 있어서 어느 예술작품에도 나타나 있지 않다. 모든 작품이 오로지 김일성 부자에 대한 맹목적 충성심을 고취하는 내용과 사회주의 조국을 지켜야만 한다는 주제 일변도여서 관객들의 반응 역시 무덤덤일 수밖에 없었을 것 같다. 그래서인지 1990년대 후반에는 갑자기 희극을 권장하여 호응을 얻기도 했었다. 그러자 이번에는 희극이 이데올로기에 소홀하다고 비판함으로써 인민의 웃음을 유발하던 코미디극도 순식간에 사라지고 말았다. 리정룡은 당시 희극을 비판하는 글에서 "일부 예술영화들과 무대작품들에서는 희극이라고 하여 웃음 일면만 강조한 결과 성격과 생활의 진실성을 떨어뜨리고 나아가서 작품의 사상예술성을 떨어뜨리고 있다."면서 지금은 "지난 시절 채플린이나 애노겐이 활동하던

1920년대 희극연기와 근본적으로 다르다."⁵²라고 하면서, 억지웃음을 유도하고 사회문제를 외면한 코미디를 매우 부정적으로 본 것이다.

이처럼 1990년대 연극이 다양성은 있었지만 북한 연극에 근본적 변화가 있었던 것은 아니다.

---

52 리정룡, 「희극작품 창작과 배우연기형상」, 『조선예술』, 1999.5.

제11장
21세기의 북한 연극

2000년대가 되었으나 연극계는 답보 상태

솔직히 북한 연극은 전진이나 후퇴 등과 같은 변화가 일어나기 어려운 상황에 놓여 있었다. 왜냐하면 북한에서는 절대권력이 연극 행위를 틀어쥐고 있어서 작가들이 자유로워야 할 창작 행위를 영위할 수 없기 때문이다. 그렇기 때문에 연극인들은 새 시대를 맞아서도 새로운 꿈을 꾸거나 어떤 전기(轉機)를 마련하려는 몸부림 같은 것은 전혀 없고 오로지 절대권력에 매달려 거기에서 베푸는 것에 열성적으로 부응 추종하겠다는 다짐만 표출한다. 새로운 밀레니엄으로 접어들고 2년 후에 북한의 대표적인 관립극단이라 할 국립연극단을 대표한 윤찬히 부단장이 「다시 한번 연극혁명의 거세찬 불길을」이란 제목으로 월간 『조선예술』에 기고한 글은 이러했다.

> 우리들은 시대가 요구하고 인민이 바라는 훌륭한 연극작품을 창작형상하기 위하여 열정과 재능을 다 바쳐 나가겠다. 당면하게는 위대한 수령님의 혁명활동을 형상한 〈조국 산천에 안개 보인다〉를 사상예술적으로 훌륭히 개작 완성하기 위한 데 모든 것을 집중하겠다. 지금 우리 연극단의 창작가, 예술인들은 작품 창작을 진행시키는 것과 함께 배우들의 연기형상과 대사조직을 진실감이 나게 연습에 연습을 거듭하고 있으며 작품의 사상예술성을 높이는 데 필요한 무대장치에 온갖 정열을 다 바쳐 나가겠다. 우리들은 경애하는 장군님께

서 주신 강령적 과업을 철저히 관철하여 연극혁명의 불길을 더욱 세차게 지펴
나가겠다.[1]

국립연극단이 새 시대를 맞아서 지핀 세찬 불길이란 것이 겨우 김일성의
지난 시절 혁명활동을 묘사한 작품의 개작 공연이고 김정일이 30년 전에
지시한 강령 과업을 충실히 완수하는 것에 불과한 것이었다.

다음 달의 월간『조선예술』은 새로운 변화를 요구하는 성명을 발표했는데
국립연극단과 별반 다르지 않았다.『조선예술』은「선군시대 혁명적 문학예
술 작품 창작에서 새로운 앙양을 일으키자」라는 글에서 "우리의 문학예술
작품은 마땅히 시대정신에 맞아야 하며 시대의 숨결을 담아야 한다. 우리
창작가, 예술인들은 선군시대의 기상이 차 넘치는 명작들을 많이 창작하여
우리 군대와 인민을 내 나라 내 조국의 부강번영을 위한 투쟁에로 고무추동
하며 우리 당의 위대한 선군정치 따라 억세게 싸워 나가도록 하는 데 힘 있
는 사상 정신적 무기로 되게 해야 한다."면서 전에 했던 대집단체조와 〈아
리랑〉 공연을 한 예로 든 것이다.

저들도 새 시대를 맞아서 시대정신에 맞는 예술을 해야 함은 알고 있었다.
그런데 그런 것이 기껏 김정일이 시도한 집단체조와 〈아리랑〉 공연이었고,
그것을 일러 김정일 시대의 선군정치를 뒷받침하는 표본적 공연예술이라
한 것이다. 실제로 국립연극단과 국립민족예술단의 연극 창조 현장을 확인
해 보자. 월간『조선예술』의 길성남 기자는 현장르포 기사에서 "큼직하게 씌
여진 속보의 제목들만 보아도 창조집단의 들끓는 분위기와 전투 성과가 대
뜸 느껴졌다. '혁명연극 〈조국산천에 안개 보인다〉의 개작 완성 전투가 이제
는 마감 단계에 들어섰습니다.' 반갑게 우리를 맞이한 예술부단장 윤찬히 동
무의 어조는 확신에 넘쳐 있었다. 이어 그는 연극창조 정형에 대하여 이야

---

1   윤찬히,「다시 한번 연극혁명의 거세찬 불길을」,『조선예술』, 2002.11.

기해 주는 것이었다. 연극은 위대한 수령 김일성 동지께서 주체 25년(1936) 가을 조선인민혁명군 주력부대를 친솔하고 장백지구에 나오신 때로부터 다음 해 6월 초 보천보전투를 조직하시기 직전까지를 시대적 배경으로 하여 어버이 수령님의 불멸의 혁명활동 업적과 고매한 풍모를 형상하고 있다."고 하여 수령 창작임을 밝힌 뒤, 공연 방식과 관련해서는 "경애하는 장군님의 가르치심을 높이 받들고 초급당위원회의 지도 밑에 연극단의 창작가, 예술인들은 한결같이 혁명연극 〈조국산천에 안개 개인다〉를 〈성황당〉식으로 개작 완성하기 위한 창조 전투를 최단 기간 내에 힘 있게 벌렸으며 마침내 결속단계에 이르고 있다."[2]고 씀으로써 〈성황당〉식으로 수령 창작품을 이 시대 최고의 작품으로 만들겠다는 결의를 보여 준다.

이듬해 5월에는 월간 『조선예술』의 김초옥 기자가 국립민족예술단을 찾아가 현장을 소개한 바 있다. 그는 현장을 찾아가 김억만 단장을 만났는데, 김 단장은 "지금 우리 예술단 창작가, 예술인들은 공화국 창건 55돌을 승리자의 대축전으로 뜻깊게 맞이할 불타는 일념 안고 민족가무극 〈호동왕자와 락낭공주〉(가제)를 인식 교양적 의의가 큰 훌륭한 작품으로, 조국 통일에 적극 이바지하는 걸작품으로 창작 형상하여 세상에 내놓기 위해 부글부글 끓고 있습니다. 피바다식 가극창작 원칙이 구현된 작품은 민족가무극의 새로운 형식으로 창조되고 있는데, 앞으로 공연되면 성과를 거두게 되리라는 확신을 가지게 됩니다."[3]라고 말했다. 더 놀라운 것은 〈피바다〉식 가극을 만드는 극장 연습장이 "전투장을 방불케 하는 무대는 그야말로 공화국 창건 55돌을 새로운 민족가무극 창조 성과로 맞이하려는 열정과 숨결만이 흘렀다. 그 하나의 숨결과 체취는 회관 안의 어디에나, 더 가보지 않은 방들과 만나

2   길성남, 「충성과 열정 넘쳐 흐르는 연극창조전투장—국립연극단을 찾아서」, 『조선예술』, 2002.12.

3   김초옥, 「새로운 민족가무극이 창조되는 곳에서—국립민족예술단을 찾아서」, 『조선예술』, 2003.5.

지 못한 모습들마다에 슴배어 있음을 확신하며 우리는 예술단을 나왔다."
고 한 내용이다.

　그러니까 결국 국립민족예술단이 추구하는 연극 형식이란 기껏 1970년대
를 장식했던 〈피바다〉식 혁명가극이었고, 그것을 만드느라고 전쟁을 방불
케 요란을 떨고 있는 것이었다. 국립연극단이 추구하는 21세기 연극 형식이
〈성황당〉식 연극이라고 한다면, 국립민족예술단의 미래형식은 다름 아닌
〈피바다〉식 혁명가극이었다는 이야기가 되는 것이다. 전혀 달라지는 것이
없고 오직 과거의 방식을 절대 준수한다는 것이었다. 그것이 선군정치를 내
건 김정일 장군의 뜻이었기 때문이다.

　사실 북한에서 2000년이란, 인민들에게 신처럼 받들어지던 절대자 김일
성의 사후 겨우 6년이 지난 시기로서 후계자 김정일이 권력을 굳혀가던 때
였던 데다가 고난의 행군이 완전히 풀리지도 않았었다. 따라서 김정일로서
도 평생 가장 어려웠던 시기였다고 볼 수도 있다. 그리고 국내외에서 여러
가지 굵직한 사건들이 많았다. 소련의 소위 페레스트로이카 이후 러시아와
다시 관계 개선을 한 것을 비롯하여 2000년대 여름에는 김대중 대통령이
평양을 방문하여 남북 화해를 모색한 바도 있으며 미국, 일본과의 관계 개
선도 시도했었다. 그래서 고난의 행군을 겪은 김정일도 심기일전하여 2001
년 정초에 새로운 경제정책을 발표하기도 했었다.

　그러나 모두가 허사로 돌아가면서 북한은 생존을 위하여 핵 개발에 나섰
고 자유세계의 강력한 경제 제재로 말미암아 경제 상황은 여전히 어려울 수
밖에 없었다. 게다가 강력한 지도자 김정일이 2008년 초가을에 발병했고
그런 가운데서도 2010년에 김일성 탄생 백주년에 맞춰 '강성대국 건설의
문'을 열기 위해 분투하다가 결국 2011년 12월 17일 심근경색으로 사망한
것이다.[4] 이처럼 21세기 상반기에는 북한의 정세가 전에 없이 소용돌이쳤

4　와다 하루키, 『북한현대사』, 남기정 역, 창비, 2014, 290쪽.

지만 극장 무대는 3대에 걸친 김씨 일가에 대한 맹목적 충성을 기본으로 경제생활 개선을 위해 노력 동원한 외에 별다른 변화가 없었다.

2000년대 초에 발표된 희곡 〈청춘은 빛나라〉(김국성, 김창남)에서도 보면 주인공의 대사 중 무심결에 "나라가 가장 어려운 때 장군님께서 우리 청년들에게 이 고속도로 건설을 통째로 맡겨 주셨겠는가"라는 대목이 나오며, 다른 주인공의 입으로는 "지금 온 나라가 허리띠를 조여 매고 있지만 우리 인민군대와 꼭 같이 식량을 공급받으며 삽니다."라고 말하는 대목이 나올 정도인 것이다.

서장과 3장으로 구성된 〈청춘은 빛나라〉는 북한으로서는 권력 이동과 식량 부족 등으로 가장 어려웠던 시기에 김정일의 출생연도라 할 1942년 2월 16일에 맞도록 100리의 청년영웅도로를 건설하는 이야기이다. 북한은 21세기로 가는 강성대국 건설의 대통로를 닦는데, 그 임무를 김일성사회주의 청년동맹에 맡기면서 인민군대와 지원자들이라 할 청년돌격대라든가 처녀돌격대원, 그리고 영화예술인들 등 많은 젊은이를 동원하는데, 장비가 부족하여 마대로 흙을 나르는 원시적 방법까지를 동원한다.

청년들의 애국심과 김정일에 대한 충성심을 극대화하고 희곡 작품으로서 흥미롭게 하기 위하여 청춘남녀의 기구한 사랑 이야기도 끼워 넣은 것이 흥미롭다. 가령 대걸이란 청년은 한 여자와의 사랑보다는 도로건설이 김정일에 대한 충성과 나라를 위하는 길이라 하여 따르는 여성을 고의적으로 피해서 고속도로 건설 현장으로 달려가 열심히 일한다.

기호　　아, 글쎄 내 착아래 여동생을… 아니 4촌입니다. 내 4촌동생하고 뭐 죽자 살자 사랑하더니 어떻게 된 영문인지 약혼식을 몇 달 앞두고 내 동생을 가슴 아프게 탁- (차는 시늉을 하며) 하고 여기로 내뺐습니다.

순희　　아니 그게 사실입니까?

기호　　하지만 저는 그 사람을 아주 좋게 생각합니다. 처녀의 사랑도 마다

하고 또다시 여기로 탄원해 왔으니까요.

그런데 당사자 대걸이는 아무렇지 않게 도로공사 일을 열심히 하면서 마치 남의 말 하듯 해서 사람들을 혼란하게 한다.

대걸   잘못되다니요?… 한 처녀의 진실한 사랑도 마다하구 여기로 온 동무를 찾아서 그 처녀와 붙여 주라는 과업을 내가 받았단 말입니다.
순희   (외면한 채) 그래서요?
대걸   그래서 동무만 반대 없다면 이쪽은 살자는 겁니다.
순희   (분격하여 머리수건을 벗고 일어서며) 걷어치워요!

그제서야 순희를 알아본 대걸이가 경악하며 뒤로 벌렁 자빠진다.

대걸   엉? …순희가?!
순희   처녀들을 녹이는 솜씨가 그럴듯하군요.

이렇게 고속도로 건설장에서 재회했지만 이들은 뜨악한 상태에서 각자 일을 열심히 한다. 그러다가 도로공사 일을 얼추 끝내가는 과정에서 대걸이는 솔직한 심정을 토로한다.

대걸   나와 순희 동무는 금강산 철길 공사장에서 만나 공사가 끝난 다음 결혼식을 하자고 약속했습니다.

          뜨거운 음악이 흐른다.

대걸   그후 경애하는 장군님께서는 우리 청년들을 믿으시고 청년영웅도로 건설을 발기하셨습니다. 온 나라 청년들이 달려가는 여기를 두고 나는 편안히 앉아서 잔치상이나 받아야 하는가? 동무들 그럴 수야 없지 않습니까?

일동   (공감한다)

대걸   그렇다고 순희 동무에게 또 2년을 더 기다려 달랠 수도 없지… 그래서 생각다 못해 나에게 다른 처녀가 생겼으니 마음대로 하라는 편지를 썼습니다. 사실 난 다른 처녀는 생각한 적도 없습니다. 내 죄는 이게 답니다.

이상과 같은 대걸의 고백에 모두 다 감동한다. 그런데 뜻밖에 발파장에서 사고가 나고, 그 현장으로 가장 먼저 뛰어든 대걸이가 두 눈을 잃는 큰 부상을 당한 것이다. 이런 상황에서 순희는 절망으로 상심해 있는 대걸에게 다가가 "동무가 사랑하던 그 모습으로 영원히 동무의 눈이 되고 팔다리가 되겠어요"라며 안긴다. "일동 모두 눈물을 머금고 박수를 친다. 결국 도로는 완공되고 김정일의 상찬의 교시가 내려온다." 여기까지 보면 마치 두 노동자의 순애보처럼 보일 수가 있다. 그러나 두 남녀의 사랑은 곁가지에 불과하다. 주제는 조국에 대한 사랑이고 김정일 장군에 대한 절대적인 충성심임을 곧바로 알 수가 있다.

무대가 밝아지면 다음과 같은 결의시가 격조 높이 울린다.

　　　　－장군님!
　　　　장군님을 태양으로 높이 모신
　　　　21세기가 시작되었습니다

　　　　－새 세기에도 우리들은 영원한 동지애의 노래
　　　　백전백승의 수령숭배우 주제가
　　　　〈어디에 계십니까 그리운 장군님〉의 노래를 부르며
　　　　－장군님의

일동   사상

　　　　－장군임의

일동   의지

	—장군님의 정서가 꽉 차 넘치는 영화를 더 많이 만들어
	—위대한 선군영도를 받들어 나가는
일동	시대의 나팔수가 되겠습니다.

　이상이 21세기 초 들어 발표된 희곡으로서 김정일에 대한 절대 충성과 맨몸으로 도로 건설을 해내는 청년들의 애국심을 주제로 한 창작극이다.

　2년 뒤에 발표된 단막극 〈시간표〉는 〈청춘은 빛나라〉를 쓴 두 사람 중 김창남이 단독으로 쓴 희곡이라는 점에서 그가 그려 내려는 희곡의 세계가 짐작이 간다. 실제로 이 작품은 시골 중학교의 체육 시간을 중심으로 김일성 수령에 대한 숭배를 주제로 한 희곡이다. 등장인물은 여럿이지만 주인공은 여교사(진옥)와 부교장(창민), 학생(만복), 그리고 그 학교 출신의 고사포대대장 등이다.

　시대적 배경을 6·25 한국전쟁기로 잡았으니 자연스럽게 미국 비행기들이 쉴 새 없이 터트리는 폭격 문제가 중심 제재로 자리 잡는다. 학생들은 체육 시간이면 아무래도 야외에서 축구를 하게 되어 있는데, 미국 비행기들의 무차별 폭격으로 제한을 받게 된다. 바로 이 지점에서 운동장에서 축구 시합을 하려는 담당교사와 미군 폭격에 따른 위험으로 절대 반대하는 부교장 간의 갈등이 야기된다.

창민	진옥 선생! 지금 'B-29'가 옥계천 일대를 맹폭격하고 있는데 축구뿔이 뭐요. 축구뿔이!
진옥	그렇다구 전쟁이 끝날 때까지 체육 수업을 못 하면 학생들을 어떻게 지덕체를 갖춘 나라의 역군으로 키워내겠습니까? 예 선생님?
	진옥의 독백이 확성되어 울린다.
	(경애하는 장군님께서는 학생들을 지덕체를 갖춘 훌륭한 역군으로 키우라고 하셨는데… 내가 잠시나마 주저하다니…)

바로 그때 그 학교 출신의 고사포대대장(철벽)이 전선으로 가는 길에 학교를 찾아온다. 그는 교사들에게 자신들이 버티고 있으니 미군 비행기는 걱정 말라고 안심시킨다. 게다가 진옥은 파편에 맞아 터진 공을 고치려 이웃 동네로 가다가 우연히 현지 지도를 나온 김일성 장군을 만나 시간표대로 수업을 하여 아이들의 지덕체 교육을 하라는 특별 격려를 받는다. 감동한 여교사 진옥은 학생들 앞에서 이렇게 말한다.

진옥   세상에 이렇게 수업을 하는 교원도 있습니까? 정말 아버지 김일성
       장군님은 가장 위대한 교육자이시며 가장 훌륭한 우리 모두의 스승
       이십니다. 아버지 장군님! (감격에 목메어 양어깨를 떤다)
학생들 장군님! (감격에 목메인다)
창민   학생 동무들! 온 세상이 보란 듯이 저 넓은 운동장 한복판에 나가 마
       음껏 축구를 하시오.

이와 같이 〈시간표〉는 연전에 작고한 김일성에 대한 찬양과 미화, 그리고 숭배를 주제로 삼은 희곡인 것이다.

당국에서도 소위 계관작가들에서는 이런 정도의 작품밖에 생산되지 않나 하는 생각을 했는지 갑자기 노동당 창건 60돌을 맞아 조선연극인동맹 중앙위원회 명의로 전국 규모의 희곡작품 현상모집을 내건다. 희곡의 장르는 크게 넓히면서도 주제만은 여전히 제한되어 있다는 것이 이때 지정된 '작품의 주제'가 잘 보여 준다. 주제가 일곱 가지인데, 첫째는 백두산 3대 장군의 위인상과 불멸의 영도 업적을 형상화한 것, 둘째는 우리 당의 선군영도 업적과 선군정치의 위대성, 그 빛나는 생활력을 형상화한 것, 셋째는 위대한 장군님께서 이끄시는 불패의 우리 당을 더욱 반석같이 다지기 위한 투쟁을 형상화한 것, 넷째는 오늘의 시대정신을 깊이 있게 반영하고 인민들에게 조국애를 심어 주는 것, 다섯째는 사회주의 생활양식과 민족문화를 고수 발전시킬 데 대한 것, 여섯째는 민족자주 공조, 반전 평화 공조, 통일애국 공조의

가치를 높이 들고 조국 통일을 위한 투쟁에 떨쳐나선 우리 인민들의 투쟁을 형상화한 것, 그리고 끝으로 미일 제국주의자들의 침략적 본성과 야수성을 폭로한 것이라 했다.[5] 그나마도 3개월이라는 짧은 기간밖에 주지 않아 수작이 나오기는 어려웠을 것 같다.

가장 자유로워야 할 창작 세계를 김부자의 위대성과 사회주의 노동당의 선군정치, 반미반일 자주화, 그리고 통일을 위한 투쟁 등으로 제한해 놓았으니 좋은 신작이 나오기는 어려웠다. 아마도 별다른 신작은 나오지 않았을 가능성이 높고 그 후로도 그럴 것 같다. 그런데 응모자가 희소했거나 아니면 기대했던 작품들이 들어오지 않았는지 이듬해 말에 또다시 위대한 수령님 탄생 95돌 기념으로 희곡 모집을 했다. 일곱 가지 주제 중 첫 번째 주제, 즉 조국과 민족의 융성 번성을 위하여 한평생을 바치신 어버이 수령님의 위대한 혁명 활동을 형상한 작품이라는 항목만 다르고 나머지는 똑같았다.[6]

두 번의 희곡 모집에서 아무런 성과를 거두지 못했음은 연말에 발간되는 연감에서 확인된다. 그리고 2005년도 연감을 살펴봐도 기껏 제11차 전국 연극축전을 소개하면서 "축전은 중앙과 지방의 연극 창조 단체들에서 무대에 올린 20여 편의 극작품들과 화술소품들에 대한 심사와 공연의 방법으로 진행되었다. 그중에서도 위대한 장군님을 높이 칭송하고 우리 당의 선군영도 업적과 선군정치의 위대성, 생활력을 보여 주는 작품, 강성대국 건설의 3대 전선에서 혁명적 공세를 벌이고 있는 우리 군대와 인민의 투쟁 모습을 형상한 작품 등이 있다."[7]면서 장막극 〈오늘의 전선〉 등을 열거해 놓은 정도이다.

이듬해의 연감도 "2005년에 무대예술의 창작가, 예술인들은 격동적인 시

---

5 「전국희곡작품현상모집요강」, 『조선예술』, 2006.5.

6 「위대한 수령님 탄생 95돌 기념 전국희곡작품 현상모집요강」, 『조선예술』, 2006.12.

7 『조선중앙년감』, 조선중앙통신사, 2005.

대정신을 깊이 있게 반영하고 인민들에게 열렬한 조국애를 심어 주는 혁명적인 예술작품들을 수많이 창작 완성하여 무대에 올림으로써 새로운 경지에 이른 선군시대 주제예술의 발전 면모를 뚜렷이 보여 주었다."면서 국립연극단의 〈승리의 기치 따라〉를 대표작으로 꼽았을 뿐이다.[8]

2000년대 들어서는 경제도 어렵고 핵 개발에 여념이 없었던 김정일이 연극에 대하여 신경 쓸 겨를이 없었을 것 같기도 하다. 그렇기 때문에 영화를 제외하고는 지난 시절에 했던 혁명가극과 〈성황당〉식 연극, 그리고 타성에 빠져 있는 작가들이 내놓는 그렇고 그런 작품들이 무대를 채워 가고 있었다. 2007년도 연감에서도 크게 성과가 있었다면서 "국립연극단, 국립희극단, 평양인형극단의 창작가, 예술인들은 5대 혁명가극과 당정책을 민감하게 반영한 극작품들을 창작, 창조하기 위한 사업을 힘 있게 벌여 혁명연극 〈혈분만국회〉를 환원 복구하여 공연을 성과적으로 보장하였으며 강원도예술단에서는 경희극 〈우리님 영웅되셨네〉를 창작공연하였다."[9]고 하여 리바이벌이 주류임을 알려 주고 있다.

2007년도는 김일성의 탄생 95돌과 부인 김정숙의 탄생 90돌, 그리고 조선인민군 창건 75돌까지 겹치는 중요 해인 만큼 성대한 행사가 치러지게 되었고 연극 부문에서도 신경을 많이 쓰지 않을 수가 없었을 것이다. 그러나 실권자 김정일이 창작가들을 향하여 "불타는 창작적 열정으로 영웅적 노동계급과 농민들의 투쟁 속에 뛰어들어가 생활을 진지하게 탐구하고 그것을 깊이 있게 반영함으로써 훌륭한 예술작품을 창작해야 한다."고 했음에도 불구하고 결과적으로 나타난 것은 별로 없었다. 명절에 맞춰 공연한 작품들이라야 국립연극단의 〈승리의 기치 따라〉와 늘 해오던 혁명가극 〈백두산의 여동지〉, 〈당의 참된 딸〉, 〈꽃 파는 처녀〉, 혁명연극 〈딸에게서 온 편

---

8 『조선중앙년감』, 조선중앙통신사, 2006.
9 『조선중앙년감』, 조선중앙통신사, 2007.

지〉 등이었다. 연극계의 답보적인 현상에 답답함으로 느낀 김정일은 해마다 예술인들을 향해 창작 의욕을 북돋기 위한 지시를 내리지만 이렇다 할 성과는 나오지 않았다.

과거의 영광, 김선영과 리동춘

김정일은 아들 김정은을 위해서라도 뭔가 무대를 통하여 특별한 메시지를 전해야 되었는데, 별 뾰족한 해법은 나오지 않았다. 이런 때 생각해 낸 아이디어가 지난 시절의 수작을 찾아서 소기의 성과를 올리는 방식이었다. 당국에서는 지난 시절의 탁월한 배우를 회상하는 한편 우수 극작가를 찾아 그의 대표작을 현시대 감각에 맞게 리바이벌하게 했다.

우수한 배우로는 1995년까지 최고의 여배우로 군림했던 월북 여배우 김선영이 있었다. 그녀는 남북 양쪽에서 한반도 20세기 최고의 여배우 중의 한 사람으로서 연극사와 영화사에 커다란 족적을 남긴 바 있다. 남한 관점에서 그녀는 1950년 한국전쟁 전까지는 거의 독보적인 여배우였지만 전성기를 향해서 질주하던 중 전쟁이 발발하여 북으로 가서 생애를 마친 비운의 배우였다.

김선영은 내성적이면서도 독특한 성격 탓으로 남한에서는 이력이 제대로 알려 있지 않았다. 연기자로서는 탁월했어도 자신의 과거에 대하여 함구해 왔기 때문에 출생과 성장 과정이 미궁에 빠져 있었다. 다행히 북한의 소희조(배우 혹은 기자)에 의하여 대강이 밝혀진다. 소희조에 의하면 김선영의 본명은 김평숙이고 1914년 4월 9일에 평안북도 운전군 청정리에서 태어났다. 부친은 소학교 교원이었으나 생활이 넉넉지 못해 자녀들의 교육을 위하여 가솔을 이끌고 남쪽으로 이주하면서 서울에 정착한다.

14세 때 서울여자상업학교에 입학했으나 학비 조달이 어려워서 2년여 만에 자퇴하고 생활을 위하여 경성연초공장에 취직한다. 다행히 그곳에서 선정용 활동사진을 구경하면서 영화에 대한 막연한 꿈을 꾸었다고 한다. 물론 배우에 대한 환상이었다. 그녀 자신은 또한 타고난 미성에다가 연기의 소질이 내면에서 들끓고 있었다. 결국 그녀는 1931년, 겨우 열다섯 살에 카프 계열의 이동식 소형극장에 신입 단원 자격으로 가입한다.

이동식 소형극장은 당초의 목적이 농어촌과 빈민가를 중심으로 활동하는 단체여서 그녀가 적응하기에는 조금 힘든 극단이었다. 따라서 이듬해 그녀는 박승희가 이끌던 태양극장(토월회의 후신)에 가입하여 〈아리랑고개〉 등 여러 편에서 단역으로 무대에 서게 된다. 경제난으로 이합집산이 심했던 1930년대 초에는 태양극장을 떠나 춘추극장에도 몸을 담았었고, 잠시 일본으로 건너가서 춤과 음악을 배웠으며 그곳에서 만난 박춘명과는 후일에 부부가 되기도 한다.

2년여 뒤에 귀국하여 배구자에 의해 동양극장이 문을 열면서 거기에 둥지를 틀게 된다. 그곳에는 도쿄 유학생 출신의 홍해성이 연출가로 있었기 때문에 처음으로 리얼리즘 연기를 배울 수가 있었다. 여러 작품에서 단·조역으로서 배우술의 기초를 단단히 다진 그녀는 1941년에는 유치진이 이끌던 현대극장의 창립배우로 주연을 맡을 정도로 성장해 가고 있었으며, 1944년에는 총독부가 주최한 연극경연대회에서 함세덕 작 〈황해〉의 주연으로 나이 서른 살에 연기상까지 거머쥐었다. 이는 그만큼 그녀가 여배우로서 정점을 향해 가고 있었음을 의미하는 것이다.

그러다가 해방을 맞게 되는데, 혼란기에는 그녀가 돋보일 만한 단체나 작품을 만날 수가 없었다. 그런 그녀를 눈여겨본 이는 이해랑이었다. 그리하여 1947년 봄에 극예술협회가 출범하면서 그녀는 그 단체의 대표 여배우로 발탁되어 유치진의 〈조국〉, 〈자명고〉 등의 작품에서 김동원의 상대역으로서 각광을 받게 된 것이다. 그녀가 한때는 극협에 불만을 갖고 이탈하여 1948년도에는 이화삼과 신극협회라는 극단을 조직하기도 했으며, 그다음 해에도 변기종 등과 신예술무대라는 단체를 조직했으나 실패만 거듭했었다. 그러던 차에 정부에서 국립극장을 설립하고 전속극단 신협이 창립되면서 꿈꾸던 단원으로 자리 잡을 수가 있었다. 그로부터 그녀는 국립극장의 주연 여배우로서 스타덤에 오르게 된다. 그럴 수밖에 없었던 것이 국립극장 개관공연 작인 〈원술랑〉에서부터 모든 작품의 여주인공을 도맡아 했기 때문이다.

그러나 거기까지였다. 1950년 6·25전쟁이 발발하면서 그녀는 납북당한 것이다. 물론 고향이 평안도이므로 월북한 것으로 보는 시선이 있는 모양인데 납북이 맞을 것 같다. 왜냐하면 그의 가족은 일제 시대에 서울로 이사했던 데다가 해방공간에서 세 번에 걸쳐 이루어진 연극인들의 월북에도 그녀만은 끼지 않았기 때문이다. 그녀가 평소 특별한 이념에 경도되었다는 징조는 어디에도 없었다. 여하튼 전쟁기에 평양으로 간 그녀는 곧바로 명배우답게 적응을 잘한 것 같다. 왜냐하면 평양에서도 곧바로 국립연극단 배우로 등용되어 눈부신 활약을 하기 때문이다. 특히 그녀는 국립연극단의 주요작품들, 이를테면 〈탄광사람들〉을 비롯하여 〈조국산천에 안개 개인다〉 등의 주역을 맡는 것을 넘어, 주연 영화인 〈승냥이〉, 〈흥부전〉, 〈최학신의 일가〉 등에서 조선의 어머니상을 빼어나게 연기함으로써 김정일의 사랑을 받는다. 그녀는 인생의 전반기를 남한에서 보냈다면 후반기는 평양에서 보냈고, 그 절정기도 역시 북한의 연극과 영화에서 보여 주었다.

평양에서는 김정일의 눈에 들어서 공훈배우의 칭호를 받았으며, 1970년대 이후에는 노래와 춤이 주가 되는 혁명가극이 주류를 이루었기 때문에 리얼리즘 연기에 능한 그녀로서는 맞지 않아 영화 분야에서만 노련한 연기력을 발휘할 수 있었다. 그녀의 대표적 영화로는 〈이 세상 끝까지〉를 비롯하여 〈우리 누이집 문제〉, 〈요람〉 등이 있다. 이렇게 많은 영화에서 눈부신 활약을 하다가 김선영은 1995년 7월 29일 81세의 나이로 파란만장의 생애를 마감한다. 소희조는 그녀의 연기 일생에 대하여 "그가 창조한 수십 편의 작품들에서 나오는 정 깊고 사려 깊은 어머니의 모습, 다심하고 인자한 어머니의 모습 그리고 대쪽같이 강하고 굳센 어머니의 모습은 그대로 자기 자신의 모습, 명실공히 인간 김선영의 모습이 그대로 비껴진 것"[10]이라고 썼다.

한편 지난 시절에서 찾아낸 극작가로서는 김일성상 수상자인 리동춘이 주목받았고, 그의 대표작이라 할 〈산울림〉이 선택된다. 리동춘은 1925년 황해도의 가난한 노동자의 아들로 태어나 해방 직후 자위대원을 거쳐 황해 도립극장의 전속작가로 활동하면서 김일성의 모친 강반석의 혁명활동을 그린 〈우리의 어머니〉로 각광을 받으면서 평양의 사회안전부 창작실 전속 작가로 승격되었으며, 1961년에는 그 유명한 〈산울림〉을 발표함으로써 영 예의 김일성상까지 받는 계관작가로 우뚝 선 인물이다.[11] 당시 극한적인 경 제 침체와 권력 이동 등으로 국가적으로 대단히 어려웠던 시절이어서 인민 들에게 안정과 희망, 그리고 애국심 특히 개척 정신을 불러일으킬 만한 작 품이 필요했던 것이 아닌가 싶다. 따라서 당국이 요구하는 메시지를 담았다 고 생각한 작품이 바로 천리마 시대를 잘 묘사했던 〈산울림〉이라 본 것 같 다. 솔직히 이 작품이 처음 발표되었을 때(1961)는 그처럼 대단하게 평가되 지 못했다. 그러나 40여 년이 흐른 뒤에는 국가 사회상황이 너무 다운된 처 지여서 〈산울림〉 같은 진취적인 작품이 상을 받은 것이라 볼 수가 있다.

40년 만에 부각된 〈산울림〉

손광수는 "위대한 장군님께서는 주체 98년(2009) 12월 11일 경희극 〈산울 림〉을 재창조한 데 대한 과업을 주시고 작품이 완성되었을 때에는 제일 먼 저 보아 주시며 이번에 국립연극단 일군들과 창작가, 예술인들이 당의 의 도를 사상적으로 접수하고 동원되어 당에서 준 과업을 가장 충실하게, 가 장 훌륭하게, 가장 성실하게, 가장 완벽하게 수행하였다는 높은 평가를 주

---

10 소희조, 「위대한 어버이 품속에서 영생하는 명배우 김선영」, 『예술조선』, 2007.1.
11 인물소개 「희곡작가 리동춘」, 『조선예술』, 2006.7.

시었다."[12]고 하여 이 작품을 선택한 장본인이 바로 김정일이고, 그가 앞장
서서 국립연극단원들을 총동원하여 새롭게 재구성했음을 알려 주고 있다.
2011년 연감에서도 〈산울림〉이야말로 선군시대 문학예술을 대표하는 기념
비적 걸작이라면서 국립연극단이 21세기의 혁신적 안목과 1970년대의 창
조방식, 투쟁기풍으로 경희극 〈산울림〉을 시대의 기념비적 명작으로 재창
조하여 세상에 내놓았다고 했다.[13] 〈산울림〉이 인민군대와 인민의 사상교양
에 훌륭한 교본이라 본 김정일은 수개월 동안 전국을 순회공연하도록 제반
편의를 봐주기도 했다.

서장과 4막, 그리고 종장으로 구성된 이 작품은 음악 속에 막이 열리면
높고 낮은 산들이 서로 키 다툼하는 양 웅장하게 뻗어 나가다가 기암절벽을
이루고 이른 봄에 피어난 진달래꽃으로 하여 산천은 더더욱 아름답다. 여기
서 주목되는 것은 작가가 계절을 봄으로 잡은 점이다. 봄은 희망의 상징이
고 진달래꽃은 북한의 국화(國花)가 아닌가. 이 땅은 본래 산과 내가 많고 삼
면이 바다로 둘러싸여 있는 반도로서 천혜의 아름다운 국토이다. 그래서 멋
진 음악과 함께 현란한 봄의 모습을 보여 주면 관객은 일단 아름다움에 취
하고 마치 낙원에 사는 느낌을 가질 수가 있다. 실제로 1막에 이런 대사가
오간다.

송재   해방 전에는 여기가 정배 살던 곳이야. 베치마 하나 가지고 며느리,
       딸이 돌려 입었구 동네에 두루마기 하나 만들어 놓고 장을 봤구 장
       가를 들던 곳이야.
달수   위원장 동무두 고무신 살 돈이 없어서 짚신을 신고 장가를 들지 않
       았나요. 그리던 우리가 세상 부럽지 않게 살게 됐으니 생각하면…
송재   정배 터가 지상낙원이 됐소.

---

12   소광수, 「김일성상 계관작품 경희극 〈산울림〉의 극작술 특징」, 『조선예술』, 2010.7.
13   『조선중앙년감』, 조선중앙통신사, 2011.

<pre>
달수   예.
송재   당의 은덕이요.
</pre>

해방 전에는 죄인들이 귀양이나 가던 척박한 오지가 조선노동당 덕분에 이미 낙원이 되어 있다는 이야기다. 그런 곳에 황석철이라는 제대군인이 주인공으로 등장하여 '오곡백과가 무르익는 무릉도원으로 꾸릴 테다'라고 '아— 아—' 소리치면 메아리가 되어 울려온다. 음악이 고조되며 '산울림'이라는 제명이 솟아오른다. 여기까지가 서장이다.

이 동네도 봄을 맞아서 협동농장의 일꾼들이 분주하다. 그런데 갓 제대한 황석철이 등장하여 시야를 넓혀서 광대한 황무지 산골짜기 땅을 개간하면 단번에 100만 톤 알곡 증산을 이룰 수 있다는 등 엉뚱한 소리를 하고 다녀서 조합원들을 당황케 한다. 황석철은 10여 년 동안 나라를 지키는 일을 하고 높은 이상과 꿈을 이루기 위해 오지로 온 사람이다. 그러나 완고한 지역 당원들의 협량한 사고에 부닥쳐서 좀처럼 일을 진척시키지 못한다.

<pre>
석철   제 생각엔 좁은 울타리 안에서 맴돌지만 말고 이제는 좀 시야를 넓
        혀보자는 겁니다.
송재, 달수 시야를 넓혀? 하 하 하.
</pre>

결국 석철은 공상가로서 교양 대상의 기피 인물로까지 취급받는다. 그의 원대한 꿈을 이해 못 하는 조합장(송재)은 석철이가 대학 가기 위해 스펙을 쌓으려는 것이라고까지 의심한다. 그러나 석철은 굴하지 않고 자족병에 걸려 있는 지방 간부들을 설득하면서 강 건너 범바위산을 개간하는 일을 줄기차게 밀어붙인다. 다행히 그 산의 주인(서 노인)이 석철의 주장에 조금씩 공감해 가고 젊은이들도 조금씩이나마 석철의 구상을 이해해 간다.

서로(노)인 거 개간한다는 게 아니라 이제 개간하게 될 거라구 하기에 이를테면 내가 앞질러 준비하는 거지

송재   이것 보오, 그 사람이 구체적인 타산이 있어서 그런 게 아니라 대학 가는데 추천장을 받기 위해서 날뛰는 것도 모르구, 그래 반장이 그 장단에 춤을 춰야 옳소?

석철에게 도움을 준 이는 의외로 리당위원장(함락주)이었다. 리당위원장은 석철에게 아무리 이상이 훌륭하더라도 혼자 힘으로는 실현할 수 없고 대중을 믿고 대중의 정신력에 불을 지필 때만이 큰 힘으로 얻어, 보다 원대한 꿈과 포부를 실현할 수 있다는 것을 일깨운다. 일이 잘 진행되는 중에 비가 많이 와서 강을 건너가는 어려움에 처하기도 했다.

락주   석철 동무! 이 바줄을 늘이자구.
석철   아! 그러니까 강 이쪽과 저쪽에다 그 바줄을 매어 놓는단 밀이지요?!
락주   옳소! 한쪽은 이쪽에다 매여놓고 다른 끝은 끌고 가서 강 저쪽에다 매여놓으면 다른 동무들은 그 바줄을 잡고 건너올 테니까 안전할 게 아니요.
석철   야, 장관이겠는데요. 정말 그럴 듯합니다. 조합원들이 일시에 건는다.
락주   아마 볼 만할 거야!
석철   저, 건늘 때 민청원들이 합창을 부르는 게 어떻습니까?
락주   그거 좋지.

결국 석철은 범바위산을 개간하여 각종 곡식과 채마를 많이 심어 정부에서 요구한 알곡 100만 톤도 쉽게 보낼 수가 있었다. 그러나 그것으로 만족할 석철이 아니었다. 석철은 다음 단계로 승리산도 개간하여 황금산으로 만들자고 한다.

석철	동무들! 우리 산골사람들을 남부럽지 않게 더 잘 살게 하려는 것이 우리 수령님의 평생소원입니다. 그러니 수령님 태워 주신 천리마를 타고 더 높이 달립시다.
모두	달리자요. 달리자!
석철	가야 해 , 가야 해, 더 좋은 내일을 향해 우리 모두 가야 해.
모두	암, 그렇다마다요.
석철	(언덕으로 뛰어올라가며) 아, 우리의 이상, 우리의 희망이 실현되는 내일! 흥해 가는 내 조국의 아름다운 내일이여!
모두	내일이여! (소리친다)

이 소리가 울림 되어 메아리쳐 온다. 음악과 함께 막이 내린다.

이렇게 〈산울림〉은 꿈의 성취와 실현으로 막이 내린다. 관중은 아마도 잠시나마 현실을 잊고 희망에 부풀 듯싶다. 그러나 극장을 떠나면 다시 암담한 현실로 돌아가지 않을 수 없었을 것이고, 그래서 당국에서는 또다시 인민에게 자력갱생의 에너지를 불러일으키는 작품을 찾지 않을 수 없었을 것이다. 김일성상을 수상한 계관작가인 김흥기와 서남준에게 쓰게 한 〈오늘을 추억하리〉도 그런 사정에서 나온 듯싶다.

고난의 행군의 참상을 보여 주는 〈오늘을 추억하리〉

〈산울림〉이 제대군인에게 큰 역할을 맡겼다면 〈오늘을 추억하리〉는 현역 군인에게 더 큰 역할을 부여했다. 이는 당국에서 김정일의 선군정치를 극대화해 보겠다는 의지를 내보인 것으로 생각된다. 『조선예술』 2011년 11월호와 2012년 12월호에 게재된 〈오늘을 추억하리〉는 서장과 제7장으로 구성된 장막희곡이다. 의외로 군경제위원회 위원장을 여성(강산옥)으로 내세움으로써 큰 사업을 여주인공에 할애한 것부터 이색적이라 말할 수가 있다. 그녀가 맡은 사업은 거대 발전소를 산간에 건설하는 과업인데 그 진행 과정이 간단치가 않다. 우선 일꾼들의 먹거리 문제에서부터 거대 송전철탑 이전에 이르기까지 애로사항이 많을 수밖에 없다. 실제로 1990년대 중반에 시작된 고난의 행군은 2000년대에도 지속된 듯싶다.

산옥	과장 동무, 지금 건설장에 점심밥을 못 가지고 나와 일하는 사람이 왜 하나둘 늘어나는지 료해해봤어요?
계획과장	그건 아직…
산옥	자식들 때문입니다. 이 강냉이는 발전소 건설에 동원된 세대들에게 돌리세요.
경순	아니 위원장 동지, 좀 해결해 주십시오.
산옥	지배인 동무 내 그 공장에 맡긴 칡뿌리를 보내 주겠으니 우리도 대용식품을 한번 만들어 보자요.
경순	대용식품이요?
산옥	먹어야 발전소도 건설하지요. 자강도에선 글쎄 니탄으로 떡이나 빵을 만들어 식량을 대신한대요.
경순	칡뿌리로요?
화학공장 지배인	우리두 사정은 비슷합니다.
산옥	그래요. 우리가 왜 고난의 행군을 하게 되었습니까. 우리 인민들이 너무도 뜻밖에 민족의 대국상을 당하게 되자 제국주의자들은 우리를 아예 질식시켜 죽이려 들지, 게다가 몇 년째 자연재해는 계속되고 있어요.
장진	옳습니다. 동유럽 사회주의가 무너지다 보니 사회주의 사장이라는 건 다 없어지고 말았습니다.
조갑	우리 군에서도 지금 여러 공장들이 멎고 주민들에게 공급하던 식량마저도 다 떨어졌습니다.
산옥	이런 형편에서 우린 전력문제를 푸는 것부터 고난의 행군의 돌파구를 열어야 합니다.

이와 같이 제1장에서 주요 간부들이 대화를 나눈다. 이 중 몇 가지 사실이 매우 주목할 만하다. 첫째 극심한 식량 부족으로 공장 일꾼들조차 굶기

제4부   급변하는 정세 속 북한 연극의 과제

도 하고 강냉이밥을 먹으며 밀가루가 없어 칡뿌리를 캐서 녹말을 만들어 국수를 만들어 먹는 일이 보편화되었다는 것, 둘째 고난의 행군의 원인이 김일성 수령의 사망과 제국주의 국가들의 제재, 1995년도의 대홍수 재해, 그리고 동구권의 몰락 등이라 한 것이다. 거의 정확한 진단이긴 하나 또 한 가지 누구나 알 수 있는 폐쇄 정책은 언급하지 못했다. 공장에서 물건을 만들면 국내외에서 판매를 해야 하는데, 이를 위해 외국과 자유롭게 교역해야 하지만 북한 사회는 개방을 막고 있어 그것이 불가능하다. 공장이 돌아가지 않는 데에는 바로 그런 특수한 정치사회 문제가 암초처럼 가로막고 있는 것이다. 더욱이 북한이 생존을 위해서 핵을 개발하고 있어 이 문제는 도저히 풀기 어렵다. 셋째로, 북한 사회가 많이 변했음을 알려 주는 것이, 고난의 행군의 실상을 적나라하게 작품에서 표현하고 있다는 점이다. 사실 고난의 행군 시절에 발표된 작품들을 보면 실상을 사실대로 쓰지 못하게 한 듯싶다. 왜냐하면 그 당시 희곡들을 보면 슬쩍 스치고 지나가는 듯이 고난의 행군을 말했었다. 리얼한 표현이 없었다는 이야기다. 그 점에서 〈오늘을 추억하리〉는 매우 중요한 작품이라고 할 만하다.

이 작품에서 절정은 거대 발전소 건설의 최고책임자라 할 경제위원회 여성위원장인 산옥의 중학생 딸(송희)이 아사하는 사건이다.

> 송희   (윤희한테서 받아쥔 쌀 주머니를 석태에게 주며) 아저씨… 이 쌀루 밥 지어 잡숴요.…
>
> 석태   뭐?!
>
> 송희   (가쁜 숨을 몰아쉬며) 우리 엄만 아저씨 눈이 잘 보여야 발전소두 빨리 되구… 전기불도 보고 텔레비랑 볼 수 있대요.
>
> 석태   누가 널더러 내 걱정을 하라던?
>
> 송희   (마지막 힘을 모아) 엄… 마… (운명한다)
>
> 윤희   (가슴에 손을 댄다) 멎었어. 심장이 멎었어!-
>
> 석태   뭐라구?! 뭐?! 송희야, 송희야! 너 왜 그러니? 눈 좀 뜨라, 눈을 뜨라

　　　　　　는데!

윤희　　삼촌엄마, 송희가 죽었어!– 이 일을 어쩌면 좋아요.

　　놀랍게도 발전소 현장을 지휘하는 경제위원회 위원장(산옥)의 중학생 딸이 굶어 죽은 것이다. 원로노동당원인 이웃집 할머니가 그녀를 달랜다.

봉순 할머니　(그제야 산옥을 발견하고 울컥하며) 위원장!··· 예로부터 자식을 앞세우면 앞산도 안 보인다고 했네. 지금 위원장 마음이 오죽하겠나, 다문 며칠이라도 내려가 좀 쉬라구.

산옥　　저도 그러구 싶지만 저 발전소 건설을 생각하면 차마 발길이 떨어지지 않아요.

봉순 할머니　그럴 테지, 위원장이 아닌가··· 온 건설장이 위원장 얼굴만 쳐다본다는 걸 잊지 말구 강심을 가지라구.

　　이상의 장면에서 확인할 수 있는 것은 자식의 죽음보다도 발전소 건설이 더 중요할 정도로 북한은 전력난으로 공장들이 돌아가지 못하는 상황이었고, 정부는 총력을 기울여 에너지 구축에 진력하고 있었다는 사실이다. 여기서 민간 주도의 발전소 건설도 궁극적으로는 혁명군인들이 나서서 마지막 장애를 제거함으로써 마무리 지어진다는 사실이 주목된다. 갑자기 들이닥친 사단장 등 공병 장병들이 최대의 장애였던 철탑을 들어 올림으로써 발전소 완공이 초읽기에 들어갈 수가 있었던 것이다.

산옥　　사단장 동지, 종말 고맙습니다.

사단장　최고사령관 동지께서는 조국 보위도 사회주의 건설도 우리 군대에게 다 맡겨 주시지 않았습니까? (군인들에게) 출발!

산옥　　동지들, 우리는 오늘 고난과 시련을 이겨내고 마침내 발전소 건설의 완공단계에 들어섰습니다. 돌이켜보면 참으로 힘겨운 나날이었어요. 하지만 장군님께서 안겨 주신 혁명적 군인정신이 있어 흙짐을

지면서도 내일을 생각하고 굶어 쓰러지면서도 내일을 그리고 모진 마음속 고통을 겪으면서도 내일의 승리만을 위해 불사신처럼 일떠 서 싸웠습니다. 동지들! 우리는 장군님만을 굳게 믿고 끝까지 따라가 면 최후의 승리자가 된다는 것을 뼈속 깊이 새겨 안게 되었으며 그 처럼 간고했던 이 고난의 행군이 낙원의 행군으로 이어지게 되는 그 날에는 우리 장군님을 따라 헤쳐 온 오늘을, 오늘을 긍지 높이 추억 하게 될 것입니다!

모두   만세! 만세!

이 마지막 장면에서 보여 주는 것은 결국 김정일 장군의 선군정치만이 살 길이라는 메시지라 하겠다. 따라서 김정일이 매우 만족했던 것 같다. 연말 의 연감에서도 그와 관련하여 "연극 〈오늘을 추억하리〉는 슬픔에 대한 추억 이 아니라 신념과 의지에 대한 추억을 철학적으로 깊이 있게 해명한 명작 중의 명작, 인간관계 설정으로부터 극작술, 무대미술, 효과음악, 연기형상 에 이르기까지 손색없는 작품, 선군시대 문학예술을 대표하는 또 하나의 기 념비적 걸작이라고 높이 평가"[14]했다고 하여 그 점을 확인해 준다.

실제로 이 작품이 탄생하는 데는 김정일의 지시가 있었던 것 같다. 『조선 예술』 2014년 9월호에 보면 "김정일 동지께서는 고난의 행군, 강행군 시기 를 형상화한 연극을 새로 훌륭히 창작하도록 하시었다. 고난의 행군 시기를 형상한 연극을 창작할 데 대한 위대한 장군님의 가르치심을 받아안은 작가 들은 공업도시, 해안도시, 탄광마을과 산골군에 이르기까지 속속들이 편답 하면서 연극의 주인공으로 될 원형을 찾고 〈오늘을 추억하리〉라는 제명으 로 된 연극대본을 창작하시었다."고 기록한 바 있는 것이다. 그만큼 김정일 은 타계 직전까지 고난의 행군 시기를 뼈아프게 마음속에 간직하고 있었던 것이 아닌가 싶다.

---

14 『조선중앙년감』, 조선중앙통신사, 2012.

3대 김정은 시대의 연극

2011년 12월 17일, 절대권력자 김정일이 타계한다. 각계에서 애도를 표하는 가운데, 김정일이 그동안 이룩했던 혁명가극과 혁명연극운동 등 혁혁한 업적을 기리는 글들이 많이 나왔다. 그러나 실제로 연극계의 변화는 전혀 없었다. 왜냐하면 후계자인 김정은은 선대처럼 예술에 대한 이해가 부족했고 따라서 관심 또한 선대에는 못 미쳤다. 그 점에서 김정은이 예술, 특히 연극과 관련하여 한 지시라든가 말을 한 번 살펴볼 필요가 있다.

가령 2014년 11월에 김정은이 예술인들에게 "창작가, 예술인들은 전투훈련장과 사회주의 건설의 대고조전투장들에 나가 여러 가지 형식의 예술 활동을 힘 있게 벌려 노래폭탄, 춤폭탄으로 군인들과 인민들에게 힘과 용기를 북돋아 주고 그들을 위훈창조에로 추동하여야 합니다."라고 했다. 그의 말 속에는 예술은 없고 오로지 격렬한 이념적인 투쟁만 있다는 점에서 선대의 뜻을 그대로 계승하면서 한층 더 선동과 투쟁을 강조한 점에서 약간의 차이점을 찾을 수 있을 것 같다.

이런 지시를 받은 연극인들은 정말 제정신을 못 찾을 정도로 분주하게 현장을 누비고 다닌다. 피바다가극단과 국립연극단의 창작자와 예술인들은 2·8직동청년탄광으로 직행하여 힘 있는 화선식경제 선동활동에 진입하였고, 공훈배우 문면삼 리동수 김향, 배우 김혜옥 손풍금, 연주가 김룡남 들은 오직 '석탄 증산의 일념을 안고 투쟁하는 탄부들의 숭고한 정신세계, 진실한 감정, 불굴의 투쟁정신을 공연 종목마다 담아 공연무대를 펼침으로써 탄부들에게 커다란 힘과 용기를 안겨 주었다.'고 했다.[15]

김정은의 연극에 대한 생각을 살필 수 있는 두 번째 정보는 제9차 전국연극인대회에 보낸 서한이다. 그는 이 서한에서 "우리 인민의 사상감정과 시대성을 반영한 현실 주제의 연극들을 창조하는 것과 함께 세계의 이름 있는

---

15 「전투적이고 열정적인 공연 활동으로」, 『조선예술』, 2014.11.

연극들을 우리식으로 새롭게 창조하여야 한다."고 말하고 곧이어 선대 김정일의 지시사항이라 할 '연극예술 부문에서는 지난 시절 우리 인민들에게 널리 알려졌던 연극들을 재창조하는 것과 함께 새로운 연극작품들도 많이 장착하여야 합니다'라는 지시사항을 그대로 옮겼다.[16]

여기서 주목되는 두 부분 중 첫째는 세계의 이름 있는 작품들을 우리식으로 새롭게 창조하여야 한다는 말이다. 북한에서는 적어도 1970년대 이후에는 단 한 번도 외국 희곡을 번역해서 공연하거나 번안하여 무대에 올린 적이 없었다. 그런데 김정은이 그런 말을 한 것이다. 두 번째는 선대 김정일도 주장했던 리바이벌의 강조이다. 여기서 그 점을 중요하게 보는 이유는 자유의 엄격한 제약 속에서 우수작이 나오기 힘든 만큼 기존의 작품들 중 괜찮은 희곡들을 골라내 새롭게 다듬어서라도 무대를 채우라는 의미이기 때문이다. 이는 김정일이나 김정은도 내심으로는 북한의 상황을 알고 있을 것이기에 재창조를 강조한 것으로 볼 수 있다. 작품의 빈곤을 메꾸는 방법으로서는 외국 작품이 허용되지 않는 상황에서는 리바이벌 외에 마땅한 대안이 있을 수가 없다.

북한 예술 전반을 주도했던 김정일이 타계한 후, 연극계에는 별다른 변화가 일어날 수 없었다. 왜냐하면 후계자 김정은을 비롯하여 어느 누구도 김정일만큼 예술을 아는 사람이 없었기 때문이다. 그렇기 때문에 적어도 연극계는 세상에 아무런 변화가 없는 양 같은 톤으로 흘러갔다. 달라진 것이라고는 충성의 대상 한 사람뿐이라 해도 과언이 아니다. 핵 개발로 인해 국제 제재도 그렇고 에너지 부족과 폐쇄 정책 등으로 공장들이 돌아가지 않음으로 빈궁을 극복하기란 하늘의 별 따기나 다름없는 상황에서 북한 정부로서는 인민과 인민군을 쥐어짜는 방법 외에 별다른 돌파구를 찾을 수 없었던

---

16 박철성,「연극 재창조는 시대와 연극예술 발전의 요구에 맞는 중요한 창조사업이다」,『조선예술』, 2014.11.

것이다.

그러므로 김정은이 권력을 승계한 이후에도 혁명가극과 〈성황당〉식 혁명연극이 변함없이 대극장들을 점유했고, 승계 직후에 발표된 희곡만 해도 여전히 경제 문제 해결에 인민과 인민군대를 동원하는 내용의 작품이었다. 2013년 5월에 발표된 김일성 계관 극작가 박호일과 김경화가 공동으로 쓴 희곡 〈사랑〉(서장 종장 및 4장)은 김정일 시대였던 2008년에 건설이 시작된 평양민속공원이 그의 사후인 2012년 초에 준공되는 이야기가 골격을 이루고 있다. 주인공은 인민군대 장교 및 병사들과 민속공원 관계자들이다. 서장에 부터 민속공원 안에 구호로서 '경애하는 최고사령관 김정은 동지의 2012년 1월 11일 현지 말씀을 철저히 관철하자!'라고 큰 글씨로 써서 걸어 놓은 것이 특징이다. 이는 김정은이 후계자로 권력을 이양받은 이후 연극작품에서 처음으로 대접(?)받은 경우로 보여서 흥미롭다. 그런데 공교롭게도 작품의 배경은 선대(김정일)가 야심적으로 시작해 놓은 평양민속공원 건설장이다.

〈사랑〉의 서장은 주역인 김국철 대대장이 총각이냐 유부남이냐 하는 내용이 전부이다. 이는 막판에 공원당 책임자(하지만)의 질녀로서 설계를 맡은 홍순애와 김국철을 결합시키려는 계산에 따른 것이다. 같은 공원에서 일하면서 사랑에 빠진 광남과 옥실의 부모들이 장차의 사위와 며느릿감을 보려고 변장을 하고 잠입하여 웃음을 사는 제1장, 60년대 가뭄으로 공사가 진척되지 않는 상황에서도 불굴의 의지로 극복해 가는 주인공 국철과 순애의 헌신이 작품의 주된 골격을 이룬다.

국철　이거 날씨가 간단치 않게 물쿠누만 60년 만의 왕가뭄이라더니…
순애　나무야, 너도 보았지…이제 크거들랑 네 그늘 밑에 찾아오는 사람들에게 우리 군인들이 바친 애국의 마음이 얼마나 뜨겁고 얼마나 진실한가를…
주로인　여보게 여기 와 보니 정말 희한하구만, 이 방대한 공사를 군대가 아니면 어림두 없지.

| 국철 | 아버님, 우린 경애하는 최고사령관 동지의 인민사랑의 정치를 받들고 있을 뿐입니다. |

제2장에서는 국철의 입을 통해서 선대가 5천 년 역사와 주체 백 년의 역사를 인민에게 제대로 알리려는 목적으로 거대한 민속공원 건설을 발기하고 타계했고, 그런 사정을 잘 아는 국철이 사적인 사랑마저 저버리고 혁명적 군인정신으로 민속공원 완성에 매진한다는 내용이 전개된다. 그러나 마지막 장에서는 갑자기 태풍이 몰아닥친다. 이는 아마도 1995년도의 대홍수를 가리키는 것으로 보인다. 이때 국철과 병사들은 목숨을 아끼지 않고 민속공원을 지키려고 안간힘을 쓴다.

국철	선생님, 물론 죽을 수도 있습니다. 하지만 우리가 저 금강사탑을 아니, 이 민속공원의 매 건축물 하나하나를 어떻게 일쩌 세웠습니까? 우리 장군님의 애국유산을 빛내이는 길에서 열백 번 죽은들 무슨 한이 있겠습니까?
역사학자	대대장 동무… (감동에 젖는다)
국철	자, 결사대 날 따라와 앞으로!
군인들	알았습니다.
순애	나도 저 결사대의 한 성원이 되고 싶어요.
국철	동무들, 경애하는 최고사령관 김정은 원수님께서 우리의 심장마다에 안겨 주신 김정일 애국주의는 사상 중의 사랑, 가장 위대한 사랑입니다.

주인공 국철 대대장과 그를 추종하는 군인들은 목숨을 내걸고 태풍 속을 헤치고 들어가 민속공원을 구출한다. 그런데 이 작품의 핵심적 종자는 막이 내리기 직전에 김정은의 명제, 즉 '온 나라에 김정일 애국주의 열풍이 일고 전체 인민의 김정일 애국주의를 실천 활동에 철저히 구현해 나갈 때 우리 조국은 부강 번영하는 사회주의 강성 대국가로 높이 솟아오르게 될 것입

니다'이다. 전술한 바 있듯이 평양민속원은 선대 김정일이 선군정치를 하면서 와병 중에도 강성대국의 상징으로 화려 거대하게 대성산기슭에 조성하려던 것이므로 후계자 김정은으로서도 말끔하게 마무리하고 싶었기 때문에 공연물로까지 만들어 선대와 자기의 홍보 선전의 수단으로 활용했던 것이 아닌가 싶다.

그런데 여기서 한 가지 짚고 넘어갈 것은, 김일성 타계 후 김정일의 선대 예우는 유훈 추앙 내지 계승이었던 데 비해 김정일 타계 후에 김정은의 선대 예우는 애국주의 계승이었다는 사실이다. 이 두 가지의 차이점은 무엇일까. 아마도 전자가 선대의 사상이나 정신 계승에 주안점을 두었다고 한다면 후자는 극히 실용적인 면에 무게를 두었다고 보는 것이 합당할 듯싶다.

황희정의 논문에 따르면 처음 김정일이 발병한 직후 권력 승계 작업 초기라 할 "2008년도에는 뉴욕필하모니오케스트라를 초청하여 평양에서 공연도 가졌고, 완전 승계 이후인 2012년 7월 모란봉악단이 창단 시범공연 때는 반짝이는 미니원피스, 킬힐 등을 착용하고 파격적인 율동을 선보이는 단원들과 〈톰과 제리〉 등의 만화영화의 주제가가 연주되는 동안 미국을 대표하는 미키마우스, 곰돌이 푸, 백설공주의 난쟁이 등의 캐릭터가 등장하였으며, 영화 〈록키〉의 주제가가 연주되는 가운데 화면에는 실베스터 스탤론이 달리는 장면 등이 북한 전역에 방송"[17]되었을 정도로 젊은 지도자의 등장에 맞게 개방성을 보여 주었다. 2013년에는 김정은이 좋아하는 농구를 중심으로 미국과 청소년 농구 교류까지 거론하면서 그가 좋아하는 미국의 농구스타 데니스 로드먼도 초청하여 환대한 것은 세상이 다 알고 있는 바다.

그럼에도 불구하고 북한은 더 이상의 개방성을 보여 주지 못했으며 더군다나 연극 분야는 조금도 변한 것이 없었다. 연극판은 그때까지 해오던 방

---

17   황희정, 「김정은 시대의 북한 연극—2011년 이후 희곡을 중심으로」, 『한국문화기술』 통권 제16호, 2013.12, 106쪽 참조.

식대로 굴러가고 있었다. 다만 대단히 특이한 경우로는 〈사랑〉이 발표되고 반 년 뒤인 10월과 11월에 걸쳐 게재되었던 〈새 세기의 봄〉(강원철 작)이라는 다큐멘터리형 장막극이 있다. 이를 가리켜서 매우 특이한 경우라고 한 것은 작고한 지 2년도 채 되지 않은 절대권력자 김정일을 작품 주인공으로 삼았기 때문이다. 이는 1960년대 후반 이후 김정일이 북한 예술을 일선에서 진두지휘하면서도 단 한 번도 없었던 일로서, 그가 작품의 주인공으로 등장했다는 것은 흥미 차원을 넘는 경우였다고 하겠다.

김정일, 연극의 주인공으로 등장하다

그러나 김정은은 과감하게 그의 선친을 장막희곡의 주역으로 등장시킨다. 시대 배경은 1990년대부터 2010년대, 그러니까 김정일이 집권한 이후 국가적으로 최대의 위기였다고도 볼 수 있는 이 시기는 핵 개발로 국제 제재를 받았으며 자연재해까지 겹침으로써 고난의 행군이라는 시련을 겪던 때였다. 그러므로 이 작품으로 20여 년에 걸쳐 그 혹독한 현실을 어떻게 헤쳐왔는가를 살필 수 있는 것이다. 따라서 명하기계공장을 주무대로 하여 등장인물들도 김정일을 위시하여 기계공업상 부상, 인민무력부장, 당 간부 등 고관들과 그를 수행하는 이들 및 '명하'라는 기계개발조 간부들과 그들의 가족, 의사, 간호사, 마을 사람들 등 수십 명에 이른다. 사실과 허구를 교묘하게 뒤섞은 이 작품은 당시 북한의 현실을 사실적으로 묘사한 희곡이라고 해도 무리는 아닐 성싶다.

서장, 종장과 6장으로 구성된 작품은 주역들 중의 몇몇인 공장지배인과 선반공의 어린 가족들의 곤궁한 일상으로 시작된다. 이야기가 진전되면서 명하기계개발조 연구사(진영)와 그 공장 지배인(학민)이 의견 차로 티격태격한다. 그러니까 연구사 진영은 시대 변화에 따라 기계도 혁신해야 한다는 견해이고, 지배인 학민은 당장 먹을 것도 없어 생활이 어려운데 기존의 기계로라도 물건을 만들어 외국에 수출해야 먹고살 수 있는 것이 아니냐고 주장한다. 그런 때 뜻밖에 김정일 장군이 등장한다. 김정일로서는 민정 시찰을 나온 터여서 명하기계공장 사람들의 이야기를 경청하면서 자연스럽게 인민들에게 다가간다. 그의 첫 번째 발언은 늘 하던 대로 희곡작품에서도 어려움의 원인을 외부로 돌린다.

> 장군님   그래 노동자들의 생활이 어떻습니까?
> 당비서   저—
> 장군님   힘들지요, 동유럽 사회주의 나라들이 다 무너진 지금 미 제국주의자들은 사회주의 기치를 더욱 높이 들고 나아가는 우리나라를 없애버리려고 비열하게도 경제봉쇄 책동에 매달리고 있습니다.
> 모두   그렇습니다. 장군님!

이렇게 나라의 어려움의 원인을 미국에 돌린 후 그는 공장 간부들의 기계 조립과 활용으로 갈등하는 와중에 끼어들어 컴퓨터 활용을 주장하는 젊은 연구자(진영)의 선진적인 사고와 추진에 힘을 실어 준다. 그러니까 낡은 기계로 현상을 유지하려는 성실하지만 구태의연한 지배인(학민)을 인정하면서도 제지한다.

> 학민   대체로 70년대 설비들입니다.
> 장군님   CNC를 해야 합니다.
> 학민   (어리둥절하여) 예?
> 장군님   지금 세계적으로 CNC가 추세입니다.

이상에서 알 수 있는 바와 같이 왜 선진적인 기계를 기피하고 낙후된 기계를 고수하려는가고 훈계하고 있다. 여기서 CNC는 컴퓨터숫자조종공작기계를 일컫는 것이다. 김정일은 이 공장 말고도 모든 분야에서 낡은 방식을 제거하고 선진적인 기계를 도입해야 한다고 역설한다.

장군님 지금 공장지배인치고 CNC에 대해 아는 일군이 몇이나 있겠소, 우
리는 그들을 모르면 배워 주고 주저앉으면 일으켜 세워서라도 꼭 현
대화에로 이끌고 가야 합니다.

이처럼 김정일은 재정적인 어려움 등 난관이 앞에 가로놓여 있지만 어떻
게든 경제를 발전시키려면 CNC를 해야 한다고 설파한 것이다. 그런데 뜻
밖에 재래식 기계를 소중히 여기면서 CNC를 전혀 모르고 있던 유능한 선
반공(광호)이 아사했다는 이야기가 전해진다.

장군님 인간에 대한 뜨거운 사랑을 지니지 못하면 혁명을 하지 못하오. 난
사랑과 믿음에서 인색을 부리는 사람을 제일 싫어합니다.
부부장 저… 그런데 그 공장의 오랜 노동계급인 광호 아바이가 기대 앞에서
일하다가 순직하였다고 합니다.
장군님 아니, 한 가정의 운명이자 나라의 운명이요. 내가 그들의 운명에 무
관심한다면 어떻게 조국과 인민의 운명을 책임질 수 있겠소.

이상과 같이 말하곤 눈보라 치는 악천후에도 불구하고 장군은 수백 리 길
을 나서 아이들만 남아 있는 선반공 집을 찾아 나선다. 그리고 광호의 어린
아들을 장차 과학자로 키우기 위하여 혁명학원에 진학시키도록 조치한다.
이처럼 김정일 장군은 인간애가 넘치고 조국의 현대화에 혼신을 다하는 지
도자로 부각시킨다.

장군님 나는 지식경제시대의 높은 봉우리에 올라서려는 우리의 과학자, 기
술자들과 노동자들의 혁명적 열정을 믿고 남들이 수십 년을 걸어간
길을 단숨에 가자는 겁니다.… 우리 대에는 좀 힘들더라도 CNC를
해 놓으면 이제 여기 태진이를 비롯한 우리 후대들이 그 덕을 보게
될 것이오.

이상과 같이 김정일은 현장을 찾아가 노동자들과 머리를 맞대고 선봉에 서서 나라의 현대화를 촉진시키려 분투하고 있다. 제4장에 가서는 상황이 급반전한다. 우선 제3장이 끝나고 수년이 흐른 뒤이기 때문에 많은 변화가 일어나고 있다. 그러니까 간절히 바라던 CNC는 이미 완수된 상태로서 공장지배인이 "장군님께서는 나라의 이르는 곳마다 공장들을 찾으시여서는 CNC의 불길을 지펴 주고 계셔서 공장이 할 일이 많아졌다."고 푼념할 정도이다. 그런데 거기에 그치지 않고 공장 정문에 걸어 놓은 현수막 '최첨단을 돌파하라'는 구호와 등장인물 부부장의 말대로 "우리는 오늘 우리식 조종장치를 완성함으로써 비로소 세계 몇 나라만이 독점하고 있던 CNC의 패권을 확고히 틀어쥐게 되었던 것"이다.

> 장군님　그처럼 어려웠던 고난의 행군 때를 생각하니 눈물이 나누만, 정말 그대는 힘들었소. 나라에 있는 돈은 얼마 안 되지, 인민들은 굶고 있지, 정말 내리기 힘든 결심을 했소. 그런데 오늘은 이런 락을 보게 되누만.
>
> 진영　장군님께서 겪으신 그 천만 가지 고생으로 오늘의 이 행복이 마련되었습니다.
>
> 장군님　아니요, 그때 우리 수령님께서 나에게 힘을 주시었소.

이처럼 김정일은 모든 공을 수령에게 돌린다. 그러니까 자신은 수령의 제자이고 전사이며 인민과 함께 있는 평범한 사람이라면서 지금 온 나라가 CNC 열풍을 타고 다계단으로 진화되고 있다고 했다. 결국 이 작품의 종결은 김정은에게로 공이 넘어간다.

> 장군님　…후날 우리 인민이 덕을 꼭 보게 될 거요, 내가 덕을 못 봐도 우리 인민이 볼 수만 있다면 내 백번 씨앗이 되고 뿌리가 되고 싶소. 이것이 김정일 인생관입니다.

모두	장군님!
장군님	이제 우리나라는 잘살게 될 거요. 그러자면 김정은 동지를 잘 받들
	어야 합니다.
모두	장군님! 우리는 장군님의 말씀대로 김정은 동지를 영원히 충정으로
	받들겠습니다.

만세 소리 요란한 가운데 김정일 찬양 노래와 함께 막이 서서히 내
린다.

이처럼 〈새 세기의 봄〉은 북한에서 김정일 주도로 한 산업혁명이라 이를
만큼 산업 부문 더 나아가 생활환경 전체를 아날로그로부터 디지털로 획기
적으로 진화시키는 과정을 한 공장을 중심으로 극화한 작품이다. 2001년
정초에 '인민경제 전반을 현대적 기술로 개건(改建)하기 위한 사업을 착실히
해 나가야 한다'[18]는 지침을 작품으로 형상화한 것이라고 말할 수 있다.

그런데 여기서 간과해서는 안 될 것은 김정일이 작품의 종장에서 김정은
을 잘 받들라고 하면서 "김정은 동지를 당대표자회의에서 당중앙군사위원
회 부위원장으로 추대하였는데, 그는 우리 인민들의 기대에 맞게 백두에서
개척된 주체혁명 위업을 빛나게 계승 완성해 나갈 것"이라고 말한 부분이
다. 그러니까 그 자신은 김일성 수령의 전사인 동시에 제자라 하면서 김정
은에게로 대를 잇는다는 것을 희곡작품을 통해서 구체적으로 천명한 것으
로 볼 수가 있다는 이야기다.

천편일률적 연극과 소재의 빈곤

이상과 같이 북한 연극은 하나같이 그들이 공공연히 내걸고 있듯이 선전
도구 내지 홍보무기로 활용되고 있다. 사실 연극 더 나아가 예술은 아서 밀
러나 안톤 체호프의 말대로 작가가 어떤 문제를 올바로 제기하는 것으로 그

---

18 와다 하루키, 앞의 책, 290쪽에서 재인용.

쳐야 하는데, 북한 연극은 완벽하게 해결까지 해 준다. 그나마도 한결같이 정부나 노동당이 원하는 방향으로 해결을 해 준다. 그렇기 때문에 북한 연극이 한결같이 획일적이고 도식적인 것이 되는 것이다.

림노을이 쓴 〈특별명령〉(『조선예술』, 2014.11)만 보더라도 마찬가지이다. 서장과 6장으로 구성된 이 작품은 큰 홍수를 만난 어느 탄광마을의 재건을 제재로 한 작품이다. 2012년 7월 30일 어느 탄광지구에 집중호우가 내려서 복구하는 내용인데, 주민들은 가재도구가 모두 떠내려가도 김일성과 김정일의 초상화만은 절대로 놓치지 않는다.

> 남1   이제 여기로 오면서 보니까 떠내려간 집들에서 위대한 대원수님들의 초상화들을 품에 안고 뚝에 서 있더군요.
> 여3   물 속에서도 불 속에서도 하늘땅이 다 무너진대도 간직해야 할 우리 삶의 영원한 태양이 아니에요.
> 옥녀   우리에겐 경애하는 원수님이 계시는데 무서워할 것도 두려워 것도 없다고 생각해요.

이상과 같이 김일성과 김정일을 태양처럼 받드는 주민과 복구에 동원된 인민군이 합심하여 김정은 최고사령관의 명령에 따라 단기간에 복구작업을 진행한다. 그런데 마을 여성들이 복구작업에 헌신하고 있는 인민군대들에게 꿀차를 제공하려다가 절대로 인민에게 신세를 지지 말라는 최고사령관의 엄명에 따른 부대장의 완강한 반대에 부닥친다. 그러니까 인민의 군대에 대한 사랑마저 사양하는 것이다. 오히려 인민군대는 자신들에게 배당된 물자들까지 합쳐서 탄광 노동자들에게 헌사한다.

> 지배인   군대 동무들이 그 원호 물자들을 밤새 몽땅 날라다 부대에서 공급하는 물자와 함께 갱에 가지고 내려가 우리 탄광로동당 계급에게 안겨 주고 석탄도 캐면서 뜨겁게 고무해 주었습니다.

여 1　　(울먹이며) 어쩌면 그럴 수가 있어요?

대범　　이 세상에 이처럼 인민을 사랑하는 군대가 또 어디에 있겠습니까.

　　인민군대는 살신성인의 자세로 자기들을 희생하면서까지 인민의 삶을 보듬고 있는 것이다. 물론 이는 순전히 김정은 최고사령관의 엄격한 지시에 따른 것이다. 그 지역에서 군대를 지휘하고 있는 여단장인 정우는 이렇게 말한다.

정우　　인민들에게 사소한 부담도 주지 말라고 경애하는 최고사령관 동지의 명령입니다. 세계 건국역사에 없는 최고사령관이 평범한 려단장에게 직접 주신 특별명령인데 내가 절반만 집행하면 되겠습니까.

대범　　(감격에 겨워) 경애하는 김정은 원수님, 정말 고맙습니다.

정우　　탄광로동계급 여러분! 경애하는 최고사령관 김정은 원수님의 경제강국 건설구상을 더 많은 석탄 증산으로 받들기를 바랍니다.

　　그런데 여기서 주목을 끄는 대사가 나온다. 여단장이 김정은 최고사령관에게 마지막으로 보고하는 장면이다.

정우　　(정중히 거수경례를 하며) 경애하는 최고사령관 동지! 우리 여단은 최고사령관 동지의 특별명령을 관철하였습니다. 여단장 소장 리정우

힘 있는 박수 소리, 기적 소리 울린다.
〈만세!〉의 환호성이 울린다.

대범　　여러분! 이 기적 소리는 경애하는 김정은 원수님의 인민사랑의 위대한 결실입니다. 경애하는 김정은 동지께서 계시어 더욱 강성 번영할 백두대국과 더불어 인민사랑의 특별명령은 영원히 빛날 것입니다.

연극작품에서 처음으로 백두대국이란 용어가 등장하는데, 이는 백두혈통이란 용어 대신 사용한 말이라서 흥미롭다. 김정은이 김정일로부터 권력을 처음 승계받을 때의 직급이 군사위원회 부위원장이었는데, 이는 군대를 장악해야 실질적으로 권력을 이어받음을 뜻하기 때문이다. 따라서 김정은이 집권하고 얼마 되지 않은 작품에서 인민의 군대 사랑과 군대의 인민 사랑 곧 군민 대단결을 부르짖은 것은 북한으로서는 극히 자연스런 현상이다.

김봉순이 "경애하는 김정은 원수님의 인민사랑의 특별명령을 관철해 나가는 우리 인민군인들의 높은 정신세계가 웅심 깊게 안겨오게 되었으며 군민대단결의 전통적 미풍과 관병 일치의 사상이 생활적으로 진실하게 느껴지게 되는 것"[19]이라고 작품 평을 쓴 것에서도 그 점이 확인된다고 하겠다.

마지막 장면은 김정은 원수에 대한 주인공(궁기선)과 전체의 충성스런 합창으로 끝난다. 종합하면 이 작품은 김정은이 선대의 뜻대로 경제 강국으로 나아가려는 의지를 묘사한 작품인 것이다.

김경원의 〈자랑〉(『조선예술』, 2014.12~2015.1)이라는 희곡도 같은 계열의 작품이다. 소재는 다르지만 작가가 추구하는 것은 김정은 정부가 시급히 해결하고 싶은 경제개발이다. 그런데 이 작품이 색다른 점은 지방의 외진 지역을 무대로 삼고 거대한 탄광이나 공장이 아닌 작은 식료품 공장에서 일어나고 있는 현대화 문제를 다루었다는 사실이다. 거물 정치인이나 특별한 인물은 등장하지 않고 장삼이사들만 등장하는 것도 다른 작품들과 구별되는 점이다. 등장인물은 과자류 가지를 포함하는 먹거리를 만드는 작은 공장에서 일하고 있는 책임기사를 비롯하여 연구사, 지배인, 종업원들이 전부다.

서장과 종장, 그리고 5장으로 구성된 이 희곡에서도 첫장 무대 한쪽에 '우주를 정복한 그 정신, 그 기백으로 경제 강국 건설의 전환적 국명을 열어나가자'라는 구호를 걸어 놓음으로써 직원들로 하여금 열심히 일하도록 독려

---

19 김봉순, 「극적 감흥의 비결은」, 『조선예술』, 2014.12.

를 잊지 않고 있다. 그런데 여기서도 너무 뻔한 주제와 스토리여서 그런지 상투적이긴 해도 젊은 직원들 간의 애정관계를 장황하게 삽입한 것도 조금 이채롭다고 하겠다. 물론 이 작품에서도 일들이 궁극적으로 경애하는 원수님의 교시에 의존함도 변함없는 상황이다.

> 윤철   경애하는 수령님께서는 대중의 정신력을 발동시키면 점령 못 할 요새가 없다고 하시지 않았소.
>
> 철민   대중의 정신력?! 비서 동지, 제가 현장 동무들을 불러일으키겠습니다. 그래서 현대화사업이 우리 모두의 사업으로 되게 하겠습니다.

이상은 공장의 주요 인사가 아직도 정신을 못 차리고 있는 직원들을 향해서 주고받는 대사이다. 아무래도 지방에만 살면서 작은 공장에서 일하고 있는 노동자들은 나라가 직면해 있는 큰 문제에 둔감할 수밖에 없다. 따라서 안일하고 현실에 안주하는 버릇이 있는 것이 사실이다. 이들에게 혁신적 사고와 의욕을 불러일으키는 신진 기예들이 있으니, 평양에서 온 여자 연구사(순영)와 대학 동기생(성진)이 사랑도 꽃피우면서 공장을 현대적으로 개혁해 간다.

> 순영   프로그램 수재로 소문난 동무가 있으니 생산 공정을 자동화하는 종합조종프로그램은 문제 없어요.
>
> 성진   순영 동무, 우리 한번 본때 있게 일을 해 보자구, 나는 프로그램을 맡고 동무는 전자자동화 부분을 맡고 철민 동무는 식료기술을 맡고 우리 셋이 한마음이 돼봅기요.

이렇게 젊은이들이 힘을 합쳐서 공장 자동화 곧 현대화에 성공하는데, 평양에서 온 젊은 연구사도 그곳 동기생과 결혼을 약속하고 지방에 뿌리를 내린다. 그런데 여기서 주목을 끄는 부분은 지방 공장들을 제대로 돌아가게 해야 나라가 번창할 수 있다는 신념이라 하겠다.

만호　결국 연구사가 지방공업에 반해서 이곳에 뿌리를 내렸구만요.

성진　경애하는 원수님께서는 지방공업은 경공업 발전의 한쪽 수레바퀴라고 말씀하셨는데 전국의 수많은 지방공장을 건설할 수 있겠습니까?

순영　우리 대학 전자도서관에 모신 어버이장군님의 친필명제가 지금 우리의 가슴을 울려줍니다.

성진　자기 땅에 발을 붙이고 눈은 세계를 보라.

순영　숭고한 정신과 풍부한 지식을 겸비한 선군혁명의 믿음직한 공간이 되라.

성진　분발하고 또 분발하여

순영　위대한 당

성진　김일성, 김정일 조선을

성진, 순영세계가 우러러보게 하라!

성진　우리들은 원수님 높이 모시어 세계가 우러러보게 될 사회주의 강성국가에서 지방공업의 패권자가 되겠습니다.

철민　원수님 결심하시면

모두　조선은 한다!

그리고 끝마감을 하면서 은은하게 설화가 나온다.

설화자　김일성 장군님 한평생 걸으신 인민사랑의 그 길, 그 길은 얼마인가. 우리의 김정은 장군님 대를 이어 걷고 걸으시는 인민사랑의 그 길, 그 길은 또 얼마인가.
위대한 태양의 따사로운 빛발 속에 나날이 더 활짝 꽃 펴나는 인민들의 행복의 웃음소리, 이것이 바로 인민의 나라, 사회주의 내 조국의 자랑이어라.

만세. 음악 고조 속에 ―막―

지방의 공장들을 돌려서 나라 전체의 경제 활성화를 꾀하겠다는 북한 정부의 속내를 그대로 보여 주는 작품이 바로 김경원의 〈자랑〉인데, 이 작품에서도 마지막에는 새로 권력을 이양받은 김정은에게 충성토록 강조하고 있다. 그러한 기조는 조금도 변함없이 이어지고 있다. 가령 박호일, 조순철, 장민 등 세 작가의 공동작인 〈북부전역〉(서장 및 제5장)에서도 그러한 기조가 더욱더 심도를 더하고 있다.

이 작품의 경개는 막이 오르기 전에 장내 아나운서의 멘트 속에 다 담겨 있다고 해도 과언이 아니다. 북한의 산에는 나무가 없어서 웬만한 비에도 홍수가 잦다. 특히 그해에는 두만강이 넘치는 수해를 입어 인민들의 생활이 많이 어려워졌는데, 순전히 지도자의 영도로 어려움을 극복하고 복구를 이뤘다는 것이 작품의 줄거리다.

> 설화자   여러분! 조국의 북변 두만강 기슭에 돌풍이 몰아치고 탕수가 범람하던 피와 눈물이 그 밤으로부터 60여 일의 나날이 흘렀습니다. 이 나날은 사랑하는 인민을 품에 안으시고 우리 원수님 천사백사십여 시간을 뜬눈으로 새우신 60여 일이었고 인민사수전, 인민복무전의 기적을 안아온 전쟁의 60여 일이였으며 이 세상 그 어느 나라도 가질래야 가질 수도 없고 흉내 낼래야 흉내 낼 수도 없는 인민사랑의 60여 일이었습니다. 진정 이 위대한 김정은 시대를 온 세상에 노래하고 싶은 크나큰 격정을 안고 우리 영화예술은 이 무대를 마련하였습니다.

인민군이 주도하고 돌격대원들, 그리고 주민들이 앞장서서 수해를 극복하고 말끔하게 새로운 도시로 재탄생시켰다는 해피엔드로 끝난다.

> 당중앙위원회 일군   여러분! 이 북부지역에서 수만여 세대가 한날한시에 새 집들이를 하는 경사로운 오늘 우리의 경애하는 최고 영도자 김정은 동지께서는 또 다시 풍랑 사나운 바다 길에 오르시었습니다.

모두	예? 원수님께서요?
당중앙위원회 일군	어제 밤 경애하는 원수님께서는 내일이면 북부 피해 지역 인민들이 새 집들이를 하겠는데, 그들이 얼마나 기뻐하시겠는가, 인민들이 좋아하는 모습이 눈에 선하다고… 인민을 위한 멸사복무는 자신의 탄생의 좌우명이기에 자신께서는 세상에서 제일 좋은 우리 인민을 하늘처럼 떠받드는 인민의 참된 충복, 충실한 심부름꾼이 되겠다고 하시면서 물고기 대풍을 마련한 동해안의 수산사업소를 찾아 현지 지도의 길에 오르시었습니다.
모두	경애하는 원수님!

두만강 기슭에 대홍수가 발생하였지만 지도자의 지시에 따라 인민군과 주민들이 힘을 합쳐 단기간에 말끔히 복구함과 동시에 인민들은 새 집들이를 하게 되었고 거기에 '인민을 하늘처럼 받드는' 김정은 원수가 직접 참관까지 한다. 공장 재건이라든가 자연재해 복구 등과 같은 경제 문제와 인민생활에 어려움을 주는 장애를 군민(軍民)이 합세하여 헤쳐 나간다는 획일적 주제라는 사실에는 김정일 시대와 하나도 달라진 것이 없었다. 달라진 것이라면 충성의 대상이 김일성과 김정일에서 김정은으로 옮겨온 것이고 이따금 김일성과 김정일의 유훈을 곁들이는 정도이다.

월간 『조선예술』 2018년 7월호에 게재된 오원찬의 단막희곡 〈유평의 새벽〉은 김일성과 김정은에게 함께 충성하는 내용이라는 점에서 이채롭다. 그러나 이 작품에서 느껴지는 것은 북한 작가들이 소재의 빈곤을 심하게 겪는 듯 보인다는 사실이다. 왜냐하면 이런 소재는 희곡작품으로 다룰 만한 것이 못 되기 때문이다. 산간 오지마을을 배경으로 한 이 작품에서는 6·25 전쟁 기간에 김일성이 한 번 다녀간 어느 농가를 사적(史蹟)으로 정하여 한 가정이 온통 그 농가를 가꾸고 또 선전하는 일에 평생을 바치는데, 두 아들은 군 복무를 하고 딸은 모친이 해오던 일을 대를 잇는다는 내용이다.

혜정   둘째 성옥인 총대로 경애하는 최고사령관 동지를 받들겠다고 군관
학교를 졸업하고 중대장이 되었구 성철이도 지금 군사복무를 하고
있고, 성애는 내 뒤를 이어 이 유평을 지켰으면 하는데 혹시 마음이
흔들리지 않을까요?

과수댁(혜정)은 삼 남매를 모두 국가에 바친 애국자였다. 이러한 그녀의
노력은 당으로부터 높은 평가를 받아 조그만 농가는 단번에 국가가 지정한
전승 혁명사적지가 되는 것은 물론이고 김정은 최고사령관까지 방문한다.

책임비서 혜정 동무, 동무들 유평혁명사적지를 찾아 주신 경애하는 원수님께
서는 지난 25년간 누가 보건 말건 수령님의 전승업적을 빛내기 위
해서 자기의 모든 것을 다 바쳐 온 강사 강혜정 동무를 온 나라가 다
알도록 내세워 주시었습니다. (효과 음악)
혜정   (격정에 겨워) 경애하는 김정은 원수님 고맙습니다. 우리 가정은 경
애하는 원수님의 높은 뜻을 가슴에 안고 절세 위인들의 위대한 혁명
역사가 대를 이어 변함없이 흐르게 하는 영원한 초석, 유평의 불길
로 살겠습니다.

이상과 같이 북한 작가들이 소재의 빈곤에 허덕이면서 하찮은 소재까지
들고나와 작품이랍시고 써내고 있는 것이다. 이는 결국 북한에서 연극이라
는 예술장르가 존속이 어려울 정도로 위축되어감을 암시해 주는 것이어서
안타깝다는 생각마저 들게 한다. 어느 시대 어느 지역에서나 예술 특히 연
극이 자유를 잃으면 쇠퇴할 수밖에 없다는 것이 역사의 교훈이다.

북한 연극은 회복할 수 있을 것인가

긴 역사의 한 토막을 쓰면서 결론을 내는 것이 온당한 일인지 알 수 없다. 그러나 역사의 전환기에 한 매듭을 짓는 것이 아주 의미 없는 일은 아닐 것이다. 러시아혁명 이후 이 땅에 공산주의가 유입되면서 그 부수 형태로 발생한 프롤레타리아 연극이 명목상으로나마 발생한 것은 대체로 3·1운동 직후 카프(KAFP)가 조직되면서부터였다. 그래서 프롤레타리아 연극운동의 역사도 어느덧 100년을 맞게 된다.

백 년 동안 한반도의 역사는 그야말로 파란만장 그 자체였다. 일제의 압제를 벗어나자마자 혼란스러운 가운데 분단과 동족상잔의 전쟁을 겪고 남쪽에서는 혁명, 산업화, 민주화의 과정을 힘겹게 거치는 동안 북한에서는 김씨 일가의 1인 독재 체제가 굳어져 갔다. 따라서 연극도 양쪽의 정치 형태에 좌우되었으니, 남한에서는 자유진영 방식을 줄기차게 추구한 반면에 북한에서는 역시 공산주의 체제에 맞는 사회주의 리얼리즘을 기조로 하다가 체제 선전의 충실한 무기로 발전시키느라 혁명가극과 같은 대형 시청각화를 추구해 왔다는 점이 각각의 특징이다.

물론 외형상으로는 북한 연극도 세계 조류와 발맞춘 것으로 보일 수 있다. 혁명가극은 자유세계의 뮤지컬에 비견될 수 있고 언어극은 자유세계의 리얼리즘 연극에 비교될 수가 있어서다. 그러나 내용에 들어가 보면 혁명가극과 뮤지컬이 가무극이라는 공통점을 지녀도 극술과 지향점이 너무 다르고, 언어극도 리얼리즘이라는 공통점을 지녔어도 북한은 사회주의 리얼리즘을 기조로 하되 일관되게 정부의 정책 선전의 무기로 활용하는 점에서 현격한 차이가 난다. 그만큼 북한은 세계 연극계의 흐름과는 거리가 먼 별세계 연극을 하고 있는 것이다.

실제로 프로극도 처음에는 제대로 해 보려고 했었다. 그러나 1920년대만 하더라도 연극을 할 만한 조건이 갖추어져 있지 못했다. 연극의 기본이 되는 희곡 작가도 없었지만 배우, 연출가, 무대기술자, 특히 자본도 부실한 상태였다. 그래도 아마추어 수준의 연극이라도 할 수가 있었던 것은 소련 블라디보스토크와 일본 도쿄에서 유학생들 중심으로 진지하게 프로극운동을 시도한 정도였다. 소련 정부가 1932년도에 20만 가까운 이주 조선인들에게 조선국립극장을 허락하면서 우리말로 우리 이야기를 연극화할 수 있었다. 이들이 아직까지도 카자흐스탄 알마타에서 고려극장이라고 개칭하여 우리말 연극을 90여 년 동안 하고 있다.

한편 그 시기에 일본에서도 공산주의에 관심을 갖고 있던 유학생들이 도쿄를 중심으로 극단을 조직하고 프로극운동을 전개했으나 역시 인재 부족, 자본 부족, 그리고 일본 정부의 감시 제약 등으로 몇 년 가지 못했다. 한국에서도 서울을 중심으로 하여 프로극운동이 일어났으나 일제의 탄압 등으로 지속적인 활동이 불가능했다.

그러다가 1945년 민족해방으로 프로극운동은 전례 없이 활발하게 전개되어 갔으나 좌우익 이념 갈등으로 남북이 갈리면서 연극 역시 양 진영으로 분열되고 재결집하는, 우리만의 특이한 과정을 밟게 된다. 오랜 중앙집권적인 정치 형태로 인하여 문화가 서울에 집중되어 온 탓에 연극 역시 서울에서만 명맥을 이어왔고 선전무기로서 연극이 절대 필요했던 평양 정권에서는 여러 조건을 내걸고 김일성까지 직접 나서서 서울의 연극인들을 불러들이기 시작했다. 그리하여 남쪽에서 홀대받던 프로연극인들 중심으로 평양

북한 연극사

행을 택했고 3차에 걸쳐서 많은 연극인이 월북했다.

월간 『조선예술』(2016.5)에 의하면 "해방 후 조국의 방방곡곡에서 모여온 50여 명의 연극인들로 1946년 5월 어느 날 당시 북조선공산당 중앙조직위원회 회의실에서는 위대한 수령님의 발기에 의하여 국립연극단의 전신인 중앙예술공작단의 결성을 선포하였다." 평양에서는 명배우 황철을 직접 불러들인 김일성이 권력을 잡으면서 국립연극단부터 조직하고 나선 것이다. 그러나 평양에는 여전히 공연 활동을 벌이기에는 극장 시설부터 여건이 좋지 못했다. 따라서 그들은 주로 희곡 창작 활동을 어느 시기보다도 활발하게 전개한 바 있다. 그러다가 알마타의 조선국립극장의 지원을 받고 남쪽에서 넘어간 몇몇 연출가들을 동원하여 주로 경제개발 2개년 계획을 주제로 삼은 작품들을 공연했다. 당시 남북한이 직면한 가장 큰 문제는 경제 진흥이었는데, 북측 연극계에서는 재빨리 그것을 절대 주제로 삼도록 장려했다.

그러나 그것도 잠시였고, 1950년 6·25 한국전쟁이 발발하면서 북한에서는 역사적 사실과는 정반대로 북침전쟁이라는 프레임을 씌워서 남한의 이승만 정부를 미국과 함께 비판 매도하는 주제를 펼쳐갔다. 그 후 휴전과 더불어 다시 경제 재건의 속도전이라 할 천리마운동을 주제로 하는 연극을 하도록 촉구했다. 그런데 해방 직후 그들은 소위 사회주의 리얼리즘이라는 연극 방식을 기본 사조로 삼아왔기 때문에 소련 작품들을 번역해 무대에 올리기도 했었고 전쟁 기간까지도 그러한 방식의 변화는 없었다. 그러나 전쟁이 끝나면서 동맹국들의 번역극들도 서서히 사라지고 자국의 창작극 위주로 연극계 판도가 바뀌어 갔다.

따라서 전후에는 오로지 창작 목적극만을 무대에서 접할 수가 있게 되었다. 그것도 집체창작이라는 새로운 창작 방식을 내세워 작가들의 개성을 제거하기도 했다. 이는 연극을 통하여 정부시책을 선명하게 전개하려는 속내에서 비롯된 것으로 보인다. 이때부터 혁명 대작이라는 창작희곡들이 등장하는데, 이는 국가시책을 인민에게 알리는 동시에 인민의 공산주의 교양교육, 그리고 절대권력자로 자리 잡은 김일성에 대한 우상화와 신격화를 꾀하려는 데 주 목적이 있었다.

결국 이 혁명 대작은 1960년대 후반부터 예술계를 지휘해 온 후계자 김정일에 의해서 1970년대가 열리자마자 인민들을 시청각화로서 사로잡을수가 있는 음악무용극으로 새롭게 선보인 것이다. 이름하여 혁명가극이라는 선동적 총체연극으로서 극장 무대를 화려하게 수놓는 방식이다. 그런데여기서 더욱 주목되는 부분은 혁명가극의 주요원작은 김일성에 의해서 창작된 것이라는 사실이다. 가령 〈피바다〉를 비롯하여 〈꽃 파는 처녀〉 등 5대혁명가극의 원본은 김일성이 14세 되던 해 소위 'ㅌㄷ(타도제국주의동맹)'을결성하면서부터 만주 일대를 무대로 항일 빨치산운동을 펼치는 동안 연극과 음악 활동을 배경효과로 활용하면서 자연스럽게 희곡들이 생성되었다는 것이다.『북한현대사』를 쓴 와다 하루키도 김일성이 부모를 따라 만주로이주하여 14살 때부터 해방될 때까지 항일독립투쟁을 했다고 쓴 바 있으며, 그러한 사실은 김일성 회고록『세기와 더불어』와『김정일선집』에도 소상히 언급되어 있다.

이러한 혁명가극이 등장하면서부터 무대예술계를 석권하다시피 했으며김일성의 권력도 굳건하여 그의 유일체제를 확립하는 데 절대 기여한 것도바로 혁명가극이었다. 그러나 그 화려했던 혁명가극도 10여 년이 지나면서그 주도자인 김정일을 식상하게 한 듯싶다. 왜냐하면 지나치게 음악과 무용, 그리고 무대장치 등의 스펙터클이 관중의 혼을 빼는 바람에 정작 던지려는 메시지가 희석된다고 본 것 같다.

따라서 김정일은 숙고 끝에 다시 1960년대 연극, 즉 사회주의 리얼리즘에 주목하면서 혁명가극은 그대로 존속시키더라도 가무를 많이 축소한 소위 〈성황당〉식 혁명연극을 제창하게 되는 것이다. 물론 혁명연극의 대표작들이라 할 〈혈분만국회〉, 〈3인1당〉, 〈딸에게서 온 편지〉 등 다섯 편도 김일성 원작으로 되어 있다. 이로부터 혁명가극과 〈성황당〉식 혁명연극이 무대예술계의 주류를 이루면서 그 공백을 국립연극단이라든가 도립극단 등의 사실주의 연극이 메꾸는 복합구조가 되도록 만든다. 이들도 궁극적으로 추구하는 것은 표현 형식만 다를 뿐 수령과 김정일에 대한 절대적인 숭배만은 다를 바 없다. 그러니까 관립극단들이 다루는 소재가 혁명가극이나 혁명연극과 달리 대체로 현실을 주제로 삼고 있는 점에서는 약간의 차이가 난다는 이야기다.

어차피 북한에서의 연극이란 당과 정부 정책을 홍보하는 기능을 하는 것인 만큼, 1980년대의 연극 역시 당면과제라 할 경제 발전에 많이 치중되어 있었다. 그런데 1980년대 후반부터는 색다른 면이 나타난다. 6·25전쟁을 겪어 보지 못한 신세대가 대거 등장하면서 북한 당국은 호기심 강한 이들을 산업현장으로 유도하는 데 무척 애를 먹게 된 것이다. 그럴 수밖에 없는 것이, 젊은이들은 광산 등과 같은 작업현장보다는 화이트칼라 직종이나 연예 분야를 선호했다. 더욱이 1994년에 절대권력자 김일성 수령이 타계하고 김정일이 후계자가 되는 과정에서는 김일성 유훈과 새 지도자 김정일 장군에 대한 숭배가 그대로 연극에 반영되기에 이른다.

무엇보다도 북한의 문제는 어려운 경제 상황이었다. 북한이 핵 개발을 함에 따라 국제 제재를 심하게 받고 있는 상황에서, 종주국이라 할 소련이 개방정책을 쓰면서 붕괴되고, 그 위성국가들마저 자유화하면서 북한과 우호 관계가 소원해진다. 이는 곧 경제적으로 도움받던 것이 단절되는 것이다. 게다가 1995년도에는 큰 수해까지 겹치면서 인민은 호구를 걱정하는 지경에 이른다. 이때부터 수년 동안 소위 '고난의 행군'으로 많은 인민들이 아사하는 참사가 벌어진다. 그런데 흥미로운 사실은 그런 처절한 고난을 연극계에서는 전혀 외면하고, 오로지 당의 지시에 따라 김일성의 유훈 받들기와 후계자에 대한 충성심 고취 그리고 산업전선에서의 인민의 헌신이 변함없는 작품 주제였다는 사실이다.

바로 이 지점에서 북한 연극의 한계랄까 허구성이 적나라하게 드러나는 것이라 말할 수가 있다. 북한 당국에서는 그들의 연극 기조가 사회주의 리얼리즘이라고 주장해 왔고 실제로 초창기에는 그런 기조에 충실했었다. 그러나 김일성 중심의 북한 정권이 수립되면서 연극기조는 달라졌다. 가령 그들이 자랑해 온 혁명 대작이라든가 혁명가극 그리고 〈성황당〉식 혁명연극이 사하주의 리얼리즘인가? 아니지 않은가. 북한 역사상 가장 어려웠던 '고난의 행군' 시대의 처절한 현실은 북한 연극에 나타나 있지 않다. 고의적으로 외면한 것이다. 여기서 사회주의 리얼리즘이란 말은 완전히 허구였음이 드러나는 것이다.

어느 시대 어떤 사조나 어떤 형태의 연극이든 그 본질은 변함없이 사람 사는 세상에서 벌어지고 있는 제반 문제를 적나라하게 드러내는 데 있는 것이다. 그렇게 볼 때, 적어도 북한에는 보편적 의미의 연극은 없고, 연극의 껍데기만 존재한다고 말할 수가 있다. 그 점을 극적으로 보여 주는 것이 1990년대 후반 '고난의 행군' 시대의 연극이다. 그런데 흥미로운 사실은, 고난을 겪고 나서 10여 년이 지난 뒤에 그것도 김정일이 북한 산업을 그동안 해 왔던 낡은 방식을 털어 내고 현대적으로 업그레이드하는 과정에서 '고난의 행군' 시대의 어려웠던 사실을 슬쩍 짚은 정도였다. 가령 2011년에 발표된 〈오늘을 추억하리〉가 바로 그 작품인데, 김정일이 주도해서 북한 산업을 수공업 방식에서 컴퓨터 방식으로, 아날로그 방식으로부터 디지털 방식으로 첨단화하는 과정에서 짚었기 때문에, '고난의 행군'의 실체는 그들의 연극에서는 구체적으로 드러나지 않았던 것이다.

이처럼 김정일 시대의 연극은 변함없이 타성적으로 진행되어 갔고, 김정은이 집권해서도 조금도 달라진 것은 없었다. 조금 색다른 것은 그들이 늘상 해오던 버릇이긴 하지만 김정은 시대에는 인민군대와 인민의 일체감을 유독 강조하는 주제가 늘어났다는 점일 듯싶다. 북한 예술을 이끌어온 김정일의 건강이 나빠지면서 더더욱 연극은 정체될 수밖에 없었다. 그러니까 북한 연극이 기술상으로 흐름식 무대장치의 도입이라든가 절가화 운동도 펼쳐 보았지만 관중의 주목을 끌지는 못했다. 궁극적으로 저들이 폐쇄사회에서 종자론이니 뭐니 하면서 창의성의 싹마저 잘라 놓은 상태에서, 도식적이고 획일적인 북한 연극이 살아날 가능성은 희박해 보인다. 결론적으로 말해서 북한이 변하지 않고 계속 폐쇄사회로 나아간다면, 선전무기로서의 연극도 그 수명을 다할 가능성이 높다고 본다.

참고문헌

단행본

권영민,『북한의 문예이론과 문예정책』, 북한의 문학, 을유문화사, 1989.

권헌익 · 정병호,『극장국가 북한―카리스마 권력은 어떻게 세습되는가』, 창작과 비평사, 2013.

김정일,『김정일선집 1~12』, 조선노동당출판사, 2010.

김선려 · 최근실 · 정명옥,『조선문학사 11』, 사회과학출판사, 1994.

김성보,『북한의 역사 1 ―건국과 인민민주주의의 경험(1945~1960)』, 역사비평사, 2011.

김일성,『김일성선집 1, 2』, 조선노동당출판사, 1992.

_____,『김일성저작집 6』, 조선노동당출판사, 1979.

_____,『세기와 더불어 1~6』, 조선노동당출판사, 1992.

김정수,『북한 연극을 읽다―김일성에서 김정은 시대까지』, 경진, 2019.

김재철,『조선연극사』, 학예사, 1933.

단막희곡집『평양북조선직업연맹군중문화부』, 1949.

민병욱,『북한 연극의 이해』, 삼영사, 2001.

박영정,『북한 연극/희곡의 분석과 전망』, 연극과인간, 2007.

_____,『연극/영화 통제정책과 국가이데올로기』, 월인, 2007.

_____,『한국근대연극과 재일조선인연극운동』, 연극과인간, 2007.

박종원 · 류만,『조선문학개관(하)』, 온누리, 1988.

북한연구소,『북한문화론―북한연구총서 제6집』, 1978.

북조선직업동맹군중문화부, 『단막희곡집』, 1949.

중앙일보 부설 동서문제연구소, 『북한인명사전』, 중앙일보사, 1981.

사회과학원 주체문학연구소, 『문학예술사전』, 과학백과사전종합출판사, 1988.

안광희, 『한국프롤레타리아 연극운동 변천과정』, 맥락, 2001.

안함광, 『조선문학사』, 연변교육문화사, 1957.

유민영, 『한국근대연극사』, 단국대 출판부.1966

_____, 『한국근대연극사신론(하)』, 태학사, 2008.

_____, 『한국인물연극사 1, 2』, 태학사, 2006.

윤범모, 『백년을 그리다』, 한겨레 출판부, 2018.

이두현, 『한국신극사연구』, 서울대 출판부, 1966.

이무용, 『해방공간의 민족문학사론』, 태학사, 1991.

이종석, 『북한의 역사 2―주체사상과 유일체제(1960~1994)』, 역사비평사, 2011.

인민 희곡집, 『직장연극을 위하여』, 평양문화전선사, 1947.

임채욱, 『북한문화의 이해』, 자료원, 2004.

『조선중앙년감』, 조선중앙통신사, 1999.

최척호, 『북한예술영화―북한문화예술40년』, 신원문화사, 1989.

최현식, 『사회주의 문학예술론』, 조선노동당출판사, 1973.

한국비평문학회, 『북한가극·연극 40년』, 신원문화사, 1990.

스칼라피노, 『한국공산주의 운동사』, 이정식·한홍구 역, 돌베개, 1986.

와다 하루키, 『북한현대사』, 김용진 역, 창비, 2014.

클리퍼드 기어츠, 『극장국가 느가라―19세기 발리의 정치체제를 통해 본 권력의 본질』, 눌민. 2017.

_____, 『문화의 해석』, 문옥표 역, 까치, 2019.

논문

김광주, 「극장예술의 고민―연극운동의 몇 가지 당면과제」, 『문화통권』 제5호, 1947.

김남천, 「제1차 문화공작단 지방파견의 의의」, 『노력인민』, 1947.7.2.(안광희, 『한국프롤레타리아연극운동의 변천과정』에서 재인용)

김정수, 「연극론 〈연극예술에 대하여〉의 특성연구」, 『공연문화연구』 제22호, 2022.2.

_____, 「〈조선예술〉로 본 1990년대 북한 연극의 핵심코드」, 『북한연극학보』 제15권 제1호, 2011.

김태진, 「연극의 위기」, 『대조』, 제1권 제2호, 1946.

박영정, 「북한 5대혁명연극에 나타난 웃음과 희극성」, 『웃음문화』 제5호, 2008.

박영호, 「프로연극 대중화문제」, 『비판』, 1932.2.

손위빈, 「조선신극 20년약사(7)」, 『조선일보』, 1936.10.25.

신고송, 「연극에 있어서 형식주의 및 자연주의적 잔재와의 투쟁」, 『문학예술』, 1952.1.

_____, 「연극운동의 출발—현 단계의 프롤레타리아연극」, 『조선일보』, 1931.7.13.

안광희, 「일제하 재일한국인 연극운동」, 단대 공연예술연구 논문집 창간호, 1995.

안영일, 「연극계」, 『예술연감』, 1947.

_____, 「연극계의 전망」, 『영남일보』. 1946.1.15.

_____, 「조선연극의 역사적 단계」, 『신문예』. 1946.

안함광, 「조선프로연극의 신전개」, 『비판』, 1932.9

이문웅, 「북한정치문화의 형성과 특징」, 『북한연구』. 1976.

이석만, 「1950년대 북한 연극론의 전개양상연구」, 『한국연극학』 제19호. 1997.

이성곤, 「북한의 민족가극 〈춘향전〉에 나타난 연극미학적 특징」, 『드라마연구』 제58호, 2019.

이재현, 「수난의 민족연극」, 『민성』, 1948.7.

이정희, 「재소한인 희곡연구」, 단국대 석사논문, 1992.

이태우, 「극단평—신파와 사극의 유행」, 『경향신문』, 1946.12.12.

이해랑, 「극단 신협—남기고 싶은 이야기들」, 『중앙일보』, 1978.11.2.

전지니, 「전사형 여성상으로 본 1950년대 북한 연극의 젠더체계—〈탄광사람들〉을 중심으로」, 『한국연극학』 제68호, 2018.

정상진, 「도강—잊을 수 없는 순간들」, 『통일문학』, 2002.7.

홍효민, 「최근창작개평」, 『조선일보』, 1945.12.18~27.

황희정, 「김정은 시대의 북한 연극—2011년 이후 희곡을 중심으로」, 『한국문화기술』 통권 제16호, 2013.12.

용어

인물

작품 및 도서

유민영 柳敏榮

경기도 용인에서 출생하여 서울대학교 및 같은 대학원 국문학과를 졸업하고 오스트리아 빈대학교 연극학과에서 수학하였다. 연극평론가이며 문학박사. 한양대학교 국문학과 교수와 단국대학교 예술대학 학장, 방송위원회 위원, 예술의전당 이사장, 단국대학교 문화예술대학원장 및 석좌교수를 역임하였다. 현재 단국대학교 명예교수이다.

주요 저서로는 『한국연극산고』(1978) 『한국현대희곡사』(1982) 『한국연극의 미학』(1982) 『전통극과 현대극』(1984) 『한국연극의 위상』(1991) 『한국근대연극사』(1996) 『한국근대극장변천사』(1998) 『20세기 후반의 연극문화』(2000) 『격동사회의 문화비평』(2000) 『문화공간 개혁과 예술발전』(2004) 『한국인물연극사』(전 2권, 2006) 『한국연극의 사적성찰과 지향』(2010) 『한국근대연극사 신론』(전 2권, 2011) 『인생과 연극의 흔적』(2012) 『한국연극의 아버지 동랑 유치진―유치진 평전』(2015) 『한국연극의 거인 이해랑』(2016) 『무대 위 세상 무대 밖 세상』(2016) 『예술경영으로 본 극장사론』(2017) 『풍성한 문화예술계의 명암』(2019) 『사의 찬미와 함께 난파하다―윤심덕과 김우진』(2021) 『21세기에 돌아보는 한국 연극운동사』(2022) 등이 있다.